Revista de Direito Tributário

106

MALHEIROS EDITORES

Revista de Direito Tributário

Publicada sob os auspícios do
Instituto Geraldo Ataliba — IDEPE — Instituto Internacional de Direito Público e Empresarial
Presidente: Prof. Aires Barreto

ISS 0102-7956

REVISTA DE DIREITO TRIBUTÁRIO
publicação trimestral de
MALHEIROS EDITORES LTDA.
Rua Paes de Araújo, 29, 17º andar - conj. 171
CEP: 04531-940 - São Paulo, SP
Tel. (11) 3078-7205
Fax. (11) 3168-5495
Diretor Responsável: Álvaro Malheiros
Diretora: Suzana Fleury Malheiros

Assinaturas e comercialização:
CATAVENTO DISTRIBUIDORA
DE LIVROS S.A.
Rua Conselheiro Ramalho, 928
CEP 01325-000 - São Paulo - SP
Tel. (11) 3289-0811 – Fax. (11) 3251-3756
Supervisão Gráfica: Vânia Lúcia Amato
Composição: *Scripta*
Impressão: Paym Gráfica e Editora Ltda.

SUMÁRIO

CADERNOS DE DIREITO TRIBUTÁRIO

REORGANIZAÇÃO SOCIETÁRIA EM FACE DAS HIPÓTESES DE INCIDÊNCIA DO PIS E DA COFINS 5

– Paulo de Barros Carvalho

ISS – ANULAÇÃO DE ATO ADMINISTRATIVO 23

– Aires F. Barreto

IMUNIDADES TRIBUTÁRIAS: TELEOLOGIA 54

– Ives Gandra da Silva Martins

LA CONTROVERSIA SOBRE LA HOSPITALIDAD: INTERPRETACIÓN DE LA CONSTITUCIÓN Y NARRACIONES POLÍTICAS SOBRE LA JUSTICIA 58

– Horacio G. Corti

APRECIAÇÃO DE INCONSTITUCIONALIDADE POR ÓRGÃO JULGADOR ADMINISTRATIVO FISCAL 86

– Estevão Horvath e Pedro Satiro

CONHECIMENTO, VERDADE E DIREITO TRIBUTÁRIO 101

– Fabiana Del Padre Tomé

PARA UMA TEORIA DA NULIDADE EM MATÉRIA TRIBUTÁRIA 115

– Tacio Lacerda Gama

MULTAS TRIBUTÁRIAS E O PRINCÍPIO DA CONSUNÇÃO 127

– Guilherme Adolfo Mendes

ALGUNS ASPECTOS POLÊMICOS SOBRE A RESPONSABILIDADE TRIBUTÁRIA DO ADQUIRENTE DE ESTABELECIMENTO EMPRESARIAL – ART. 133 DO CTN 139

– Andréa Medrado Darzé

RESPONSABILIDADE DA ADMINISTRAÇÃO PÚBLICA PELAS CONTRIBUIÇÕES PREVIDENCIÁRIAS EM OBRA DE CONSTRUÇÃO CIVIL 150

– Carlos Henrique Oliveira

"MOTIVACIÓN DE LOS ENUNCIADOS FÁCTICOS". UN "CASO" JUDICIAL DE DERECHO PENAL TRIBUTARIO 171

– Carlos Bautista Torta Conte

ESTUDOS E COMENTÁRIOS

PRESCRIÇÃO TRIBUTÁRIA E RESPONSABILIDADE POR SUCESSÃO............183
– Vanessa Canado
SUBSTITUIÇÃO TRIBUTÁRIA NO DIREITO POSITIVO BRASILEIRO..............191
– Daniel Monteiro Peixoto
A REGRA-MATRIZ DO IMPOSTO SOBRE SERVIÇO DE COMUNICAÇÃO........201
– Julio Cesar Pereira
MUDANÇA DE JURISPRUDÊNCIA NO SUPREMO TRIBUNAL FEDERAL E VIOLAÇÃO DA SEGURANÇA JURÍDICA.. 223
– Marina Vieira de Figueiredo
DIREITO COMO FENÔMENO COMUNICACIONAL: MÉTODOS DE INTERPRETAÇÃO E A COMPREENSÃO DA MENSAGEM NORMATIVA........235
– Rubya Floriani dos Anjos
LIMITES CRÍTICOS À MODULAÇÃO TEMPORAL DOS EFEITOS DA DECLARAÇÃO DE INCONSTITUCIONALIDADE EM MATÉRIA TRIBUTÁRIA..255
– Daniel Sternick

CADERNOS DE DIREITO TRIBUTÁRIO

REORGANIZAÇÃO SOCIETÁRIA EM FACE DAS HIPÓTESES DE INCIDÊNCIA DO PIS E DA COFINS

Análise de hipótese de transferência de bens dos ativos operacionais de uma empresa para a formação do capital de suas subsidiárias

Paulo de Barros Carvalho
Professor Emérito e Titular de Direito Tributário da PUC/SP e da USP.

1. Considerações introdutórias. 2. Evolução legislativa da contribuição para o PIS e da COFINS. 3. Tipologia da contribuição ao PIS e da COFINS: 3.1 Critério material da hipótese de incidência da contribuição ao PIS e da COFINS; 3.2 Base de cálculo da contribuição ao PIS e da COFINS. 4. Isenção tributária e a exclusão das receitas não-operacionais decorrentes da venda de bens do ativo imobilizado. 5. Direito aos créditos de PIS e COFINS: 5.1 Vedações a créditos. 6. Operações envolvendo ativos fixos operacionais e a relação de direito ao crédito. 7. A não-cumulatividade da contribuição ao PIS e da COFINS em face do art. 195, § 12, da Constituição da República: 7.1 A não-cumulatividade como princípio constitucional: limite objetivo que se preordena à realização de um valor; 7.2 Conteúdo mínimo de significação do "princípio da não-cumulatividade"; 7.3 O fenômeno da isenção em face dos tributos não-cumulativos. 8. A linguagem do legislador e a interpretação do preceito constante do art. 3º, § 2º, II, das Leis ns. 10.637/2002 e 10.833/2003, introduzido pela Lei n. 10.865/2004. 9. A disciplina da transferência de bens dos ativos no direito brasileiro. 10. Respostas às indagações formuladas.

1. Considerações introdutórias

Todo trabalho com aspirações mais sérias há de ter sua metodologia, isto é, o modo particular com que o cientista, ultrapassando sua subjetividade, aproxima-se do objeto que pretende descrever. Ainda que o tema venha a ser desdobrado a partir do item subseqüente, importa aqui dizer algumas palavras sobre o itinerário do pensamento, a fim de que possa ser seguido com desenvoltura, consciente do plano traçado pelo autor. A informação, que é de grande utilidade até para ensejar a iterativa conferência de seu rigor, abrindo espaço a observações críticas, está voltada substancialmente para iluminar o caminho que vai ser percorrido, facilitando, a cada passo, o entendimento das proposições apresentadas.

O movimento consistirá em colocar sob foco temático a evolução legislativa da contribuição ao PIS e da COFINS, culminando na identificação dos preceitos vigentes, para, depois, aplicá-los ao problema trazido. A atenção será centrada nos dispositivos que prescrevem a hipótese de incidência e base de cálculo tributárias, bem como nos enunciados que asseguram direito ao crédito dessas contribuições, impondo-lhe determinantes condicionais e restritivas, para apresentarmos as várias possibilidades de interpretação das restrições ao crédito impostas pelo legislador ordinário e sua compatibilidade com o Texto Constitucional.

Será útil, também, discorrer sobre as hipóteses de desconsideração, para fins fiscais, dos negócios jurídicos praticados por contribuintes. Com esse objetivo, é relevante traçar as diferenças entre as figuras da elisão e evasão fiscal, para, com base nesse supedâneo teórico, firmar conclusões acerca da susceptibilidade de o Processo de Reorganização examinado ser descaracterizado, conferindo-se tratamento jurídico diverso às operações praticadas.

Seguindo esse esquema de análise, que toma como ponto de partida elementos da Teoria Geral do Direito e os conjuga ao material prescritivo em vigor, propõe-se estudar o assunto trazendo hipótese exemplificativa de transferência de bens dos ativos operacionais de uma empresa X para a formação do capital de suas subsidiárias, contextualizando a em duas situações (*i*) mediante contribuição de ativos fixos operacionais; e (*ii*) mediante compra e venda dos ativos fixos operacionais. A partir desta proposta factual, estaremos habilitados a formular, objetivamente, indagações com o propósito de cumprir com a metodologia acima referida, sempre mantendo a coerência interna que o presente discurso exige.

Ei-los:

A) Com relação à contribuição ao capital de bens contabilizados como ativo fixo:

1. Haverá a incidência de PIS e COFINS na contribuição a valor contábil dos ativos fixos operacionais de propriedade de uma empresa X ao capital de suas subsidiárias? Uma variação desta alternativa seria a contribuição destes ativos a valor de mercado. Para tanto, tais bens seriam objeto de reavaliação, previamente à contribuição destes, sendo que a contrapartida dessa reavaliação seria levada à conta de reserva de reavaliação no patrimônio líquido de uma empresa X. Considerando tais fatos, ou seja, a contribuição ao capital dos bens a valor reavaliado, haverá a incidência de PIS e COFINS na contribuição a valor de mercado dos ativos fixos operacionais de propriedade de uma empresa X ao capital de suas subsidiárias?

2. No exemplo proposto, as empresas subsidiárias poderão utilizar os créditos relacionados aos ativos operacionais a que se refere o art. 3º, VI, da Lei n. 10.833/2003, com as alterações trazidas pela Lei n. 10.865/2004, após a implementação do Processo de Reorganização, caso a transferência destes ativos se dê por contribuição de capital, considerando também as restrições impostas pelo art. 3º, § 2º, inc. II, da Lei n. 10.833/2003?

B) Com relação à compra e venda de ativos fixos operacionais:

3. As empresas subsidiárias poderão utilizar os créditos relacionados aos ativos operacionais a que se refere o art. 3º, VI, da Lei n. 10.833/2003, com as alterações trazidas pela Lei n. 10.865/2004, após a implementação do Processo de Reorganização, caso a transferência destes ativos se dê por compra e venda?

4. Com relação a ambas as alternativas de transferência de ativos objeto de avaliação para o Processo de Reorganização, poderia o Fisco vir a descaracterizá-la para conferir a estas o tratamento de uma cisão, para o fim de se ver aplicada a restrição ao direito de creditamento constante do art. 30 da Lei n. 10.865/2004?

2. *Evolução legislativa da contribuição para o PIS e da COFINS*

A Constituição de 1988 atribui competência à União para instituir contribuições sociais (art. 149), especificando, no art. 195 e incisos, as hipóteses em que são permitidas as exigências de contribuições que objetivem o financiamento da seguridade social. A Carta Magna, em sua redação original, relacionava, como possíveis sujeitos passivos dessa espécie de exação, os empregadores, tendo como base de cálculo a folha de salários, o faturamento e o lucro.

No exercício da competência que lhe foi conferida, o ente federal introduziu no ordenamento jurídico a Lei Complementar n. 70/1991, criando a COFINS, cuja base de cálculo, nos termos do seu art. 2º, era "*o faturamento mensal, assim considerada a receita bruta das vendas de mercadorias, de mercadorias e serviços e de serviço de qualquer natureza*".

Além da faculdade constante do art. 195, o constituinte recepcionou expressamente o PIS, estabelecendo, no art. 239, que "a arrecadação decorrente das contribuições para o Programa de Integração Social, criado pela Lei Complementar n. 7, de 7 de setembro de 1970, e para o Programa de Formação do Patrimônio do Servidor Público, criado pela Lei Complementar n. 8, de 3 de dezembro de 1970, passa, a partir da promulgação desta Constituição, a financiar, nos termos que a lei dispuser, o programa do seguro-desemprego e o abono de que trata o § 3º deste artigo".

Sendo a contribuição ao PIS, nos termos do art. 3º da Lei Complementar n. 7/1970, calculada com base no faturamento, passaram a existir, no sistema jurídico-tributário, duas contribuições incidentes sobre esse mesmo fato: o PIS e a COFINS.

A Lei n. 9.718, de 27.11.1998, por sua vez, modificou a regra-matriz de incidência dos mencionados tributos. Estes, antes incidentes sobre o faturamento, entendido como o resultado das vendas de mercadorias, de mercadorias e serviços e de serviço de qualquer natureza, passaram a ter como base de cálculo a receita bruta, ou seja, todas as receitas auferidas pela pessoa jurídica.[1]

As contribuições ao PIS e a COFINS passaram a ter por base de cálculo o total das receitas da empresa, representando elevado ônus econômico às cadeias industriais, comerciais e de serviços. Daí o pleito dos contribuintes pela implantação da sistemática não-cumulativa a esses tributos.

Nesse sentido, adveio a Medida Provisória n. 66, de 29.8.2002, convertida na Lei n. 10.637/2002, instituindo uma série de medidas destinadas a implementar a "não-cumulatividade" da contribuição ao PIS, como bem referido na exposição de motivos daquela Medida Provisória:

> (...).
>
> 2. A proposta, de plano, dá curso a uma ampla reestruturação na cobran-

1. Esclareço que a Lei n. 9.718/1998, ao estender o conteúdo semântico da palavra "faturamento", equiparando-a à receita bruta da pessoa jurídica, fê-lo sem fundamento constitucional, pois apenas em momento posterior, com a edição da Emenda n. 20/1998, a instituição de contribuição para a seguridade social incidente sobre a receita passou a ser permitida pelo Texto Supremo. Logo, há incompatibilidade vitanda da equiparação promovida pela Lei n. 9.718/1998 com a sistemática constitucional em vigor na data de sua publicação, estando totalmente comprometido o referido Diploma. Em que pese a essa incompatibilidade, porém, a Lei n. 9.718/1998 ainda não foi retirada do ordenamento jurídico, motivo pelo qual abstrairemos tais inconstitucionalidades e nos restringiremos a analisar o aspecto da não-cumulatividade da tributação das receitas pela contribuição ao PIS e pela COFINS.

ça das contribuições sociais incidentes sobre o faturamento. Após a instituição da cobrança monofásica em vários setores da economia, o que se pretende, na forma desta Medida Provisória, é, gradualmente, proceder-se à introdução da cobrança em regime de valor agregado – inicialmente com o PIS/PASEP para, posteriormente, alcançar a Contribuição para o Financiamento da Seguridade Social (COFINS).

(...).

9. A alíquota foi fixada em 1,65% e incidirá sobre as receitas auferidas pelas pessoas jurídicas, admitido o aproveitamento de créditos vinculados à aquisição de insumos, bens para revenda e bens destinados ao ativo imobilizado, ademais de, entre outras, despesas financeiras.

Logo depois, foi editada a Medida Provisória n. 135, de 30.10.2003, convertida na Lei n. 10.833/2003, dispondo sobre a cobrança "não-cumulativa" da COFINS, o que o legislador chamou de "continuidade à reestruturação na cobrança das contribuições incidentes sobre o faturamento". Ainda, dando continuidade às modificações legislativas concernentes ao assunto, adveio a Lei n. 10.865/2004, a qual, além de dispor sobre a contribuição ao PIS e COFINS incidentes sobre a importação de bens e serviços, alterou, em muitos aspectos, o regime não-cumulativo das contribuições examinadas, conferindo nova redação a diversos dispositivos das Leis ns. 10.637/2002 e 10.833/2003.

Convém esclarecer, nesta oportunidade, que a tributação não-cumulativa é expressamente exigida pelo Texto Constitucional relativamente ao IPI, ICMS, impostos e contribuições residuais. Outros tributos, sobre os quais a Constituição é silente, podem ser, em princípio, cumulativos, estando na inteira discrição do legislador infraconstitucional estabelecer ou não métodos para evitar a incidência em cascata.

Essa é a razão pela qual a contribuição ao PIS e a COFINS sempre tenham sido cumulativas. Também foi o mesmo contorno constitucional que permitiu ao legislador ordinário prever o abatimento de créditos relativamente a essas contribuições (Leis ns. 10.637/2002 e 10.833/2003). Naquela oportunidade, o legislador desenhou o modelo da sistemática não-cumulativa, determinando quais seriam as pessoas jurídicas sujeitas a essa nova modalidade de cálculo, os critérios para a quantificação do crédito, a forma de sua compensação e, até mesmo, as limitações e vedações ao creditamento.

Em seguida, procurando conferir *status* constitucional à não-cumulatividade dessas contribuições, o constituinte derivado editou a Emenda Constitucional n. 42, de 19.12.2003, acrescentando o § 12 ao art. 195, cuja redação vale transcrever:

> § 12. A lei definirá os setores de atividade econômica para os quais as contribuições incidentes na forma dos incisos I, b; e IV do *caput*, serão não-cumulativas.

Diante dessa Emenda, a não-cumulatividade da contribuição ao PIS e da COFINS, que havia sido instituída por liberalidade do legislador ordinário, com os permissivos e vedações pelos quais livremente optou, passou a apresentar um conteúdo mínimo de significação. Por imperativo constitucional, pretendendo-se a implantação do regime não-cumulativo àqueles tributos, cabe ao legislador apenas indicar os setores de atividade econômica em que deseja fazê-lo, sem, no entanto, autorizar que este limite o direito ao crédito, mitigando os efeitos da não-cumulatividade.[2]

Faço esses esclarecimentos para dizer que é com base no texto das Leis ns. 10.637/2002 e 10.833/2003, com as alterações introduzidas pela Lei n. 10.865/2004, que

2. Importa consignar que o art. 195, § 12, da CR/1988 é dirigido, também, à contribuição para o PIS, pois prescreve que a não-cumulatividade será aplicada às contribuições incidentes *na forma* dos incisos I, *b*; e IV do *caput*. A contribuição ao PIS, por seu turno, é incidente na forma do inciso I, *b*, do art. 195, visto que tem por base de cálculo o faturamento ou a receita, nos mesmos moldes da COFINS, sendo destinada ao financiamento da seguridade social (seguro-desemprego).

responderei às indagações formuladas na introdução deste estudo. Não deixarei, entretanto, de examinar as diversas interpretações susceptíveis de serem construídas a partir desses suportes normativos, confrontando suas determinações com aquelas constantes da Constituição da República.

3. Tipologia da contribuição ao PIS e da COFINS

Já se sabe, mas vale recordar, que a tipologia tributária é obtida pela análise do binômio "hipótese de incidência e base de cálculo". Esse princípio de dualidade compositiva consta na Carta Magna, consistindo, pois, em diretriz constitucional, firmada no momento em que o legislador realizava o trabalho delicado de traçar a rígida discriminação de competências tributárias, preocupado em preservar os princípios da Federação e da autonomia dos Municípios. Preceituou o constituinte brasileiro, no art. 145, § 2º, que "*as taxas não poderão ter base de cálculo própria de impostos*". E, mais adiante, no art. 154, I, asseverou, como requisitos para a União instituir impostos não previstos em sua competência, que sejam estes criados mediante lei complementar, não apresentem caráter de cumulatividade e "*não tenham fato gerador ou base de cálculo próprios dos discriminados nesta Constituição*". A mensagem constitucional mostra-se clara: é imprescindível analisar a hipótese de incidência e a base de cálculo para que se possa ingressar na intimidade estrutural da figura tributária.

Em conclusão, no direito brasileiro o tipo tributário encontra-se integrado pelo relacionamento lógico e harmônico da hipótese de incidência e da base de cálculo. O binômio, adequadamente reconhecido, revela a natureza do tributo submetido à investigação, permitindo a análise de sua compatibilidade relativamente ao sistema constitucional, sem interferência das imprecisões do legislador.

3.1 Critério material da hipótese de incidência da contribuição ao PIS e da COFINS

No critério material há referência ao comportamento de pessoas, físicas ou jurídicas (esse comportamento é condicionado no tempo e no espaço, pelos critérios temporal e espacial). Compõe o núcleo da hipótese normativa, exigindo a presença de um verbo pessoal e de predicação incompleta, acompanhado pelo correspondente complemento, conferindo, desse modo, os elementos para identificação do fato, signo-presuntivo de riqueza que será objeto de tributação.

Ao examinar as leis que disciplinam a exigência da contribuição ao PIS e da COFINS, estas indicam como "fato gerador"[3] "o faturamento mensal, assim entendido o total das receitas auferidas pela pessoa jurídica, independentemente de sua denominação ou classificação contábil", compreendendo, portanto, "a receita bruta da venda de bens e serviços nas operações em conta própria ou alheia e todas as demais receitas auferidas pela pessoa jurídica" (art. 1º, *caput*, e § 1º, das Leis ns. 10.637/2002 e 10.833/2003). Dito de outro modo, e fazendo uso de vocábulos com maior precisão terminológica, a hipótese de incidência dessas contribuições é "auferir receitas".

A "receita bruta", objeto de tributação pelas contribuições examinadas, além de abarcar o faturamento, entendido como recursos provenientes de operações de venda de mercadorias ou serviços, incorpora todas as receitas não operacionais da pessoa jurídica, tais como aluguéis, juros, correções monetárias, *royalties*, dividendos, etc. Num primeiro momento, portanto, toda e qualquer receita auferida pela pessoa jurídica configuraria fato tributável.

3. Essa locução é ambígua, indicando, simultaneamente, a descrição abstrata e a realização concreta do fato, motivo pelo qual utilizo, em substituição a ela, as expressões "hipótese de incidência" e "fato jurídico tributário", respectivamente.

3.2 Base de cálculo da contribuição ao PIS e da COFINS

Tenho para mim que a base de cálculo é a grandeza instituída no conseqüente da regra-matriz tributária e que se destina, primordialmente, a dimensionar a intensidade do comportamento inserto no núcleo da hipótese de incidência, para que, combinando-se à alíquota, seja determinado o valor da prestação pecuniária. Paralelamente, tem ela a virtude de confirmar, infirmar ou afirmar o critério material expresso na composição do suposto normativo. A versatilidade categorial desse instrumento jurídico apresenta-se em três funções distintas: a) medir as proporções reais do fato; b) compor a específica determinação da dívida; e c) confirmar, infirmar ou afirmar o verdadeiro critério material da descrição contida no antecedente da norma.

Considerando que o critério material da hipótese normativa da contribuição ao PIS e da COFINS consiste em "*auferir receitas*", e que a base de cálculo tem, dentre suas funções, a incumbência de medir o fato tributável, de modo que o tributo seja pago em conformidade com as dimensões do sinal de riqueza eleito na determinação do fato, a base de cálculo não há de ser outra que não "*o valor das receitas auferidas*". É o que prescreve o § 2º do art. 1º das Leis ns. 10.637/2002 e 10.833/2003, nos termos do qual a base de cálculo daquelas contribuições "*é o valor do faturamento, conforme definido no* caput", ou seja, o montante da totalidade das receitas auferidas pela pessoa jurídica.

Essas mesmas leis, entretanto, prescrevem não integrar a base de cálculo dos gravames examinados as receitas não-operacionais, decorrentes da venda do ativo imobilizado e permanente (art. 1º, § 3º, IV, da Lei n. 10.637/2002 e art. 1º, § 3º, II, da Lei n. 10.833/2003, respectivamente). Ao relacionar as espécies de receitas que são excluídas da base de cálculo tributária, referidas leis acabaram por instituir verdadeira isenção, mediante mutilação parcial do critério quantitativo da regra-matriz de incidência. Se a base de cálculo é a medida do fato jurídico tributário (função mensuradora), qualquer exclusão que se pretenda fazer implicará reduzir a regra-matriz de incidência, colocando o fato excluído fora do âmbito da percussão tributária, como a seguir será demonstrado.

4. Isenção tributária e a exclusão das receitas não-operacionais decorrentes da venda de bens do ativo imobilizado

As normas de isenção compõem a classe das regras de estrutura, que inserem modificações na regra-matriz de incidência tributária. Guardando sua autonomia normativa, a regra de isenção investe contra um ou mais dos critérios da norma-padrão de incidência, mutilando-os, parcialmente. O que o preceito de isenção faz é subtrair parcela do campo de abrangência do critério do antecedente ou do conseqüente, podendo a regra de isenção inibir a funcionalidade da regra-matriz tributária de oito maneiras distintas: (*i*) pela hipótese: (*i*.1) atingindo-lhe o critério material, pela desqualificação do verbo; (*i*.2) mutilando o critério material, pela subtração do complemento; (*i*.3) indo contra o critério espacial; (*i*.4) voltando-se para o critério temporal; (*ii*) pelo conseqüente, atingindo: (*ii*.1) o critério pessoal, pelo sujeito ativo; (*ii*.2) o critério pessoal, pelo sujeito passivo; (*ii*.3) o critério quantitativo, pela base de cálculo; e (*ii*.4) o critério quantitativo, pela alíquota.

Importa referir que o legislador, muitas vezes, dá ensejo ao mesmo fenômeno jurídico de recorte normativo, mas não chama a norma mutiladora de isenção. Não há relevância na terminologia usada, pois aprendemos a tolerar as falhas do produto legislado e sabemos que somente a análise sistemática, iluminada pela compreensão dos princípios gerais do direito, é que poderá apontar os verdadeiros rumos da inteligência de qualquer dispositivo de lei.

Por esses motivos, e levando em conta que a contribuição ao PIS e a COFINS apresentam como critério material da hipótese normativa o fato de "auferir receitas", tendo como base de cálculo exatamente o montante destas, qualquer supressão acaba por mutilar a regra-matriz de incidência tributária. É o que fazem o art. 1º, § 3º, IV, da Lei n. 10.637/2002 e o art. 1º, § 3º, II, da Lei n. 10.833/2003: atacam o critério quantitativo da norma que determina a tributação, atingindo, mais especificamente, a base de cálculo.

5. *Direito aos créditos de PIS e COFINS*

Com o objetivo de implantar a sistemática da não-cumulatividade à contribuição para o PIS e à COFINS, as Leis ns. 10.637/2002 e 10.833/2003 permitem que do valor devido a título de PIS e COFINS sejam deduzidos créditos, calculados com base no custo das aquisições de bens e serviços, bem como das despesas incorridas, todos esses valores necessários à atividade da pessoa jurídica.

Das regras-matrizes de incidência tributária advêm os liames que têm por objeto o pagamento da contribuição ao PIS e da COFINS. Reduzindo as complexidades sugeridas pela disciplina de tais tributos, podemos construir os seguintes conteúdos prescritivos:[4]

Contribuição ao PIS: "Dado o fato de haver ingresso de receita, deve-ser o pagamento à União, pela pessoa jurídica titular daquela receita, de tributo equivalente a 1,65% da receita auferida".

COFINS: "Dado o fato de haver ingresso de receita, deve-ser o pagamento à União, pela pessoa jurídica titular daquela receita, de tributo correspondente a 7,6% da receita auferida".

Simultaneamente, prescrevem as Leis ns. 10.637/2002 e 10.833/2003 que depois de apurado o *quantum* devido, na forma acima referida, faz jus o contribuinte ao abatimento de certos valores, por elas denominados "créditos". Criam, com isso, *regras-matrizes do direito ao crédito*, as quais objetivam implementar o princípio da não-cumulatividade e podem ser assim enunciadas:

Contribuição ao PIS: "Dado o fato da aquisição de bens, serviços e a realização de despesas, deve-ser o direito do contribuinte ao desconto, do montante do tributo devido, de 1,65% calculado sobre o valor daqueles bens, serviços e despesas".

COFINS: "Dado o fato da aquisição de bens, serviços e a realização de despesas, deve-ser o direito do contribuinte ao desconto, do montante da contribuição devida, de 7,6% calculado sobre o valor daqueles bens, serviços e despesas".

A relação jurídica de direito ao crédito (também denominado "abatimento" ou "desconto") nasce como eficácia do fato da aquisição de bens e serviços e da sujeição a despesas relacionadas com a atividade do contribuinte. Quanto à forma de cálculo do crédito, consiste na aplicação das alíquotas de 1,65% e 7,6%, caso de trate de contribuição ao PIS ou COFINS, independentemente de os bens, serviços e despesas terem sido onerados por equivalente alíquota. O montante do crédito não se afere com base no tributo incidente na etapa anterior do ciclo econômico, mas sim a partir de uma alíquota previamente determinada, aplicada sobre o valor da operação. Como decorrência disso, sendo o adquirente sujeito ao regime não-cumulativo da contribuição ao PIS e da COFINS, está autorizado a descontar créditos calculados a 1,65% e 7,6% em relação aos seus dispêndios, ainda que o fornecedor do bem ou serviço seja onerado com alíquota diversa, como é o caso das pessoas jurídicas tributadas pelo imposto de renda com base no lucro presu-

4. Essa construção normativa é referente apenas à tributação das pessoas jurídicas abrangidas pela regra da não-cumulatividade.

mido ou dos optantes pelo SIMPLES, além das demais entidades relacionadas no art. 8º da Lei n. 10.637/2002 e art. 10 da Lei n. 10.833/2003.

Isso evidencia a independência entre a regra-matriz tributária e a regra-matriz do direito ao crédito. O *direito ao crédito* é moeda escritural, e se, de um lado, é inexigível enquanto crédito pecuniário na via judicial, por outro, é imprescindível perante o lídimo exercício do direito à não-cumulatividade, que se consuma com o exercício da compensação desse crédito com o "débito tributário" (obrigação tributária) do Fisco. Pode ou não nascer, cronologicamente, simultaneamente ao fato jurídico tributário, mas *não decorre da regra-matriz de incidência*, que tem sua eficácia direcionada para instaurar a *obrigação tributária*. Internamente, analisando a fenomenologia da não-cumulatividade, verifica-se que o *direito ao crédito* do sujeito adquirente provém da norma denominada *regra instituidora do direito ao crédito* e formaliza-se com os atos praticados pelo administrado, ulteriormente homologados, de maneira tácita ou explícita, pelas autoridades fiscais.

A dinâmica que expusemos reproduz-se, ponto por ponto, em cada intervalo, espraiando-se pela cadeia produtiva e de comercialização dos produtos, mercadorias e serviços, de tal modo que torne efetivo, concretamente, o preceito da não-cumulatividade.

É despiciendo saber se houve ou não cálculo do tributo embutido no valor do produto, mercadoria ou serviço para justificar o *direito ao crédito*. Este não decorre da cobrança, nem da incidência, nem do pagamento do gravame; nasce da percussão da regra de *direito ao crédito*. A regra que estipula o nascimento desse direito goza de autonomia relativamente à norma que cuida da imposição tributária, sendo irrelevante, para a formação do *direito ao crédito*, o nascimento da obrigação tributária ou a circunstância de ter sido ou não extinta essa mesma relação: a cobrança do tributo na etapa anterior torna-se irrelevante para a formação do *direito ao crédito*.

5.1 Vedações a créditos

Como já anotado, o regime não-cumulativo implantado pelas Leis ns. 10.637/2002 e 10.833/2003 permite às empresas utilizar créditos de PIS e COFINS relativos às etapas anteriores da cadeia econômica para abatê-los dos valores das contribuições incidentes sobre suas receitas. Tais legislações, porém, limitam a possibilidade de creditamento, relacionando situações que não fazem surgir esse direito. Prescrevem, no art. 3º, § 2º:

> Art. 3º. (...).
>
> (...).
>
> § 2º. Não dará direito a crédito o valor:
>
> I – de mão-de-obra paga a pessoa física; e
>
> II – da aquisição de bens ou serviços não sujeitos ao pagamento da contribuição, inclusive no caso de isenção, esse último quando revendidos ou utilizados como insumo em produtos ou serviços sujeitos à alíquota 0 (zero), isentos ou não alcançados pela contribuição.

O inciso II, supra, foi acrescentado pela Lei n. 10.865/2004, vedando créditos decorrentes da aquisição de bens ou serviços não sujeitos ao pagamento da contribuição ao PIS e da COFINS, inclusive no caso de isenção, quando a revenda, produto ou serviço em que forem utilizados se apresentarem isentos, sujeitos à alíquota zero ou, por qualquer outro motivo, não tributados.

6. Operações envolvendo ativos fixos operacionais e a relação de direito ao crédito

Dentre as hipóteses que geram créditos de PIS e COFINS à pessoa jurídica, as Leis ns. 10.637/2002 e 10.833/2003 relacionam, expressamente, as "*máquinas, equi-*

pamentos e outros bens incorporados ao ativo imobilizado adquiridos para utilização na produção de bens destinados à venda, ou na prestação de serviços" (art. 3º, VI). Mas, quando os bens forem adquiridos sem incidência das contribuições, o direito ao crédito é limitado.

Considerando a situação relatada, e objetivando regulamentar o assunto, o Secretário da Receita Federal emitiu a Instrução Normativa n. 457, de 18.10.2004, disciplinando a utilização de créditos calculados em relação aos encargos de depreciação de máquinas, equipamentos, vasilhames de vidros retornáveis e outros bens incorporados ao ativo imobilizado, para fins de apuração da contribuição para o PIS/PASEP e da COFINS. Esse ato confirma a possibilidade de desconto de créditos relativos a bens do ativo fixo, estipulando o modo e prazo em que deve ser feito, e proibindo, no art. 1º, § 3º, II, a utilização de créditos "*na hipótese de aquisição de bens usados*".

Segundo entendimento da Secretaria da Receita Federal, os bens adquiridos, incorporados ao ativo imobilizado, quando tal operação não se sujeite à contribuição ao PIS e à COFINS, não geram direito ao crédito. Além disso, enfatiza a impossibilidade do creditamento quando os bens adquiridos para esse fim sejam usados.

Partindo dessas premissas, passemos ao exame das normas que disciplinam a incidência e o direito ao crédito das citadas contribuições em face de uma hipótese exemplificativa de transferência de bens dos ativos operacionais de uma empresa X para a formação do capital de suas subsidiárias.

(i) Situação 1 – Contribuição de ativos fixos operacionais

Ao efetuar essa espécie de transferência, a transmitente não se sujeita à tributação pela contribuição ao PIS e pela COFINS. Nesse caso, a pessoa jurídica que confere os bens para implementar constituição ou aumento de capital de outra pessoa jurídica recebe, em contrapartida, ações ou quotas, as quais não configuram receitas. Logo, inocorre subsunção à hipótese normativa tributária.

Ainda que se proceda à contribuição desses ativos fixos a valor de mercado, em decorrência de sua prévia reavaliação, não há que falar em incidência da contribuição ao PIS e da COFINS. Essa reavaliação nada mais é que o abandono do custo histórico dos bens do ativo, para considerar o valor de mercado, apresentando, com isso, quantificação mais condizente com a realidade econômica. O registro das reavaliações de ativos é efetuado na conta de reserva do patrimônio líquido, com base no laudo de reavaliação emitido por peritos ou empresa especializada, no qual devem constar a descrição por item patrimonial e as estimativas de vida útil remanescente desses ativos para possibilitar o cálculo da depreciação ou amortização.

Para fins fiscais, os órgãos competentes não consideram a reavaliação como tributável, ou seja, não é exigido o pagamento de tributos sobre o reconhecimento contábil da mais-valia do ativo desde que: (i) a mais-valia seja referente a itens do ativo permanente; (ii) a contrapartida do lançamento contábil seja no patrimônio líquido, reserva de reavaliação; e (iii) seja suportada por laudo de avaliação nos termos do art. 8º da Lei n. 6.404/1976.

A reavaliação, sendo mera adequação dos bens do ativo permanente às condições de mercado, não se qualifica como receita, razão pela qual também nessa hipótese inocorre incidência da contribuição ao PIS e da COFINS.

Quanto ao direito ao crédito para as empresas adquirentes, no caso, as subsidiárias, a legislação ordinária e a Instrução Normativa n. 457/2004, da Secretaria da Receita Federal, vedam-no. Isso porque, além da aquisição não ter-se sujeitado às contribuições examinadas, os bens de ativo imobilizado adquiridos são usados, enquadrando-se nas restrições do art. 3º, § 2º,

II, das Leis ns. 10.637/2002 e 10.833/2003, e do art. 1º, § 3º, II, da Instrução Normativa SRF n. 457/2004.

(ii) Situação 2 – Compra e venda dos ativos fixos operacionais

Existindo venda de bens do ativo fixo operacional da empresa X para a formação do capital de suas subsidiárias, que adquirem referidos bens, por eles pagando preço determinado, ocorre recebimento de receitas pela empresa vendedora, o que, à primeira vista, levaria à sua tributação pelas contribuições ao PIS e pela COFINS. As Leis ns. 10.637/2002 e 10.833/2003, porém, determinam a exclusão dessas receitas da base de cálculo daqueles tributos, instituindo verdadeira norma isentiva. Essa a razão pela qual nesse caso, mesmo havendo receita para a Consulente, vendedora dos ativos operacionais, não surgem as correspondentes obrigações tributárias.

Em contrapartida, não se sujeitando a aquisição de tais bens à contribuição ao PIS e à COFINS, esse negócio jurídico não acarreta direito a créditos para os adquirentes, nos termos do já citado art. 3º, § 2º, II, das Leis ns. 10.637/2002 e 10.833/2003. Além disso, há a proibição de crédito veiculado pelo art. 1º, § 3º, II, da Instrução Normativa SRF n. 457/2004, segundo o qual não podem ser descontados créditos relativos à aquisição de bens usados.

Do exposto, observa-se que em nenhuma das formas de transferência de bens do ativo fixo operacional é autorizada a exigência de pagamento da contribuição ao PIS e da COFINS. Do mesmo modo, em ambas as hipóteses a Secretaria da Receita Federal proíbe a utilização dos créditos correspondentes aos bens adquiridos.

7. A não-cumulatividade da contribuição ao PIS e da COFINS em face do art. 195, § 12, da Constituição da República

As considerações que acabei de fazer tomam por base a legislação ordinária e a Instrução Normativa emitida pela Secretaria da Receita Federal, refletindo, assim, o posicionamento adotado pelos órgãos fiscais da União. Isso não exclui, porém, a construção de conteúdo interpretativo diverso, especialmente quando fundado em dispositivo da Carta Magna, como é o caso do § 12 do art. 195, inserido pela Emenda Constitucional n. 42/2003, o qual assegura a não-cumulatividade das contribuições incidentes sobre a receita, sem impor qualquer restrição.

Tomando esse preceito constitucional como ponto de partida para o exame da não-cumulatividade das contribuições, observamos que embora caiba ao legislador ordinário indicar os setores de atividade econômica sujeitos a essa sistemática, não lhe é autorizado restringir os efeitos do regime não-cumulativo mediante a prescrição de limitações ou vedações. A não-cumulatividade apresenta-se como um princípio constitucional, cujo conteúdo mínimo não pode ser desprezado ou adulterado por legislação de inferior hierarquia.

7.1 A não-cumulatividade como princípio constitucional: limite objetivo que se preordena à realização de um valor

A Constituição Federal de 1988, cuidando da instituição do IPI e do ICMS, prescreveu que ambos seriam não-cumulativos, compensando-se o que for devido em cada operação com o montante cobrado nas anteriores.[5] Exigiu também o requisito da não-cumulatividade para a instituição válida de impostos e contribuições residuais,[6] determinando, atualmente, a aplicação dessa forma de tributação à contribuição ao PIS e à COFINS, relativamente aos setores de atividade econômica que o legislador infraconstitucional indicar.[7] Em todas essas hipóteses, a não-cumulatividade aparece como regra principiológi-

5. IPI: art. 153, § 3º, II; ICMS: art. 155, § 2º, I.
6. Arts. 154, I, e 195, § 4º.
7. Art. 195, § 12.

ca, orientando a atividade legislativa, que dela não pode distanciar-se.

Discordo, de forma veemente, dos argumentos que tentam subtrair da não-cumulatividade a característica de princípio constitucional, atribuindo-lhe a qualidade de mera "técnica de tributação". Essa espécie de assertiva decorre de confusão acerca da abrangência do vocábulo "princípio". Este, como anotei, alcança toda norma jurídica carregada de forte conotação axiológica, ainda que estruturada como um limite objetivo.

Realmente, a não-cumulatividade dista de ser um valor. Apresenta-se, entretanto, como limite objetivo que se quer cumprido por todos os sujeitos envolvidos na atividade de implantação do sistema tributário brasileiro. É um limite objetivo que se volta, mediatamente, à realização de certos valores, como o da *justiça da tributação*, do *respeito à capacidade contributiva do administrado* e da *uniformidade na distribuição da carga tributária*. Cumpre esses objetivos ao atuar sobre o conjunto das operações econômicas entre os vários setores da vida social, para que o impacto da percussão tributária não provoque distorções já conhecidas pela experiência histórica, como a tributação em cascata, com efeitos danosos na apuração dos preços e crescimento estimulado na aceleração inflacionária. E entre as possibilidades de disciplinas jurídicas neutralizadoras daqueles desvios de natureza econômica, nosso constituinte adotou determinado caminho, mediante a estipulação de um verdadeiro limite objetivo.

7.2 Conteúdo mínimo de significação do "princípio da não-cumulatividade"

Vimos que a não-cumulatividade é princípio constitucional de aplicação obrigatória ao IPI, ICMS, impostos e contribuições residuais, e, agora, à contribuição ao PIS e à COFINS. Relativamente ao IPI e ICMS, o constituinte houve por bem elucidar o conteúdo da não-cumulatividade, prescrevendo a compensação do que for devido em cada operação com o montante incidente nas anteriores. No que concerne à não-cumulatividade necessária à instituição de impostos e contribuições residuais, assim como ao PIS e à COFINS, silenciou o legislador constitucional acerca do seu significado e abrangência. Do exame sistemático do Texto Magno, entretanto, podemos concluir que o conceito de "não-cumulatividade" utilizado pela Constituição da República é uniforme. Trata-se de um princípio constitucional erigido com a finalidade de evitar a superposição de cargas tributárias, impedindo a incidência do mesmo tributo mais de uma vez sobre valor que já serviu de base à sua cobrança em fase anterior do processo econômico.

Todas as vezes que o constituinte empregou o termo "não-cumulativo", fê-lo para indicar aquela sistemática em que cada etapa do ciclo de operações ou prestações sofra apenas uma incidência tributária. Assim, o legislador ordinário, em relação ao PIS e à COFINS, pode adotar qualquer das diversas técnicas susceptíveis de ser formuladas para que o tributo incida apenas uma vez em cada negócio realizado. Mas, independentemente do método escolhido, somente se poderá falar em não-cumulatividade se ausentes limitações ou restrições ao aproveitamento do tributo relativo aos negócios jurídicos anteriores. Apenas se amplo e irrestrito o direito ao crédito, o tributo não se acumulará. Caso alguma exação devida em uma das etapas do ciclo não seja levada em conta nas subseqüentes, haverá sobreposição do ônus tributário, em manifesta violação ao comentado princípio constitucional.

7.3 O fenômeno da isenção em face dos tributos não-cumulativos

A norma de isenção atua sobre a regra-matriz de incidência tributária, investindo contra um ou mais critérios de sua estrutura, mutilando-os parcialmente. Com efeito, trata-se de encontro de duas normas jurídicas que têm por resultado a inibição da incidência da hipótese tributária sobre os eventos abstratamente qualificados pela norma isentiva, ou que tolhe sua conseqüência, comprometendo-lhe os efeitos prescritivos da conduta. Se o fato é isento, sobre ele não se opera a incidência e, portanto, não há que falar em fato jurídico tributário, tampouco em obrigação tributária. E se a isenção se der pelo conseqüente, a ocorrência fáctica encontrar-se-á tolhida juridicamente, já que a sua eficácia não poderá ser irradiada.

Se a operação é isenta, *a regra-matriz de incidência tributária* fica neutralizada, não havendo que falar em acontecimento do fato jurídico tributário e, por via de conseqüência, em nascimento da correspondente obrigação. Entretanto, percutindo sobre o mesmo suporte fáctico para determinar outro fato jurídico, a *regra que estatui o direito ao crédito* produz seus efeitos, para o fim de constituir o *direito ao crédito*. São duas regras diversas e independentes, cada qual gerando seus próprios resultados.

Como o *direito ao crédito* não decorre da incidência da norma tributária, fica sendo de todo irrelevante saber se a operação é ou não isenta, se o fato jurídico tributário adquiriu ou não a concrescência que dele se esperava, se irrompeu ou não o vínculo obrigacional do imposto, se foi ou não cobrado o valor da eventual prestação. Na verdade, a cobrança da dívida, a instalação da obrigação tributária, a concretude do fato jurídico, a dinâmica da regra-matriz de incidência e a atuação da regra isentiva são momentos da fenomenologia jurídica dos tributos que não influem na composição do *direito ao crédito*.

A atuação da regra isentiva não macula o direito ao crédito. A norma de isenção existe para inibir a incidência da norma tributária, nos específicos casos nela previstos, e não para prejudicar o direito ao crédito, comprometendo, de algum modo, as metas constitucionais da não-cumulatividade.

Apenas em relação ao ICMS a Carta Magna prescreve que "a isenção ou não-incidência, salvo determinação em contrário da legislação: a) não implicará crédito para compensação com o montante devido nas operações ou prestações seguintes; b) acarretará a anulação do crédito relativo às operações anteriores" (art. 155, § 2º, II).

A tentativa de estender tal restrição aos demais tributos não-cumulativos é fabricar prescrições, em manifestação cerebrina, atribuindo-as a um pseudolegislador constitucional, que muito distante esteve de tais elucubrações.

Diversamente do que ocorre com o ICMS, no que diz respeito à contribuição ao PIS e à COFINS, o constituinte não especificou o conteúdo, limites e extensão do princípio da não-cumulatividade, deixando de pormenorizar o modo pelo qual o objetivo prescrito há de ser alcançado. Esse silêncio, no entanto, está longe de implicar total liberdade do legislador na implantação daquele primado. Ao contrário, a singela indicação da não-cumulatividade como vector a ser seguido revela a amplitude do princípio, que não comporta restrição de espécie alguma, limitando sobremaneira a ação legislativa.

Por ocasião da disciplina da não-cumulatividade daquelas contribuições, à lei infraconstitucional é vedado restringir seu alcance ou extensão. Quando muito, poderá tratar dos deveres instrumentais necessários à concretização do princípio, como procedimentos de constituição, registro e utilização dos créditos, bem como indicar os setores da atividade econômica sujeitos ao regime não-cumulativo, observadas as peculiaridades dos respectivos ciclos produtivos.

A conclusão há de ser peremptória: explicitamente posto o cânone da não-cumulatividade, que não só permite como exige o exercício do direito ao crédito do tributo, e na ausência de obstáculo constitucional para sua implantação, as restrições válidas para o ICMS não podem ser aplicadas à contribuição para o PIS e à

COFINS. O princípio da não-cumulatividade prescrito às referidas contribuições consiste no direito de o contribuinte compensar, abater, deduzir ou reduzir o valor da contribuição correspondente às etapas anteriores do ciclo econômico (independentemente da efetiva incidência tributária), sem qualquer tipo de condição, limitação ou restrição. Tudo para que apenas o valor agregado sofra tributação na seqüência da cadeia negocial.

8. A linguagem do legislador e a interpretação do preceito constante do art. 3º, § 2º, II, das Leis ns. 10.637/2002 e 10.833/2003, introduzido pela Lei n. 10.865/2004

Toda espécie de linguagem apresenta-se composta por signos. Entretanto, mero conjunto sígnico não configura, necessariamente, linguagem. Para tanto, imprescindível que tais elementos estejam ordenados de forma que possibilitem interação entre dois ou mais sujeitos. Onde houver linguagem haverá possibilidade de comunicação. Polarizemos nossas atenções, porém, nos sistemas idiomáticos, pois esses corpos de linguagem, dotados de amplos recursos para o desenvolvimento do processo de comunicação, são os utilizados pelo legislador.

Existem fatores que distorcem, dificultam ou retardam o recebimento da mensagem, tecnicamente denominados "ruídos". A ambigüidade e a vaguidade, por exemplo, são problemas semânticos presentes onde houver linguagem. Um termo é vago quando não existe regra que permita decidir os exatos limites para sua aplicação, havendo um campo de incerteza relativa ao enquadramento de um objeto na denotação correspondente ao signo. Já a ambigüidade é caso de incerteza designativa, em virtude da coexistência de dois ou mais significados.

Esclarecendo o assunto, escreve Luís Alberto Warat[8] que um termo é ambíguo quando existem dúvidas sobre qual seu âmbito de denotação, ao passo que será vago toda vez que, especificado seu campo denotativo, surgirem dúvidas em torno de sua extensão.

Como todas as palavras são vagas e potencialmente ambíguas (Alf Ross), mostra-se necessário, em qualquer análise de texto que se pretenda aprofundada, efetuar-se rigoroso estudo lingüístico.

Recorde-se também, nesta oportunidade, a existência de diversos tipos de linguagem, interessando-nos, para os fins do presente trabalho, ressaltar as diferenças concernentes à linguagem natural ou ordinária, à linguagem técnica e à linguagem científica. A *linguagem natural* é aquela da qual se utilizam os seres humanos em sua comunicação ordinária, possuindo apreciável riqueza significativa, mas lidando com significações muitas vezes imprecisas, dada a intensidade com que se apresentam vagas e ambíguas. A linguagem natural não se presta, portanto, à elaboração de um discurso rigoroso, tendente à univocidade e formulado de modo satisfatoriamente preciso. *Linguagem técnica* é aquela que se assenta no discurso natural, mas aproveita, em quantidade considerável, palavras e expressões de cunho determinado, pertinentes ao domínio da linguagem científica. Já esta última, a *linguagem científica*, aparece quando se outorga a certos vocábulos ou expressões um valor semântico restrito, por meio de definições precisas.

As ponderações acima mostram-se de grande relevância para o estudo e a aplicação do direito positivo. A linguagem empregada pelo legislador na redação dos textos jurídicos é a *técnica*, valendo dizer que parte do discurso natural, mas aproveita, em porção significativa, vocábulos e locuções de cunho determinado, pertencentes ao domínio científico. Ao ingressarmos

8. *O Direito e sua Linguagem*, 2ª ed., Porto Alegre, Sergio Antonio Fabris Editor, 1995, p. 79.

na interpretação do direito posto, tal fator há de ser impreterivelmente considerado. O sentido das construções utilizadas pelo legislador não deve ser buscado, por isso mesmo, na linguagem ordinária, repleta de imprecisões. Mister se faz que a interpretação dos textos jurídicos se dê a partir das significações atribuídas pelo discurso científico, pois somente dessa maneira será possível alcançar o padrão preciso que aquele tipo de mensagem requer.

Nessa esteira, examinemos o art. 3º, § 2º, II, das Leis ns. 10.637/2002 e 10.833/2003, segundo o qual não dará direito a crédito o valor "da aquisição de bens ou serviços não sujeitos ao pagamento da contribuição, inclusive no caso de isenção, esse último quando revendidos ou utilizados como insumo em produtos ou serviços sujeitos à alíquota 0 (zero), isentos ou não alcançados pela contribuição".

Diversas são as hipóteses de não sujeição ao pagamento da contribuição ao PIS e da COFINS, susceptíveis de serem enquadradas na parte inicial do preceito restritivo acima. Dentre elas, as mais comuns são: (*i*) inexistência de receita, não ocorrente o fato jurídico tributário que dá nascimento aos gravames; (*ii*) imunidade tributária, por se tratar de situação à qual o constituinte proibiu a incidência do tributo; e (*iii*) isenção, em que a obrigação tributária não nasce em virtude de ter o legislador ordinário assim determinado, mediante mutilação parcial da regra-matriz. Não obstante todos esses fenômenos jurídicos acarretarem a *não sujeição ao pagamento da contribuição*, o dispositivo em exame confere tratamento diferenciado à isenção, determinando que, na hipótese dos bens e serviços adquiridos serem isentos, é vedado o direito ao crédito, apenas e tão-somente, se a saída desses bens e serviços também não se sujeitar ao pagamento de tais tributos.

Nos termos dessa interpretação, e considerando a tecnicidade do vocábulo "isenção", a transferência de bens dos ativos operacionais mediante conferência destes para formação do capital das subsidiárias não daria direito ao crédito, visto não ser essa aquisição sujeita à contribuição ao PIS e à COFINS em razão da inexistência de receita.

Por outro lado, dando-se a aquisição dos ativos operacionais por ato de compra e venda, tem-se a ocorrência de receitas, as quais estão isentas da tributação. Daí por que nesse caso, mesmo não havendo exigência do pagamento de PIS e COFINS, a aquisição gera créditos às subsidiárias adquirentes. Como acabei de referir, a isenção impossibilita o direito ao crédito tão-só quando os bens adquiridos forem revendidos ou utilizados em produtos ou serviços sujeitos à alíquota zero, isentos ou não alcançados pelas contribuições.

Ademais, no que diz respeito à vedação constante da Instrução Normativa n. 457/2004, da Secretaria da Receita Federal, no sentido de não poderem ser aproveitados créditos na hipótese de aquisição de bens usados, tal vedação é juridicamente inaplicável por violar o princípio da estrita legalidade tributária. As instruções normativas caracterizam-se como instrumentos normativos secundários, inteiramente subordinados à lei, não sendo veículo apropriado à inovação do ordenamento, mediante introdução de normas que obrigam os particulares. Por ser ato infralegal, inconcebível a veiculação de restrição não referida pelas leis ordinárias.

Esta é, a meu ver, a interpretação mais apropriada do dispositivo examinado. No entanto, registro que a posição da Secretaria da Receita Federal é diversa, razão pela qual esses créditos devem ser buscados perante o Poder Judiciário.

9. A disciplina da transferência de bens dos ativos no direito brasileiro

Sabe-se que é permitido, às relações jurídicas de direito privado, a realização de atos negociais dos mais variados, objetivando a redução de custos e majoração de resultados positivos.

Retomemos o exemplo acima referido de transferência de bens dos ativos operacionais de uma empresa X para a formação do capital de suas subsidiárias. Ao proceder à referida reestruturação de sua atividade empresarial, a empresa X pode optar por diversos meios de operacionalizá-la. Decidindo realizar contribuição de bens para a formação do capital de subsidiárias suas, como no caso trazido para discussão, ou escolhendo fazer essa transferência de ativos mediante negócio jurídico de compra e venda, descabida é qualquer tentativa de descaracterizá-los para fins de tributação, ou, no caso, de aplicação do art. 30 da Lei n. 10.865/2004.

Nenhuma das duas espécies de ato se confunde com a cisão. Esta, nos termos do art. 229 da Lei n. 6.404/1976, "é a operação pela qual a companhia transfere parcelas do seu patrimônio para uma ou mais sociedades, constituídas para esse fim ou já existentes, extinguindo-se a companhia cindida, se houver versão de todo o seu patrimônio, ou dividindo-se o seu capital, se parcial a versão".

A cisão consiste numa forma de reorganização empresarial em que ativos e passivos são divididos entre uma ou mais sociedades adicionais, sendo que a transferência de ativos não pode ser feita desacompanhada dos passivos a eles correspondentes.

As sociedades surgidas em virtude da cisão assumem a titularidade dos direitos e obrigações da pessoa jurídica cindida, na exata proporção do patrimônio recebido. O que se transfere não são somente bens, mas parcelas patrimoniais como um todo, abrangendo, inclusive, o passivo proporcional ao valor do patrimônio líquido transferido. A cisão acarreta uma necessária divisão do capital e a sucessão nos direitos e obrigações relacionados.

Por ocasião do advento da Lei n. 6.404/1976, Alberto Xavier já afirmava ser possível atingir os mesmos objetivos da cisão mediante técnicas muito simples do Direito Comercial. Isso não significa, entretanto, identidade entre a cisão e a contribuição de bens ao capital de outra pessoa jurídica, como reconhece também o citado jurista: "A originalidade da figura da cisão está em que, ao contrário da conferência de bens normal, efetuada para constituição ou aumento de capital, não é a pessoa jurídica conferente que recebe a contrapartida em ações ou quotas, mas diretamente os próprios sócios".[9]

A conferência de bens para a formação do capital de outra pessoa jurídica, portanto, não se identifica com a cisão. Muito menos a operação de compra e venda, em que os bens do ativo são transferidos mediante a realização de negócio jurídico de cunho oneroso, com o pagamento de preço correspondente ao valor dos bens adquiridos.

Além de tratar-se de situações jurídicas distintas e inconfundíveis, o fato de todas elas acarretarem o efeito da transferência de bens não autoriza que as autoridades fiscais desconsiderem as formalidades adotadas, para fins de caracterizar ato distinto, como, por exemplo, cisão. Somente na hipótese de o ato ser praticado de modo ilícito, com simulação, em manifesta divergência entre a vontade real das partes e o negócio por elas declarado é que se tem evasão fiscal, possibilitando a descaracterização dos negócios praticados pelos particulares.

No caso submetido à minha apreciação neste estudo, não se verificando ocultação de fato tributário algum, sendo os atos jurídicos praticados lícitos, espelham a real vontade das partes e inexistindo declaração falsa relativamente às atividades praticadas, descabe, por conseguinte, sua desconsideração. Há plena possibilidade jurídica de a empresa optar pela transfe-

9. "Problemas fiscais da incorporação, fusão e cisão de sociedades", in *I Ciclo de Conferências sobre Temas Tributários*, coord. Geraldo Ataliba, São Paulo, Resenha Tributária, 1979, pp. 53-54.

rência de ativos mediante contribuição ao capital das subsidiárias ou operação de compra e venda sem que o ato praticado possa ser caracterizado como cisão, pois se trata de três espécies negociais distintas, com efeitos jurídicos igualmente diversos, cabendo a escolha por aquele que melhor se adequar às características da pretendida reestruturação empresarial.

10. Respostas às indagações formuladas

Com base nas ponderações desenvolvidas até aqui, passo a responder às perguntas formuladas. Para tanto, permito-me reescrever as indagações propostas na introdução do presente trabalho, enfrentando-as, objetivamente, uma a uma.

A) Com relação à contribuição ao capital de bens contabilizados como ativo fixo:

1. Haverá a incidência de PIS e COFINS na contribuição a valor contábil dos ativos fixos operacionais de propriedade de uma empresa X ao capital de suas subsidiárias? Uma variação desta alternativa seria a contribuição destes ativos a valor de mercado. Para tanto, tais bens seriam objeto de reavaliação, previamente à contribuição destes, sendo que a contrapartida dessa reavaliação seria levada à conta de reserva de reavaliação no patrimônio líquido de uma empresa X. Considerando tais fatos, ou seja, a contribuição ao capital dos bens a valor reavaliado, haverá a incidência de PIS e COFINS na contribuição a valor de mercado dos ativos fixos operacionais de propriedade de uma empresa X ao capital de suas subsidiárias?

Resposta: Não há que falar em incidência de PIS e COFINS na hipótese de contribuição dos ativos fixos operacionais de uma empresa X para a formação do capital de suas subsidiárias, quer esta se realize por valor contábil ou por valor de mercado. Nessa forma de transferência, a contrapartida consiste em ações ou quotas, que não configuram receitas, inocorrendo subsunção à hipótese normativa tributária.

A conclusão será a mesma caso se faça a transferência após reavaliação dos ativos a valor de mercado, pois consiste em mera adequação dos bens do ativo permanente às condições econômicas atuais, não se qualificando, também, como receita.

2. No exemplo proposto, as empresas subsidiárias poderão utilizar os créditos relacionados aos ativos operacionais a que se refere o art. 3º, VI, da Lei n. 10.833/2003, com as alterações trazidas pela Lei n. 10.865/2004, após a implementação do Processo de Reorganização, caso a transferência destes ativos se dê por contribuição de capital, considerando também as restrições impostas pelo art. 3º, § 2º, inc. II, da Lei n. 10.833/2003?

Resposta: Considerando as restrições impostas pelo art. 3º, § 2º, II, das Leis ns. 10.637/2002 e 10.833/2003, é vedada a utilização dos créditos referentes aos ativos operacionais transferidos. Isso porque, nos termos daquela legislação, conquanto seja permitida a dedução de créditos calculados em relação à aquisição de máquinas, equipamentos e outros bens incorporados ao ativo imobilizado (art. 3º, VI), caso as aquisições não se sujeitem ao pagamento da contribuição para o PIS e da COFINS, tais negócios jurídicos não dão direito a créditos.

Nesse mesmo sentido, prescreve o art. 1º, § 3º, II, da Instrução Normativa n. 457/2004, da Secretaria da Receita Federal, a impossibilidade de utilização de créditos na hipótese de aquisição de bens usados. Por mais essa razão, as empresas subsidiárias não poderão utilizar os créditos relacionados aos ativos operacionais adquiridos da empresa X.

Faço, porém, a ressalva de que a Constituição Federal, ao dispor sobre o regime não-cumulativo das contribuições sobre as receitas, não impôs limitação ou vedação alguma, motivo pelo qual o assunto é susceptível de discussão na esfera judicial.

B) Com relação à compra e venda de ativos fixos operacionais:

3. As empresas subsidiárias poderão utilizar os créditos relacionados aos ativos operacionais a que se refere o art. 3º, VI, da Lei n. 10.833/2003, com as alterações trazidas pela Lei n. 10.865/2004, após a implementação do Processo de Reorganização, caso a transferência destes ativos se dê por compra e venda?

Resposta: Pelos mesmos argumentos consignados na indagação anterior, a resposta é negativa. Embora se trate de negócio que acarrete receita para a empresa transmitente, os valores por ela recebidos em decorrência da venda dos bens do ativo imobilizado não se sujeitam à tributação pelo PIS e COFINS, razão pela qual os órgãos fiscais da União não aceitam sejam utilizados os créditos correspondentes (art. 3º, § 2º, II, das Leis ns. 10.637/2002 e 10.833/2003).

Sobremais, em se tratando de bens usados, aplica-se a essa hipótese, também, a Instrução Normativa n. 457/2004, da Secretaria da Receita Federal, vedando referido creditamento.

O assunto pode, porém, ser discutido perante o Poder Judiciário. Além do argumento relativo à inexistência de imposição de limitações pelo Texto Constitucional, operando-se a transferência dos bens por compra e venda, outro fator justifica o requerimento judicial do direito ao crédito: o art. 3º, § 2º, II, das Leis ns. 10.637/2002 e 10.833/2003, com a redação dada pela Lei n. 10.865/2004, conquanto vede o crédito nas aquisições de bens e serviços não sujeitos ao pagamento de contribuição, faz a ressalva de que, em se tratando de isenção, será proibido o creditamento apenas se os bens ou serviços adquiridos forem revendidos ou utilizados como insumo em produtos ou serviços isentos, sujeitos à alíquota zero ou não alcançados por contribuições. Assim, tendo em vista que as receitas decorrentes da venda de bens do ativo imobilizado são excluídas da base de cálculo das contribuições, caracterizando verdadeiras isenções, e que os ativos adquiridos serão empregados no exercício de atividade tributada pelo PIS e COFINS, seria inaplicável a comentada restrição ao crédito.

4. Com relação a ambas as alternativas de transferência de ativos objeto de avaliação para o Processo de Reorganização, poderia o Fisco vir a descaracterizá-la para conferir a estas o tratamento de uma cisão, para o fim de se ver aplicada a restrição ao direito de creditamento constante do art. 30 da Lei n. 10.865/2004?

Resposta: De modo algum. Em virtude do princípio da autonomia da vontade, que regula as relações intersubjetivas no Direito Privado, é facultada ao particular a celebração de atos negociais dos mais variados, com a finalidade de reorganizar suas atividades e alcançar melhor resultado econômico. O requisito para tanto, é a licitude dos atos praticados, manifestando a real vontade das partes.

Na situação objeto do presente estudo, ambas as opções relativas à transferência dos ativos operacionais são admissíveis, caracterizando atos jurídicos distintos entre si e inconfundíveis com a cisão.

Grande é a distância entre cisão e negócio de compra e venda, pois enquanto naquela se opera uma divisão patrimonial da pessoa cindida, neste tem-se disposição de bens específicos, cuja contraprestação é representada por um preço. Também a cisão e a conferência de bens para a formação de capital das subsidiárias não podem ser tratadas indistintamente, já que nesta não se verifica a transmissão de toda a parcela patrimonial, com direitos e obrigações proporcionais à divisão, além do fato de que, enquanto na cisão a contrapartida em quotas ou ações se incorpora ao patrimônio dos sócios, na conferência de bens essas ações ou quotas dirigem-se à pessoa jurídica transmitente.

Sendo atos jurídicos distintos, todos lícitos e refletindo a real vontade das partes, inconcebível qualquer tentativa de descaracterizar a opção negocial da empresa X, mormente quando o que se objetiva é apenas o aumento da arrecadação pela exigência de tributo ou restrição de créditos tributários.

ISS – ANULAÇÃO DE ATO ADMINISTRATIVO

AIRES F. BARRETO
Advogado. Professor de Direito Tributário nos Cursos de Especialização da PUC/COGEAE, do Centro de Extensão Universitária-CEU, do Instituto Brasileiro de Estudos Tributários-IBET e da GV*Law*, da FGV. Presidente do Instituto Geraldo Ataliba – Instituto Internacional de Direito Público e Empresarial.

PARECER. *I – Pressupostos necessários: 1. O magno princípio da segurança jurídica; 2. O princípio da boa-fé; 3. O ato administrativo; 4. Motivação do ato administrativo; 5. Anulação do ato administrativo; 6. Prazo para anulação do ato administrativo; 7. Lançamento: ato administrativo. II – O caso concreto: 1. Boa-fé da Consulente e o art. 146, do CTN. III – Resposta aos quesitos.*

A conhecida e nacionalmente respeitada empresa "X", doravante denominada simplesmente Consulente, consulta-nos sobre questão pertinente ao ISS, em matéria que envolve a anulação de decreto por outro decreto, que fixara a base calculada (base de cálculo concreta), dos serviços de construção civil, que a Consulente vêm executando, em obra que se espraia por vários Municípios. O objeto sobre o qual a Consulente deseja o nosso parecer envolve, pois, simultaneamente, temas de Direito Constitucional, Administrativo e Tributário.

Para elucidar a situação, sanando eventuais dúvidas, a Consulente, precedentemente à formulação dos quesitos que quer ver respondidos, desenvolve o seguinte histórico:

A empresa "X" é conhecida empresa nacional, criada há mais de 66 anos, atuante no ramo de construções de grande porte em diversos pontos do território nacional, edificando obras de metrô, aeroportos, rodovias, hidrelétricas e muitas outras, fato este de conhecimento público.

"Foi contratada pela Companhia 'Y' para a construção da Usina 'U' na região no extremo oeste do Estado de São Paulo.

"Trata-se de uma obra de grandes dimensões, cujos impactos abrangeram uma grande extensão territorial e vários municípios. Com efeito, a bacia de inundação do lago abrangeu vários Municípios da região.

"Em face da dimensão da obra, tanto no aspecto de 'tamanho' quanto de 'duração', houve uma grande quantidade de documentos fiscais recebidos de fornecedores (materiais e subempreitadas) que, segundo o Decreto-lei n. 406/1968 então vigente, concedia à empresa 'X' a prerrogativa de sua dedução da base de cálculo do ISS.

"A fim de facilitar tanto seus trabalhos quanto da fiscalização, a empresa 'X' pleiteou junto aos Municípios a criação de mecanismos que facilitassem a apuração do ISS. Tal pleito ocorreu, via de regra, por meio de 'consultas' e de esclarecimentos verbais às autoridades.

"No Município 'A', foi editado o Decreto n. 01, arbitrando em 15% sobre o preço dos serviços o montante de dedução a título de materiais fornecidos para a aplicação na obra.

"No entanto, posteriormente foi promulgado o Decreto n. 02, *anulando* o Decreto n. 01 por supostos vícios de origem.

"Atualmente, o Município 'A' exige o pagamento da 'diferença não recolhida', acrescida de multa, juros etc., ameaçando inclusive denunciar criminalmente a empresa 'X'.

"Para uma melhor análise da situação e decisão quanto ao procedimento a ser adotado pela Empresa, solicitamos parecer de V.Sa. quanto aos aspectos jurídicos da situação descrita acima, esclarecendo, especificadamente, as seguintes dúvidas:

"(i) *Mencionado que houve um processo a respaldar a promulgação do Decreto Municipal, cabe à Administração Municipal resguardar e manter, toda a documentação correspondente, a salvo?*

"(ii) *Caberia ao contribuinte manter cópia ou comprovação desse processo administrativo?*

"(iii) *Em não conseguindo encontrar tal processo, quais medidas devem ser tomadas pela Administração Pública?*

"(iv) *Se não for encontrado o processo, será válida a decretação da nulidade do decreto original que prevê a dedução do material na proporção definida? Quem responderá por eventual perda tributária? Caberá falar em responsabilidade civil e criminal?*

"(v) *Se for constatado que não existiu o processo, mencionado no instrumento normativo, o decreto é nulo? Quais as responsabilidades decorrentes?*

"(vi) *Outras considerações que se façam necessárias.*"

Sobre essas questões, é o seguinte

Parecer

A análise e o equacionamento das questões postas pela Consulente exigem a incursão sobre temas de três distintas ordens (a) no Direito Constitucional; (b) no âmbito do Direito Administrativo; e (c) na seara do Direito Tributário. Essa decomposição não significa, por óbvio, que esteja a considerar esses três ramos didáticos do Direito, de modo isolado, específico, pondo de parte o entendimento consagrado e inquestionável da unidade do Direito. Respeitado o todo incindível, é de bom alvitre que, para efeitos didáticos e expositivos, sejam versados inauguralmente, os princípios constitucionais que haverão de condicionar a exegese da problemática posta, para só depois cuidar dos temas relativos ao Direito Administrativo, e, finalmente, abordar as conseqüências dessa matéria no âmbito do Direito Tributário. Com efeito, não se poderá chegar a porto seguro, se não com a integral observância dos princípios que regem o nosso sistema constitucional. Por fim, ao adentrar os temas de Direito Administrativo e de Direito Tributário, não poderemos nos olvidar das admoestações que, em suas aulas, eram feitas pelos mestres Celso Antônio Bandeira de Mello e Geraldo Ataliba, segundo as quais "o Direito Tributário nada mais é do que um capítulo do Direito Administrativo". E do aditamento que fazia este último para que no nosso mister não nos afastássemos das grandes diretrizes constitucionais. É tendo presente esses fundamentos, vitais para o correto equacionamento da questão, que pretendemos cuidar da matéria.

I – Pressupostos necessários

1. O magno princípio da segurança jurídica

O Direito gravita em torno do magno princípio da segurança jurídica. Tão relevante, tal sua posição de preeminência, que alguns o designam de sobreprincípio.

Os sistemas jurídicos nos Estados de Direito exprimem-se por normas gerais que, independentemente de estarem expressamente positivadas, devem ser obedecidas pelas pessoas alcançadas pelo ordenamento jurídico. Entre essas normas gerais, designadas de princípios gerais de direito, desponta, sobranceiro, o da segurança jurídica.

Não foi por outra razão que Gomes Canotilho afirmou que "o homem necessita de uma certa segurança para conduzir, planificar e conformar autônoma e responsavelmente a sua vida. Por isso, desde cedo se considerou como elementos constitutivos do Estado de direito o princípio da segurança jurídica e o princípio da confiança do cidadão".[1]

E, cuidando de explicitar o conteúdo dessa magna diretriz, esse acatadíssimo constitucionalista português, refere os dois princípios em que a segurança se desdobra, nos seguintes termos: "A idéia de segurança jurídica reconduz-se a dois princípios materiais concretizadores do princípio geral de segurança: princípio da determinabilidade de leis expresso na exigência de leis claras e densas e o princípio da protecção da confiança, traduzido na exigência de leis tendencialmente estáveis, ou, pelo menos, não lesivas da previsibilidade e calculabilidade dos cidadãos relativamente aos seus efeitos jurídicos".[2]

A exigência de leis claras – o que se estende, obviamente, aos atos administrativos – e confiança na atuação e lealdade da Administração, em que se desdobra o princípio da segurança jurídica, diretriz maior do nosso sistema, ainda que não positivada expressamente, devem merecer integral respeito. Em suas ricas e esclarecedoras exposições, o mestre Geraldo Ataliba enfatizava que o princípio expresso não é superior, não goza de supremacia em relação ao implícito. Isso ocorre, sobremodo, com um sobreprincípio como é o da segurança jurídica, porque como se disse é ele a razão de existir do próprio Direito.

É com base nesses ensinamentos, que a insigne professora, Lúcia Valle Figueiredo, expoente do Direito Administrativo, adverte: "Portanto, os princípios gerais de Direito, ainda que não positivados explicitamente, devem pelo intérprete ser respeitados, porque conaturais ao Estado de Direito, como proclamado no art. 1º da Constituição. De conseguinte, os princípios gerais de direito serão vetores interpretativos, mormente quando não houver norma expressa para contrariá-los".[3]

Como quer que seja – princípio ou sobreprincípio – é preciso sublinhar que o primado da segurança jurídica permeia e impregna o conteúdo de todos os demais princípios. A segurança jurídica é a razão de ser de todos os demais vetores prestigiados pela Constituição. De fato, o princípio da legalidade existe para que se possa ter segurança jurídica, idêntica é a razão da existência do princípio da igualdade; só há falar em irretroatividade, para prestigiar a segurança jurídica; só se cuida de evitação ao efeito de confisco, para preservar a segurança jurídica; só se assegura o direito de propriedade, para garantir a segurança jurídica.

Os vetores e diretrizes constitucionais destinam-se a preservar a segurança jurídica. Tomando de empréstimo a frase magistral de Souto Borges, a segurança jurídica não está na Constituição, a segurança jurídica é a Constituição.

Relativamente ao âmbito do Direito Tributário, a Constituição não se satisfez com a inserção dos princípios gerais, dedicando-lhe cuidado especial. Julgando insuficientes os princípios gerais, agregou-lhes

1. J. J. Gomes Canotilho, *Direito Constitucional*, 6ª ed. rev., Coimbra, Almedina, 1993, pp. 370-372.

2. Idem, ibidem.

3. Lúcia Valle Figueiredo, "O princípio da moralidade administrativa e o Direito Tributário", in *Estudos em Homenagem a Geraldo Ataliba 2, Direito Administrativo e Constitucional*, São Paulo, Malheiros Editores, 1997, p. 419.

outros, bem específicos, uma redoma especial, como o que decorre da legalidade estrita, sempre no propósito final e bem demarcado da realização da segurança jurídica, rigorosamente a própria razão de existir do próprio Direito.

Não é demais reiterar que, no campo do Direito Tributário, só há razão para a anterioridade, a noventena, a irretroatividade, além de outros, se formulados sob o vinco da realização da segurança jurídica.

O que sobreleva é a circunstância de que em homenagem à segurança jurídica, o Direito Tributário deduziu uma série de princípios peculiares, específicos, que se conjugam harmonicamente, compondo um sistema. Erigiu o princípio da igualdade, em matéria tributária, dele derivando o princípio da capacidade contributiva e, ainda insatisfeito, exigiu que as incidências fossem sempre decorrentes de lei em sentido estrito, é dizer, lei em sentido material e em sentido formal (o que se resolveu denominar de princípio da reserva absoluta de lei formal, na conceituação de Alberto Xavier), ou, como preferia Geraldo Ataliba, princípio da estrita legalidade em matéria tributária). Desdobrou-a, ainda, no princípio da tipicidade da tributação.

Insatisfeita, a segurança jurídica exigiu mais. Consoante preleciona Alberto Xavier,[4] não ficou no plano da norma, influindo, também, "*no plano da investigação dos factos tributáveis*".

É como fruto da necessidade de observância da diretriz da segurança jurídica que, entre nós, se têm previsto os procedimentos administrativos, existentes não só nos âmbitos federal e estadual, mas vigorante na vasta gama de Municípios, além do Distrito Federal.

Nesse patamar, sobressaem os princípios da vinculação, da contrariedade, da descoberta da verdade material, do dever estatal de investigação e da imparcialidade.

2. O princípio da boa-fé

Fundamental relevância tem, outrossim, para o preciso desate das questões postas, o princípio da boa-fé. Hoje, ninguém questiona a expressiva presença do princípio da boa-fé a orientar a solução de problemas. Atua esse princípio especialmente no campo do Direito Administrativo, porque a retidão, o comportamento adequado, despido de malícia ou de desvios, é a característica do comportamento das pessoas, no seu relacionamento com as demais, especialmente com o Poder Público. É natural que o relacionamento Fisco-contribuinte se dê, sempre, sob a bandeira da boa-fé.

Boa-fé e moralidade são institutos que andam entrelaçados, especialmente no campo do Direito Administrativo. Essa conexão já fora abordada por Gonzalez Perez, no seguinte trecho da sua obra:

"El principio general de la buena fe no solo tiene aplicación en el Derecho Administrativo, sino que en este ámbito adquiere especial relevancia. Como dice Guasp, 'todos los campos del derecho estatal son clima propicio como cualquier otro, al desarrollo de esta verdadera patología de lo jurídico'. Y es más, ella se da en el seno de los dos principales elementos que conjuga la relación jurídica estatal: la autoridad y el súbdito.

"Porque, en efecto, la presencia de los valores de lealtad, honestidad y moralidad que su aplicación comporta es especialmente necesaria en el mundo de las relaciones de la Administración con los administrados."[5]

A aplicação desse princípio dá-se debaixo da convicção de que tanto o adminis-

4. *Conceito e natureza do acto tributário*, Coimbra, Almedina, 1972, p. 607.

5. Jesús Gonzalez Perez, *El principio general de la buena fe en el Derecho Administrativo*, 2ª ed., Madrid, Civitas, 1983, p. 41.

trado como a Administração, no seu recíproco inter-relacionamento, atuarão de modo leal, na convicção de que estão a agir honesta e corretamente, segundo os ditames da confiança que em ambos se deposita.

A Desembargadora aposentada do Tribunal Regional Federal da 3ª Região, além de ilustre professora, Lúcia Valle Figueiredo, após lembrar que o nascedouro do princípio da boa-fé está na própria Constituição, destaca a impossibilidade de o Poder Público invalidar atos administrativos que geraram direitos, sobremodo nos casos em que o administrado está de boa-fé. Ouçamos suas advertências:

"O princípio da boa-fé encontra agasalho expresso até mesmo no texto constitucional em seu art. 231, § 6º, como também em diversas leis regedoras da atividade administrativa. Exemplos podem ser colacionados na Lei de Licitações, na de concessões e permissões de serviço público etc., além de em diversas passagens do Código Civil.

"Mesmo no direito administrativo colacionam-se exemplos ilustrativos do princípio, quer seja na impossibilidade de a Administração invalidar atos administrativos que geraram direitos, sobretudo quando seus beneficiários estiverem de boa-fé."[6]

Não se pode deixar de referir, ainda, que os atos administrativos gozam das presunções de licitude e validade, razões maiores para que o contribuinte cumpra com fidelidade seus ditames.

3. O ato administrativo

Postas estas condicionantes do trabalho exegético, podemos nos dedicar, agora, ao conceito de ato administrativo. Consoante as lições dos mais renomados administrativistas pátrios, ato administrativo é a "(...) manifestação da vontade do Estado, por seus representantes, no exercício regular de suas funções, ou por qualquer pessoa que detenha nas mãos, fração de poder reconhecido pelo Estado, que tem por finalidade criar, reconhecer, modificar, resguardar ou extinguir situações jurídicas subjetivas, em matéria administrativa".[7]

Hely Lopes Meirelles, por sua vez, dá ênfase ao modo pelo qual o Estado atua, explicitando que: "O Estado, admitindo-se a tripartição funcional, deve realizar (...) sua função executiva por meio de atos jurídicos que recebem a denominação especial de atos administrativos".[8]

E esse respeitado administrativista, tomando como ponto de partida a definição de ato jurídico, expõe, logo após, o seu conceito de ato administrativo, nos seguintes termos: "(...) é toda manifestação unilateral de vontade da Administração Pública, que, agindo nessa qualidade, tenha por fim imediato adquirir, resguardar, transferir, modificar, extinguir e declarar direitos, ou impor obrigações aos administrados ou a si própria".[9]

Paulo de Barros Carvalho, após deixar claro que o ato jurídico administrativo não difere, estruturalmente, do gênero ato jurídico, consigna as especificidades que o timbram, como se infere do seguinte trecho:

"No ato jurídico administrativo encontramos os requisitos estruturais do gênero 'atos jurídicos', isto é, agente capaz, objeto lícito e forma prescrita ou não defesa em lei (art. 82, do Código Civil), além de elementos que lhe dão especificidade, quais sejam, os motivos e a finalidade do ato. Haverá, portanto, cinco características, como tem entendido a melhor doutrina do Direito Administrativo.

6. "O princípio da moralidade administrativa e o Direito Tributário", in *Estudos em Homenagem a Geraldo Ataliba 2*, cit., p. 420.

7. José Cretella Júnior, *Tratado de Direito Administrativo*, vol II: "Teoria do Ato Administrativo", Rio de Janeiro, Forense, 1996, p. 34.

8. Hely Lopes Meirelles, *Direito Administrativo Brasileiro*, 6ª ed., São Paulo, Ed. RT, 1978, p. 115.

9. Ob. cit., p. 116.

"Sobremais, como assinala Caio Tácito, a capacidade do agente assume, no Direito Público, um sentido particular que se exprime na regra da competência, ou seja, o poder legal de realizar determinada parcela da função administrativa, e tal competência não adere à pessoa do agente, visto que se refere ao conteúdo da função pública.

"Também quanto ao objeto, não se pode adotar, sem a devida reserva, o requisito genérico dos atos jurídicos. Sobre a condição geral da licitude, deve o objeto, ainda na conformidade do magistério do ilustre professor, estar relacionado com a competência específica da autoridade e com o grau de opção que lhe tenha sido atribuído. Nos atos vinculados, o objeto estará determinado no preceito legal, enquanto nos atos de competência discricionária deverá quadrar-se nos limites, estipulados na lei, da liberdade apreciativa outorgada à Administração."[10]

Conforme adverte Roni Genicolo Garcia, em primoroso estudo, essa manifestação unilateral da Administração deve ser produzida por agentes públicos, mediante pronunciamentos administrativos:

"(...) que preencham requisitos, de forma e fundo, dirigindo-se a fins de interesse público, sem o que seriam atos jurídicos, idênticos aos que se praticam no campo do direito privado.

"A advertência supra, feita por Cretella Jr., explica-se, se lembrarmos que, contrariamente ao ato civil, em que prevalece a vontade das partes, não há liberdade de querer no ato administrativo. Neste, após preleção de que só se pode querer o que sirva para cumprir uma finalidade antecipadamente estabelecida em lei, Celso Antônio Bandeira de Mello elucida: 'Em contraposição no ato privado, em que rege a liberdade, no ato administrativo vige a idéia de dever, de função. Daí, que ao invés do o que não é proibido é permitido, vigora o só é permitido o que a lei autoriza'".[11]

Clarificando melhor essa idéia, Celso Antônio Bandeira de Mello,[12] citando Giuffrè, elucida que a atividade administrativa – através dos atos que expressam a função administrativa – caracteriza-se por subordinação à função legislativa, ou seja, a atividade administrativa encontra-se totalmente balizada pela lei, dela não lhe sendo permitido afastar-se e somente podendo fazer o que ela – lei – expressamente consinta.

E, mais adiante, já agora invocando os ensinamentos de Michel Stassinopoulos, que igualmente adota, o professor titular de Direito Administrativo da Pontifícia Universidade Católica de São Paulo, dá ênfase ao fato de que: a Administração não está apenas impossibilitada de agir *contra legem* ou *praeter legem*, estando, isto sim "(...) obrigada a agir sempre *secundum legem*".[13]

Como pontifica Roni G. Garcia:

"A legalidade, como princípio de administração, significa que o administrador público está, em toda a sua atividade funcional, sujeito aos mandamentos da lei, e às exigências do bem-comum, e deles não se pode afastar ou desviar, sob pena de praticar ato inválido e expor-se à responsabilidade disciplinar, civil e criminal, conforme o caso.

"A eficácia de toda atividade administrativa está condicionada ao atendimento da lei.

"Na Administração Pública, não há liberdade nem vontade pessoal. Enquanto

10. Paulo de Barros Carvalho, "Processo Administrativo Tributário", in *Reprodução dos Trabalhos Apresentados ao I Congresso Internacional de Estudos Tributários* e *IV Congresso Interamericano de Tributação*, São Paulo, Resenha Tributária, 1980, p. 171.

11. "Fiscalização tributária – Procedimento administrativo vinculado, à luz do art. 142 do CTN", in *Revista Dialética de Direito Tributário* 71/127-140, ago./2001, São Paulo, Dialética.

12. *Ato Administrativo e Direitos dos Administrados*, São Paulo, Ed. RT, 1981, pp. 13-14.

13. Celso Antônio Bandeira de Mello, *Ato Administrativo e Direitos dos Administrados*, cit., p. 14.

na administração particular é lícito fazer tudo o que a lei não proíbe, na Administração Pública só é permitido fazer o que a lei autoriza. A lei, para o particular, significa pode fazer assim; para o administrador público significa deve fazer assim."[14]

Em razão desse balizamento, nos atos administrativos vinculados – dos quais, como se verá adiante, o lançamento é espécie, segue-se que o administrador fica totalmente tolhido, sem qualquer espaço para a discricionariedade, porquanto submetido a todos os pressupostos previstos em lei. A desobediência aos requisitos e condições fixados em lei compromete a eficácia do ato administrativo.

Por essa razão, Hely Lopes Meirelles, com a precisão que caracterizam seus escritos, consigna: "Os atos administrativos vinculados são aqueles cuja concretização fica totalmente condicionada ao preenchimento de requisitos fixados em lei. Nessa categoria de atos, as imposições legais absorvem, quase que por completo, a liberdade do administrador, uma vez que sua ação fica adstrita aos pressupostos estabelecidos pelo Poder Público para a validade da atividade. Desatendido qualquer requisito, compromete-se a eficácia do ato praticado, tornando-se passível de anulação pela própria Administração, ou pelo Judiciário, se assim o requerer o interessado".[15]

Na mesma esteira, Cretella Júnior, depois de registrar que se trata de ato subordinado a uma "*rigidez legal exacerbada*" observa que deve haver "(...) previsão na norma quanto ao modo, tempo e circunstâncias que deverão estar presentes nessa modalidade de ato administrativo que, de regra geral, já é regido pelo princípio da estrita legalidade. Com efeito, para a prática de alguns atos, a competência da Administração é estritamente determinada na lei, quanto aos motivos e modo agir. A lei lhe determina que, existentes determinadas circunstâncias, proceda dentro de certo prazo e de certo modo".[16]

Apoiado em Emilio Betti, após a menção de que o procedimento administrativo, por sua natureza jurídica, está submetido ao princípio da legalidade, Cretella Júnior, explicita essa idéia, nos seguintes termos: "O procedimento, segundo Emilio Betti, consiste em vários atos jurídicos sucessivos visando à mesma finalidade, dos quais, todo ato que segue, pressupõe necessariamente o precedente, preparando e prenunciando o seguinte".[17]

Idêntico é o sentir de Régis Fernandes de Oliveira, ao versar a necessidade de perfeição do ato administrativo, e as conseqüências da sua desconformidade com a lei, ocasião em que procede à seguinte advertência: "Só alcança a perfeição o ato administrativo realizado totalmente em conformidade à lei. O ato administrativo é perfeito, quando nele se encontram todos os seus requisitos e condições, completando o seu ciclo de formação; não atingido o estado de perfeição, em todos os seus passos legais, o ato estará imperfeito e, nessa situação de carência, ele é nulo".[18]

Definidos os traços característicos do ato administrativo, é possível cuidar do anulamento do ato administrativo, ressaltando, de pronto, que de revogação não se cuida. É que, a revogação, que compete à Administração, consiste na expulsão do ato administrativo, por motivo de conveniência ou oportunidade, o que aqui não ocorre. O que está em questão é a anulação de ato administrativo, matéria da qual se cuidará mais adiante.

4. Motivação do ato administrativo

A Constituição assegura aos administrados o direito a verem motivados quais-

14. "Fiscalização tributária – Procedimento administrativo vinculado, à luz do art. 142 do CTN", cit., pp. 127-140.

15. Hely Lopes Meirelles, *Direito Administrativo Brasileiro*, 6ª ed., cit., p. 135.

16. José Cretella Jr, *Tratado de Direito Administrativo*, vol II, cit., p. 102.

17. Idem, p. 222.

18. *Apud* José Cretella Jr., *Tratado de Direito Administrativo*, vol II, cit., pp. 293-294.

quer atos administrativos. É o que resulta implicitamente da conjugação do art. 1º, inciso I, e seu parágrafo único, e do art. 5º, inciso XXXIV. Consiste o princípio da motivação no dever que tem a Administração "de justificar os atos que lhe são próprios, indicando-lhes os pressupostos fáticos e jurídicos, imprimindo destaque à correlação lógica existente entre os acontecimentos e circunstâncias que deram condições à efetivação da providência tomada".[19]

Esse indeclinável dever é o caminho proporcionador da garantia que os cidadãos têm e que culmina com o direito destes de só obedecerem aos atos que guardem inteira conformidade com a lei. Em outras palavras, os administrados têm o direito de "conhecer os reais motivos condicionadores do agir político, sobretudo no repercutir da atividade estatal de natureza administrativa".[20]

O saudoso mestre Geraldo Ataliba, no seu *República e Constituição* salientava a relevância do conhecimento "dos princípios fundamentais postos na sua base por este mesmo povo, na sua manifestação política plena: a Constituição", depois de ter chamado a atenção para o fato de que para realizar a vontade do povo, que é o "titular da *res publica*, é preciso que esta seja clara, solene e inequivocamente expressada".[21]

A motivação não se limita a ser uma necessidade jurídica, porque é, sobretudo, uma exigência fundamental da moralidade administrativa. Desse entendimento compartilha Rafael Bielsa, para quem "la necesidad de motivar os actos administrativos, o sea, de expresar en la decisión os motivos que le sirven de base, es una necesidad no solo jurídica sino también de moralidad administrativa".[22]

Essas razões têm levado os nossos Tribunais a acatar pretensões de anulamento de atos administrativos, despidos de motivação, por passíveis de se converterem em atos arbitrários. Com efeito, são reiteradas as decisões no sentido de que as razões que justificam a anulação do ato administrativo, devem estar evidenciadas no procedimento, em decisão fundamentada, sob pena de nulidade.[23]

5. *Anulação do ato administrativo*

Consoante demarca a doutrina, a anulação de ato administrativo consiste na declaração de sua invalidade, em virtude de ilegalidade ou ilegitimidade, cabendo a adoção dessa providência junto à Administração ou ao Poder Judiciário.

O destacado administrativista Hely Lopes Meirelles conceitua anulação do ato administrativo como

"(...) a declaração de invalidade de um ato administrativo ilegítimo ou ilegal, feita pela própria Administração ou pelo Poder Judiciário. Baseia-se, portanto, em razões de legitimidade ou legalidade, diversamente da revogação, que se funda em motivos de conveniência ou de oportunidade e, por isso mesmo, é privativa da Administração.

"Desde que a Administração reconheça que praticou um ato contrário ao Direito vigente, cumpre-lhe anulá-lo, e quanto antes, para restabelecer a legalidade administrativa."[24]

19. Celso Antônio Bandeira de Mello, *Curso de Direito Administrativo*, 9ª ed., São Paulo, Malheiros Editores, p. 69.

20. Carlos Roberto Pellegrino, "Acerca da motivação do ato administrativo", in *Estudos em Homenagem a Geraldo Ataliba*, Celso Antônio Bandeira de Mello (org.), São Paulo, Malheiros Editores, 1997, p. 181.

21. *República e Constituição*, São Paulo, Ed. RT, 1985, p. 96.

22. *Estudios de Derecho Público I, Derecho Administrativo*, Buenos Aires, Depalma, 1950, p. 378.

23. Cf., entre outras, no TJSP, *RDA* 100/149, 108/328, *RT* 426/61 509/140 e 582/42. No STJ, *RSTJ* 7/59. No STF, *RDP* 9/183, *RDA* 37/515, 48/259, 98/116.

24. Confira o STJ, *RT* 665/173; TJSP, *RJTJSP* 117/377. In *Direito Administrativo Brasileiro*, 25ª ed., São Paulo, Malheiros Editores, 2000, p. 191.

É preciso, porém, que se consigne, desde logo, ressalva necessária. A extensão do dever-poder da Administração para anular o ato que emanou não é plena, total. Situações há que, em virtude de direitos subjetivos incorporados ao patrimônio do administrado alcançáveis pela declaração, a Administração não pode anular certos atos, que só poderão ser expungidos pelo Poder Judiciário.

Conforme enuncia Hely Lopes Meirelles: "Observamos, neste ponto, que a mudança de interpretação da norma ou da orientação administrativa não autoriza a anulação dos atos anteriores praticados, pois tal circunstância não caracteriza ilegalidade, mas simples alteração de critério da Administração, incapaz de invalidar situações jurídicas regularmente constituídas. A respeito, convém ter presente, como apontamos no estudo do princípio da segurança jurídica (cap. II, item II), que a lei federal, como verdadeira norma geral, veda 'a aplicação retroativa da nova interpretação' (inc. XIII do parágrafo único do art. 2º)".[25]

O eminente professor García de Enterría, em seu clássico *Curso de Derecho Administrativo*,[26] lembra que a autoridade administrativa diante da revisão do lançamento, por sua iniciativa, depara-se com um conflito, que deve superar, entre o princípio da legalidade, que exige se elimine a ilegalidade, e o da segurança jurídica, que, em sentido inverso, diante de situações jurídicas subjetivas, clama pela estabilidade dos atos administrativos.

Diante da impossibilidade de prevalência concomitante dos dois princípios, qual deles, pois, deve ceder lugar ao outro?

A resposta só pode ser uma. O princípio da segurança jurídica, como diretriz fundante que é, sob a qual gravitam todos os demais princípios, merece o prestígio final e definitivo. Contrapostos, deve aplicar-se o vetor da segurança jurídica, porquanto a existência dos demais só tem cabimento precisamente para proporcionar a plena eficácia do primeiro.

Idêntico é o pensamento do professor da Faculdade de Direito de Lisboa e da Universidade Católica de São Paulo, Alberto Xavier. O autor da melhor obra já escrita versando o instituto do lançamento, com inteira razão, pondera: "Ora, se é certo que a restauração da legalidade violada, pela revisão do ato ilegal, reclama o afastamento de limites que a impeçam ou dificultem, também é verdade que inexistência desses limites geraria para os particulares intoleráveis situações de incerteza, submetendo-os, porventura de surpresa, a uma pluralidade de novas definições da mesma situação jurídica, por ato da mesma autoridade ou de autoridade distinta, num reexercício ilimitado do seu poder de lançar".[27]

E conclui, sem o grifo que acrescemos: "*Sistemas baseados numa ilimitada revisibilidade dos atos tributários por iniciativa da Administração só podem conceber-se em ordens jurídicas de inspiração totalitária, avessas à idéia de segurança jurídica*".[28]

A propósito dos efeitos que inviabilizam a anulação dos atos administrativos, constituindo verdadeira barreira a esse intento, está a ofensa a direitos individuais, hoje garantidos pelo art. 5º, da Constituição, conforme já houvera dito, com a precisão de sempre, o Ministro Prado Kelly, que, em voto, averbou: "Por maior amplitude que se queira dar ao poder discricionário do Executivo, para decretar a nulidade dos atos irregulares ou simplesmente os revogar, sofre esse arbítrio os limites da lei, ou das situações preestabelecidas, que

25. Hely Lopes Meirelles, *Direito Administrativo Brasileiro*, 25ª ed., cit., p. 192

26. Eduardo García de Enterría, *Curso de Derecho Administrativo*, vol. I, 5ª ed., 1994, p. 629.

27. *Do Lançamento. Teoria Geral do Ato. Do Procedimento e do Processo Tributário*, 2ª ed., Rio de Janeiro, Forense, 1997, p. 247.

28. Ibidem, mesma página.

são também garantidas por lei. Se é de decretar a nulidade de um ato que se cogita, cumpre distinguir se o ato é inexistente, nulo ou anulável. Para ato inexistente não se requer formalidade nenhuma. O Executivo pode proceder a seu arbítrio, desconhecendo-o. Não assim quanto aos atos nulos ou anuláveis. A revogação dos atos administrativos válidos, contrários, todavia, ao interesse público, também é permitida. Mas cessa a liberdade do Executivo quando, sob a égide da lei, se criaram direitos individuais".[29]

6. *Prazo para anulação do ato administrativo*

Mesmo nas situações em que se faz possível a anulação do ato administrativo, isto é, mesmo diante de situações em que não esteve presente a boa-fé e se praticou ato contra a lei, não é ilimitado o direito de o Fisco desfazer o ato, substituindo-o por outro. Em nome da estabilidade das relações e do respeito ao magno princípio da segurança jurídica, a anulação do ato administrativo só pode ser feita dentro de determinado tempo.

O professor Hely Lopes Meirelles, sobre a questão do prazo para a anulação do ato administrativo, pondera: "A doutrina tem sustentado que não há prazo para anulação do ato administrativo,[30] mas a jurisprudência vem atenuando o rigor dessa afirmativa, para manter atos ilegítimos praticados e operantes há longo tempo e que já produziram efeitos perante terceiros de boa-fé.[31] Esse entendimento jurisprudencial arrima-se na necessidade de segurança e estabilidade jurídica na atuação da Administração.[32] Também não se justifica a anulação de atos defeituosos na sua tramitação interna, pois ao particular não se impõe a obrigação de fiscalizar a conduta do Poder Público. Aplicam-se, em tais casos, a presunção de legitimidade e a doutrina da aparência, que leva o administrado a confiar na legalidade dos atos da Administração.[33] Como destacado no cap. II, item II, a Lei 9.784/1999 manda a Administração observar o princípio da segurança jurídica, ali estudado".[34]

Extrai-se da lição desse festejado jurista que, em face do (*i*) magno princípio da segurança jurídica, seja em virtude (*i*.a) da produção de efeitos perante terceiros de boa-fé (embora não se trate aqui de terceiro), seja em razão (*ii*.b) da não obrigatoriedade de o particular ter de fiscalizar a conduta do Poder Público – o que implica na impossibilidade de anulação do ato defeituoso na sua tramitação interna –, seja em virtude (*iii*.c) da confiança do particular na legalidade do ato administrativo (decorrência imediata da presunção de legitimidade e da aparência dos atos administrativos), é totalmente insustentável qualquer alegação no sentido de inexistência de prazo para a anulação do ato administrativo.

29.. Min. Prado Kelly, *Revista de Direito Público* 10/163, out.-dez./1969, São Paulo, Ed. RT.

30. J. H. Meirelles Teixeira, "Parecer", *RDA* 101/323.

31. Confira o STF, *RTJ* 45/589, 49/231, 83/921; *RDA* 114/288, 134/217; TRF, *RTFR* 26/110; TJSP, *RJTJSP* 38/138.

32. No mesmo sentido Seabra Fagundes, "Parecer", *RDP* 16/99; Paulo Celso Fortes, in *RPGE* 5/113; José Sérgio Monte Alegre, in *RDA* 139/286. Em substancioso artigo na *RDA* 204/21, Almiro do Couto e Silva sustenta que se deve adotar como prazo de preclusão ou de decadência do direito de a Administração invalidar os próprios atos aquele previsto para a prescrição da ação popular, ou seja, cinco anos, com fundamento em que esse prazo é o da prescrição das ações pessoais contra a Fazenda: v. cap. XI, "Prescrição Administrativa". A Lei 9.784/1999, art. 54, prevê o prazo prescricional de cinco anos, contados da data em que foram praticados, salvo comprovada má-fé, do direito de a Administração anular atos administrativos, na esfera federal. E o § 1º desse artigo diz que, no "caso de efeitos patrimoniais contínuos, o prazo de decadência contar-se-á da data da percepção do primeiro pagamento". A Lei paulista 10.177, de 30.12.1998, no art. 10, estipula prazo de dez anos para a sua invalidação.

33. Manoel Maria Diez, *El Acto Administrativo*, Buneos Aires, 1956, p. 295; 2º TACivSP, Ap.-sum. 88.924-SP, j. 5.6.1979, rel. Juiz Lair Loureiro.

34. STF, *RDA* 51/274; *RT* 227/602, 258/591; TASP, *RDA* 39/55; RT 299/518.

Mais adiante, em outro ponto, Hely Lopes Meirelles é incisivo ao indicar os efeitos da prescrição diante de atos nulos, concluindo, ao final, que prescreve em cinco anos a pretensão de invalidar os atos administrativos: "Finalmente, vejamos os efeitos da prescrição diante dos atos nulos. A nosso ver, a prescrição administrativa e a judicial impedem a anulação do ato no âmbito da Administração ou pelo Poder Judiciário. E justifica-se essa conduta porque o interesse da estabilidade das relações jurídicas entre o administrado e a Administração ou entre esta e seus servidores é também interesse público, tão relevante quanto os demais. Diante disso, impõe-se a estabilização dos atos que superem os prazos admitidos para sua impugnação, qualquer que seja o vício que se lhes atribua. Quando se diz que os atos nulos podem ser invalidados a qualquer tempo, pressupõe-se, obviamente, que tal anulação se opere enquanto não prescritas as vias impugnativas internas e externas, pois, se os atos se tornaram inatacáveis pela Administração e pelo Judiciário, não há como prenunciar-se sua nulidade. Embora a doutrina estrangeira negue essa evidência, os autores pátrios mais atualizados com o Direito Público contemporâneo a reconhecem.[35] Como entre nós as ações pessoais contra a Fazenda Pública prescrevem em cinco anos e as reais em vinte, nesses prazos é que podem ser invalidados os respectivos atos administrativos, por via judicial. Quanto à prescrição administrativa, dependerá da norma legal que a institui em cada caso".[36]

Deveras, a prescrição representa mecanismo de que o Direito se vale para extirpar relações jurídicas formadas licitamente ou ilicitamente e recompor a legalidade ferida.

Conforme ilustra Celso Antônio Bandeira de Mello: "(...) tanto se recompõe a legalidade fulminando um ato viciado, quando convalidando-o. É de notar que esta última providência tem, ainda, em seu abono o princípio da segurança jurídica, cujo relevo é desnecessário encarecer. A decadência e a prescrição demonstram a importância que o Direito lhe atribui. Acresce que também o princípio da boa-fé – sobreposse ante atos administrativos, já que gozam de presunção de legitimidade – concorre em prol da convalidação, para evitar gravames ao administrado de boa-fé".[37]

Em síntese, das clássicas lições doutrinárias até aqui expostas, é evidente que encontra óbice diante do princípio da segurança jurídica, qualquer tentativa de anulação do ato administrativo (o Decreto n. 01), pois consumou-se cumulativamente (*i*) a decadência do direito de anular e (*ii*) a prescrição de pleitear no Poder Judiciário, a anulação do referido ato normativo.

7. Lançamento: ato administrativo

A despeito do que dispõe o *caput* do art. 142, do Código Tributário Nacional, lançamento é ato administrativo e não procedimento. É preciso não confundir o ato jurídico de lançamento, com os efeitos que dele decorrem, com o procedimento que lhe antecede. Assim como o ato de casamento não se confunde com os atos que lhe são preparatórios, o ato jurídico administrativo de lançamento é absolutamente diverso dos atos que lhe precedem, estes sim, passíveis de serem vistos como componentes de um procedimento.

O que aparentemente figura como afirmação de um procedimento administrativo, é desmentido no parágrafo único

35. Oswaldo Aranha Bandeira de Mello, *Princípios Gerais de Direito Administrativo*, Rio de Janeiro, 1969, I/588; Diogo de Figueiredo Moreira Neto, *Curso de Direito Administrativo*, 7ª ed., Rio de Janeiro, 1989, p. 171.

36. Sobre a prescrição administrativa na esfera federal, prevista pela Lei 9.784/1999, v. nota 93, pp. 194-195, do livro de Hely Lopes Meirelles, *Direito Administrativo Brasileiro*, 25ª ed., cit.

37. *Elementos de Direito Administrativo*, 3ª ed., São Paulo, Malheiros Editores, pp. 171-172.

desse mesmo art. 142, quando se reporta à atividade administrativa de lançamento. Essa incongruência, ditada pelo erro de conceituar lançamento como procedimento, cede passo, pois, à asserção seguinte de que lançamento é atividade administrativa.

O professor Ruy Barbosa Nogueira[38] já havia advertido para o descompasso, ao consignar que no projeto do CTN lançamento vinha definido como ato administrativo, termo que foi substituído, na sua transformação em lei.

É cabível afirmar, pois, que lançamento é ato administrativo, de conteúdo tributário, que, baseado em uma série de atos jurídicos precedentes e de uma gama de atividades de índole material ou de operações lógicas, procura identificar, especificar, individualizar e medir o fato tributário.

Esse ato, por sua própria natureza, só poderia ser – como de fato é – exercitado privativamente por autoridade administrativa. Em outro dizer, nos termos do art. 142, do CTN, o lançamento é ato de ***exclusiva*** competência do Poder Executivo.

O procedimento que possibilita se chegue ao ato de lançamento é um dever jurídico exclusivo do Fisco, a quem, unicamente, cabe provar a verdade material. Não se pode imputar ao contribuinte nenhum dever jurídico de prova ou de investigação. Essa responsabilidade cabe apenas à autoridade administrativa, não podendo ser atribuída ao contribuinte, nem mesmo supletivamente.

O único dever do administrado, em matéria tributária do contribuinte, é o de colaboração. O dever de prova é exclusivo do Fisco, cumprindo ao contribuinte tão-só colaborar com o Fisco, mediante o fornecimento dos dados, elementos, livros, papéis e outros documentos que lhe forem solicitados pela autoridade administrativa. Cabe-lhe colaborar com o Fisco, mas essa colaboração não implica se lhe possa atribuir um dever de prova.

Em suma, o dever de investigação e de prova é exclusivamente do Fisco, cabendo ao particular apenas o dever de colaborar no procedimento instrutório que preceder ao lançamento.

Caracterizado o lançamento como ato administrativo, de índole tributária, em que se analisa o fato, com as suas especificidades, e, ao depois, se verifica se ele se encaixa, com precisão, ao desenho constante da lei, ou, num caminhar inverso, se interpreta a lei e se busca verificar da possibilidade de aplicá-la a certo fato concreto, é fundamental consignar, ainda, que o atingimento desse objetivo se faz debaixo de dois princípios, subjacentes ao princípio da estrita legalidade, quais sejam o da inquisição e da verdade material.

Deveras, o lançamento decorre da prática de uma série de atos de natureza inquisitória, cujo objetivo é precisar, com exatidão absoluta, o fato tributário, mediante a busca da verdade material. Esta, por sua vez, deve ser fruto da verificação de provas, qualquer que seja a sua espécie, e, subseqüentemente, da sua livre apreciação e valoração.

Na busca incessante de detectar a verdade material, utilizando-se de enorme arsenal de variáveis de prova, a autoridade que pratica o ato administrativo de lançamento pode chegar ao resultado visado mediante a apuração direta da real compostura do fato tributário, ou por via oblíqua, mediante o critério de arbitramento.

Quando se cuida de arbitramento, é necessário, desde logo, identificar suas espécies. Uma primeira modalidade é a do arbitramento efetuado diretamente pelo legislador, por exemplo, quando estabelece, na própria lei, determinadas pautas de valores (não é caso de analisar aqui a constitucionalidade ou não dessas pautas). O arbitramento, nesse caso, é procedido pelo próprio legislador, erigindo a base de cál-

38. *Teoria do Lançamento Tributário*, São Paulo, Resenha Tributária, 1973, p. 60.

culo concreta, independentemente de apuração administrativa. Daí ser possível chamá-lo de arbitramento da lei.

As modalidades que nos interessam mais de perto, no entanto, são as que correspondem a uma atividade administrativa, a cargo de órgão do Executivo. Como atividade administrativa, o arbitramento subdivide-se em arbitramento direto e arbitramento indireto, consoante decorra de provas colhidas diretamente ou de provas resultantes de indícios.

A única diferença entre estas duas modalidades de arbitramento administrativo está na espécie de prova considerada: direta ou indireta. A primeira, decorre da obtenção de dados incontendíveis, colhidos no próprio exercício da atividade, porque atinam diretamente com a base de cálculo concreta (base calculada) a ser obtida; a segunda, é fruto de uma avaliação efetuada a partir de dados indiciários, colhidos seja junto ao contribuinte, seja junto a outros contribuintes, que desenvolvam atividade similar.

É bom se remarque que o arbitramento administrativo não pode afastar-se, nem por um momento nem por qualquer tolerância, do integral cumprimento da estrita legalidade. O Fisco deve, dentro dos ditames da lei, investigar a verdade material, em toda a sua profundidade e inteireza. Nenhuma dificuldade pode servir de desculpa para que se afaste da verdade material. Assim, seja a partir de dados fornecidos pelo contribuinte, seja com base em atuações similares de terceiros, seja mediante busca de dados, registros, anotações, critérios de avaliação, de dimensionamento, cabe à Administração obter a verdade material. Para atingir o propósito perseguido, pode promover diligências, sindicâncias, investigações, colher depoimentos, realizar pesquisas, requisitar processos, documentos, papéis, recorrer a técnicos, peritos, especialistas.

É claro que haverão de gozar de preferência os dados colhidos junto ao próprio contribuinte, mas se isso se revelar impossível, impõe-se a colheita, junto a terceiros, dos elementos que se fizerem necessários ao firme convencimento da autoridade administrativa. Para tanto, contam além dos indícios, as presunções primárias ou as secundárias, assim chamadas as que se obtêm a partir das primeiras. Contribuem para que se chegue a bom termo, na identificação da verdade material, os fatos indiciantes, colhidos ora a partir da Ciência, de processo empírico, da experiência, ou de dados estatísticos, bastando que sejam aptos para permitir juízos, ilações, projeções conducentes ao atingimento do objetivo de precisar, por via direta ou indireta, o exato conteúdo e dimensão da verdade, especialmente no que respeita à obtenção da base calculada, isto é, da base de cálculo concreta, a que se chega para certo contribuinte, fruto da conversão em cifra do critério legal de mensuração do fato tributário.

Esse é o campo de atuação do arbitramento. É método, via de regra, dedutivo, mediante o qual se apura quantificar a base de cálculo fática, à míngua de sua clara evidenciação.

Não foi esse, porém, o critério prestigiado pela lei. Com efeito, no campo legislativo o arbitramento foi posto como medida excepcional, só admissível diante de especiais e restritas circunstâncias. O legislador complementar afastou-se do conceito de arbitramento, como mecanismo de apuração do valor, mediante a utilização de processos indiciários, é dizer, pela utilização de dados obtidos no próprio contribuinte (apuração direta) ou de informações, dados e elementos colhidos junto a terceiros para obter a base calculada (base convertida em cifra), para só referir esse instituto como meio de suprir omissões, ou de desconfiança na legitimidade das declarações ou esclarecimentos prestados pelo contribuinte. Deu ao arbitramento um sentido restritíssimo, limitando sua utilização ao disposto no art. 148, do CTN.[39]

39. "Art. 148. Quando o cálculo do tributo tenha por base, ou tome em consideração, o valor ou

Sobre esse dispositivo, Benedito Garcia Hilário, invocando também Hely Lopes Meirelles, expendeu as seguintes observações: "Referido artigo do CTN se harmoniza com o entendimento de Spitaler ao afirmar que, a autoridade não pode capitular frente à incerteza da caracterização do fato. Ela está obrigada pela soberania da lei, a exaurir todos os recursos objetivos de interpretação para a conclusão do lançamento. E se frustrados os meios objetivados, sem a obtenção de resultado desejado, restar-lhe-á ainda o recurso da avaliação, situado razoavelmente ideal para concretizar o lançamento, ressalvado no entanto, que a medida tomada deve adequar-se às circunstâncias e estar de acordo com a norma. Por isso, a lei coloca nas mãos da autoridade, alternativas a serem selecionadas, para que ela encontre a que se coadune com o caso em exame. À palavra 'arbitrará', contida no corpo do artigo 148 do CTN, deve-se dar um sentido lógico de avaliação, posto que a autoridade deve usar todos os meios colocados ao seu alcance, com rigorosa observância do princípio de legalidade. A intenção do legislador não foi a de permitir à autoridade lançadora poderes discricionários para agir 'sponte sua', pelo arbítrio livre, mas a de dar-lhe meios legais para que possa exercer a sua atividade na extensão necessária à conclusão do lançamento tributário, a despeito do óbice eventualmente tentado pelo sujeito passivo".[40]

É de bom aviso ter presente, porém, que a circunscrição ao emprego do instituto do arbitramento aos casos em que haja omissão ou não mereçam fé as informações ou esclarecimentos prestados pelo contribuinte não afasta, não impede o seu emprego para situações outras, nas quais, a despeito de o contribuinte não ser omisso, sem embargo de merecerem fé os seus esclarecimentos, dados e informações, a complexidade da matéria, implique a necessidade de se promover o arbitramento do valor, ou de partes dele, entendido o termo arbitramento, pois, como mero mecanismo para obter-se, com a maior precisão possível, a base calculada do imposto. Para esse fim, utilizam-se todos os métodos indiciários pertinentes, colhem-se todas as presunções, inclusive as presunções de presunções, tudo de modo a chegar-se a uma valoração precisa do critério quantitativo da obrigação tributária, igual ou extremamente próxima daquela que seria obtida, se todos os dados e elementos necessários estivessem, desde logo, à mão da autoridade administrativa responsável pela apuração.

Em suma, o recurso ao arbitramento, como conceito amplo, pode e deve ser utilizado, sempre que os caminhos naturais se revelem inviáveis ou infrutíferos, independentemente da lisura de comportamento por parte do contribuinte. Tanto isto é certo que no IPTU, a despeito de comportamento incensurável do contribuinte, procede-se à apuração do valor venal *in concretu*, mediante arbitramento, assim entendido o termo como um dos sistemas de apuração do valor.

O Fisco deve proceder ao cálculo do imposto, utilizando os vários métodos de apuração do valor ou do preço dos bens ou serviços, recorrendo, inclusive, a métodos indiciários ou presuntivos, sempre que não forem eles diretamente conhecidos ou apuráveis.

O critério previsto no art. 148, do CTN, só cabe nos casos em que não mereçam fé os dados, esclarecimentos ou informações fornecidos pelo contribuinte.

De que o recurso àquele arbitramento a que se refere o art. 148, tem cunho ex-

o preço de bens, direitos, serviços ou atos jurídicos, a autoridade lançadora, mediante processo regular, arbitrará aquele valor ou preço, sempre que sejam omissos ou não mereçam fé as declarações ou os esclarecimentos prestados, ou os documentos expedidos pelo sujeito passivo ou pelo terceiro legalmente obrigado, ressalvada, em caso de contestação, avaliação contraditória, administrativa ou judicial."

40. "Comentários ao art. 148 do Código Tributário Nacional", in *Comentários ao Código Tributário Nacional*, vol. 3, São Paulo, José Bushatsky Editor, 1977, p. 243.

cepcional, di-lo Benedito G. Ferreira, *verbis*:

"Todavia, enquanto não esgotados todos os demais meios facultados à autoridade, para proceder ao cálculo do tributo, ela estará impedida de aplicar o recurso do arbitramento, nos moldes do CTN, artigo 148.

"Competindo à repartição obedecer ao princípio da oficialidade no exercício do procedimento de lançamento tributário, impõe-se-lhe, também, verificar a legitimidade e a procedência do crédito fiscal. A autoridade não tem poderes de amplo arbítrio, vez que está sujeita a responsabilidade pelo excesso de exação."[41]

E, mais adiante, o autor deixa claro o dever de prova, a cargo da Administração, mesmo nos casos em que a obscuridade seja flagrante. São suas as seguintes palavras: "É evidente, que à autoridade, não sendo claros os elementos oferecidos pelo sujeito passivo ou pelo terceiro legalmente obrigado, para proceder ao lançamento tributário, terá ela o dever de investigar a situação, já que não lhe é lícito capitular à obscuridade da relação de fato, segundo a afirmação de Spitaler, na citação de Ruy Barbosa Nogueira".[42]

Esse autor, responsável por comentários merecedores de grande respeito, adverte, a seguir, para a circunstância de que o Fisco só pode fazê-lo mediante processo regular, sem embargo do direito à contestação que tem o contribuinte: "A autoridade usará os meios legais de que poderá se utilizar, para proceder ao cálculo do tributo e constituir a obrigação do contribuinte, através do que se reembolsará do dispêndio provisoriamente suportado. Poderá a autoridade recusar os elementos e as informações oferecidos pelo contribuinte, se não os considerar suficientes para a emissão do lançamento tributário, caso em que terá a faculdade de 'arbitrar' os elementos que julgar necessários para concluir o procedimento fiscal. Deverá fazê-lo, todavia, ante processo regular, suscetível da contestação do sujeito passivo quando discordante do critério usado pelo fisco".[43]

E conclui a sua análise do art. 148, do CTN, invocando as lições veiculadas no final do trecho considerado, pelo notável jurista que foi Aliomar Baleeiro, nos seguintes termos:

"A deficiência de conhecimentos especializados dificultam a apuração dos fatos e distância a apuração da verdade, quase sempre sobrestada por uma burocracia gravosa, que conduz o litígio até a esfera judiciária, em face da incerteza ou mesmo, pela comodidade resultante do julgamento proferido pela autoridade fiscal.

"Em geral, ao final da discussão, ainda que decidindo o processo favoravelmente ao contribuinte, ele já fora, via de regra, atingido por conseqüências marginais.

"A sutileza do arbitramento previsto no artigo 148 coloca o contribuinte no estado de incerteza e de indeterminação em relação ao tempo. De outro lado, o caso poderá levar o Estado ao sacrifício de elevados ônus, provocado por um procedimento fiscal inadequado, ou mesmo sem objetividade.

"Também para Aliomar Baleeiro, os meios postos a serviço da autoridade lançadora com o objetivo de averiguar os elementos fornecidos pelo contribuinte para base de cálculo do tributo são eficientes, vez que evitarão a evasão da verdade ou a substituição desta pela inexatidão. Com tais recursos da lei a autoridade poderá abandonar parcial ou totalmente os dados, declarações, informações ou esclarecimentos, fornecidos pelo contribuinte, para arbitrar, dentro dos limites fixados pela lei, o

41. Cf. Benedito Garcia Hilário, *Direito Tributário 5 – Comentários ao Código Tributário Nacional*, vol. 3, São Paulo, José Bushatsky Editor, 1977, p. 243.

42. Idem, p. 245.

43. Idem, p. 246.

processo de apuração do resultado que melhor se conforme com a verdade.

"Baleeiro, aceita as disposições do artigo 148 como medida adequada, mas ressalva, que o procedimento há de ser racional, lógico e motivado. Diz o autor, que a autoridade 'poderá arbitrar nesse sentido, mas não praticar o arbítrio puro e simples, indo até o absurdo ou às vizinhanças dele'."[44]

Uma advertência final: é preciso não confundir situações em que se exige uma simples análise de que percentual aplicar, o que se obtém bastando compulsar a lei (por exemplo, diante de serviços inequivocamente de turismo), de outros casos em que a obtenção do correto percentual a ser aplicado decorre de uma prévia interpretação de qual é precisamente a consistência material do fato tributável, diante, por exemplo, de hipóteses em que as alíquotas são diferentes, em razão da identificação da natureza do serviço. Supondo que o critério de decisão consista em identificar se os serviços são de intermediação ou de agenciamento (institutos que são confrontantes) e para os quais vigorem alíquotas diferentes, e que o percuciente exame da materialidade evidencie que se trata de intermediação, para o qual se prevê alíquota de 2% (enquanto que a vigorante para os serviços de agenciamento seja de 5%), não se tratará de simples juízo lógico, mas de acurada interpretação jurídica. Procedida esta e aí bastará ir à lei para verificar a alíquota aplicável para esses serviços (de intermediação). No primeiro momento, a tarefa (complexa) foi a de proceder ao exame interpretativo; no segundo, concluída a exegese, apenas ir à lei verificar qual a alíquota prevista para os serviços de intermediação. O primeiro exame envolveu análise interpretativa da matéria tributável; o segundo simples verificação de qual alíquota aplicar sobre a base de cálculo concreta.

44. Aliomar Baleeiro, *Direito Tributário Brasileiro*, 5ª ed., Forense, p. 454.

Como explicita Alberto Xavier, "É certo que a aplicação da lei tributária traduz-se, quer em meros juízos lógicos, quer em atos jurídicos; e não o é menos que uma mesma operação, normalmente objeto de um simples juízo lógico, pode ser arvorada por lei em objeto de um ato jurídico, desde que se preveja a sua exteriorização numa conduta e a atribuição de efeitos jurídicos a esta mesma conduta. É o que sucede, por exemplo, com a aplicação de alíquotas reduzidas que são, em princípio, objeto de um mero juízo lógico de determinação da alíquota a aplicar, de entre as várias legalmente previstas; mas outras vezes objeto de uma conduta voluntária – por exemplo, um ato do Ministro da Fazenda – ao qual a lei atribui efeitos jurídicos próprios".[45]

Na preleção de Alberto Xavier,[46] lançamento é "o ato administrativo de aplicação da norma tributária material que se traduz na declaração da existência e quantitativo da prestação tributária e na sua conseqüente exigência".

Se, em vez de mencionar, diretamente, a figura do lançamento, sem menção a que se tem, no caso, espécie de ato jurídico, insiste-se no registro de que se trata de ato administrativo, é porque releva sublinhar que lançamento é ato (jurídico) e não procedimento; e que é inconfundível com esse ato, o procedimento administrativo que o antecede.

II – O caso concreto

Postas essas premissas, já estamos em condições de analisar concretamente as questões postas ao nosso parecer. Deveras, a abordagem precedente era absolutamente necessária à análise serena do caso concreto. É que os pressupostos antes referidos constituir-se-ão nos alicerces inabaláveis sobre os quais se haverão de assentar

45. Alberto Xavier, *Do Lançamento. Teoria Geral do Ato do Procedimento e do Processo Tributário*, 2ª ed., Forense, 1997, p. 50.

46. Ibidem, mesma página.

as conclusões que aflorarão após o exame das especificidades do caso concreto.

Para esse fim, rememoremos, sinteticamente, os fatos.

A Consulente, nos idos de 1980, foi contratada pela Companhia "Y" para a construção de Usina no extremo oeste do Estado de São Paulo.

Tratava-se de uma obra de grandes dimensões, cujos impactos abrangeram uma grande extensão territorial e vários Municípios. Com efeito, a bacia de inundação do lago abrangeu vários Municípios da região.

Por se tratar de obra de grandes dimensões, seja no aspecto tamanho, seja quanto ao tempo de sua execução, envolvia também enorme quantidade de documentos emitidos por fornecedores, quer de materiais, quer de subempreitadas, uns e outros passíveis de dedução da base de cálculo, com base no Decreto-lei n. 406/1968 então vigente.

A fim de facilitar tanto seus trabalhos quanto da fiscalização, a Consulente pleiteou junto aos Municípios a criação de mecanismos que facilitassem a apuração do ISS.

No caso do Município "A", objeto deste parecer, o Decreto n. 01 previu arbitramento de 15%, a ser aplicado sobre o preço dos serviços, como o montante que poderia ser deduzido, a título de materiais fornecidos para a aplicação na obra.

Surpreendentemente, porém, a Consulente dá conta que, anos após, foi promulgado o Decreto n. 02, "invalidando" o anterior por supostos vícios de origem. E, com base nessa anulação, o Município "A" exige o pagamento da "diferença não recolhida", acrescida de multa, juros etc., ameaçando inclusive denunciar criminalmente a Consulente.

Para melhor evidenciar as questões postas, é vital que se transcrevam alguns "considerandos" e dispositivos do Decreto n. 01, posteriormente anulado, dispondo sobre a fixação de dedução à título de fornecimento de materiais do preço dos serviços da empresa "X".

"CONSIDERANDO, que os materiais empregados nas obras de construção civil devem ser descontados do montante tributável da base de cálculo de incidência do ISSQN – Imposto Sobre Serviços de Qualquer Natureza, na conformidade do Decreto-lei Federal n. 406/1969 e que o artigo ..., parágrafo único, da Lei Municipal n. ..., dispensa a comprovação de gastos com materiais;

"CONSIDERANDO, que a empresa 'X' é que está executando, como empreiteira da empresa 'Y', as obras de construção da Usina ..., que abrange território de vários Municípios;

"CONSIDERANDO, que os materiais dedutíveis fornecidos pela referida prestadora dos serviços são adquiridos englobadamente para a obra inteira e aplicados aos poucos em toda sua extensão, por várias frentes de trabalho, tornando-se, por isso, difícil, senão impossível, tanto para o contribuinte como, principalmente, para o Fisco Municipal, a apuração da quantidade e respectivo valor dos materiais que se aplica mensalmente na obra e em especial na parte que se localiza no território do Município 'A'.

"CONSIDERANDO, finalmente que estudos ora realizados por esta Municipalidade e por técnicos da citada empreiteira, abrangendo o período pela citada Lei n. ..., através de análise de documentos fiscais, levaram a conclusão de que os materiais aplicados e os seus respectivos valores, na parte da obra que se localiza no território deste Município, representam aproximadamente 15% (quinze por cento) do valor dos serviços ali realizados mensalmente.

"DECRETA:

"Art. 1º. Fica arbitrado em 15% (quinze por cento), do preço dos serviços cobrados, o montante de dedução do preço dos serviços executados pela empresa 'X', à título de fornecimento de materiais na obras de construção civil, para efeito de lançamento e cobrança de ISSQN –

Imposto Sobre Serviços de Qualquer Natureza, na parte das obras da Usina ... localizadas no território do Município 'A'.

"Parágrafo único. O critério adotado no 'caput' deste artigo poderá, à critério da Administração Pública, ser suspenso ou alterado à qualquer tempo, se novos fatores para apuração da base de cálculo vierem a surgir quanto aos valores dos materiais dedutíveis."

A Consulente, desde o estabelecimento dessas regras, sempre cumpriu, pontualmente, seus deveres para com o Município "A", com base nesse Decreto, até que, para sua surpresa e estupefação, viu-o anulado pelo Decreto n. 02, de 2004, subscrito pelo então Prefeito, que, a seu turno, após considerandos que seguem transcritos, estatuiu:

"CONSIDERANDO que o Decreto n. 01, ... criou direitos tributários, o que somente a Lei poderia fazê-lo;

"CONSIDERANDO que esses direitos foram dirigidos somente a uma contribuinte em detrimento de todas as demais existentes no Município, sem qualquer compensação para este e sem Lei aprovada pelo Legislativo e sancionada pelo Poder Executivo;

"CONSIDERANDO que o Decreto n. 01, ..., de revogou, através do art. 3º, disposições do Decreto-lei n. 406/1968, vigente até 31.12.2003, o que toma aquele absolutamente ilegal;

"CONSIDERANDO que não houve processo regular para o arbitramento do preço dos materiais aplicados, por analogia do art. 148 do CTN;

"CONSIDERANDO que não há estudos técnicos que comprovem a impossibilidade de se apurar o valor real do material incorporado na obra;

"CONSIDERANDO que a data da edição, o Decreto n. 01, de ..., que retroagiu seus efeitos a ..., já havia histórico suficiente para o levantamento de todas as notas fiscais de materiais adquiridos pela empresa beneficiária, sem qualquer dificuldade;

"CONSIDERANDO que o contrato de empreitada da empresa 'X', junto à empresa 'Y' específica que o material básico, quase total, é de fornecimento da dona da obra, ou seja, a 'Y', o que é dedutível para o cálculo do tributo.

"CONSIDERANDO que o fato dos materiais serem adquiridos englobadamente e aplicadas aos poucos, por várias frentes, em nada dificulta o cálculo do tributo;

"CONSIDERANDO que não há nos arquivos do Município qualquer levantamento dos valores de materiais na vigência da Lei n. ...

"CONSIDERANDO que a anulação do Decreto n. 01, corrigirá o curso da fiscalização, não permitindo uma isenção indireta do ISSQN, fazendo com que o valor exato dos materiais aplicados, seja abatido do valor tributável;

"CONSIDERANDO que, segundo os Princípios da Autotutela e da Supremacia do Interesse Público, a Administração tem o dever de, a qualquer tempo, rever seus próprios atos a fim de adequá-los às normas vigentes.

"DECRETA:

"Art. 1º. Ficam anulados os termos e efeitos do Decreto n. 01, desde a sua edição, devido aos vícios apresentados no seu nascimento.

"Art. 2º. Este Decreto entrará em vigor na data de sua publicação, retroagindo seus efeitos à ..."

A simples leitura de ambos os Decretos já põe em evidência que não andou bem o Município "A", ao anular o Decreto n. 01, porquanto nada há que dê suporte à anulação (sem embargo de, caso coubesse, não poder ser aplicada, como quer a atual Administração).

Quando se diz que a mera leitura conduz à constatação do descabimento da anulação, é porque dela se vê (a) que o Decreto não é ilegal (a propósito, o arbitramento efetuado, que também poderia sem erro chamar-se de regime especial, é matéria de competência exclusiva do Executivo, inconfundível com o chamado decreto-legislativo), (b) que não há afronta ao Decreto n. 406/1968 (ao contrário, é ele prestigiado), (c) nem se vislumbra qualquer outro vício que o inquine de ilegal, tornando-o suscetível de anulamento, como se minudenciará, de seguinte.

O Decreto em questão, posteriormente "anulado" salienta que a Consulente, como empreiteira de "Y", está executando as obras de construção abrangendo o território de vários Municípios.

O Decreto destaca, logo após, que "os materiais empregados nas obras de construção civil devem ser descontados do montante tributável da base de cálculo" do ISS, com base no disposto no Decreto-lei n. 406/1968 e acrescenta que "o artigo ..., da Lei Municipal n. ..., dispensa a comprovação de gastos com materiais".

Veja-se, por primeiro, que, o Decreto editado (02) reconhece (a) que nos serviços de construção civil pode ser abatido o valor dos materiais empregados e (b) que a Lei Municipal ... dispensa a comprovação dos gastos com os materiais.

Reconhece, a seguir, que "os materiais dedutíveis fornecidos pela Consulente são adquiridos englobadamente para a obra inteira e aplicados aos poucos em toda sua extensão, por várias frentes de trabalho, tornando-se, por isso, difícil, senão impossível, tanto para o contribuinte como, principalmente, para o Fisco Municipal, a apuração da quantidade e respectivo valor dos materiais que se aplica mensalmente na obra e em especial na parte que se localiza no território do Município 'A'".

A seguir, prossegue a "consideranda", já agora para assinalar que "*os estudos ora realizados por esta Municipalidade* e por técnicos da citada empreiteira, abrangendo o período pela citada Lei n. ..., *através de análise de documentos fiscais*, levaram a conclusão de que os materiais aplicados e os seus respectivos valores, na parte da obra que se localiza no território deste Município, representam aproximadamente 15% (quinze por cento) do valor dos serviços ali realizados mensalmente".

Dessa série de considerandos, já fica visível, sem maiores esforços, que se tem (a) legislação municipal, contida nos limites que lhe defere a lei, que (b) guarda integral consonância com o Decreto-lei n. 406/1968, que é (c) devidamente embasada e motivada, razões suficientes para inviabilizar sua anulação.

Efetivamente, o Decreto exercita mister que é seu (em verdade essa matéria poderia até ser veiculada por outro ato administrativo de hierarquia inferior, como uma portaria, resolução, instrução normativa ou qualquer outra da espécie, sem exigir a edição do diploma utilizado), sem ferir a lei. Primeiro, porque a apuração concreta da base de cálculo (base calculada) é matéria reservada à Administração, não sendo questão sujeita ao princípio da estrita legalidade em matéria tributária. Segundo, porque o Decreto nada mais fez do que disciplinar deduções do valor dos materiais a que têm direito os contribuintes, no caso de serviços de construção civil, *ex-vi* do disposto no art. 9, § 2º, alínea "a", do Decreto-lei n. 406/1968. Terceiro, porque da "consideranda" se vê que houve processo regular, conforme dá conta o trecho referindo "*os estudos ora realizados por esta Municipalidade* e por técnicos da citada empreiteira, abrangendo o período pela citada Lei n. ..., *através de análise de documentos fiscais*, dos quais emergiu a conclusão de que os materiais aplicados e os seus respectivos valores, na parte da obra que se localiza no território deste Município, representam aproximadamente 15% (quinze por cento) do valor dos serviços ali realizados mensalmente".

O Decreto, estritamente com base (a) nos estudos realizados pela Administração do Município "A", aos quais se somou (b) a análise de documentos fiscais, concluiu por arbitrar em 15% o valor das deduções a serem aplicadas sobre a base de cálculo concreta (base calculada).

Nada mais se faria necessário acrescentar para a demonstração da legitimidade e licitude do Decreto n. 01, baixado pelo Prefeito de "A".

Nada obstante, em homenagem à Consulente e à verdade são as considerações subseqüentes.

Iniciemos pelo exame do segundo Decreto, o de n. 02, cujo intento foi o de anular o Decreto n. 01.

Esse Decreto inicia sua "consideranda" com frase pouco feliz. Ao afirmar que o Decreto n. 01, criou direitos tributários, o que somente a Lei poderia fazê-lo, não prestigia o sistema jurídico porquanto, como visto, exaustivamente, o Decreto em questão limitou-se a "arbitrar" (melhor seria apurar), a base de cálculo concreta, a ser aplicada, matéria de alçada exclusiva do Poder Executivo. Logo, não houve nenhuma invasão do campo de qualquer matéria submetida ao princípio da reserva legal. Não é a lei que apura o preço do serviço, com ou sem deduções, conforme o caso, e sim o Poder Executivo, pelo ato administrativo do lançamento. "Compete exclusivamente à autoridade administrativa constituir o crédito tributário pelo lançamento...", diz o art. 142, do CTN. Logo, nenhuma, mas nenhuma mesmo, invasão do âmbito de atuação da lei. É estranhável até afirmação desse jaez.

A segunda alegação, para anular o Decreto n. 01, foi a de que "esses direitos foram dirigidos somente a uma *(sic)* contribuinte em detrimento de todas as *(sic)* demais existentes no Município, sem qualquer compensação para este e sem Lei aprovada pelo Legislativo e sancionada pelo Poder Executivo".

Ora, já se viu, linhas atrás, que direito nenhum foi criado, que, contrariamente, por Decreto (poderia ter sido por ato inferior ou até mesmo em processo específico para um contribuinte), cuidou-se de apurar valor das deduções cabíveis, portanto, matéria de lançamento, de competência exclusiva da Administração, a quem compete constituir o crédito tributário pelo lançamento, um para cada contribuinte, não cabendo, falar "em detrimento de todas *(sic)* as demais existentes no Município" ou em lei aprovada pelo Legislativo, e, muito menos, em "compensação para este" (o Município), porque a apuração da correta base de cálculo concreta (base calculada ou base convertida em cifra), haverá de observar os ditames da lei, mas não ser apurada por ela mesma, não implicando qualquer compensação, que se houvesse, agora sim, seria ilegal.

Absolutamente descomprometido com os fatos, o que salta aos olhos, o Decreto n. 02 prossegue afirmando que "*o Decreto n. 01 revogou, através do art. 3º, disposições do Decreto-lei n. 406/1968, o que torna aquele absolutamente ilegal*".

Ora, o Decreto-lei n. 406/1968 prevê a dedução do valor dos materiais fornecidos pelo prestador, no caso de serviços de construção civil, impondo a retirada dessas parcelas da base de cálculo do ISS.

E, note-se que o arbitramento (em verdade, mera apuração oblíqua do preço do serviço), tomou em consideração 15% (quinze por cento) do valor dos materiais, precisamente porque parte deles era fornecido pela contratante e não pela Consulente. Ora, como é sabido, a decomposição do valor entre materiais e mão-de-obra é feito, hoje, na proporção de 60% e 40%, respectivamente. Esse é o critério utilizado pelo INSS, para cálculo do valor sobre o qual incide a contribuição previdenciária, essa é a proporção utilizada pelas revistas especializadas (por exemplo, *Construção Civil* – Editora Pini) e também a repartição empregada pelas maiores Prefeituras brasileiras, inclusive pela do Município de São Paulo. E, note-se, que até há bem pouco, essa decomposição era procedida na razão de 2/3 e 1/3, ou seja, 66,66% e 33,34%, respectivamente, para materiais e mão-de-obra.

De sorte que o percentual empregado, de 15% (quinze por cento), longe de estar em descompasso com as regras da legislação complementar e dos critérios usualmente utilizados pelo setor da construção civil foi até cauteloso, porque entendeu, com base nos estudos feitos pelo Município "A", subsidiados pelos técnicos da Consulente, e pela "análise de documentos fiscais", que a Consulente – considerando que parte dos materiais era fornecido pela própria contratante – poderia deduzir, não os 66,66%, em certo período, não os 60%, em outro período, mas apenas e tão-só, uma quarta-parte desses percentuais, ou seja, míseros 15% (quinze por cento).

Logo depois, o Decreto n. 02, traz a afirmação de que "*não houve processo regular para o arbitramento do preço dos materiais aplicados, por analogia do art. 148 do CTN*"; "*não há estudos técnicos que comprovem a impossibilidade de se apurar o valor real do material incorporado na obra*"; que, à data da edição do Decreto n. 01, "*já havia histórico suficiente para o levantamento de todas as notas fiscais de materiais adquiridos pela empresa beneficiária, sem qualquer dificuldade;* que *não há nos arquivos do Município qualquer levantamento dos valores de materiais na vigência da Lei n. ...*" e, finalmente, que "*a anulação do Decreto n. 01, corrigirá o curso da fiscalização, não permitindo uma isenção indireta*" do ISS, anula o Decreto n. 01, desde a sua edição, devido aos vícios apresentados no seu nascimento.

As afirmações precedentes, constantes do Decreto de anulação são agora mais graves porque pretendem desmentir tudo o que o Executivo do Município "A" houvera afirmado como pressupostos do Decreto precedente. A primeira é a de que não houve processo regular. Ora, o mesmo Executivo que, hoje, pretende exigir ISS, assinalara então a existência desse processo, como se vê de uma da longa "considerandа" em que está dito que "*os estudos ora realizados por esta Municipalidade* e por técnicos da citada empreiteira, abrangendo o período pela citada Lei n. ..., *através de análise de documentos fiscais*, dos quais emergiu a conclusão de que os materiais aplicados e os seus respectivos valores, na parte da obra que se localiza no território deste Município, representam aproximadamente 15% (quinze por cento) do valor dos serviços ali realizados mensalmente".

Ora, se no Decreto se faz essa afirmação é porque houve e há processo regular. Não é crível que o Executivo editado Decreto cujas afirmações por ele efetuadas não fossem verdadeiras. Com que base então se afirma a inexistência de processo regular? Como se alega que havia dificuldade para apurar o exato percentual de dedução cabível e, quase 10 anos depois, se resolve que essa apuração poderia ser feita? Como se afirma não haver "*nos arquivos do Município qualquer levantamento dos valores de materiais na vigência da Lei n. ....*"? Nesse caso, ocorreu uma de duas possibilidades: ou, como tudo leva a crer, houve o processo regular, mas ele desapareceu dos arquivos do Município, ou, o que é menos provável, não houve processo regular e, nesse caso, não há escapar, o Executivo baixou Decreto irregularmente e, por isso, é o derradeiro, e, ao mesmo tempo, único responsável pelas conseqüências desse infausto ato.

E, também não se diga que haveria, na apuração anterior, isenção indireta. Primeiro, porque, como ensina Paulo de Barros Carvalho, eventuais reduções de base de cálculo, não representam, nunca, isenções indiretas, ou parciais, que, à luz do bom Direito não existem.[47]

Como visto, o Decreto, que se pretende anulado, limita-se a exercitar mister que é seu, configurando matéria reservada à Administração, mediante edição de ato administrativo, não sendo questão sujeita ao princípio da estrita legalidade em matéria tributária. Segundo, como já enfatizamos, porque o Decreto nada mais fez do que disciplinar deduções do valor dos materiais a que têm direito os contribuintes, no caso de serviços de construção civil, *ex-vi* do disposto no art. 9º, § 2º, alínea "a", do Decreto-lei n. 406/1968.

47. *Curso de Direito Tributário*, 13ª ed., São Paulo, Saraiva, 2000, p. 488.

Por amor ao enfrentamento de todas as vertentes do caso, vamos supor, só para argumentar, que o Decreto, despido de processo regular, que lhe respaldasse, fosse, efetivamente, inválido e ineficaz.

Nesse caso, conforme ensina Miguel Reale:

"É evidente que, havendo elementos probatórios a serem aferidos, isto é, se a questão envolve a prévia determinação jurídica de matéria controvertida de fato, não há possibilidade de ser a nulidade decretada unilateralmente pela própria Administração, pois, se lhe fosse dado fazê-lo, estaria emitindo uma decisão de cunho jurisdicional, e não meramente administrativo, atingindo de plano situações jurídicas constituídas ao abrigo do ato impugnado.

"(...).

"Uma coisa é, em verdade, zelar pela fidelidade à lei, aferindo a sua compatibilidade lógico-normativa com o ato administrativo (tarefa que se inclui entre os deveres do Poder Executivo, compendiados no 'poder de polícia de legalidade') e outra coisa é descer à verificação concreta de controvertidos elementos fáticos para indagar os ingredientes mesmo do ato impugnado, com a formulação de um juízo de alcance decisório, que não pode ser subtraído à competência da Justiça, sob pena de ofensa ao princípio constitucional da distribuição dos Poderes do Estado."[48]

Como visto, se o Decreto n. 01, à mingua de processo regular para sua criação, fosse inválido e ineficaz, sua anulação só poderia dar-se por decisão emanada do pelo Poder Judiciário, em respeito ao princípio da tripartição das funções desempenhadas pelo Estado.

Em seguida, Miguel Reale, invocando José Frederico Marques, aponta a inexorável presença de prazo razoável para a anulação do ato administrativo, no caso, o Decreto n. 01, como decorrência lógica do princípio do devido processo legal: "Escreve com acerto José Frederico Marques que a subordinação do exercício do poder anulatório a um prazo razoável pode ser considerado requisito implícito no princípio do *due process of law*. Tal princípio, em verdade, não é válido apenas no sistema do direito norte-americano, do qual é uma das peças basilares, mas é extensível a todos os ordenamentos jurídicos, visto como corresponde a uma tripla exigência, de regularidade normativa, de economia de meios e formas e de adequação à tipicidade fática. Não obstante a falta de termo que em nossa linguagem rigorosamente lhe corresponda, poderíamos traduzir *due process of law* por devida atualização do direito, ficando entendido que haverá infração dêsse ditame fundamental toda vez que, na prática do ato administrativo, for preterido algum dos momentos essenciais à sua ocorrência; forem destruídas, sem motivo plausível, situações de fato, cuja continuidade seja econômicamente aconselhável, ou se a decisão não corresponder ao complexo de notas distintivas da realidade social tipicamente configurada em lei".[49]

Como muito bem salientado por Miguel Reale, a infinita possibilidade de revisão dos atos administrativos (no caso o Decreto n. 01), é incompatível com a estabilidade das relações sociais e a presunção de legitimidade e de legalidade dos atos administrativos, corolários do princípio da segurança jurídica: "Assim sendo, se a decretação de nulidade é feita tardiamente, quando a inércia da Administração já permitiu se constituíssem situações de fato revestidas de forte aparência de legalidade, a ponto de fazer gerar nos espíritos a convicção de sua legitimidade, seria deveras absurdo que, a pretexto da eminência do Estado, se concedesse às autoridades um poder-dever indefinido de autotutela. Desde o famoso *affaire Cachet*, é esta a orientação dominante no Direito francês, com os

48. Miguel Reale, *Revogação e Anulamento do Ato Administrativo*, 1ª ed., Rio de Janeiro, Forense, 1968, p. 70.

49. Idem, pp. 89-90.

aplausos de Maurice Hauriou, que bem soube pôr em realce os perigos que adviriam para a segurança das relações sociais se houvesse possibilidade de indefinida revisão do atos administrativos".[50]

Daí dever a Administração Pública respeitar os efeitos decorrentes do Decreto n. 01, mantendo-o válido, especialmente por já ter transcorrido largo tempo de sua existência, como mostra esse insuperável jurista: "Da França tal doutrina passou para a Itália, granjeando o apoio de seus mais ilustres mestres, como Cino Vitta e D'Alessio, cuja doutrina é oportunamente lembrado por José Frederico Marques ao tratar dêste assunto. Consoante ponderação do primeiro dos administrativistas citados, "uma grande distância de tempo, pode parecer oportuno manter o ato em vida, apesar de ilegítimo, a fim de não subverter estados de fato já consolidados, só por apego formal e abstrato ao princípio de legitimidade. Não se olvide que o ordenamento jurídico é conservador no sentido de respeitar fatos ocorridos há muito tempo, muito embora não conformes à lei".[51]

Celso Antônio Bandeira de Mello adverte sobre o equívoco em considerar que os atos inválidos, nulos ou anuláveis não produzem efeitos:

"Os atos inválidos, nulos ou anuláveis, não deveriam ser produzidos. Por isso não deveriam produzir efeitos. Mas o fato de que são editados atos inválidos (nulos e anuláveis) e que produzem efeitos jurídicos. Podem produzi-los, até mesmo, *per omnia secula*, se o vício não for descoberto ou se ninguém os impugnar.

"É errado, portanto, dizer-se que os atos nulos não produzem efeitos. Aliás ninguém cogitaria da anulação deles ou de declará-los nulos se não fora para fulminar os efeitos que já produziram ou que podem ainda vir a produzir. De resto, mesmo depois de invalidades produzem uma série de efeitos. Assim, por exemplo, respeitam-se os efeitos que atingiram terceiros de boa-fé."[52]

Justamente porque os atos anuláveis produzem efeitos, é que a ordem jurídica – fundada nos princípios da segurança jurídica e da legalidade – reclama a convalidação do ato administrativo (do Decreto n. 01, se for o caso) para a necessária pacificação e estabilização das relações constituídas, ainda que invalidamente, conforme ilustra Celso Antônio Bandeira de Mello, em outro ponto:

"(...) um dos interesses fundamentais do Direito é a estabilidade das relações constituídas. É a pacificação dos vínculos estabelecidos a fim de preservar a ordem. Este objetivo importa muito mais no direito administrativo do que no direito privado. É que os atos administrativos têm repercussão mais ampla, alcançando inúmeros sujeitos, uns direta e outros indiretamente, como observou Seabra Fagundes. Interferem com a ordem e estabilidade das relações sociais em escala maior.

"Daí que a possibilidade de convalidação de certas situações – noções antagônicas à de nulidade em seu sentido corrente – tem especial relevo no direito administrativo.

"Não brigam com o princípio da legalidade, antes atendem-lhe o espírito, as soluções que se inspirem na tranqüilização das relações que não comprometem insuprivelmente o interesse público, conquanto tenham sido produzidas de maneira inválida. É que a convalidação é uma forma de recomposição da legalidade ferida. Portanto, não é repugnante ao direito administrativo a hipótese de convalescimento dos atos inválidos.

"De todo modo não há negar que um ato padecente de vício é invalidável. A possibilidade de convalidação irá categorizá-lo na classe dos anuláveis, em oposição aos nulos, mas a menor gravidade do vício

50. Miguel Reale, ibidem, mesmas páginas.
51. Idem, ibidem.

52. *Elementos de Direito Administrativo*, 3ª ed., cit., p. 173.

não pode significar imunidade contra eventual fulminação."[53]

Disso resulta ser imperiosa a legitimação dos efeitos do ato administrativo, no caso o Decreto n. 01, caso este viesse, por absurdo, a ser anulado judicialmente:

"A convalidação é o suprimento da invalidade de um ato com efeitos retroativos. Este suprimento pode derivar de um ato da administração ou de um ato do particular afetado pelo provimento viciado.

"Quando promana da Administração, esta corrige o defeito do primeiro ato mediante um segundo ato o qual produz de forma consoante com o Direito aquilo mesmo que dantes fora efetuado de modo dissonante com o Direito. Mas com uma particularidade: seu alcance específico consiste precisamente em ter efeito retroativo. O ato convalidor remete-se ao ato inválido para legitimar seus efeitos pretéritos. A providência corretamente tomada no presente tem o condão de valer para o passado."[54]

Diante de todo o exposto podemos concluir, sinteticamente, o seguinte:

a) o Decreto n. 01 não é ilegal (a propósito, o arbitramento efetuado, que também poderia sem erro chamar-se de regime especial, é matéria de competência exclusiva do Executivo, inconfundível com o chamado decreto-legislativo); (a.1) não há afronta ao Decreto n. 406/1968 (ao contrário, é ele prestigiado); (a.2) nem se vislumbra qualquer outro vício que o inquine de ilegal, tornando-o suscetível de anulamento;

b) o Decreto n. 01, que se pretende anulado, limita-se a exercitar mister que é seu, configurando matéria reservada à Administração, mediante edição de ato administrativo, não sendo questão sujeita ao princípio da estrita legalidade em matéria tributária. O Decreto nada mais fez do que disciplinar deduções do valor dos materiais a que têm direito a Consulente, no caso de serviços de construção civil, *ex-vi* do disposto no art. 9, § 2º, alínea "a", do Decreto-lei n. 406/1968;

c) caso o Decreto n. 01, despido de processo regular, que lhe respaldasse, fosse, efetivamente, inválido e ineficaz, o que se admite apenas para argumentar, sua anulação só poderia dar-se por decisão emanada do Poder Judiciário, em respeito ao princípio da tripartição das funções desempenhadas pelo Estado.

d) a infinita possibilidade de revisão dos atos administrativos (no caso o Decreto n. 01), é incompatível com a estabilidade das relações sociais e a presunção de legitimidade e de legalidade dos atos administrativos, corolários do princípio da segurança jurídica.

e) por essa razão, figura como imperativo lógico do sistema jurídico, o dever de a Administração Pública respeitar os efeitos decorrentes do Decreto n. 01, mantendo-o válido, especialmente por já ter transcorrido largo tempo de sua existência.

f) a ordem jurídica – fundada nos princípios da segurança jurídica e da legalidade – reclama a convalidação do Decreto n. 01 (caso este viesse, por absurdo, a ser anulado judicialmente), para a necessária pacificação e estabilização das relações constituídas, ainda que invalidamente.

g) nesse contexto, resulta imperiosa a legitimação dos efeitos do Decreto n. 01.

1. Boa-fé da Consulente e o art. 146, do CTN

O sistema normativo brasileiro, também em matéria tributária, apresenta um plexo de normas e enunciados prescritivos, que ensejam diversas interpretações por parte do aplicador do direito. Sendo assim, o contribuinte, ao estar diante dos inúmeros diplomas normativos componentes de nosso ordenamento jurídico, poderá ficar

53. Idem, pp. 168-169.

54. Celso Antônio Bandeira de Mello, ibidem, p. 169.

em dúvida sobre qual deve aplicar ao seu caso específico.

Portanto, havendo dúvida sobre o tratamento a ser aplicável à hipótese específica de determinado contribuinte, é direito do contribuinte consultar o Poder Público, verbalmente ou por escrito, para ver sanada a dúvida.

Nesse sentido são as lições de Paulo de Barros Carvalho:[55] "sempre que o contribuinte se encontrar titubeante quanto ao procedimento que deve adotar, é aconselhável que formule petição à autoridade fazendária, descrevendo, minuciosamente, a situação e requerendo os esclarecimentos que entender necessários, bem como orientação sobre o modo de agir adequado à sua situação".

A formulação de consulta tributária verbal ou escrita, fundada na dúvida quanto à aplicabilidade de determinado diploma normativo, sempre presume a boa-fé do consultante.

O ilustre jurista Cléber Giardino,[56] é enfático ao preconizar que "a boa-fé, de resto, é sempre de se presumir sendo o próprio fundamento do instituto. Só a cabal demonstração em contrário – determinável de plano, ou produzida em procedimento formal, com amplo contraditório – poderia levar à elisão desse pressuposto lógico".

Com efeito, a consulta tributária no caso em questão, por si só, faz presumir a boa-fé da Consulente em ver dirimida a sua dúvida acerca da interpretação do diploma normativo correspondente a base de cálculo correta do ISS, para o caso específico formulado. Presente a dúvida, evidenciadas as dificuldades, é por meio de indagação, verbal ou escrita ao Fisco, que o contribuinte se forra ao erro ou à exegese inadequada.

55. "Introdução ao estudo do Imposto sobre Produtos Industrializados", in *Revista de Direito Público* 11/87.

56. "Instituto da consulta em matéria tributária – Declaração de ineficácia", in *Revista de Direito Tributário* 39/225.

A partir daí, agindo o contribuinte de acordo com a resposta à consulta, espelhada em ato administrativo, como o Decreto ou qualquer outro ato hierarquicamente inferior, não pode ser punido, não pode ter nenhuma exigência agravada, senão em relação a fatos ocorridos posteriormente à sua introdução. Em outras palavras, a validade dos critérios deduzidos na resposta à consulta, espelhados em decreto, na espécie, no Decreto n. 01, só tem aptidão para produzir efeitos, após a declaração de sua ineficácia. Igualmente, questões relativas à sua eventual ilegalidade somente podem sobrepor-se, só podem ser levados em consideração, desse momento em diante. É dizer, uma consulta somente pode ser considerada inválida, após (a) a declaração de sua ineficácia feita através de decisão proferida por autoridade competente naquele procedimento administrativo instaurado pelo contribuinte, e (b) através de motivação da autoridade competente, sob pena de afronta, por extensão, ao disposto no art. 93, X, da Constituição Federal.

Até então, a Administração Pública e a Consulente estão vinculadas ao posicionamento aprovado no arbitramento procedido.

Tal vinculação aos preceitos contidos nestas normas individuais e concretas, postas pelo Fisco, decorre diretamente do princípio da segurança jurídica, da não-surpresa, da certeza do direito e da lealdade da Administração Pública, pois, caso fosse consagrado determinado entendimento na legislação e, posteriormente, se punisse o contribuinte que observou o disposto na decisão proferida – como se ameaça no presente caso –, a edição de norma como o Decreto veiculado seria totalmente inócua.

A segurança jurídica e a não-surpresa estão consubstanciadas no fato de que, quando se edita norma, como o Decreto n. 01, se está a garantir segurança ao contribuinte de que nada lhe poderá ocorrer, nenhum tipo de gravame ou punição, por ter agido em absoluta consonância com os comandos veiculados na norma individual e concreta posta no sistema pelo Fisco, regulando tal situação.

No que concerne à certeza do direito, esta decorre dos termos do Decreto editado, porque precisamente dele é que a Consulente obteve a indicação de como e quando deveria proceder e por quanto deveria calcular o tributo devido. Nesse sentido, versando situação similar, pontifica Eros Roberto Grau: "daí porque, se do Poder Judiciário o contribuinte obtém certeza judicial do Direito, junto à Administração, mediante a formulação de consulta, vai buscar a certeza administrativa do Direito, em matéria tributária. Respondida a consulta, o contribuinte obtém a certeza administrativa de como deva proceder na situação descrita na consulta".[57]

O princípio da lealdade consubstancia-se no agir sem emprego de embustes, no atuar francamente, sem desonestidades ou hipocrisias. É inconcebível possa uma das partes agir deslealmente, impedindo desse modo, a busca e a aplicação da verdade material, e ensejando prejuízos de monta a quem, como a Consulente, agiu estritamente nos termos que lhe fora determinado pelo Município "A".

Os princípios da lealdade, da não armadilha, da não surpresa, da boa-fé do administrado, conjugam-se, sobremodo no campo do arbitramento da base de cálculo *in concretu*, com o da moralidade administrativa, previsto no art. 37, *caput*, da Constituição Federal, do qual decorre que as atitudes do Fisco, como órgão imparcial, devem ser marcadas pela lisura e pela ausência de armadilhas.

O princípio da moralidade administrativa traduz-se, conforme lição de Lúcia Valle Figueiredo "no conjunto de regras de conduta da Administração que, em determinado ordenamento jurídico, são considerados os *standards* comportamentais que a sociedade deseja e espera".[58]

Portanto, o Fisco deverá agir com lisura, lealdade e sinceridade ao interpretar e aplicar o Direito, ao definir a base calculada (base de cálculo convertida em cifra), no todo ou em parte, aplicável à questão ventilada, de modo a propiciar o tratamento tributário adequado à hipótese, sem ofender os direitos assegurados ao contribuinte protegido pela decisão normativa veiculado pelo Decreto n. 01, com apoio no ordenamento jurídico pátrio.

Referido Decreto constitui decisão exarada em virtude de procedimento administrativo elaborado pelo Município "A" dotada de força vinculante e obrigatória. Trata-se de norma complementar das leis, nos termos do art. 146, do CTN.

O Município "A", por sua Administração Tributária, está vinculado, a todos os títulos, ao posicionamento esposado nesse Decreto n. 01, onde restou consagrado o percentual do valor das deduções, a ser considerado pela Consulente. Essa vinculabilidade é inequívoca, pois a própria Prefeitura "A", durante quase 10 longos anos, considerou esses dados absolutamente corretos, sem lhes pôr qualquer tipo de dúvida (estranhável é o inverso, o que só se fez há pouco, com a anulação pretendida pelo Decreto n. 02).

A norma individual e concreta posta pelo Decreto n. 01 estabelece uma relação jurídica entre o Fisco e a Consulente (o contribuinte). O conteúdo de significação da norma individual e concreta (como é o Decreto n. 01) posta no sistema, vinculou e vincula a conduta adotada pela Consulente, de modo a coadunar-se aos preceitos contidos nessa legislação, como espécie que é de ato lastreado em regular procedimento administrativo precedente.

A Consulente, como lhe competia, seguiu à risca a orientação do Fisco, exarada

57. "Responsabilidade do Estado em matéria tributária", in *Revista de Direito Tributário* 43/136.

58. *Curso de Direito Administrativo*, 3ª ed., Malheiros Editores, São Paulo, 1998, p. 52.

no Decreto n. 01, não podendo eventual modificação de critério alcançar fatos tributários pretéritos, em conformidade ao CTN, art. 146. Esse dispositivo da Lei Complementar, ao determinar que a "*modificação introduzida em virtude de decisão administrativa ou judicial somente pode ser efetivada quanto a fato gerador ocorrido posteriormente a sua introdução*", fixa de modo claro os limites a que está adstrito o Fisco, no caso de mudança de critério em virtude de decisão administrativa. Vale dizer, a mudança de critérios jurídicos só produzirá efeitos para os fatos jurídicos tributários ocorridos após a introdução da nova norma individual e concreta no sistema.

É inequívoca a aplicabilidade do art. 146, da Lei Complementar n. 5.172/1966, ao Decreto n. 01, que se pretende anulado. Com efeito, a nova interpretação atribuída às disposições normativas que ensejaram esse Decreto n. 01, só poderá ser aplicada para os fatos jurídicos tributários futuros, ocorridos após o ingresso da nova norma individual e concreta no sistema, em homenagem à estabilidade das relações jurídicas constituídas entre o Fisco e a Consulente.

Efetivamente, de que adiantaria o contribuinte observar os ditames do Decreto baixado pelo Sr. Prefeito do Município "A", se o Fisco desse Município pudesse – ao alterar seu posicionamento acerca da interpretação tributária, com a introdução da nova norma individual e concreta – impingir ao contribuinte o novo critério consubstanciado na nova norma (o Decreto n. 02) em caráter retroativo? Seria consagrar o total desprestígio dos sobreprincípios da segurança jurídica, da não surpresa e da certeza do direito, cânones basilares de nosso ordenamento jurídico.

Ricardo Lobo Torres[59] assevera que o art. 146 do CTN "aplica-se principalmente nos casos de consulta sobre a existência da relação tributária: se a Administração firma determinado ponto de vista, favorável ao contribuinte, não poderá depois, nem mesmo em virtude de decisões administrativas ou judiciais, voltar atrás para exigir daquele contribuinte beneficiado o imposto devido por fatos pretéritos, apenas os fatos futuros ficarão sujeitos ao novo critério jurídico".

Dúvida não se põe que o Decreto n. 01, é norma individual de efeitos concretos e específicos. Ora, em tal caso, é inquestionável que a alteração do posicionamento do Fisco, consubstanciada na nova norma individual e concreta posta no sistema, só poderá ser aplicável aos fatos jurídicos tributários ocorridos após a notificação do contribuinte-Consulente acerca da introdução da referida norma no sistema, sendo que a necessidade da notificação decorre como corolário indispensável do princípio da publicidade.

É imposição do sistema que a Administração respeite o realizado sob a égide de conceito normativo anterior e que o novo critério somente seja aplicado para situações futuras. Há quase três lustros, já havíamos consignado que:

"(...) a modificação dos critérios jurídicos acarreta as seguintes conseqüências:

"a) os lançamentos de obrigações *futuras* devem pautar-se sempre pelo novo critério;

"b) se, dele, resultar *oneração* para o contribuinte, não poderá retroagir; nenhuma validade têm lançamentos que pretendam atingir fatos ocorridos anteriormente à introdução do novo entendimento;

"c) se, dele, decorrer *minoração* do valor das obrigações *anteriores* devem ser revistos os lançamentos."[60]

É cediço que as normas jurídicas só são revogadas ou invalidadas por outras de igual hierarquia. É dizer: a lei só se revoga,

59. *Curso de Direito Administrativo e Financeiro*, Forense, 2002, p. 239.

60. Aires F. Barreto, "Alteração dos critérios jurídicos que presidem o lançamento", *Repertório IOB de Jurisprudência*, ns. 21/92, p. 385, 1ª quin. nov./1992; os grifos são do original.

ou só se invalida, por outra lei; o decreto por outro decreto. Mas, em qualquer caso, os efeitos só se produzirão em relação a fatos ocorridos posteriormente à edição da nova norma.

Tratando-se, como efetivamente se trata, de ato autoridade administrativa, como é o Decreto n. 01 – vinculante para a Administração – impor-se-ia sua observação, até o advento do Decreto n. 02.

Misabel Abreu Machado Derzi[61] preleciona que as decisões na esfera administrativa possuem natureza normativa vinculadora para o Poder Público, fornecendo a necessária segurança jurídica ao contribuinte, impossibilitando que os agentes fiscais atuem em desconformidade ao anteriormente decidido, *in verbis*: "(...) as decisões administrativas, as práticas reiteradas das autoridades administrativas (...)".

É que estas, "(...) representam uma posição sedimentada do fisco na aplicação da legislação tributária e devem ser acatadas como boa interpretação da lei. Assim, se a autoridade administrativa interpreta a lei em determinado sentido, e assim aplicam reiteradamente, essa prática constitui norma complementar da lei.

"(...).

"As leis representam sempre certa margem para alguma dúvida por parte do intérprete, isso porque muitas vezes estas leis contêm conceitos vagos. Através da instituição das normas complementares a autoridade administrativa assegura tratamento uniforme aos contribuintes, impossibilitando interpretações diferenciadas por parte de seus agentes."

Ocorre, porém, que, na espécie, o CTN vai além: impede a própria prevalência desse dispositivo, quando se estiver diante das hipóteses do art. 146 do CTN, a seguir reproduzido: "A modificação introduzida, de ofício ou em conseqüência de decisão administrativa ou judicial, nos critérios jurídicos adotados pela autoridade administrativa no exercício do lançamento somente pode ser efetivada, em relação a um mesmo sujeito passivo, quanto a fato gerador ocorrido posteriormente à sua introdução".

A força de princípio geral da imutabilidade é realçada pelo insigne tributarista Américo Masset Lacombe,[62] que presidiu o Tribunal Regional Federal da 3ª Região, em comento ao art. 146 do CTN, a seguir reproduzido:

"Confirma este artigo o princípio geral da imutabilidade do lançamento. Se houver mudança na valoração jurídica dos dados ou elementos de fato que informam a autoridade administrativa no exercício da atividade do lançamento, tal mudança só poderá ser considerada quanto a fatos geradores ocorridos após a introdução dessa modificação. Assim, se a Administração mudar uma determinada orientação em virtude de decisão judicial, tal orientação só se aplicará a lançamentos futuros, não podendo de forma alguma introduzir modificações, sejam elas benéficas ou não ao contribuinte, em lançamentos inteiros, perfeitos e acabados, uma vez que nestes já está completa toda a estrutura de relação obrigacional, com a constituição tanto do *debitum* (*shuld*, obrigação tributária, relação de débito) quanto da *obligatio* (*haftung*, crédito tributário, relação de responsabilidade)."

A mudança na valoração jurídica dos dados ou elementos de fato que informam a autoridade administrativa no exercício da atividade do lançamento, só poderá ser considerada quanto a fatos geradores ocorridos após a introdução dessa modificação.

A posição jurisprudencial é, igualmente, nesse sentido, tendo a nossa mais alta corte, o Supremo Tribunal Federal, por

61. In *Comentários ao Código Tributário Nacional*, coord. Carlos Valder do Nascimento, Rio de Janeiro, Forense, 1997, pp. 207-208.

62. In *Comentários ao Código Tributário Nacional*, coord. Ives Gandra da Silva Martins, São Paulo, Saraiva, 1998, p. 293.

sua 2ª Turma,[63] decidido que a mudança de critério ou orientação da autoridade fiscal não pode prejudicar o contribuinte que agiu de acordo com o critério anterior.

Em caso similar (RE n. 68.253-PR/STF, 1ª Turma), o Excelso Pretório decidiu que havia coisa julgada na decisão que, em resposta à consulta, declarou não caber o tributo. Com maior evidência, haverá de prevalecer o Decreto n. 01 aqui versado, porquanto a Consulente cumpriu, tempestiva e corretamente, as condições que foram estipuladas pelo Fisco.

Essa orientação, que já era consagrada no extinto TFR (Súmula 227), vem sendo adotada também pelo Superior Tribunal de Justiça ao consagrar que:

"A mudança de critério jurídico adotado pelo Fisco não autoriza a revisão de lançamento".[64]

Em resumo, a Consulente estava sob amparo do critério jurídico fixado pelo Decreto n. 01, plenamente vigente, aplicável e eficaz. Conseqüentemente, estava ao abrigo da garantia que lhe assegura o art. 146, do CTN, pois a mudança de valoração jurídica dos dados ou elementos de fato que informam a autoridade administrativa no exercício da atividade do lançamento, somente pode ser considerada quanto a fatos geradores ocorridos após a sua introdução.

Deve, pois, prevalecer, até a sua anulação, o teor do Decreto n. 01, em nome dos princípios da estrita legalidade da tributação, da segurança jurídica, da certeza do direito e da imutabilidade do critério em relação a fatos anteriores, como promete solenemente o art. 146, do CTN.

Não se nega o direito de o Fisco realizar novo procedimento nem o de revogar ou anular os atos que exara, desde que com supedâneo legal e devidamente motivado. Mas a ilegalidade que autoriza o novo procedimento ou o novo ato não se verificou; pelo contrário, a Consulente apoiou-se em ato legítimo e legal, exarado sem máculas por autoridade competente, qual seja o Chefe do Executivo do Município "A". Daí que a anulação do Decreto n. 01, mesmo se procedente, só poderia gerar efeitos, após a sua introdução.

III – Resposta aos quesitos

1. O registro de que houve processo regular, como base no qual o Chefe do Executivo do Município "A" baixou o Decreto guerreado (01) implica, evidentemente, a responsabilidade de a Administração Municipal manter a salvo, em seus arquivos, o próprio processo, no bojo do qual haveria de estar toda a documentação correspondente ao arbitramento efetuado.

2. Tratando-se de expediente interno da Administração – por ele integral e exclusivamente responsável – não caberia ao contribuinte manter cópia e muito menos comprovar a existência desse processo administrativo, seja porque se trata de matéria de exclusiva competência da Administração, seja porque é ela e apenas ela a guardiã e responsável pela preservação de todos os expedientes que tramitam pela Municipalidade.

3. Em não conseguindo encontrar tal processo, deveria a Municipalidade abrir sindicância, seguida, se o caso, de inquérito administrativo, com vistas, de um lado, a recuperar os dados que haviam sido carreados a esse processo, e, de outro, identificar e punir os responsáveis pelo desaparecimento ou extravio do processo.

4. Se o processo não for encontrado, nem for possível recuperá-lo, não cabe decretação de nulidade do Decreto original que prevê a dedução do material na proporção definida, seja porque não estará evidenciado o vício que poderia acarretar a anulação do procedimento, seja porque (a)

63. AI 29.603-RS, *RTJ* 34/542.

64. 1ª T., AgRg no REsp 273195-PR, Min. Francisco Falcão, j. 3.6.2004, *DJU* 28.6.2004, p. 188.

a dedução do valor dos materiais é direito inalienável dos contribuintes em geral e da Consulente em particular, seja porque (b) não se pode imputar ao contribuinte conseqüências deploráveis, decorrentes de falha, negligência, erro ou incúria da Administração Pública, a quem cabe zelar pela guarda, preservação e manutenção de todos os processos que nela tramitam, Não pode o contribuinte, no caso a Consulente, que em nada contribuiu para o desaparecimento do processo, vir a ser punida, em virtude de falha da Administração, única e exclusiva responsável pelos expedientes e por seus conteúdos.

4.1 Eventual perda tributária – que sequer se pode afirmar existente – jamais poderia ser imputada a qualquer pessoa diversa da Administração, uma vez ser ela, clara e exclusivamente, a responsável pela precisa constituição do crédito tributário, o que se fez a partir do processo que agora se alega inexistente ou desaparecido, sem que, para tanto, tenha a Consulente contribuído, direta ou indiretamente.

4.2 Competindo, como compete obrigatoriamente, à autoridade administrativa constituir o crédito tributário pelo lançamento, sob pena de responsabilidade funcional (CTN, art. 142 e seu parágrafo único), é dela e só dela, a responsabilidade. É incogitável supor qualquer responsabilidade seja civil, seja penal a contribuinte que, como a Consulente, em nada, mas em nada mesmo, contribuiu para a falha administrativa.

5. Se, após processo regular, ficar clara e firmemente constatado que não existiu o processo de arbitramento, mencionado no instrumento normativo – o que é pouco crível que venha a acontecer – poderia o decreto ser anulado, mas somente por decisão do Poder Judiciário, em face dos já vistos efeitos que se produziram seja em relação à Consulente, seja em relação a terceiros. Ainda assim, não poderia ser imputada nenhuma responsabilidade à Consulente que, cumprindo o seu mister, prestou diligente e corretamente o seu dever de colaboração, para a concretização do ato administrativo de lançamento, de competência exclusiva da Administração.

5.1 Tenha-se em conta, além disso, que nada justifica a anulação de ato administrativo, ainda que eventualmente ilegal, decorrido tanto tempo, porque, repetindo a advertência de Alberto Xavier: "Sistemas baseados numa ilimitada revisibilidade dos atos tributários por iniciativa da Administração só podem conceber-se em ordens jurídicas de inspiração totalitária, avessas à idéia de segurança jurídica".[65]

5.2 Não é possível a decretação de nulidade, no âmbito administrativo, se não lesionando situações jurídicas constituídas. Em tais casos, eventual anulamento é da alçada exclusiva do Poder Judiciário. É o que se infere dos ensinamentos do eminente jurista Miguel Reale, no trecho a seguir: "Se, ao efetuar a escolha por determinada via, a Administração excede os horizontes da legalidade, seu ato deixa de ser legítimo, por ter, concomitantemente, deixado de ser legal: nessa hipótese, o vício de mérito é vício de legalidade ou de legitimidade, como tal anulável por decisão administrativa ou judicial, esta só ocorrendo na hipótese de lesão de situações jurídicas constituídas ou em vias de constituir-se, quando já haja, em suma, a "atualidade de um interesse legítimo".[66]

5.3 Cabe registrar, por fim, que, se for evidenciada, hoje, mediante processo regular, a inexistência, à época, de processo administrativo justificador do percentual a ser aplicado para a dedução do valor dos materiais, a anulação do Decreto n. 01, que se faria viável, haveria de respeitar três balizamentos do sistema: o primeiro consistente na aplicação do instituto da decadência, previsto no art. 150, § 4º, do CTN (já

65. Alberto Xavier, *Do Lançamento. Teoria Geral do Ato do Procedimento e do Processo Tributário*, 2ª ed., cit., p. 50.

66. Miguel Reale, *Revogação e Anulamento do Ato Administrativo*, cit., p. 98.

que o contribuinte-Consulente não praticou nenhuma das ressalvas descritas na cláusula final desse § 4º); o segundo, fruto da ocorrência de prescrição para a anulação do ato inválido; o terceiro, que se sobreporia aos dois primeiros – exaustivamente explicitado no decorrer deste parecer, consoante o qual, qualquer alteração no critério jurídico que preside o lançamento só pode ser aplicada a fatos geradores futuros, vedada qualquer retroação – impediria qualquer exigência diversa da já efetuada.

É o nosso parecer, s.m.j.

CADERNOS DE DIREITO TRIBUTÁRIO

IMUNIDADES TRIBUTÁRIAS: TELEOLOGIA

Ives Gandra da Silva Martins
Doutor em Direito pela Universidade Mackenzie. Especialização em Ciência das Finanças, pela Faculdade de Direito da Universidade de São Paulo. Especialização em Direito Tributário pela Faculdade de Direito da Universidade de São Paulo (USP).

Tenho, pela *Revista Dialética de Direito Tributário*, repetidas vezes, abordado o tema das imunidades.

A matéria voltou ao debate parlamentar e judiciário por força da Medida Provisória 446/2008 rejeitada pelo Congresso Nacional em 11 de fevereiro de 2009, mas cuja eficácia dos atos praticados – concessões dos CEBAS [*Certificados de Entidade Beneficente de Assistências Social*] – passou a ser intocável em face do silêncio do Legislativo em regular o tratamento ofertado pela referida Medida Provisória, durante sua vigência, a milhares de entidades de assistência social e de educação. Foi proposta ação civil pública pelo Ministério Público Federal que pretende retirar tal eficácia, com decisão monocrática de Primeira Instância concedendo medida liminar.

Por outro lado, pende de julgamento junto ao Supremo Tribunal Federal algumas ações em controle concentrado e difuso sobre a exata disciplina constitucional das imunidades tributárias.

Questão, todavia, que tem sido posta aos legisladores – eu mesmo fui questionado em audiência pública sobre a razão de ser das imunidades pela deputada Maria do Rosário do Rio Grande do Sul – é a de saber qual a razão da outorga de tais imunidades para as instituições de assistência social e educacional.

Nestas breves linhas, pretendo deixar claro qual, a meu ver, é a verdadeira teleologia das imunidades tributárias.

As imunidades tributárias estão colocadas entre os direitos e garantias individuais, sempre que se refiram aos cidadãos e residentes ou às entidades por eles criadas, tendo em vista as finalidades propostas pelos constituintes.[1]

1. Escrevi:

"O certo é que, entendo eu, garantias e direitos expostos no art. 150 e em outros dispositivos da Lei Suprema estão alargados pelo Código Tributário Nacional, no que diz respeito a princípios como são os da 'benigna amplianda', da retroatividade premial, da integração analógica a favor do sujeito passivo, do 'in dubio pro reo'.

"Parece-me, pois, que não só a Constituição assegura garantias e direitos ao contribuinte, estes imutáveis, enquanto não modificável a ordem constitucional, como outras garantias e direitos podem ser introduzidos, inclusive nas ordens constitucionais inferiores, a que não é lícito retirar direitos supremos, mas a que é lícito acrescentar elenco maior de proteção.

Com efeito, o *caput* do art. 150 está inserto em especial seção da lei suprema dedicada a limitar os poderes do Estado Fiscal, com a seguinte dicção:

Art. 150. Sem prejuízo de outras garantias asseguradas ao contribuinte, é vedado à União, aos Estados, ao Distrito Federal e aos Municípios:

I – exigir ou aumentar tributo sem lei que o estabeleça;

II – instituir tratamento desigual entre contribuintes que se encontrem em situação equivalente, proibida qualquer distinção em razão de ocupação profissional ou função por eles exercida, independentemente da denominação jurídica dos rendimentos, títulos ou direitos;

III – cobrar tributos:

a) em relação a fatos geradores ocorridos antes do início da vigência da lei que os houver instituído ou aumentado;

b) no mesmo exercício financeiro em que haja sido publicada a lei que os instituiu ou aumentou;

c) antes de decorridos noventa dias da data em que haja sido publicada a lei que os instituiu ou aumentou, observado o disposto na alínea b; (*Incluído pela Emenda Constitucional n. 42, de 19.12. 2003*)

IV – utilizar tributo com efeito de confisco;

V – estabelecer limitações ao tráfego de pessoas ou bens, por meio de tributos interestaduais ou intermunicipais, ressalvada a cobrança de pedágio pela utilização de vias conservadas pelo Poder Público;

VI – instituir impostos sobre:

a) patrimônio, renda ou serviços, uns dos outros;

b) templos de qualquer culto;

c) patrimônio, renda ou serviços dos partidos políticos, inclusive suas fundações, das entidades sindicais dos trabalhadores, das instituições de educação e de assistência social, sem fins lucrativos, atendidos os requisitos da lei;

d) livros, jornais, periódicos e o papel destinado a sua impressão.

É caracterizado, todo o complexo de dispositivos nesta seção, como de direitos individuais sempre que tais direitos estiverem envolvidos. Não é um direito individual a imunidade recíproca entre entidades públicas, por exemplo, embora o destinatário de toda a ação governamental seja o indivíduo.[2]

São, todavia, os demais direitos e garantias enunciados no art. 150, direitos e garantias individuais elevados à condição de cláusula pétrea.

Quando de meu depoimento na audiência pública da Constituinte, a convite do presidente da Sub-Comissão de Tributos, Deputado Francisco Dornelles, expus a teoria que fora objeto de reflexão, em minha tese de doutoramento (*Uma Contribuição ao Estudo da Imposição Tributária*), de que a norma tributária é necessariamente uma norma de rejeição social. O Estado sempre cobra mais do que o necessário, de um lado, para prestar serviços públicos e, de outro, para suportar as benesses que os governantes se auto-outorgam e as seus amigos, além de sustentar a corrupção atávica do poder, em todas as épocas e espaços.[3]

"O discurso inicial do art. 150 cuida, pois, exclusivamente, de parcela importante de garantias, mas não de todas elas. Até porque na busca da proteção jurídica a Constituição deve voltar-se sempre à proteção da sociedade contra o excesso de poder do Estado" (*O Sistema Tributário na Constituição*, 6ª ed., São Paulo, Saraiva, 2007, p. 254).

2. Comenta Manoel Gonçalves Ferreira Filho que: "Imunidade a impostos. O preceito constitucional veda que uma entidade política, a União, Estado ou Município, institua imposto sobre o patrimônio ou a renda ou os serviços de outra. Menciona a espécie, não o gênero 'tributo'. Destarte, cabe a cobrança de qualquer taxa ou da contribuição de melhoria. Não há imunidade geral, mas apenas imunidade quanto a impostos" (*Comentários à Constituição Brasileira de 1988*, vol. 2, São Paulo, Saraiva, 1999, p. 109).

3. Escrevi: "34. Por outro lado, não poucas vezes os que detêm o poder identificam os seus próprios interesses com os interesses do Estado.

Defendi, pois, inclusive no contacto posterior com os constituintes, a idéia de que as limitações ao poder de tributar não poderiam ficar perdidas em um só artigo ou espalhadas pelo texto constitucional, visto que, desde a EC n. 18/1965, reconhecia-se a carga desmedida como conseqüência de políticas tributárias alargadas para sustentar os governos, enquanto detentores de poder, e os governos prestadores de serviços. Tais limitações, a meu ver e portanto, exteriorizam a defesa constitucional do contribuinte contra o permanente anseio dos governantes por mais tributos, consagrando a tese sustentada por Adolfo Wagner, de que as despesas públicas tendem sempre a crescer e os tributos a acompanhá-las.[4]

O nosso constituinte houve por bem criar toda uma sessão limitativa ao poder tributante, que sempre denominei de "vedação ao poder de tributar". Chamo de "vedação", pois nos dispositivos lá expostos, como área interditada, não pode o Poder Impositivo penetrar, razão pela qual houve por bem, o legislador supremo, utilizar-se do verbo "vedar". A proibição constitucional elimina a força dos governantes de buscarem mais recursos, em áreas que nitidamente o constituinte quis tornar intangíveis, creio que transformando a Seção II do Capítulo I do Sistema Tributário, em um autêntico "Código Constitucional de Defesa do Contribuinte".

Ora, as imunidades dos arts. 150, inc. VI, letra "c", e 195, § 7º,[5] da CF, inseridas no texto da mais cidadã de nossas Constituições, objetivou de, um lado, atrair a sociedade a realizar serviços, tarefas que seriam de responsabilidade do Estado, oferecendo-lhe, em contrapartida, um benefício de não ter que pagar impostos e contribuições sociais.

Em outras palavras, para atrair instituições sem fins lucrativos de educação e assistência social para fazer o que o Estado deveria fazer com os nossos tributos e não

"35. Sempre que aparecem estas colocações, a receita necessária passa a ser superior, de tal maneira que o Estado retira do substrato econômico mais do que o necessária para satisfazer as necessidades realmente estatais e aquelas apenas presumivelmente estatais.

"36. Esta participação desmedida da Estado nas relações econômicas estáticas e dinâmicas, passadas e presentes, transforma a norma de imposição tributária em norma de rejeição social, ou soja, ingressando naquela categoria de normas que poucas pessoas cumpririam sem sanção.

"37. Nas normas de aceitação social, ou seja, aquelas que seriam cumpridas pela grande maioria das seres humanas mesmo que inexistisse sanção, esta é uma mera conseqüência, visando a atingir pessoas inadequadas à convivência social e aos casos patológicos.

"38. Nas normas de rejeição social, a sanção é o único elemento efetivamente assegurador de seu cumprimento, pois sem ele a grande maioria da sociedade não lhe obedeceria.

"39. Em função da teoria da participação desmedida do Estado no fato econômico, a imposição tributária ganha a formulação de norma de rejeição social, pois os que a ela estão sujeitos sabem que devem pagar o que é necessária objetivamente ao Estado e pagar para a que constitui desperdício estatal, na identificação dos objetivos daquele com os objetivos pessoais dos que detêm o poder.

"40. Quanto mais a participação desmedida crescer, tanto mais a característica de rejeição afetará a norma, pois o direito positivo mais se afastará do direito natural" (*Teoria da Imposição Tributária*, 2ª ed., LTr, 1998, pp. 406-407).

4. Eurico Korff esclarece: "A maciça expansão da despesa pública, neste século, em função das tarefas grandemente ampliadas do poder público, sob a pressão dos fatos sociais e econômicos e em termos tanto estruturais como conjunturais, rompeu, uma por uma, todas as restrições e controles.

"Assim foram levados de roldão os tabus remanescentes da chamada era victoriana – o da limitação das despesas ao mínimo e o do equilíbrio orçamentário; quanto ao primeiro dos dois aspectos, já previstos por Adolf Wagner, no fim do século passado, com a formulação da sua 'lei de dilatação crescente da despesa pública', e, quanto ao segundo, como reflexo inevitável das seqüelas da crise de 1929 e da irrupção da teoria keynesiana" (*Caderno de Direito Econômico* 2/37, co-ed. CEU/COAD).

O livro citado de Adolf Wagner é *Lehr-und handbuch der politischen Oekonomie* (Alemanha, 1893).

5. O art. 195, § 7º, tem a seguinte dicção: "Art. 195. (...). § 7º. São isentas de contribuição para a seguridade social as entidades beneficentes de assistência social que atendam às exigências estabelecidas em lei".

faz, houve por bem o constituinte, em seção especial de vedações tributárias, preservar tais instituições, na medida em que realizem as finalidades a que se propuseram, de pagar impostos e contribuições sociais.[6]

Quando o Presidente Clinton esteve no Brasil para a inauguração do Instituto Cultural do Presidente Fernando Henrique, fui convidado a assistir a palestra do ex-primeiro mandatário americano. Impressionou-me quando disse que a sociedade americana, através das ONGs, assegurava a democracia dos Estados Unidos, fazendo sempre mais do que o Estado. E, de rigor, suas Universidades privadas e seus hospitais – da melhor qualidade em todo o mundo – são financiados quase que exclusivamente pelo segmento privado com incentivos fiscais muito semelhantes aos do Brasil, sem, todavia, estarem manietados pela burocracia e pelos formalismos, que dificultam a atuação do terceiro setor brasileiro. À evidência, Clinton não se referiu ao nosso terceiro setor, mas ao americano.

Percebe-se, pois, que o ideal maior do constituinte brasileiro foi atrair a sociedade a atuar, em instituições sem fins lucrativos, para cobrir as deficiências do Estado, que apesar de arrecadar quase 37% do PIB em tributos, dispende parcela considerável desta arrecadação para os detentores do poder e suas estruturas, muitas vezes excessivamente burocratizadas.

Tomo como base, o orçamento enviado em 2007 para o exercício de 2008, pelo Presidente ao Congresso Nacional. Para o bolsa-família (11 milhões de famílias) foram destinados 9,6 bilhões de reais. Para a mão de obra oficial ativa e inativa (em torno de 1 milhão e meio de pessoas) 126,9 bilhões, ou seja, quase 13 vezes mais.[7]

Compreende-se que, apesar da alta carga tributária, sobra pouco para a prestação de serviços públicos, e, sem que se atraia a sociedade a fazer o que o Estado deveria fazer com os nossos tributos e não faz, a assistência social e o ensino teriam um comportamento medíocre, raquítico, esquálido e insuficiente para as necessidades do país.

A vedação ao poder de tributar, portanto, é uma outorga constitucional, jamais podendo o Estado falar em renúncia fiscal, porque não se pode renunciar ao que não se tem.

Em outras palavras, para que a sociedade participe da ação social e educacional auxiliando o Estado, os constituintes – e não o governo – instituíram as imunidades, vedando ao Estado qualquer invasão no seu campo de proteção.

É esta, a meu ver, a teleologia das imunidades consagradas nos arts. 150, inciso VI, letra "c", e 195, § 7º, da CF.

6. Leia-se: "O exercício do poder tributário, pelo Estado, submete-se, por inteiro, aos modelos jurídicos positivados no texto constitucional que, de modo explícito ou implícito, institui em favor dos contribuintes decisivas imitações à competência estatal para impor e exigir, coativamente, as diversas espécies tributárias existentes. Os princípios constitucionais tributários, assim, sobre representarem importante conquista político-jurídica dos contribuintes, constituem expressão fundamental dos direitos individuais outorgados aos particulares pelo ordenamento estatal. Desde que existem para impor limitações ao poder de tributar do Estado, esses postulados tem por destinatário exclusivo o poder estatal, que se submete à imperatividade de suas restrições (STF, ADI 712-MC, Rel. Ministro Celso de Mello, *DJ* 19.2.1993)" (*Código Tributário Nacional e Sistema Constitucional Tributário*, Jacques Bushatsky – coordenação, São Paulo, Ed. Thomson/IOB, 2006, p. 391).

7. No mês de janeiro de 2009, a arrecadação federal, por força da crise caiu de 54,3 para 52,4 bilhões de reais. Suas despesas aumentaram de 38 para 48 bilhões de reais aproximadamente. O que mais preocupou, todavia, é que em face da crise do desemprego do setor privado, o governo aumentou suas despesas de custeio de 8 para 11 bilhões de reais e de mão-de-obra de 12 para 16 bilhões. O dramático é que para investimentos, como o PAC, foram consumidos apenas 1,5 bilhão de dólares de uma receita bruta de 52,4!!!

CADERNOS DE DIREITO TRIBUTÁRIO

LA CONTROVERSIA SOBRE LA HOSPITALIDAD: INTERPRETACIÓN DE LA CONSTITUCIÓN Y NARRACIONES POLÍTICAS SOBRE LA JUSTICIA

HORACIO G. CORTI
Profesor de Finanzas Públicas y Derecho Tributario en la Universidad de Buenos Aires.
Doctor en Derecho. Juez de la Cámara de Apelaciones en lo Contencioso Administrativo y Tributario de la Ciudad Autónoma de Buenos Aires.
Miembro del Consejo de la Magistratura en representación del estamento judicial.

I – Bases para una teoría de la interpretación constitucional. II – La extraña visión de la interpretación que propone la teoría analítica. III – El nudo del debate actual: las visiones hospitalaria y contrahospitalaria de la Constitución.

El derecho moderno es una práctica social que involucra el lenguaje y valores referidos a la vida político-social. Él se expresa en textos que resultan incomprensibles si se los desgaja de su pretensión de realizar ideales políticos como la justicia. No se trata, aquí, de la justicia como un rasgo definitorio (esencial o convencional, lo mismo da) del derecho en general, sino de una pretensión que es característica del derecho moderno y, por cierto, del derecho positivo argentino.

Aunque resulte inverosímil para quienes nos dedicamos cotidianamente al derecho, el clarísimo *hecho* de que en la práctica jurídica las normas positivas se encuentren indisolublemente acompañadas de diversas pretensiones, como la de ser justas, es en general ignorado por las teorías dominantes, en general preocupadas en afirmar (iusnaturalismos) o negar (positivismos) una proposición más fuerte: la justicia como propiedad necesaria a fin de reconocer al derecho como tal. Curiosamente, un debate sobre la "esencia" o "rasgo definitorio" del derecho conduce a desviar la mirada de las características concretas del derecho que efectivamente existe.

Ahora bien, ambos aspectos, concreción lingüística y pretensión de justicia, se encuentran en el centro de una de las actividades jurídicas hoy fundamentales: la interpretación de los textos en los cuales el derecho se encuentra expresado. Todos los miembros de la sociedad son potenciales sujetos abocados a la tarea de interpretar los textos jurídicos.[1]

Veamos la situación del derecho constitucional, objeto central de este ensayo.

El legislador, para desarrollar la Constitución en cierto sentido político de acuerdo a su libertad de configuración y a la visión que allí llegue a ser mayoritaria, tiene

1. Esta característica de la interpretación es destacada por Häberle en términos de una "sociedad abierta de los intérpretes de la constitución" (Häberle, 2007:265).

previamente que interpretarla. Deliberar, además de implicar la negociación política de intereses, no es otra cosa que debatir en torno a diferentes lecturas y desarrollos posibles del texto constitucional. La legislación que entonces se dicte incluirá, luego, una interpretación de la Constitución. La misma tarea interpretativa es la que tienen que desarrollar los órganos ejecutivos (en el orden federal actual: el Presidente o el Jefe de Gabinete de Ministros) al momento de reglamentar las leyes, pues aun cuando el reglamento no debe desvirtuar la ley (art. 99, inc. 1, CN), siempre existe un margen de actuación en ocasión de especificarse los pormenores de los preceptos legales. Por eso la reglamentación, aun dentro de un ámbito acotado de competencias ejecutivas, involucra una interpretación. Los jueces, por su parte, cuando resuelven conflictos (y disponen una condena o anulan un acto administrativo) o cuando declaran el derecho (como en la acción meramente declarativa o de certeza, habitualmente incluida en los regímenes procesales), también interpretan los textos jurídicos a fin de justificar su decisión. Y, por supuesto, al realizar el control de constitucionalidad, todos los jueces, en un sistema de carácter difuso, están en condiciones de interpretar el texto de la Constitución, así como todos los textos jurídicos a la luz de aquélla.

Paralelamente, cuando la comunidad jurídica realiza la ciencia del derecho ofrece interpretaciones de los textos jurídicos. Al comentarse una sentencia, al desarrollarse una rama jurídica o al exponerse las características de una institución que trasciende el ámbito de una materia (por ejemplo la responsabilidad), aquello que efectivamente se hace es, básicamente, interpretar el derecho (o transmitir las interpretaciones que ya han efectuado otros). La comunidad jurídica, en cuanto organización social de la ciencia del derecho, es por sí misma una comunidad de intérpretes.

Y sin duda, los ciudadanos interpretan la Constitución cuando efectúan una petición al gobierno, cuando critican los actos de éste, cuando debaten entre sí sobre las decisiones estatales o cuando realizan una presentación ante la Justicia. El derecho no se encuentra encerrado en los libros, en los gabinetes de los juristas o en los despachos de los funcionarios estatales. Él, en cambio, al formar parte de nuestra cultura, es relevante para la forma en la cual cada uno se ve y juzga a sí mismo, se relaciona con los demás y efectúa reclamos al sistema político y a las autoridades estatales.[2] Este uso cotidiano del derecho moviliza, claro, un componente interpretativo.

Semejante ubicuidad de la interpretación es la que justifica referirse al derecho moderno como una *práctica interpretativa*, que es llevada a cabo por una pluralidad de sujetos. Por cierto, aclaramos de entrada, no es ésta la única cualidad del derecho. Hay que considerar rasgos decisivos como la coacción y el poder (que a su vez remiten, directa o indirectamente, a la violencia), pero, éste es el punto actual de nuestra atención, no puede haber una visión razonable de la juridicidad moderna sin referirse a la interpretación.[3]

El objeto de este ensayo consiste en poner de relieve la estrecha vinculación que se da entre el lenguaje y la pretensión de justicia en ocasión de llevarse a cabo la interpretación del texto fundamental de nuestra vida jurídico-política: la Constitución. Cualquier visión general sobre la interpretación tiene que incluir como un caso central las características singulares de la interpretación constitucional.[4]

2. Sobre la forma a través de la cual el derecho nos hace sujetos, ver los ensayos de Ruiz (2001).

3. Pretensión de justicia y organización de la violencia son dos aspectos centrales del derecho moderno. Tanto la pretensión de realizar la justicia como el ejercicio de la fuerza estatal legítima están mediadas por la relación de los sujetos con los textos que expresan el derecho. En la práctica interpretativa se vincula el reino casi impalpable de los valores con la espesura salvaje de la fuerza.

4. Es otra cuestión debatir sobre la singularidad de la interpretación constitucional. Es decir, dilucidar

Más aún, dado que el texto constitucional es el que expresa los valores políticos más importantes de la sociedad (así como, en otro plano de análisis, las normas independientes del sistema normativo), resulta cristalino que su interpretación ocupa un lugar central en la práctica del derecho.[5]

La exposición que sigue está compuesta de tres partes. La primera contiene una versión sintética sobre cómo entiendo que se desenvuelve, en los hechos, la tarea interpretativa. Aquí el estilo es positivo, sin entrar en mayores debates con otras visiones alternativas. En la segunda parte efectúo un análisis crítico de la teoría general de inspiración analítica, de mínima aceptación en el ámbito de la ciencia pero mayoritaria en el medio académico de la filosofía jurídica. La idea central al respecto es que la teoría analítica, más allá de sus méritos en cuanto a la clarificación de ciertos tecnicismos, *impide* comprender adecuadamente el funcionamiento real de la práctica jurídica, al menos en lo que se refiere al derecho constitucional. En fin, en la tercera parte explicito muy brevemente cuál es, desde mi óptica, la controversia crucial de la práctica constitucional argentina, a la luz de su historia reciente: el debate en torno al carácter hospitalario de nuestra Constitución.

I – Bases para una teoría de la interpretación constitucional

Si interpretar un texto consiste, básicamente, en otorgarle significado sobre la base de una argumentación, la interpretación constitucional no es más que la tarea colectiva de otorgarle significado al texto que llamamos Constitución.

si sus características son las comunes a toda interpretación jurídica o si, en cambio, ella posee rasgos diferenciales relevantes. Ver, al respecto: Guastini (1999:287).

5. Sobre la distinción entre normas independientes y no independientes, ver: Caracciolo (1988).

Como sucede con la lectura de los textos religiosos o literarios (cuya consideración resulta ineludible para entender nuestra actividad), la interpretación de los enunciados particulares que los componen requiere, de forma previa, una visión global del texto. La interpretación no procede de forma "atomística", palabra por palabra y frase por frase, para luego realizar una sistematización que abarcaría al conjunto. Sería absurdo llevar a cabo una interpretación de la Constitución que tuviera como punto de partida sus palabras particulares, para luego llegar al significado de las frases y de los párrafos, y así desembocar, al fin del trayecto, en el texto completo. Por el contrario, es a partir de una visión global del texto que se le otorga significado a cada uno de sus tramos.[6]

La precomprensión del significado del texto en su conjunto como unidad jurídico-política es un supuesto cognitivo de cada lectura particular o, desde otro ángulo, de la identificación de cada una de las normas constitucionales. Cuando leemos un salmo, leemos una parte de un texto mayor, la Biblia, a la que ya entendemos de cierta manera. De ahí que la lectura de ese mismo salmo ubicado en otro campo textual tendrá un punto de partida distinto. El *mismo* salmo en un contexto discursivo diferente es ya, de entrada, *otro*. Lo mismo sucede con los textos literarios. El significado literario de una frase de *El perseguidor* o de *El fiord* requiere una precomprensión global de cada uno de esos relatos de Cortazar o Lamborghini. Como se sugiere en *Pierre Menard, autor del Quijote*, la reiteración literal del Quijote por parte de Menard da lugar a un texto con un estilo y un significado diferente: "El texto de Cervantes y el de Menard son verbalmente idénticos, pero el segundo es casi infinitamente más rico. (Más ambiguo dirán los detractores; pero la ambigüedad es una riqueza)" (Borges, 1993:444).

6. Para el derecho penal, la lectura atomística es defendida por Alonso (Alonso, 2006:25).

De igual forma, comprender la significación jurídica de la frase "*La propiedad es inviolable, y ningún habitante de la Nación puede ser privado de ella, sino en virtud de sentencia fundada en ley*" que da inicio al art. 17, CN, requiere una previa visión política global de la Constitución. Ciertamente, las eventuales normas expresadas en dicha frase podrán vincularse con otras para formar un sistema jurídico (en cuanto sistema lógico-deductivo), pero la visión global *ya* se requiere para reconstruir su sentido o, en otro léxico, para poder identificar aquellas normas.

La identificación de las normas constitucionales exige la lectura del texto que las expresa a la luz de una visión general de la Constitución como una totalidad significativa.

Avancemos un poco más. Dado que la Constitución establece la organización fundamental del poder del Estado (bajo la forma representativa, republicana y federal, según los términos del art. 1, CN) y, a la vez, protege una serie de bienes básicos por medio de la atribución de derechos subjetivos, la visión global que dirige esta tarea interpretativa incluye una narrativa sobre el Estado, la sociedad y, en definitiva, sobre el ser humano en cuanto sujeto. A la vez, dado que el valor fundamental, aunque no el único, que pretende realizar la Constitución es la justicia, esa narrativa está atravesada por la idea de justicia.[7] Por tales razones la visión general que está en juego en la interpretación constitucional es una *narrativa política sobre la justicia*.

También podría hablarse, según el uso actual en el ámbito académico anglosajón, de una *teoría de la justicia*.[8] O, de acuerdo a una tradición más extendida, de una *filosofía política*.[9] Prefiero sin embargo incluir el término "narrativa" por varias razones superpuestas. En primer lugar, para enfatizar que dicha elaboración discursiva implica un relato sobre los orígenes del Estado y del derecho (donde juegan, por ejemplo, la "soberanía del pueblo" o la imagen de Nación), así como sobre sus fines (que remiten, entre otras, a las ideas de bienestar y prosperidad). Luego, porque la visión global involucra una historia sobre cómo llegamos a tener una Constitución, de qué forma la defendimos o en su momento la perdimos, de qué manera la modificamos, la desarrollamos y esperamos concretarla. Junto a los aspectos más conceptuales (así, cuáles son los bienes que entendemos la Constitución protege y por qué), es preciso considerar el relato histórico sobre el pasado y el futuro constitucional, que se refiere tanto a los hechos ocurridos como a nuestras expectativas. Como señala Cover, la Constitución conlleva una épica.[10] Sin la referencia a una dimensión temporal que relacione el pasado y el futuro, la memoria y el anhelo, la rememoración y el programa, el texto constitucional pierde el espesor de su significación jurídica.[11] Por último, apelar a la narratividad es una de las tantas formas a través de las cuales hoy reconocemos que el derecho, si bien incluye una dimensión normativa, no se agota ni se resume en ella. No hay normas por fuera de una narración.[12]

7. Sin duda, hay otros valores en juego en la práctica jurídica, tales como la seguridad, la paz, la deliberación pública, la transparencia o la participación, pero ellos forman una constelación valorativa que tiene su foco en la justicia.

8. Ver: Rawls (1978) y (2004).

9. Ver: Strauss (1970).

10. "Para toda constitución hay una épica, para cada decálogo una escritura" (Cover, 1995:96).

11. Me remito al respecto a las luminosas sugerencias de Doctorow (1996), donde se expone una visión de la Constitución mucho más rica que la que tendemos a tener en el ámbito profesional del derecho.

12. "Una vez entendido en el contexto de las narrativas que le dan significado, el derecho deviene no sólo un sistema de reglas a ser cumplidas, sino un mundo en el cual vivimos" (Cover, 1995:96); "el aspecto jurídico de las cosas no es un conjunto limitado de normas, reglas, principios, valores o cualquier otra cosa a partir del que puedan plantearse respuestas legales a una serie de acontecimientos destilados, sino parte de una manera determinada de imaginar lo real" (Geertz, 1994:202); ver también las consideraciones sobre nar-

La Constitución supone, como trasfondo significativo, una narración sobre la justicia donde se explicitan las razones y los valores que justifican, por ejemplo, las características de la forma republicana de gobierno, el establecimiento de una forma federal, la acción de amparo y el habeas corpus como garantías de los derechos, o el principio de igualdad. Y en ese relato está presente una historia sobre cómo cada una de estas instituciones ha sido y es consagrada, desvirtuada, recobrada, realizada o profundizada. Es decir, hay una compleja (y en general trágica) historia de la república, de la igualdad o del federalismo que no puede obviarse al momento de expresar la visión general sobre la justicia que subyace a la Constitución.

¿Cómo puede siquiera entenderse el actual art. 75, inc. 2, que se refiere a las potestades tributarias concurrentes y a la ley convenio de coparticipación sin tener en cuenta la historia, tan compleja e intrincada, del federalismo argentino? ¿Qué puede comprenderse del actual art. 75 inc. 23 sin considerar el lugar político y social de las mujeres en la historia de nuestra cultura? ¿Cómo puede reconstruirse el significado del art. 14 bis sin tener en cuenta la situación social de la economía capitalista y, en particular, las características e historia de las luchas de los trabajadores y su organización sindical?

Se ve que este trasfondo narrativo es de enorme complejidad, ya que incluye construcciones teóricas (así: un entramado conceptual sobre los bienes básicos que son protegidos por los derechos postulados, tal el caso de la autonomía personal), representaciones mítico-políticas (como las vinculadas a las ideas de Nación o de pueblo), y una historia constitucional. Hechos, conceptos, valores e imágenes son algunos de los heterogéneos elementos que las narraciones sobre la justicia conjugan.[13]

El tramo del texto constitucional argentino que expresa de forma más cristalina la *apertura* del derecho hacia una narrativa sobre la justicia es, claro, el preámbulo.[14] De ahí su importancia al momento de atribuirle significado al resto del texto. Al respecto, son muy significativas las reflexiones y polémicas suscitadas en nuestra historia constitucional, en la medida en que la importancia que se le acuerda al preámbulo es proporcional a la riqueza de la visión jurídico-política que en cada caso se moviliza.

Ya Sarmiento en sus *Comentarios de la Constitución*, publicados en septiembre de 1853 en Santiago de Chile, se refiere a la importancia jurídica del preámbulo. Señala Sarmiento: "El preámbulo de las constituciones políticas es el resumen, digámoslo así, de todas sus disposiciones, el objeto que éstas se proponen asegurar, y como una tesis, que todos los parágrafos siguientes vienen a comprobar".

Luego agrega: "El preámbulo de las constituciones es, pues, no sólo parte de la ley fundamental, sino también la pauta y piedra de toque, para la resolución de los casos dudosos, conformando su interpretación y práctica con los fines que fueron adoptadas las subsiguientes disposiciones y el espíritu que prevaleció en su adopción" (Sarmiento, 1948:51).

Como es sabido, además de esta visión general sobre la importancia del preám-

ración y derecho con relación al caso "Brown" de Bruner (Bruner, 2003:78).

13. Y estos elementos se añaden a otros cuando se aprecia de forma más amplia al derecho como momento de la práctica política. Según la ya clásica exposición de Enrique Marí respecto de lo que él denomina el "dispositivo de legitimación del poder": "Integra este dispositivo, por un lado, la inserción del discurso del orden en montajes de ficción, soportes mitológicos y prácticas extradiscursivas como ceremonias, banderas, rituales, cánticos e himnos, distribución de espacios, rangos y prestigios, etiquetas, y otras de no menos variado tipo como heráldicas, diplomas, tatuajes, marcas, apelación a los ancestros, tumbas, símbolos funerarios, manejos de ruidos y silencios, escenas que ponen en relación al hombre con la solemnización de la palabra" (Marí, 1993: 219).

14. En consonancia con el texto federal, las constituciones provinciales también inician con un preámbulo.

bulo, Sarmiento sostiene una polémica tesis suplementaria. Dada la semejanza entre nuestro preámbulo con el de la Constitución los Estados Unidos, la doctrina y jurisprudencia norteamericana deben ser la guía de nuestra práctica constitucional. Es esta última tesis la enseguida controvertida por Alberdi, para quien si bien los fines de ambos preámbulos pueden ser semejantes, son en cambio diferentes los medios plasmados en el cuerpo de la Constitución (Alberdi, 1886:155).

Joaquín V. González, más tarde, considerará que el preámbulo declara los propósitos generales de la Constitución. Su importancia es tal que él se puede "colocar a la manera de arco de triunfo monumental entre el pasado y el porvenir". Muy significativamente, la referencia al preámbulo está ubicada luego de una reseña histórica sobre la conformación constitucional del Estado y antes del análisis puntual del texto (González, s/f:66).

Ya en los comienzos de este siglo, en su comentario de la Constitución, Agustín de Vedia destaca: "El preámbulo de la constitución argentina señala su origen, la voluntad que ha presidido a su sanción y los antecedentes y tradiciones a que se vincula. Expresa, asimismo, la intención del supremo legislador, los males que ha querido remediar y los fines que se propuso alcanzar. Es la exposición de motivos, destinada a hacer conocer el objeto principal del acto, y a ella será necesario referirse toda vez que se trate de fijar la índole, extensión y aplicación de esas declaraciones y facultades, cuyo sentido no puede ser otro que el que mejor consulte los fines del gobierno, de modo que no resulten excedidos ni menoscabados, por la regla de interpretación que se adopte" (de Vedia, 1907: 26)

Montes de Oca, a la vez que recuerda el debate entre Sarmiento y Alberdi, se dedica a un minucioso comentario de cada frase del preámbulo, donde pone en vinculación los fines que establece con la historia que lo precede. Según señala: "La utilidad del preámbulo es indiscutible. Es, desde luego, una fuente de interpretación a la que debe recurrirse siempre que haya dudas sobre el alcance de un precepto constitucional. El preámbulo indica los fines, los grandes objetivos que se propusieron los constituyentes, y entonces, si hay dudas sobre el alcance de un precepto cualquiera de detalle, hay que encuadrarlo dentro de esos grandes fines u objetivos, para decidir su verdadero alcance e inteligencia" (Montes de Oca, 1917:16).

Ya más desarrollado el derecho constitucional argentino, González Calderón le dedica un capítulo de más de treinta páginas a su estudio, que se centra, en lo fundamental, en una comparación con el texto norteamericano (González Calderón, 1930: 319).

Al poco tiempo, Sánchez Viamonte expondrá, con su habitual sencillez, que: "[L]a Constitución Argentina aspiraba y pretendía poner término a disensiones internas que llegaron a ser cruentas luchas civiles aun pendientes. Había que poner en el preámbulo la palabra de emoción fraternal, indispensable para fortalecer con los sentimientos el perdurable vínculo jurídico que se creaba. El preámbulo no podía, pues, faltar. Estaba a su alcance el de Estados Unidos, y lo tomaron por modelo, sin perjuicio de introducir algunas modificaciones".

Y agrega: "Contrariamente a lo que sostiene alguna jurisprudencia de Estados Unidos respecto al preámbulo de la Constitución de ese país, el argentino forma parte de nuestra Constitución. Contiene elementos de primordial importancia para la formación del criterio interpretativo de muchas cláusulas constitucionales, cuyo espíritu se identifica con los propósitos allí enunciados" (Sánchez Viamonte, 1944:72).

Un punto de inflexión interesante en nuestra historia constitucional es el cambio de enfoque efectuado por Bielsa, en la década del cincuenta, al poner en entredicho la importancia jurídica del preámbulo: ni siquiera integra a su juicio la Constitución y, por ende, no es relevante para interpretarla (Bielsa, 1959:105).

Esta última es la vía a la que naturalmente había en su momento desembocado la teoría pura del derecho de Kelsen y que habrá de profundizar, luego, la teoría general de inspiración analítica, con sus intentos (por lo demás infructuosos) de aislar el derecho de sus componentes políticos, históricos y valorativos. Kelsen, en su exposición general de 1944, le dedica un parágrafo a los preámbulos de las constituciones, a los que considera sin valor jurídico. Según sus propios términos: "Una parte tradicional de los instrumentos denominados 'Constituciones' es una introducción solemne, el llamado 'preámbulo', que expresa las ideas políticas, morales y religiosas que la Constitución tiende a promover. Generalmente, el preámbulo no señala normas definidas en relación con la conducta humana y, por consiguiente, carece de un contenido jurídicamente importante. Tiene un carácter más bien ideológico que jurídico. Si el preámbulo fuera suprimido, la significación real de la Constitución ordinariamente no cambiaría en absoluto. El preámbulo sirve para dar a la Constitución una mayor dignidad y un mayor grado de eficacia" (Kelsen, 1949: 274).

Indudablemente, si el derecho realmente existente además de normas contiene enunciados ideológicos tendientes a dotar a los textos jurídicos de mayor dignidad y eficacia, no se ve por qué dichos enunciados no formarían parte del derecho, más allá de que éste pudiera ser en general definido sin remisión a ellos.[15] Sin perjuicio de esto, es razonable considerar que si la Constitución contiene una regulación de la sociedad política, las "ideas políticas" contenidas en su texto son relevantes al momento de comprender dicha regulación, todo lo cual conduce a admitir la relevancia jurídica del preámbulo.

En aquella misma línea kelseniana se moverá la teoría general analítica, habitualmente reacia a tener en cuenta las cualidades políticas del derecho. Como exponen Alchourrón y Bulygin: "[E]n los sistemas jurídicos suelen aparecer enunciados que no tienen influencia alguna sobre las consecuencias normativas del sistema, verbigracia enunciados que presentan teorías políticas, expresan gratitud del pueblo al Jefe de Estado o invocan la protección de Dios (...) tales enunciados carecen de toda relevancia normativa en general y jurídica en particular (cfr. R.R.L., p. 54). Si tales enunciados son considerados parte integrante del sistema jurídico o no, no es una cuestión tan importante; Kelsen se inclina a eliminarlos del todo, lo cual parece bastante razonable" (Alchourrón y Bulygin, 1974:107).

Extraño periplo del preámbulo. De ser una parte fundamental de la Constitución ha devenido una pieza prescindible. Pero tal como se sostenía en los inicios de nuestra ciencia constitucional, si para reconstruir las normas jurídicas constitucionales (por ejemplo la cláusula del progreso, art. 75, inc. 18, CN) resulta relevante tener en cuenta el léxico del preámbulo (tal el caso de la referencia al bienestar general), entonces se trata de un sector jurídicamente significativo de la Constitución. Es decir, al momento de interpretar el texto constitucional y reconstruir una norma que le otorga una potestad a un órgano jurídico y determinar su contenido y alcance, es preciso tener en cuenta un valor mencionado en el Preámbulo. La norma que otorga una potestad ha sido el resultado interpretativo de otorgarle significado a dos aspectos del texto constitucional (todo ello, claro, sobre la base de una diversidad de argumentos): el art. 75, inc. 18, CN y el preámbulo. Esto significa que no se sostiene la tesis que le niega relevancia jurídica al preámbulo.

Pero su importancia es aun más básica, pues el preámbulo nos conduce a la narración política sobre la justicia que es

15. Dicho en otros términos: el hecho de que una característica de una práctica sea contingente no significa que no forme parte de ella, como si sólo las notas necesarias (o definitorias) fueran relevantes.

imprescindible poner en juego para interpretar cada frase de la Constitución. Es la apertura semántica al *horizonte político de comprensión* involucrado en cada lectura constitucional particular. Y ese horizonte, que se encuentra reconocido en la mayor parte de la ciencia constitucional, es ignorado y desvalorizado por teorías como la de Kelsen, que tienden a desgajar lo jurídico de su envoltura política, estrategia luego exagerada en la teoría general de inspiración analítica, que ya directamente no está en condiciones de apreciar el funcionamiento real del derecho positivo moderno.

Ahora bien, como lo muestran los propios debates que hacen a la vida misma de la ciencia constitucional, son posibles varias narraciones sobre la justicia. A partir de allí, de esas variadas aperturas narrativas, se abren diferentes horizontes de comprensión del texto constitucional. La Constitución permite albergar diferentes narraciones sobre la justicia, que articulan de forma singular un relato sobre los orígenes y fines del derecho, sobre la historia que la recorre y sobre los conceptos que le subyacen.

La práctica interpretativa constitucional está estructurada de raíz bajo la forma del *pluralismo*.

A la identidad material del texto constitucional (la unicidad del texto canónico) le corresponde un pluralidad de lecturas, que a su vez se despliegan sobre la base de una pluralidad de narraciones sobre la justicia. Un mismo texto empírico (la misma serie de inscripciones lingüísticas que individualizamos como "la Constitución Argentina") permite una pluralidad abierta e indeterminada de paráfrasis no equivalentes semánticamente entre sí.

Cada una de las visiones globales nos permite ver bajo una diferente óptica cada aspecto y rincón de la Constitución, circunstancia que resulta posible, entre otras razones, por la amplitud significativa que es propia de su redacción. Términos claves del texto actual como república, igualdad, prosperidad, emergencia, equidad o autonomía son posibles de enmarcar en relatos diferentes, cada uno con un perfil político singular.

Por cierto, hay una exigencia racional que hace a la práctica interpretativa en cuanto tiene por objeto *esta* Constitución (y no cualquier otra). Por tal motivo, en cada ocasión es preciso argumentar a fin de mostrar que la narración sobre la justicia que guía la interpretación es efectivamente *aquella misma* que subyace al texto constitucional. Debemos mostrar que el trasfondo que hacemos explícito no es una construcción arbitraria (el capricho de la conciencia solitaria), sino que es el que le corresponde a esta Constitución.

No se trata aquí, ni en tantos otros aspectos de la vida del derecho, de una demostración empírica (como en las ciencias físicas) o puramente formal (como en el álgebra o la lógica), sino de una argumentación que moviliza razones y argumentos a fin de persuadirnos unos a otros de que la narración que se ofrece es la que subyace a la Constitución. O en otros términos, que es justamente aquella a la cual remite el Preámbulo. Es entonces en el medio del frágil, arduo y laberíntico acuerdo intersubjetivo donde se mide la efectiva articulación entre la Constitución y su trasfondo. No hay nada más allá (un "en sí" del mundo) que nos pueda dar una garantía mayor, de ahí la irracionalidad de ir en su búsqueda.

El pluralismo interpretativo no se sostiene sólo en las características del lenguaje natural en el cual está redactado el texto de la Constitución (ambigüedad, vaguedad y textura abierta, según la típica enumeración de la filosofía lingüística anglosajona, habitualmente repetida en nuestro medio). Además de ello hay que tener en cuenta que dicho texto es el resultado concreto de un compromiso político. La Constitución argentina no es la consagración jurídica de una única visión política, como si un acotado y coherente grupo de ideas políticas se hubieran plasmado de forma directa en un texto. No es la obra de un príncipe ilustrado o la de un mítico legislador racional. Muy lejos de ello, ella es la expresión de un conglomerado de valores y conceptos provenientes de tradiciones de diferente índole, algunas afines, otras mutuamente críticas. Liberalismo, conservadurismo, cristianismo, socialismo: tales son algunas de las tradiciones culturales y políticas de mayor presencia en el texto actual de la Constitución (que a su vez es el fruto de redacciones sucesivas, como consecuencia de sus reformas). A ello se le suman las propias tradiciones específicamente jurídicas, en las cuales ya se encuentran encarnadas, de manera práctica, experiencias políticas e históricas determinadas. Así sucede con las tradiciones jurídicas hispanoamericana y norteamericana, ambas, a pesar de sus notorias diferencias, relevantes en el proceso constituyente de 1853. Esta cualidad, que es inherente a las experiencias constitucionales modernas, tiene una relevancia suplementaria en nuestra historia, subalterna desde la óptica del curso del mundo, pero siempre, tal vez por esa misma razón, abierta a la diversidad y a la mezcla, situación fáctica que hoy en día es también un valor positivo que predispone a la tolerancia. Ejemplo notable de la Constitución histórica son los tradicionales arts. 95 (hoy 109) y 110 (hoy 116), ambos referidos a la función jurisdiccional. Mientras que el primero, que prohíbe el ejercicio de aquellas funciones por parte del Presidente, tiene su fuente en la tradición hispanoamericana, el segundo, referido a las atribuciones del Poder Judicial, es semejante al texto de la Constitución de los Estados Unidos (art. 3, S. II, 1).[16]

Estas circunstancias nos llevan, desde mi punto de vista, a revalorizar el eclecticismo como valor jurídico, político y científico (Berlin, 1982). Nuestra concepción de la justicia no tiene un único origen. Más aún, cada narrativa es capaz de generar diferentes versiones, que se distinguen por cuestiones de matiz o de énfasis.

La médula de una práctica interpretativa es aprehendida con claridad en la siguiente descripción del estudio de la Torá, tal como la expone un rabino en el apartado de un texto cuyo título ya de por sí es una fuente de reflexiones jurídicas: *tolerancia y ambigüedad en la tradición interpretativa*. Según Hartman, "el Talmud está lleno de desavenencias y diferencias de opinión", circunstancia que no es propicia para quienes buscan certezas religiosas. Sigue el texto: "Hay una bella metáfora en Tosefta que describe la clase de sensibilidad religiosa que el Talmud intentaba alimentar: 'Constrúyete un corazón de muchas habitaciones y pon dentro de él las palabras de la Casa de Shammai y las palabras de la Casa de Hillel, las palabras de aquellos que declaran impuro y las palabras de aquellos que declaran puro'. Dicho de otra forma, vuélvete una persona en la que distintas opiniones puedan cohabitar en el seno mismo de tu alma. Vuélvete una persona religiosa que pueda vivir con ambigüedad, que pueda sentir convicciones y pasiones religiosas sin necesidad de simplezas y certezas absolutas" (Hartmann, 2004:41).

El texto puede verse de diversas maneras según los intérpretes y ese hecho, en vez de ser objeto de una decepción ante las imprecisiones del lenguaje ordinario, hace a la riqueza misma del texto y de la comunidad que lo interpreta.

Continúa Hartman: "En este tipo de tradición interpretativa, conocer la validez de las posiciones contrarias realza la vitalidad y el entusiasmo del compromiso religioso, en vez de disminuirlos. De modo que en tanto puede decidirse la ley según las opiniones de un maestro o de una escuela de pensamiento, no se descartan las opiniones alternativas, como si fueran falsas, sino que se las retiene, se las estudia, y

16. Sobre el ex art. 95 (hoy 109) y sus antecedentes, ver: Bosch (1951) y, recientemente, Cassagne (2006). Sobre el ex art. 100, CN (hoy 116) y su comparación con el texto norteamericano, ver, entre otros: Gondra (1944:19 y ss.) y Zavalía (1941:295 y ss.).

hasta pueden convertirse en ley en alguna ocasión. La Mishná o el Talmud pueden dirimir la ley oficial eligiendo entre opiniones opuestas y sobre la base de mecanismos de decisión previamente aceptados, pero nunca eliminan la rica variedad de posiciones ni disminuyen la creatividad de la imaginación moral, que es capaz de darles sentido a las posturas alternativas".

La radicalidad de esta visión sobre la relación entre un texto fundamental y una comunidad de intérpretes la muestra con elocuencia la siguiente escena, donde a la humildad de no pretender la posesión de la verdad de un texto se le añade el orgullo de pertenecer a una práctica colectiva y plural:

"Dado que los hombres pueden terminar discutiendo indefinidamente, pueden decidir la ley de acuerdo a principios como el gobierno de la mayoría. Pero aun si Dios, el Legislador, hubiera de intervenir en un debate legal entre estudiosos y hubiera de revelar que esta interpretación era correcta o que aquella fórmula legal debía volverse ley, los rabíes pondrían reparos, diciendo: 'Perdón, Dios. No puedes interrumpir y clausurar las discusiones entre estudiantes de la Torá. Si nuestra mente aprecia y concibe la ambigüedad de las situaciones humanas en las que hay que aplicar tu palabra, no puedes interferir y modificar nuestra mente. La Torá no está en el cielo'."

La Constitución no está en el cielo, sino en el centro de una práctica interpretativa, de carácter polémica, que nos involucra como sujetos.Dado el texto constitucional, pueden reconocerse (y de hecho reconocemos) varias visiones generales a su respecto. Cada una expresa diferentes valores políticos o, también es posible, matices singulares de unos valores semejantes. En todas las visiones ocupa un lugar central la justicia, pero no serán coincidentes las maneras de entenderla o desarrollarla. Resulta claro que aquí se vislumbra un momento inicial de decisión y de *compromiso subjetivo*. No en el sentido de una declaración formal, sino como una asunción implícita: cada uno de nosotros, en cuanto intérpretes de la Constitución, asume una perspectiva y se compromete subjetivamente por ella.[17]

El sujeto de la ciencia constitucional no es un sujeto desapegado de aquello que interpreta, como si, a la manera de una hermenéutica estoica, fuese necesario su desinterés para reconstruir el sentido jurídico de la Constitución. Al contrario, la interpretación es una tarea que involucra la subjetividad del intérprete. Hacia dónde se dirigirá el impulso interpretativo no es un dato empírico, sino una decisión, que adquiere racionalidad al enmarcarse en una narración sobre la justicia. Más aún, en la tarea interpretativa tienen su lugar todas las pasiones, emociones y sentimientos, que no son exteriores a las ideas, sino interiores a su propio despliegue argumental. La vergüenza, el fervor, la piedad, la esperanza, el miedo, la angustia, la alegría, el resentimiento, la cólera, la tristeza, afectos negativos y positivos que se alojan, reconocidos o no, en la médula misma de las ideas, los conceptos y las imágenes.[18]

En esa experiencia, la visión que cada uno adopta es la que considera como la *mejor* lectura global de la Constitución. Luego, cada lectura en particular pretenderá ofrecer la *mejor* lectura del tramo del texto constitucional bajo examen.[19]

Desde mi perspectiva, por ejemplo, la forma republicana de gobierno establecida por la Constitución implica un exigente sistema de controles gubernamentales mutuos, de forma que debe privilegiarse la interpretación del texto que fortalezca en mayor medida las tareas de control. La im-

17. Todo ello en la medida en que nos rehusamos a ejercer la repetición complaciente o el ritual escolar del comentario, actitudes subjetivas que hacen a la rutina académica de nuestra ciencia, pero que nada aportan para su desenvolvimiento.

18. Sobre el carácter corporal del conocimiento, ver, entre otros, Mosès (2007:11).

19. Tomo esta expresión de Dworkin, sin que ello implique asumir su visión jurídica como una totalidad. Ver: Dworkin (1986:53)

portancia del control mutuo es tal, que incluso hay técnicas jurídicas que tienen en él su razón de ser, así el caso del presupuesto público, que en su configuración actual es en sí mismo un producto de la historia política del parlamentarismo europeo (González García, 1973). Según esta técnica, le corresponde al Congreso, de manera exclusiva, autorizar todos los gastos del Estado (art. 75, inc. 8, CN). De forma concomitante, la Auditoría General de la Nación es el órgano establecido por la Constitución para efectuar el control externo del sector público en su faz financiera (art. 85). Una lectura estrecha de esta institución puede conducir a identificar sus potestades con las que, desde antes de la reforma de 1994, ya caracterizaban a la Auditoría, de acuerdo a los términos de la ley 24.156, de administración financiera, según la cual sólo está a su cargo el control posterior. Pero si la propia técnica presupuestaria (que es el eje de la actividad financiera pública) resulta *en sí misma* un mecanismo de control republicano, puede sostenerse que la mejor lectura de la Constitución conduce a otorgarle a la Auditoría competencias para que intervenga en *todos* los momentos legislativos financiero-presupuestarios, así, por ejemplo, en la ocasión de considerar el proyecto de ley de presupuesto que envía el Jefe de Gabinete de Ministros (art. 99, inc. 7, CN) o de tratar las propuestas de modificación de la ley durante su ejecución. Se ve la diferencia de enfoque. De acuerdo a la visión dominante actual (plasmada en la ley 24.156, no modificada luego de la reforma de 1994), la Auditoría realiza un control acotado a una etapa específica de la vida de la ley de presupuesto (control posterior luego de la ejecución). En cambio, según la interpretación aquí sugerida, la Auditoría debe realizar un control externo integral, que es paralelo a todas las intervenciones legislativas financieras que postula el texto constitucional: tratamiento del proyecto de ley de presupuesto, seguimiento de la ejecución de la ley, consideración de las modificaciones propuestas por el Ejecutivo, examen posterior de la ejecución. Se ve que cuando la Auditoría realice, según este modelo, el control de la ejecución de la ley, hará una tarea sobre un texto ya conocido desde el inicio de su vida jurídica: tuvo en consideración el proyecto de ley, asistió al Congreso en su deliberación, tuvo participación en el seguimiento legislativo y consideró las propuestas ejecutivas de modificación de la ley en ejecución. La polémica interpretativa no involucra sólo dos lecturas diferentes de un mismo artículo de la Constitución (el art. 85, CN), sino dos visiones globales (dos narraciones sobre la justicia, según nuestro vocabulario), que importan dos maneras diferentes de entender la forma republicana de gobierno (art. 1, CN) y el ejercicio del poder del Estado. En la lectura aquí superficialmente expuesta es determinante la historia política argentina con respecto a las tareas de control, que siempre ha sido débil y donde, por ejemplo, ha sido habitual la creación de instituciones públicas con la finalidad de controlar a otras pero a las cuales no se les han dado las potestades necesarias para cumplir con aquella finalidad pretendida. Una historia, entonces, en la cual ha abundado la *apariencia* del control, pero donde poco se ha concretado.[20] En tales condiciones, la mejor lectura no se basa sólo en la idea política de la forma republicana (en su estructura conceptual), sino también en la historia concreta de esa forma de gobierno en la vida política nacional.

La estructura de la práctica interpretativa muestra una pluralidad de lecturas que pretenden, de manera racional, ofrecer la mejor lectura global y particular de la Cons-

20. Una historia donde, de forma más general y tal vez paradójica, el lenguaje de la república (y la indignación en torno a la devaluación de los valores republicanos) ha sido la retórica típica de los golpes de Estado que signaron la vida política entre 1930 y 1983. Dichos golpes, claro, comienzan dejando sin efecto la Constitución y eliminando las instituciones republicanas, con el asentimiento de aquellos que antes manifestaban su indignación.

titución. Como dice Cover, en el texto ya mencionado y en continuidad con la visión de la interpretación expuesta por Hartman, "la Torá deviene dos, tres, muchas Torot, seguramente tantas como maestros para enseñarla y estudiantes para aprenderla" (Cover, 1995:109).

En esta estructura se ven dos ausencias, que no implican defectos, todo lo contrario.

Por un lado, no hay un método que permita captar de alguna manera "el" significado del texto constitucional, o que permita "verificar" la verdad o falsedad de una proposición jurídica. Esto sin perjuicio, claro, de la cuestión en principio trivial sobre cuál es el texto material de la Constitución, en donde es posible efectuar un enunciado (el artículo 1 de la Constitución es "x") susceptible de una prueba empírica que verifique si el art. 1 es, o no, "x". Pero allí termina el ámbito de lo empírico (y de la verdad como correspondencia), porque determinar el significado de "x" nos envuelve en el proceso interpretativo cuyo funcionamiento aquí pretendemos comprender, donde no hay una prueba crucial o una serie de pasos metodológicos predeterminados que permitan averiguar cuál es el significado verdadero de "x". Aplicar el juego cognitivo de lo verdadero y lo falso a la interpretación constitucional no es más que una actitud práctica impertinente, semejante a la pretensión de utilizarlo para la lectura de la *Carta a los Romanos* o de *Un oscuro día de justicia*.

¿Qué puede haber de "empírico" en la tarea de dilucidar el significado de la "autonomía municipal" que deben asegurar las provincias, según lo dispone el art. 123, CN? ¿Cómo dividir en verdaderas y falsas las diferentes maneras que la comunidad jurídica ha desarrollado para comprender la expresión constitucional "autonomía municipal"?

Las lecturas se diferencian en cuanto a su peso y valor (dada una narración política sobre la justicia ya aceptada), pero no en lo relativo a su "valor de verdad".

Tal es la primera ausencia. Por otro lado, no hay una autoridad científica (o social) que solucione el diferendo, establezca la interpretación verdadera y determine "el" significado auténtico del texto. El derecho, es cierto, prevé mecanismos institucionales que producen interpretaciones revestidas de autoridad y que zanjan la disputa, tal el caso del control difuso de constitucionalidad y, en particular, el ejercicio de ese control por parte de una última instancia judicial, como es el caso de la Corte Suprema. La decisión de ésta dota de autoridad a una interpretación, pero esto no significa que ella sea la mejor lectura de la Constitución ni que, a la vez, el debate en los hechos se detenga. En todo caso, el debate deberá tener en cuenta que, por el momento, la lectura de la Corte Suprema es tal y cual.

La decisión interpretativa final de la Corte Suprema no tiene, para la propia ciencia, una cualidad cognitiva mayor por el hecho de estar dotada de autoridad jurídico-estatal. La Corte Suprema cierra, por medio de sus decisiones, un período de indeterminación interpretativa y fija una lectura que dota a la práctica de mayor seguridad jurídica (en el sentido de previsibilidad, de "saber a qué atenerse"), en la medida en que la interpretación debe ser seguida por los restantes tribunales, salvo que estos dispongan de nuevos argumentos de suficiente peso como para decidir un caso de forma divergente (Bianchi, 2001:335).

La estructura polémica de la práctica interpretativa tiene un sinnúmero de consecuencias.

Cuando nos decidimos a efectuar una interpretación de la Constitución no actuamos en el vacío. Por el contrario, estamos precedidos por una historia interpretativa consistente en una sucesión de lecturas ya realizadas. Habrá lecturas de diversa índole, con algunas diferencias mayores y otras sólo de matices. Pero también una situación estratégica, donde puede haber una pluralidad de lecturas en competencia, o una lectura dominante y otra, o varias, minoritarias. De esta manera, cada nueva lectura viene a alojarse en un *campo polémico y estratégico* ya dado.

La nueva interpretación puede pretender continuar alguna de las lecturas ya existentes (reforzarla, perfeccionarla o revitalizarla), refutar una lectura dominante o, también es posible, intentar modificar los términos del debate tal como él se encuentra articulado. Para decirlo con una expresión en otro tiempo habitual: puede pretender cambiar de problemática.

La interpretación que se genera puede, entonces, continuar alguno de los caminos ya trazados o, en cambio, modificar las perspectivas habituales.

El término "polémica" incluye, como dos polos de su real ejercicio colectivo, la cooperación y el conflicto.[21] Cada sujeto, en cuanto intérprete, continúa una historia iniciada por otro, pero también cada sujeto entra en disputa con otras lecturas antagónicas. Intervenir en el estudio de la Constitución implica, automáticamente, entrar en un campo de fuerzas, en un territorio surcado de alianzas y de disputas. Es decir: entrar en un *espacio político*, en una serie compleja de polémicas simultáneas y sucesivas.

La práctica interpretativa es política en la medida en que hay lecturas que se contraponen y entran en conflicto. Cada lectura es una fuerza con poder que se enfrenta a otra.

Pero hay otro aspecto a considerar. Dado que las normas constitucionales regulan el poder de la sociedad (de sus miembros, clases y grupos) y del Estado, cada lectura implicará una forma particular de entender dichos poderes. Por ejemplo, de acuerdo a cómo se interprete la Constitución, las potestades legítimas del Ejecutivo establecidas en los arts. 99 y 100, CN, serán mayores o menores, tendrán un mayor o menor alcance. O con otro ejemplo, según de qué manera entendamos la proyección de la Constitución a la legitimación procesal – lectura que dependerá, a su vez, de cómo entendamos el derecho a la tutela judicial efectiva, los alcances del control de constitucionalidad y las características de la división de poderes –, reconoceremos mayor o menor poder para acceder al Poder Judicial.

Paralelamente, las interpretaciones de la Constitución que conforman el campo polémico de la ciencia jurídica, no son ajenas al propio desenvolvimiento institucional del derecho. Así, por ejemplo, el Poder Ejecutivo para justificar cierto ejercicio o extensión de sus potestades puede alegar, en sus fundamentos, una determinada interpretación efectuada por la ciencia constitucional. De igual forma puede proceder el Poder Judicial. Es decir, a fin de justificar, en una sentencia, determinada interpretación de la Constitución puede resultar relevante que ella *ya* hubiese sido efectuada por la ciencia constitucional.

Esto significa que las interpretaciones doctrinarias tienen efectos políticos y que inciden, o están en condiciones de incidir, en las decisiones de las autoridades estatales. De ahí que dichas interpretaciones de alguna manera formen parte de la práctica jurídico-constitucional. Dicho de otra forma: la ciencia del derecho no es una actividad "exterior" a la práctica jurídica, sino un momento singular de su desarrollo institucional. Según el ya tradicional vocabulario de la teoría crítica argentina, los textos producidos por las autoridades jurídicas o textos "primarios" (leyes, decretos, resoluciones, sentencias) y aquellos generados por la comunidad jurídica o textos "secundarios" (artículos, ensayos, manuales, tratados, textos primarios comentados), son dos "tramos", diferentes pero vinculados, de una *misma* actividad social: el "discurso jurídico".[22]

21. Para una visión que pone el acento en la cooperación y descuida el aspecto conflictivo de la práctica interpretativa, ver: Nino (1994).

22. Ruiz (1991), en particular la p. 173, y Entelman (1982:94).

O en los términos empleados hasta aquí, el derecho constitucional, como práctica interpretativa, incluye tanto la Constitución (texto primario) como las lecturas que a ella se refieren y que establecen, de forma argumentativa, polémica y racional, su significado jurídico (texto secundario).

A la cuestión del compromiso subjetivo que es inherente a la decisión de efectuar, desarrollar y defender una interpretación, hay que añadirle la consideración de todas las aristas y dificultades de la *responsabilidad política* por sus efectos y consecuencias. Quien interviene en un debate jurídico-constitucional sabe de antemano (mejor dicho: *no puede dejar de saber*) que se introduce en un campo de enorme intensidad política, circunstancia que nos remite, como recién señalamos, a todos los debates sobre cuál debe ser la responsabilidad allí exigida.[23]

La pluralidad posible de lecturas, así como el carácter subjetivo del compromiso y de la responsabilidad, no implican que las interpretaciones resulten "puramente subjetivas" en el sentido de "meras opiniones individuales". Sólo una estrecha visión epistemológica para la cual nada más son objetivas las proposiciones formales (la lógica) o las susceptibles de verificación empírica (las ciencias físico-naturales), puede efectuar una calificación semejante. Desde esa pobre perspectiva son "opiniones" la mayor parte de las creencias sobre nosotros mismos y nuestros semejantes, así como nuestras visiones sobre el arte, el amor o la amistad, conclusión que dadas nuestras formas concretas de vida no se sostiene (salvo que expresamente se pretenda *empobrecer* la manera que tenemos de aprehender nuestra vida).[24]

Salvo en situaciones banales, otorgarle significado a un texto jurídico es una tarea ardua y dificultosa. Basta haber intentado hacerlo para comprobar lo dramático del asunto. Hay que hacer explícita una visión global, hay que efectuar argumentos, y discutir otros ya efectuados en el caso de que se pretenda afirmar una significación jurídica diferente a la dominante en la comunidad. Hay que evaluar consecuencias y hacer compatible esa interpretación con el conjunto de interpretaciones que conforman nuestra visión global. Todo ello es expresable, comunicable, argumentable y objeto de disputa. Es decir, la argumentación adquiere objetividad, al consistir en un conjunto de razones que pueden desvincularse del sujeto que las enuncia.

Son dos aspectos de una misma situación. Hay, por un lado, una decisión, un compromiso y una experiencia. Todo ello está implicado en la tarea interpretativa. Pero, a la vez, esa lectura se inserta en un campo objetivo, en un espacio interpretativo, de tensión y acuerdo, de continuidad y ruptura, de argumentos que se despliegan, continúan y confrontan.

De alguna manera siempre estamos ya ubicados en una perspectiva interpretativa, más allá de nuestra voluntad. Ella está en nosotros cuando hablamos, antes de reflexionar. Es hábito y precomprensión. Sin duda, nos es posible dirigirnos a ella y criticarla. Ahí justamente comienza el esfuerzo interpretativo, en el momento en el cual comenzamos a dudar, a problematizar, a cuestionar, a poner entre paréntesis la corrección de las lecturas que, de forma constante, hemos asumido al incorporarnos a la práctica del derecho.

Veamos un ejemplo. El art. 76 de la Constitución se refiere a la delegación legislativa. Interpretar este artículo exige efectuar una lectura más general sobre la distinción entre la potestad legislativa y reglamentaria y, de manera aun más amplia,

23. Ver fundamentalmente Weber (1982:308).

24. La literatura, el cine, la filosofía, las artes plásticas son formas a través de las cuales pensamos, vivimos, experimentamos y modificamos nuestros sentimientos e ideas. Sostener que esas prácticas sólo se componen de opiniones es una vía para sustraerle riqueza a nuestra existencia. Lamentablemente, visiones tan estrechas son habituales en el ámbito jurídico académico, bajo la retórica de la cientificidad y el rigor.

sobre la división de poderes en cuanto técnica republicana de organización del poder. La comprensión de una frase de la Constitución requiere no sólo la lectura de otras, sino remitirse a los presupuestos histórico-políticos del texto. Esta tarea puede hacerse de múltiples maneras y desenvolverse en diferentes direcciones: enmarcarla en la historia interpretativa de la delegación con anterioridad a la reforma constitucional de 1994, o vincularla con experiencias extranjeras, tal como la norteamericana o la europea. Cómo uno entienda cuál es la mejor forma de interpretar la forma republicana de gobierno (art. 1, CN) y la división de poderes (que al fin de cuentas y a pesar de su importancia no es mencionada por el texto sino mostrada por él a través del establecimiento de autoridades y la atribución de potestades) será determinante para efectuar a su vez la mejor lectura del referido art. 76, CN.

Son claros los elementos subjetivos: hacia dónde dirigir la interpretación (¿se favorecerá o restringirá la potestad legislativa?), cómo desarrollar la interpretación (¿a qué recursos argumentativos apelará para justificar la lectura?), bajo qué términos asumir la responsabilidad política de la interpretación. Pero ya efectuada la interpretación, ya lanzada a la comunidad científica, los argumentos y los valores pueden discutirse objetivamente. Por ejemplo, si se considera que, dada cierta manera de entender la forma republicana, la mejor lectura es aquella que acota al máximo la delegación, pueden proponerse lecturas alternativas que logren del mejor modo dicho objetivo que las ya efectuadas. Es decir, se puede mostrar que ciertas situaciones susceptibles de delegación en la interpretación que estamos analizando, no lo son en una lectura alternativa. También puede debatirse la consistencia de los argumentos, la forma de receptar la práctica jurídica de otro Estado o la manera de reconstruir la historia interpretativa nacional. No se trata de "opiniones" (en el sentido de simples "gustos"), sino de argumentaciones de diferente nivel teórico, más allá de que ninguna pueda ser calificada de verdadera o falsa.

Es decir: hay una diferencia conceptual decisiva entre una lectura cuya base es el simple capricho, el "es así porque es así" o "porque así me parece", y aquellas otras lecturas, muchas de ellas entre sí contrapuestas, que forman parte de la práctica interpretativa, más allá de la relativa solidez (del "peso") de cada una de las lecturas efectivamente existentes. La pluralidad de lecturas, la impertinencia del uso del par verdadero/falso, no conduce de por sí al mero arbitrio subjetivo, sino a la objetividad de los argumentos interpretativos en disputa en un campo polémico también objetivo.

Para seguir con el ejemplo del art. 76, CN. Hay quienes sostienen que las prohibiciones que la Constitución establece en cuanto a los decretos de necesidad y urgencia (art. 99, inc. 3, CN) son trasladables a la delegación legislativa (art. 76, CN). Otros, en cambio, consideran que se trata de supuestos diferentes, que no cabe asimilar. Ambas posiciones están precedidas de argumentos de diferente peso, a fin de mostrar que cada una es la mejor lectura del texto constitucional a la luz de ciertos conceptos, valores, finalidades y experiencias históricas. Además, estas posiciones se suceden en el tiempo. Dada una lectura determinada, se genera luego una refutación, que a su vez da lugar a nuevas lecturas y reformulaciones, que a su vez posibilitan unas nuevas refutaciones o reformulaciones de la viejas réplicas (hasta que una lectura logre cambiar de terreno o, como habitualmente se dice, el "eje de la discusión"). Se ve que si alguien se limitara a decir "esto es así" el debate directamente no se abriría. Pero ya abierto, no hay en principio argumentaciones concluyentes, que permitan cerrar el debate.[25]

25. Las diferentes visiones sobre el asunto pueden verse en el completo texto de Santiago y Thury Cornejo (2003).

El campo polémico se encuentra flanqueado por dos exclusiones que hacen a la racionalidad de la comunidad interpretativa dedicada a la Constitución. Por un lado, encontramos la exclusión de la visión de la esencia de una institución, cómo si alguien pudiera ver cuál es la "naturaleza" o el "contenido real" de la delegación legislativa. Exclusión de la visión del "en sí", de la intuición intelectual (o mística) de las ideas (*esencialismo semántico*). Por otro lado, se encuentra la exclusión del capricho, de la posibilidad de lo arbitrario, del simple decir cualquier cosa, como si el texto objeto de la interpretación no dijese nada en absoluto (*escepticismo semántico*).

Dos exclusiones en definitiva de "lo absoluto" en el ámbito de la semántica jurídica. No parece posible un conocimiento absoluto del significado, como si él estuviera ahí, fijado de antemano en un mundo ideal y sólo faltara revelarlo (el conocimiento, aquí, es sólo un re-conocimiento de lo ya dado, absolutamente dado). Pero tampoco el texto es un absoluto vacío de significado, como si él directamente no existiera, de forma que el conocimiento es una pura invención que pone todo lo que encuentra. Entre ambas exclusiones, más acá del esencialismo y del escepticismo, se despliega el rico ámbito de la práctica interpretativa, argumentativa, plural y polémica de la ciencia del derecho constitucional. Esta es la objetividad de nuestra ciencia, indisolublemente ligada al lenguaje y a la justicia.

Lo dicho significa que ponemos mucho de nosotros mismos al momento de interpretar el derecho. Desarrollamos una narración sobre la justicia, decidimos la orientación de la interpretación, pesamos valores y significados. Pero, a la vez, no podemos poner todo lo que quisiéramos, en la medida en que el texto también ofrece su *resistencia*. El texto permite la pluralidad de lecturas. Allí es abierto y generoso. Pero también es una piedra dura que ofrece resistencia. Allí hay que golpearse una y otra vez contra el texto.

Por ejemplo, la Constitución, así como los tratados de derechos humanos a los que ella remite (art. 75, inc. 22, CN), se refieren en diversas ocasiones a la igualdad. Si bien hay una diversidad de maneras de entenderla, de especificar su significado y de aprehender su alcance, hay dos puntos que resultan resistentes. Por un lado, se encuentra la valoración negativa de la jerarquía. Quien sin más valora la desigualdad en la vida humana se encuentra ante una marca textual imposible de disolver. En ese punto, la Constitución no es "su" Constitución. Por otro lado, dado que la igualdad es una pieza vinculada a toda una serie de valores y conceptos constitucionales, puede haber una distancia entre nuestra visión político-ideal de la igualdad y la interpretación que de ella desarrollamos a partir del texto constitucional. La Constitución no es "nuestra" Constitución porque no contiene de forma exacta nuestra visión sobre la igualdad. Esto significa que la narración sobre la justicia que consideramos subyace a la Constitución y que guía de forma global nuestras interpretaciones *no* coincide de forma exacta con nuestras narraciones ideales. Hay una coincidencia parcial, en la medida en que la Constitución siempre se reserva una cuota de resistencia.

Se ve la peculiar y compleja relación que se entabla entre el intérprete y el texto. Debe haber un grado relativo de coincidencia, pues de lo contrario la actitud racional, o una de ellas, consiste en cambiar directamente de Constitución (en luchar por su cambio); pero, a la vez, hay un grado de discordancia, que muestra la distancia que la Constitución mantiene con todos sus intérpretes.

Aun cuando sea "nuestra" Constitución, ella nunca es "totalmente nuestra" Constitución.

Además de una narración sobre la justicia, la labor interpretativa requiere de un saber de otro tipo: las ciencias sociales. Es decir, de una explicación sobre las características históricas de la vida social, en todos sus aspectos: económicos, políticos, familiares, culturales o religiosos.

La ciencia social no nos muestra cómo debe ser, desde cierta perspectiva política, la organización social, sino cómo ella efectivamente es (dado cierto marco teórico). Por cierto, y tal como el último paréntesis lo sugiere, aquí también hay que reconocer un pluralismo epistemológico, en la medida en que, hoy en día, no resulta posible verificar un consenso académico-institucional sobre cuál es la forma adecuada de comprender la vida social. Hay diferencias metodológicas (individualismo *vs.* enfoques sistémicos) o en cuanto al estilo de investigación (presentaciones cuantitativas o relatos cualitativos), para señalar algunas cuestiones groseras. A la vez, la epistemología de las ciencias sociales es un campo abierto, en disputa, donde ni siquiera hay, actualmente, una perspectiva dominante, como en el siglo pasado lo fueron, según los ámbitos o las tradiciones institucionales e incluso nacionales, la fenomenología, el positivismo, la teoría sistémica, el funcionalismo, el marxismo, el estructuralismo o el individualismo metodológico.

Sea como fuese, es preciso acudir a alguna versión de la ciencia social para desarrollar la propia la tarea interpretativa. Dicha ciencia no es exterior o de uso secundario, como si primero pudiera hacerse una interpretación de la Constitución (accionar aislado de la ciencia jurídica) y luego, ya obtenida la interpretación, en un segundo paso metodológico y temporal, recién se pasara a una explicación de la vida constitucional. Es éste un sueño epistemológico muy prolijo sobre cómo funciona (o debe funcionar) la interpretación constitucional, pero irreal (e irrealizable). Dos pasos, sucesivos e independientes: primero interpretamos, después explicamos.

Por el contrario, es en el momento mismo de elaboración de la lectura de la Constitución que se requiere un conocimiento de la vida económica, política y social. En la tarea interpretativa se conjuga la apelación a una narración sobre la justicia y a una explicación histórico-social.

Veamos otra vez el ejemplo de la igualdad. Para comprender adecuadamente el contenido de la igualdad constitucional se requiere conocer las características de la estructura económico-social. Esto se ve al nivel de la igualdad tributaria. El art. 16, "in fine" de la Constitución establece que la igualdad es la base del impuesto y de las cargas públicas. En un plano de análisis este texto significa que se encuentra prohibido discriminar a las personas por medio de las decisiones jurídicas tributarias. Esto sucede, de acuerdo a un desarrollo constitucional posible, cuando se establecen indebidos privilegios o se plasman persecuciones contra grupos de personas. Hay que tratar a todas las personas de manera tributaria igual, y esto significa que no hay que distinguir entre ellas (por ejemplo en razón de sus creencias o de su género).[26] Sin embargo, dada las características de la estructura económico-social de países como la Argentina, donde los recursos económicos se encuentran distribuidos de manera desigual (y donde, a la vez, hay una gran distancia comparativa entre los que más y menos tienen), la igualdad constitucional requiere que se *distinga* a las personas de acuerdo a sus dotaciones individuales de recursos. Es decir, es preciso distinguir a las personas de acuerdo a su posición económica. Paradójicamente, la igualdad exige *hacer diferencias*. En la jerga un poco estrecha del derecho constitucional tributario: hay que distinguir a las personas de acuerdo a su capacidad contributiva.[27] De aquí que las lecturas habituales (aunque no todas) consideran que la capacidad contributiva, aun cuando no esté mencionada en el texto de la Constitución,

26. Esta lectura la realizó la Corte en 1923 en el caso "Don Ignacio Unanue y otros c. la Municipalidad de la Capital, sobre devolución de dinero proveniente del impuesto a los studs", Fallos: 138:313.

27. Ver, al respecto lo dicho por la Corte en 1947 en el caso "Ana Masotti de Busso y otros c. Provincia de Buenos Aires", Fallos: 207:270.

es un concepto imprescindible para entender el alcance del principio de igualdad, todo ello de conformidad a las características económico-sociales de la Argentina.

Este ejemplo muestra diversas facetas de la interpretación. Ante todo, interpretar no significa simplemente mirar un texto y encontrar algo así como su significado. Puedo leer y releer el art. 16 de la Constitución sin percibir la exigencia teórico-política de acudir al concepto de capacidad contributiva. Se requiere imaginación y capacidad de argumentación. Pero también es preciso tener en cuenta cómo es, bajo cierta perspectiva teórica, la realidad social y económica, porque su examen incide en cómo desarrollar los conceptos que utiliza la Constitución. Es a través del rodeo por las ciencias sociales (la sociología, la economía, la historia) que se llega a sostener que el concepto de capacidad contributiva es determinante para comprender el significado de la igualdad constitucional referida a la materia tributaria. Indudablemente, esa lectura no surge de un día para otro, ni es el resultado de una lectura individual. Es preciso un desarrollo, una historia y, por cierto, la profundización de una polémica, todo a la vez coloreado con valores e intereses que adquieren mayor o menor peso según cómo se conforme el desenvolvimiento de la ciencia. Los significados jurídicos no son el fruto de una iluminación mística, de la genialidad individual, de la búsqueda empírica o de la postulación dogmática. Son el resultado precario de una construcción científica colectiva, dada ciertas condiciones teóricas, políticas e institucionales.

Otro ejemplo. Que el Estado otorgue un privilegio (una ventaja dada a alguien) resulta en principio contrario al principio de igualdad. Pero dada la existencia de desigualdades en el ejercicio de los derechos como consecuencia de los rasgos básicos de la estructura social (proposición que nos viene de las ciencias sociales) puede resultar que otorgar un privilegio sea la forma, tal vez paradójica, de realizar en dicha situación la igualdad.[28]

El desarrollo de una interpretación constitucional, cuyo objeto es ofrecer la mejor lectura de un aspecto de la Constitución, requiere, simultáneamente, de una narración política sobre la justicia y de una explicación teórica proveniente de las ciencias sociales. De estas cualidades deriva el peculiar estilo de los estudios constitucionales, donde conviven, muchas veces en aparente desorden, consideraciones más abstractas sobre la justicia, fragmentos de relatos sobre los fines del Estado y del derecho, reseña de otras interpretaciones, explicaciones sociales, económicas y políticas, sinopsis históricas, comparaciones con otras regulaciones extranjeras, debates y dudas.

A todo ello hay que agregarle, además, la incidencia de un factor decisivo: los escritos constitucionales están signados por la singularidad de una coyuntura política, por las características del "momento actual". Las interpretaciones se forjan al calor de una determinada coyuntura que aporta el contexto particular en el cual la palabra surge e incide. Ya dijimos: cada lectura se inserta en un campo polémico. Pero ese campo, estructurado en cierto nivel teórico-práctico de larga duración, está a su vez, pero en otro plano, signado por las peculiaridades políticas del momento. Demos un ejemplo. No es lo mismo interpretar el art. 76, CN, referido a la delega-

28. Un signo de la complejidad de la Constitución y de los desafíos políticos que plantea es la simultánea afirmación de la igualdad (art. 16) y de la posibilidad estatal legislativa de otorgar privilegios (art. 75, inc. 18), cláusula esta última de larga y problemática historia, como lo muestran los conflictos judiciales de fines del siglo XIX en torno a las ventajas dadas a la industria del ferrocarril. Ver sobre el asunto el clásico caso "El Ferrocarril Central Argentino contra la Provincia de Santa Fe; sobre repetición de pago indebido", de 1897, Fallos: 68:227, cuyo contexto económico-político se encuentra expuesto en la también clásica investigación de Scalibrini Ortiz (1957).

ción legislativa, si estas transferencias de poder no son habitualmente usadas o, si en cambio, *en ese mismo momento* se encuentra en discusión parlamentaria una concreta delegación de potestades legislativas en favor del Ejecutivo. Todo en la situación es (o puede llegar a ser) políticamente significativo. Incluso el hecho mismo de escribir o de guardar silencio.

La coyuntura tiene sus tiempos, sus velocidades, sus ritmos, sus pautas discursivas. De ahí que los textos más apegados a ella tiendan al desorden, al ir y venir de un nivel de análisis a otro, al exceso retórico.[29] Por cierto, luego pueden venir los tiempos más reposados de la elaboración del ensayo de largo aliento, del tratado, que llevarán a modificar, o no, lo dicho en cada momento actual. Esta intersección entre lo actual y lo estructural, la polémica de fondo y la de la coyuntura, tiene una riqueza propia, fuente de problemas específicos en general poco tratados. Así, por ejemplo, se puede ver el riesgo, no tanto, por lo ya visto, de caer en el error (enunciar una proposición falsa), sino de incurrir en la mala fe, la que se revela cuando la perspectiva que surge de una posición general no se explicita en determinado momento porque resulta contraria a lo que políticamente se defiende en cierta coyuntura.[30]

En la práctica del derecho es tan significativo lo que se dice como lo que se calla. Y cuando se habla, no puede ignorarse el momento, el tono, el lugar y la circunstancia.[31]

Estas cualidades elementales de la interpretación, que la vinculan con narraciones sobre la justicia, explicaciones de las ciencias sociales y consideraciones sobre la coyuntura política, tienen una relevancia institucional con respecto a la organización de la comunidad jurídica en cuanto comunidad interpretativa. Una comunidad racional requiere que se asegure la completa libertad de pensamiento y opinión con respecto a la Constitución. Sólo de esa manera es posible que prospere un debate franco y abierto entre diversas lecturas del texto. Se dirá que es una exigencia trivial. Sin embargo, en la medida en que las interpretaciones constitucionales tienen un contenido político y están en condiciones de tener incidencias políticas (es decir: afectar el modo de ejercicio del poder), dichas lecturas son de suyo proposiciones peligrosas. Al menos, son peligrosas las lecturas disidentes desde la perspectiva del poder. Cualquiera sea la forma social, hasta el presente toda sociedad (y todo poder político), ha intentado, de forma directa o sutil, regular, silenciar, reprimir, normalizar o eliminar la disidencia (Strauss, 1996:57).

El cultivo de una comunidad jurídica racional requiere un cuidado constante a fin de proteger la posibilidad real de la disidencia. Se precisa desarrollar instituciones pedagógicas, medios de publicación, costumbres, modos de relacionarse y de tratar al otro, reglas, pautas y actitudes que favorezcan el desarrollo de un pluralismo interpretativo. No hay ciencia jurídica, tal como la practicamos hoy, sin libertad de pensamiento. Sin duda, siempre es posible mantener una forma de vida aun cuando el poder establecido obligue a modificar las creencias o cuando persiga la disidencia. Pero una comunidad jurídica es una forma

29. El componente retórico forma parte de la práctica de la ciencia del derecho y como tal debe tomárselo: sin escándalo y sin pretensiones de eliminarlo. Basta estar advertido que además de argumentos de diferente peso se usarán artilugios y figuras retóricas con el fin de presentar persuasivamente un argumento. Por cierto, la retórica cumple diferentes funciones comunicativas: en muchas ocasiones se utiliza cierto lenguaje para, por un lado, otorgarle respetabilidad a la defensa del pedestre interés económico y, por otro, para señalar que se forma parte de un grupo, que se reconoce a través de ciertos signos distintivos. Como ejemplo puede verse la jerga aristotélico-tomista habitualmente usada como envase retórico-espiritual de la intangibilidad de la remuneración del contratista del Estado, expresado a su vez como un principio fundamental del derecho público.

30. Sobre la mala fe sigue siendo insuperable el análisis de Sartre (1999), capítulo II: "La mala fe" (Sartre, 1999:81).

31. Ver, al respecto, Foucault (1971).

de vida, una cultura, que sólo prospera si está protegida aquella libertad.

En segundo lugar, las características de la interpretación repercuten en la enseñanza del derecho y en el diseño de los contenidos curriculares de las instituciones académicas. Todo aquello que es necesario para el despliegue de una interpretación es un conocimiento relevante en la enseñanza del derecho. Esto significa que el estudio científico del derecho sólo puede desarrollarse en conjunción con el conocimiento de la filosofía política (las narraciones sobre la justicia pasadas y actuales), de las ciencias sociales en su más amplio sentido, de la historia, y de las técnicas literarias y hermenéuticas referidas al arte de la lectura. Estudiar derecho no se reduce al hecho simple de leer los textos en los cuales él está plasmado: la Constitución, las leyes, las sentencias. Informar a otro qué dice una cláusula de la Constitución (así, por ejemplo, la cláusula comercial, contenida en el art. 75, inc. 13, CN) implica, por lo menos, individualizar el texto como inscripción material; explicitar una visión política general sobre la constitución; exponer el desarrollo legislativo y reglamentario, en caso de haberlos; relatar la historia interpretativa de la cláusula, tanto por parte de la ciencia constitucional como por la jurisprudencia; relatar las circunstancias histórico-políticas vinculadas a aquellas lecturas; considerar los efectos económicos o sociales de las interpretaciones; tener en cuenta la historia de una cláusula análoga contenida en la Constitución norteamericana; indicar el estado actual de las lecturas, doctrinarias y jurisprudenciales; especular sobre cómo seguirá la historia interpretativa; evaluar las diferentes lecturas existentes a la luz de una narración sobre la justicia y, en su caso, imaginar una interpretación mejor dada la situación actual. Muy lejos estamos, como se ve, de poder reducir la relación de la ciencia del derecho con su objeto a la relación formal entre un lenguaje y un metalenguaje, observación que nos conduce a la breve crítica que de la teoría analítica exponemos en la parte siguiente de este ensayo.

II – La extraña visión de la interpretación que propone la teoría analítica

La teoría general del derecho de inspiración analítica ofrece una visión muy diferente de cómo se lleva a cabo la ciencia del derecho, visión a la que cabe calificar de excéntrica, pues, por un lado, no reconstruye de forma adecuada aquello que efectivamente realizan los científicos del derecho y, por otro, no presenta un modelo ideal que tuviese alguna virtud de carácter epistemológico. Es decir, si dicha teoría pretende presentar cómo se desarrolla la ciencia en su realidad, ella falla en su objetivo, pero si, en cambio, nos invita a considerar un modelo ideal, a fin de modificar aquello que hacemos, no se ve cuál es la virtud cognitiva de lo que propone.

Veamos una exposición típica: la efectuada por Bulygin en un ensayo sobre el asunto, donde discute con Aarnio y Niiniluoto, a partir de las ideas expuestas, junto a Alchourrón, en su ya clásico libro de los años setenta (Bulygin, 1991*b*:465).

Según el léxico de von Wright, adoptado por Bulygin, cabe distinguir las formulaciones normativas (las oraciones que conforman los textos jurídicos, así las constituciones), las normas, en cuanto significado de esos textos, y las proposiciones normativas, como proposiciones descriptivas de normas. Bulygin denomina "identificación de las normas jurídicas" a la tarea de asignarle significado normativo a los textos jurídicos. Según sus propias palabras: "Si la norma es una oración con significado definido, entonces la identificación de las normas jurídicas (o interpretación de los textos legales) consiste en la determinación del significado de las formulaciones de normas, esto es, de oraciones que figuran en tales textos".

En la obra escrita junto a Alchourrón, Bulygin sostenía que la tarea de identificación (o interpretación) era de carácter empírico (Alchurrón y Bulygin, 1974). En un análisis retrospectivo de dicha afirmación, ahora sostiene que si bien se trata de una exageración, los problemas de la identificación "hasta cierto punto son, efectivamente, empíricos". Y a continuación expone Bulygin el núcleo de su visión sobre la interpretación, basada en distinguir (a) el descubrimiento de un significado existente y (b) la adjudicación, total o parcial, de un significado nuevo. Interpretar parece ser una tarea de descubrir o adjudicar significados. Resume Bulygin su visión en los siguientes términos, que cabe citar: "La primera actividad es empírica a pesar de que los significados no son entidades empíricas. El significado de una expresión está dado o bien por el uso común del lenguaje corriente o del lenguaje jurídico, o bien por la intención del autor de la expresión (en nuestro caso, de la autoridad normativa que ha dictado la norma). Los dos pueden ser investigados y eventualmente determinados con métodos empíricos. Es por esto que yo, a diferencia de Aarnio, soy escéptico respecto de la necesidad de un método especial (método hermenéutico) para la determinación del significado de los enunciados jurídicos. Sin embargo, en ciertas circunstancias puede resultar imposible descubrir el significado de una expresión (por ejemplo, si ésta es muy oscura o ambigua). En tales casos puede resultar necesario asignarle un significado. Los juristas lo hacen por lo general por medio de definiciones estipulativas que juegan como propuestas. Una vez que una definición estipulativa de este tipo es generalmente aceptada por la comunidad jurídica o por al auditorio, se convierte en definición descriptiva: a saber, descriptiva de los usos lingüísticos existentes" (Buligyn, 1991*b*: 465).[32]

Esta forma de entender la interpretación es afín a otra, deudora de la obra de Hart, donde se distingue entre casos típicos y atípicos (Hart, 1963). En el primer caso, el significado es claramente determinable. Allí, interpretar implica conocer un significado ya existente. Pero dadas las características del lenguaje ordinario, que está "aquejado" por "problemas" (las famosas vaguedad, ambigüedad y textura abierta), en toda expresión lingüística hay una zona de penumbra, donde es preciso estipular el significado.[33]

El esquema es semejante. Hay casos típicos, donde interpretar significa descubrir y hay casos atípicos donde interpretar implica decidir o adjudicar.

Otra manera de abordar el asunto consiste en determinar si hay "criterios objetivos" para justificar la asignación de un significado, circunstancia que sólo se verificaría ante formulaciones normativas no ambiguas. Según, una vez más, la exposición de Bulygin: "La interpretación de una formulación normativa consiste en adjudicarle un determinado sentido. De esta manera la interpretación puede ser considerada como el paso de una formulación normativa (un mero texto) a una norma. Este paso no siempre es exitoso, pues puede ocurrir (y ocurre con gran frecuencia) que una formulación normativa sea ambigua. En tal caso no puede adjudicársele sin más un significado unívoco, pues no tenemos una norma, sino varias normas posibles y el intérprete tendrá que decidir cuál de estos significados ha de elegirse para el texto. En muchos casos no hay criterios objetivos para la decisión" (Bulygin, 2006: 45).

Como ya vimos en la primera parte de este trabajo, la tarea de los juristas, al menos en el ámbito del derecho constitucional, es muy diferente. Lo habitual, ante el texto de la Constitución, no es una tarea que pueda ser encuadrada en la bipartición

32. Este análisis es receptado por muchos autores, entre ellos: Rodríguez (2002:16).

33. Ver, por ejemplo, en esta línea: Moreso Vilajosana (2004), capítulo VI, "Interpretación del derecho", p. 147 y ss.; Mendonca (2000), cap. 9, "Interpretación y argumentación jurídicas", p. 151.

del descubrimiento y la estipulación. La ciencia no se dedica a descubrir empíricamente significados o a decidirlos si aquella tarea no es factible a causa de la oscuridad del lenguaje. Por el contrario, hay una tarea básica, de carácter reconstructivo, polémico y argumentativo: dar razones de peso a fin de justificar la lectura que se hace del texto. Estas lecturas y razones no se encuentran ni se deciden como propuestas: son el mejor significado del texto dado cierto marco conceptual y político. Es ésa la "objetividad" a la que puede aspirar la ciencia del derecho constitucional.

Veamos una vez más otro ejemplo. El nuevo texto de la Constitución califica a la Ciudad de Buenos Aires de autónoma. ¿Qué significa dicha autonomía? ¿Cuál es su alcance? ¿Qué tipo de entidad institucional es la Ciudad? ¿Es semejante a alguna de las unidades clásicas: el municipio y la provincia? ¿O cabe considerar algún nuevo tipo de unidad institucional? Desde el dictado de la nueva Constitución, en 1994, se ha desarrollado un arduo debate sobre el tema, que todavía continúa. Conocer el art. 129, CN significa, hoy en día, conocer ese debate, pero también, claro está, puede implicar introducirse en la problemática y sostener alguna posición inédita, o darle más peso a los argumentos en favor de cierta lectura. Es impertinente decir, en el marco de ese debate, que hay algunos significados objetivos (o encontrados de forma empírica) y otros subjetivos (o meramente adjudicados), pues todos los significados forman parte de estrategias reconstructivas y argumentativas que giran en torno del texto constitucional.

Desde mi óptica, por ejemplo, la Ciudad resulta institucionalmente análoga a una Provincia, con la única diferencia de que en su territorio se asienta el Gobierno Federal, circunstancia que justifica el dictado de una ley que proteja sus intereses. Esto significa que, por un lado, ante cualquier duda que suscite el resto del texto constitucional en cuanto a la situación de la Ciudad (por ejemplo en lo relativo al régimen de coparticipación establecido en el art. 75, inc. 2 ó a los alcances de la competencia originaria de la Corte Suprema, arts. 116 y 117, CN), debe entenderse que su regulación jurídica es análoga a la de cualquier otra provincia argentina y que, por otro, aquella ley sólo puede contener disposiciones justificadas por su estricta y estrecha vinculación con los intereses federales (estándar éste que no respeta la llamada ley Cafiero cuando, por ejemplo, limita las materias que puede conocer el Poder Judicial de la Ciudad).

Cuando uno expone y justifica con razones esta perspectiva resulta poco preciso decir que la ciencia del derecho "o descubre o decide". Lo que hace es proponer la *mejor* lectura del art. 129, CN a la luz de un marco conceptual, histórico, sociológico, político y valorativo determinado, es decir: *de una narrativa sobre la justicia*. Y es indudable que esa lectura tiene una significación política en el contexto estratégico de una polémica teórico-práctica relativa a la situación concreta de la Ciudad.

El debate entre diferentes lecturas no tiene su origen en la "oscuridad" del lenguaje, en su "imperfección" o en la existencia de una "zona de penumbra" que da lugar a un "caso atípico", sino en la riqueza del lenguaje constitucional (en la productividad de su indeterminación) y, a la vez, en el pluralismo político-jurídico que, por un lado, subyace a la historia constitucional y que, por otro, articula desde su raíz a la comunidad interpretativa que lleva a cabo, de forma polémica, la ciencia del derecho. Justamente, la médula misma de la ciencia del derecho constitucional consiste en el debate en torno a las diferentes razones que damos para justificar tal o cual lectura del texto, así del art. 129, CN. *Hacer ciencia del derecho constitucional es intervenir en ese debate y desarrollarlo.* Y si la visión analítica no ofrece una visión adecuada de aquello que efectivamente sucede, tampoco resulta atractiva como un modelo alternativo, pues no se ve qué ventajas podría acarrear el hecho de efectuar la tarea interpretativa según los términos de Bulygin y sus sucesores. Una propuesta de reforma tiene que acreditar sus ventajas, y el enfoque analítico al menos no las explicita. Es decir: ¿por qué debiéramos cambiar nuestra forma de hacer ciencia del derecho constitucional en ese sentido?

En esta visión tan extraña de la interpretación (o, en el léxico de Bulygin, de la identificación de las normas) juega la habitual costumbre analítica de mantener separados los ámbitos del derecho, de la ciencia y de la política, como si hacer derecho (y, paralelamente, hacer ciencia del derecho) no fueran tareas de fuerte contenido valorativo y político. El derecho se pretende justo y, de manera simultánea, la ciencia del derecho debate lecturas que pretenden dar la mejor visión de esa pretensión. Cuando la teoría general analítica deja la justicia fuera del derecho (por considerarla innecesaria al momento de definirlo), y fuera también de la ciencia del derecho (por considerar que ésta es avalorativa), se aleja de la práctica jurídica real para crear una imagen del derecho que prospera y se recluye en los ambientes académico-filosóficos y que, obviamente, es mirada con extrañeza por quienes están efectivamente involucrados en aquella práctica.[34]

En otro de sus ensayos, donde Bulygin expone las tesis que hacen al ideal de la ciencia positivista, se refiere a "la distinción tajante entre descripción y prescripción o valoración, entre razón y voluntad, entre conocimiento y creación del derecho, entre ciencia del derecho y política jurídica" (Bulygin, 1991*a*:499). Esto implica "distinguir claramente entre el conocimiento del derecho, expresado en proposiciones descriptivas verdaderas y la creación del derecho que es expresión de terminadas valoraciones". Pero como ya destacamos, al menos la ciencia del derecho constitucional no "describe" nada de manera "verdadera", sino que es un campo de debate donde se confrontan lecturas del texto sobre la base de argumentos y razones de diferente nivel y peso, según una visión general de la Constitución que incluye, entre otros aspectos, valoraciones políticas.[35] La ciencia es en sí misma valorativa. Se trata de un conocimiento que pone en juego valoraciones. De ahí el uso del término "mejor", pues una lectura es mejor que otra desde una óptica valorativa y conceptual determinada.

El ideal de la ciencia positivista es irrealizable y, a la vez, carece de racionalidad. O mejor dicho, es ajena a la peculiar forma de racionalidad que es característica de la ciencia del derecho. Somos racionales cuando debatimos con razones las lecturas que apoyamos y desarrollamos. Por eso, y a diferencia del ideal promovido por Bulygin, en el corazón de la ciencia jurídica hay un momento decisivo de creación. Sin imaginación no hay interpretación sino, eventualmente, sólo la repetición de las interpretaciones ya dadas.

Por cierto, poner en entredicho una de las tesis fundamentales del positivismo no implica, automáticamente, suponer la existencia de un derecho natural o de una moralidad objetiva. Es preciso salir de la oposición fácil entre positivismo y iusnaturalismo, a fin de aprehender de manera fidedigna cómo hacemos ciencia del derecho.

34. Llama la atención cómo una visión del derecho tan ajena a la realidad de la práctica jurídica pueda, a la vez, emitir juicios tan contundentes (y despreciativos) sobre los que actúan en ella, así, por ejemplo, al decir que "las teorizaciones de los juristas acerca del carácter de los problemas y de los métodos de su propia ciencia poseen escaso valor informativo", en Bulygin y Alchourrón (1974:112).

35. Es curioso el uso habitual en la teoría general del derecho de la expresión "proposiciones descriptivas" para referirse a los enunciados de la ciencia del derecho. La "descripción" se encuentra vinculada a la percepción, en la medida en que se describe aquello que se palpa, se oye o se ve. Pero la ciencia del derecho, al estar articulada alrededor de la tarea interpretativa nada tiene que ver con la percepción. Los significados no se perciben ni se describen. Por cierto, tal vez la teoría analítica tenga un significado "ad hoc" del verbo "describir". Sobre las características de la descripción como técnica lingüística específica, ver el texto clásico de Hamon (1991).

III – El nudo del debate actual: las visiones hospitalaria y contrahospitalaria de la Constitución

Volvamos al preámbulo. Esta Constitución, allí leemos, se dicta con el objeto de "promover el bienestar general y asegurar los beneficios de la libertad, para nosotros, para nuestra posteridad, y para todos los hombres del mundo que quieran habitar el suelo argentino". En ese sencillo "para todos" se encuentra sintetizada la promesa constitucional. El bienestar de cualquiera, la libertad de cualquiera, la dignidad de cualquiera. Este es un mundo para cualquiera que tenga el deseo de habitar en él. Sin acepción de personas (o sin distinción por las apariencias), como dice Pablo en más de un pasaje de sus cartas.[36]

El texto constitucional, como lo revela la lectura aquí sugerida de su preámbulo, considera que la realidad incluye como posible un mundo en el cual cada persona es considerada y respetada de igual manera. En esta tierra hay lugar para que todos vivamos dignamente, dice la Constitución, con independencia del género, las creencias religiosas, la nacionalidad o cualquier otra propiedad que haga a la identidad de las personas. Esa es, como se sintetiza en un texto relativamente reciente, "la libertad real para todos" (Van Parjis, 1996).

La Constitución afirma la promesa de que el mundo es habitable por todos. Y esto significa, claro, que cada sujeto tiene en él aseguradas las condiciones básicas para ejercer su libertad. En otros términos, que todos podemos vivir una vida digna, sin privaciones y sin humillaciones.

Propongo que tomemos a la *hospitalidad* como la clave interpretativa del preámbulo y de la narración sobre la justicia que le subyace, al reunir en su seno las ideas y valores constitucionales fundamentales: igualdad, libertad, dignidad, solidaridad y bienestar.

Hospitalario es aquél que acoge a sus huéspedes con amabilidad.[37] Es una posibilidad, dice el preámbulo, que el mundo acoja a cualquiera con amabilidad. A pesar de la violencia, de la dureza de la vida, de su aspereza y del sufrimiento que le es inherente, el derecho constitucional afirma, como principio general para la vida social, que el mundo puede ser amable.

Dice el preámbulo, con la franca generosidad que singulariza a nuestro derecho constitucional: *la Argentina es una sociedad hospitalaria.*

En 1983 se produjo un hecho institucional inédito: se realizaron elecciones limpias, a partir de la cual, por primera vez en la historia nacional, hay una continuidad constitucional del sistema democrático-representativo. Es sabido que desde la sanción de la Constitución, en 1853, hasta la reforma del sistema electoral a través de la ley Sáenz Peña, las elecciones fueron de carácter fraudulentas. Darío Cantón, en un clásico trabajo sobre el sistema político argentino, ha reproducido descripciones periodísticas y declaraciones que muestran el funcionamiento real de aquellas elecciones (Cantón, 1966). Luego de tres elecciones libres, donde sin embargo no votaban las mujeres, que recién lo harán a partir de los años cincuenta, se inició, en 1930, la serie de golpes de estado, forma habitual y violenta de acceso al poder hasta 1983. Y en las precarias elecciones posteriores al golpe militar de 1955 se proscribirá de forma sistemática al peronismo. Al menos hasta 1973.

Es decir, si se aprecia con perspectiva histórica la legitimidad constitucional de los gobiernos surgidos entre 1853 y 1983, la situación, aun bajo criterios mínimos de evaluación, es desoladora, en la medida en

36. Ver las Cartas a las comunidades de Galacia (2,6 y 3,28) y de Roma (2,11) (Vidal, 1996).

37. La amabilidad es un concepto filosófico fundamental. A su respecto es decisivo tener en cuenta el comentario de Benjamin a la "Leyenda de la creación del libro Tao-Te-King en el camino de Lao Tse a la emigración", de Bertolt Brecht. Ver: Benjamin (1991:60).

que, salvo situaciones excepcionales (los gobiernos radicales de Irigoyen y Alvear, y los tres gobiernos peronistas), todos los restantes tienen en su origen el fraude, la proscripción o la pura voluntad militar. "Elecciones libres, universales y limpias" no es una expresión de la cultura política argentina anterior a 1983. La Constitución, en ese extenso período de "organización" y "reorganización" nacional, fue un texto, sí estudiado en las aulas de las universidades y citado en los tribunales, pero ignorado en la práctica política real.

A pesar de las crisis y de los graves problemas en la sucesión de un gobierno a otro, lo cierto es que a partir de 1983 se produjo una diferencia crucial con el pasado, ya que se ha verificado, por lo visto de forma inédita, una continuidad de las formas constitucionales de más de veinte años.[38]

No es extraño, entonces, que en el proceso electoral que dio origen al gobierno constitucional, jugara un papel simbólico-político determinante la repetición ritual del preámbulo. Recordemos que Alfonsín concluía sus discursos electorales con el recitado del preámbulo, como si la verbalización pública de ese texto tuviera de por sí efectos políticos. Ese rito se encontraba sobredeterminado por la escasa realidad práctica de la Constitución en la historia precedente. Repetirlo era como decir que se cortaba de raíz con aquella historia y que, a partir de ahora, la Constitución tendría la relevancia de ser el texto político fundamental de la sociedad. En rigor, si volvemos a aquella elección, la apelación al preámbulo se encontraba vinculada al otro factor que decidió el asunto: la denuncia de un pacto secreto militar-sindical, que simbolizaba la continuidad entre el gobierno militar en retirada y el partido justicialista. Al acuerdo oculto con lo peor del pasado se oponía la contundencia de la promesa constitucional.[39]

Como sabemos, poco duraron las ilusiones.[40] A pesar de la referida continuidad institucional, la promesa hospitalaria del preámbulo continúa pendiente, aunque también controvertida. *Cada vez más pendiente y cada vez más controvertida.*

Forma parte de cierto sentido común jurídico actual renunciar a la hospitalidad constitucional, a la que se denuncia, ahora, como un imposible político. Se reconoce, con mayor o menor claridad, que la Argentina no es una sociedad para todos. Ya no lo era en el pasado ni lo será en el futuro. No se trata sólo de una actitud ocasional, sino de una visión interpretativa general, que aun cuando no se enuncie como tal, se revela a través de diversas figuras sintomáticas. Cuando se emplea la categoría de "derechos imposibles"; cuando se califica a ciertas cláusulas constitucionales como "programáticas"; cuando se considera que las políticas públicas vinculadas al bienestar son de carácter "discrecional"; cuando se intenta restringir el acceso a la justicia en materia de derechos sociales; cuando se moviliza la doctrina de las "cuestiones políticas"; cuando se afirma que los recursos públicos pueden ser libremente dispuestos por el legislador – o como sucede hoy en día, por el propio Poder Ejecutivo –, se dejan ver las huellas de una visión interpretativa general de la Constitución a la que cabe calificar, de acuerdo al léxico aquí propuesto, *contrahospitalaria*. Según sus términos: no es posible un mundo de libertad y bienestar para cualquiera.[41] Desvalo-

38. Las sucesiones no sólo han sido complejas, también han tenido su cuota de violencia. En 1989 se produjeron 15 muertos, ver: Quiroga (2005:66). En cuanto a los sucesos de 2001, que produjeron la caída del gobierno de la Alianza, dejaron 35 muertos, según la referencia de Auyero (2007).

39. Sobre los acuerdos ocultos en la práctica política argentina, ver: Landi (2003:113). Una visión general puede verse en González (2004).

40. Las leyes de obediencia debida y punto final, así como la hiperinflación de 1989, cerraron el ciclo de la llamada "primavera democrática".

41. Como siempre sucede, esta visión también se expresa en líneas argumentales de menor entidad jurídica. Así, por ejemplo, en el ámbito de nuestra Ciudad se llega a decir que ésta no debe hacerse cargo

rización de los derechos vinculados al bienestar; amplia libertad de configuración otorgada al sistema político-administrativo; restricciones a la tutela judicial efectiva y al ámbito cognoscitivo de los jueces, son algunas de las aristas más destacadas de esta perspectiva constitucional.

La visión contrahospitalaria de la Constitución viene a sancionar la legitimidad de la realidad tal cual es, basada, al menos desde hace tres décadas, en procesos constantes de desafiliación y exclusión social.[42] La sociedad real, estructuralmente dual, es cada vez menos amable, ya que el bienestar y la libertad sólo están asegurados para una parte y no para todos. La interpretación contrahospitalaria asume esa realidad y la convierte en un hecho naturalizado, que la Constitución al fin de cuentas está en condiciones de tolerar. Pretender otra cosa implica incurrir en posiciones populistas, demagógicas o infantiles, calificaciones que una y otra vez vuelven a los debates como juicios despectivos hacia la visión hospitalaria de la Constitución, a la que se juzga, con la sensatez del caso, como alejada de la realidad.

Se trata, según el vocabulario de este texto, de una narración sobre la justicia, que implica posiciones políticas, relatos históricos, una visión del sujeto humano, imágenes y mitos correlativos, así como un esquema temporal. Es una lectura global y profunda de la Constitución que es asumida, con diferente grado de conciencia y desarrollo discursivo, por el sistema político y por parte de nuestra cultura jurídica.

Aquí está el nudo polémico del momento actual. En este diferendo jurídico-político se encuentra la clave para comprender la práctica constitucional argentina, sus dilemas, sus aporías, sus paradojas, sus caminos sin salida.[43]

Por cierto, mientras que la visión contrahospitalaria tiene a su favor la presencia misma de la realidad (su facticidad) y el reconocimiento pragmático de lo existente, con los beneficios subjetivos y materiales que ello implica, la visión hospitalaria tiene que hacer frente a una situación que, hoy por hoy, sólo puede plantearse como un enigma: ¿cómo sostener la promesa constitucional de un mundo para todos cuando la realidad, en su estructuración efectiva, es sólo para una parte?

Tal vez haya que pensar, para volver a los términos más abstractos del inicio, que las narraciones sobre la justicia que subyacen a la Constitución tienen en su núcleo más oculto, no un dogma, principio, concepto, valor, argumento, o ideal, sino un enigma, el punto ciego de un problema. Desarrollar una perspectiva no es derivar ideas secundarias de unas premisas, a la manera del ideal analítico deductivo, sino desplegar los términos de una problemática, a fin de rodear y comprender el enigma que se encuentra en el corazón de nuestra práctica.

Referencias

ALBERDI, Juan Bautista (1886). "Estudios sobre la Constitución argentina de 1853", en *Obras Completas*. t. V. Buenos Aires, Imprenta La Tribuna Nacional.

de los derechos básicos de los vecinos bonaerenses que acuden a su territorio, pues no es cuestión de que el presupuesto porteño se vea afectado por las deficiencias de los servicios de la contigua Provincia de Buenos Aires. La hospitalidad entre los habitantes de las provincias hermanas, que es la base más decente del federalismo argentino, queda como una reliquia que se honra en los libros y se desprecia en la realidad.

42. El concepto dinámico de "desafiliación" pertenece a Castel (1997).

43. Esto significa que otros debates son secundarios con respecto a éste. Así lo muestra lo fallido de trasladar al ámbito académico argentino la preocupación, típicamente norteamericana, por el carácter contramayoritario del control judicial de constitucionalidad. Ver, al respecto, los trabajos de Roberto Gargarella (Gargarella, 1996) y sus recientes intervenciones (Gargarella, 2003 y 2007). Desde la óptica aquí sugerida, la cuestión interpretativa crucial es la "interpretación contrahospitalaria" de la Constitución, no el carácter "contramayoritario" del Poder Judicial, cuestión tal vez importante pero estratégicamente subordinada a la anterior.

ALONSO, Juan Pablo (2006). *Interpretación de las Normas y Derecho Penal*. Buenos Aires, Editores del Puerto.

AUYERO, Javier (2007). *La Zona Gris. Violencia Colectiva y Política Partidaria en la Argentina Contemporánea*. Buenos Aires, Siglo Veintiuno Editores.

BENJAMIN, Walter (1991). "Comentarios a poemas de Brecht", en *Tentativas sobre Brecht. Iluminaciones III*. Madrid, Taurus.

BERLIN, Isahia (1982). *El Erizo y la Zorra. Ensayo sobre Visión Histórica de Tolstoi*. Barcelona, Muchnik Editores.

BIANCHI, Alberto (2001). "De la obligatoriedad de los fallos de la Corte Suprema (una reflexión sobre la aplicación del *stare decisis*)", EDCO 00/01-335.

BIELSA, Rafael (1959). *Derecho Constitucional*. Buenos Aires, Roque Depalma Editor.

BORGES, Jorge Luis (1993). "Pierre Menard, autor del Quijote", en *Ficciones*, libro incluido en *Obras Completas*. vol. 1. Emecé.

BOSCH, Jorge (1951). "¿Tribunales judiciales o tribunales administrativos para juzgar a la Administración Pública?". Buenos Aires, Zavalía.

BRUNER, Jerome (2003). *La Fábrica de Historias. Derecho, Literatura, Vida*. Buenos Aires, Fondo de Cultura Económica.

BULYGIN, Eugenio (1991*a*). "Validez y positivismo", en BULYGIN, Eugenio, y ALCHOURRÓN, Carlos. *Análisis Lógico y Derecho*. Madrid, Centro de Estudios Constitucionales.

______ (1991*b*). "Dogmática jurídica y sistematización del derecho", en BULYGIN, Eugenio, y ALCHOURRÓN, Carlos. *Análisis Lógico y Derecho*. Madrid, Centro de Estudios Constitucionales.

______ (2006). "Sobre el problema de la objetividad del derecho", en CARDINAUX, Nancy, y otros (coords.). *Las Razones de la Producción del Derecho*. Buenos Aires, Departamento de Publicaciones de la Facultad de Derecho de la UBA.

______, y ALCHOURRÓN, Carlos (1974). *Introducción a la Metodología de las Ciencias Jurídicas y Sociales*. Buenos Aires, Astrea.

CANTÓN, Darío (1966). *El Parlamento Argentino en Épocas de Cambio: 1880, 1916 y 1946*. Buenos Aires, Editorial del Instituto.

CARACCIOLO, Ricardo (1988). *Sistema Jurídico. Problemas Actuales*. Madrid, Centro de Estudios Constitucionales.

CASSAGNE, Juan Carlos (2006). "El sistema judicialista americano: sus raíces hispánicas", *EDA*.

CASTEL, Robert (1997). *Las Metamorfosis de la Cuestión Social. Una Crónica del Salariado*. Paidós.

COVER, Robert (1995). "*Nomos* and narrative", en *Narrative, Violence and the Law*. The University of Michigan Press.

DE VEDIA, Agustín (1907). *Constitución Argentina*. Buenos Aires, Coni Hnos.

DOCTOROW, E. L. (1996). "Un ciudadano lee la Constitución", en *Poetas y Presidentes*. Barcelona, Muchnik Editores.

DWORKIN, Ronald (1986). *Law's Empire*. Cambridge, Mass., Harvard University Press.

ENTELMAN, Ricardo (1982). "Aportes a la formación de una epistemología jurídica en base a algunos análisis del funcionamiento del discurso jurídico", en MARÍ, Enrique, y otros. *El Discurso Jurídico. Perspectiva Psicoanalítica y otros Abordajes Epistemológicos*. Buenos Aires, Hachette.

FOUCAULT, Michel (1971). *L'Ordre du Discours*. París, Gallimard.

GARGARELLA, Roberto (2007). "De la alquimia interpretativa al maltrato constitucional. La interpretación del Derecho en manos de la Corte Suprema argentina", *JA* 2007-II-1394.

______ (2003). "Inconsistencia y parcialidad. Un examen histórico de la jurisprudencia de la Corte Suprema Argentina", *JA* 2003-IV-1175.

______ (1996). *La justicia frente al Gobierno. Sobre el Carácter Contramayoritario del Poder Judicial*. Barcelona, Ariel.

GEERTZ, Clifford (1994). "Conocimiento local: hecho y ley en la perspectiva comparativa", en *Conocimiento Local. Ensayos sobre Interpretación de las Culturas*. Barcelona, Paidós.

GONDRA, Jorge (1944). *Jurisdicción Federal*. Buenos Aires, Jurisprudencia Argentina.

GONZÁLEZ, Horacio (2004). *Filosofía de la Conspiración. Marxistas, Peronistas y Carbonarios*. Buenos Aires, Colihue.

GONZÁLEZ, Joaquín V. (s/f). *Manual de la Constitución Agentina*. Buenos Aires, Ángel Estrada y Cía.

GONZÁLEZ CALDERÓN, Juan (1930). *Derecho Constitucional Argentino*. t. I. Buenos Aires, Lajouane & Cía.

GONZÁLEZ GARCÍA, Eusebio (1973). *Introducción al Derecho Presupuestario. Concepto, Evolución Histórica y Naturaleza Jurídica*. Madrid, Editorial de Derecho Financiero.

GUASTINI, Riccardo (1999). "¿Especificidad de la interpretación constitucional?", en *Distinguiendo. Estudios de Teoría y Metateoría del Derecho*. Barcelona, Gedisa.

HÄBERLE, Peter (2007). *El Estado Constitucional*. Buenos Aires, Astrea.

HAMON, Philippe (1991). *Introducción al Análisis de lo Descriptivo*. Buenos Aires, Edicial.

HART, H. L. A. (1963). *El Concepto de Derecho*. Buenos Aires, Abeledo-Perrot.

HARTMAN, David (2004), *La Tradición Interpretativa*. Buenos Aires, Editorial Altamira.

KELSEN, Hans (1949). *Teoría General del Derecho y del Estado*. México, Imprenta Universitaria.

LANDI, Oscar (2003). "El secreto y la política", *Revista Sociedad* n. 20/21, Facultad de Ciencias Sociales de la UBA.

MARÍ, Enrique E. (1993). *Papeles de Filosofía (... para Arrojar al Alba)*. Buenos Aires, Editorial Biblos.

MENDONCA, Daniel (2000). *Las Claves del Derecho*. Barcelona, Gedisa.

MORESO, José, y VILAJOSANA, Joseph (2004). *Introducción a la Teoría del Derecho*. Madrid, Marcial Pons.

MOSÈS, Stèphane (2007). *El Eros y la Ley. Lecturas Bíblicas*. Buenos Aires, Katz.

NINO, Carlos Santiago (1994). *Derecho, Moral y Política. Una Revisión de la Teoría General del Derecho*. Barcelona, Ariel.

QUIROGA, Hugo (2005). *La Argentina en Emergencia Permanente*. Buenos Aires, Edhasa.

RAWLS John (2004). *La Justicia como Equidad. Una Reformulación*. Buenos Aires, Paidós.

______ (1978). *Teoría de la Justicia*. México Fondo de Cultura, Económica.

RODRÍGUEZ, Jorge (2002). *Lógica de los Sistemas Jurídicos*. Madrid, Centro de Estudios Políticos y Constitucionales.

RUIZ, Alicia (1991). "Aspectos ideológicos del discurso jurídico (desde una teoría crítica del derecho)", en MARÍ, Enrique y otros. *Materiales para una Teoría Crítica del Derecho*. Buenos Aires, Abeledo-Perrot.

______ (2001). *Idas y Vueltas. Por una Teoría Crítica del Derecho*. Buenos Aires, Editores del Puerto.

SÁNCHEZ VIAMONTE, Carlos (1944). *Manual de Derecho Constitucional*. Buenos Aires, Editorial Kapeluz.

SANTIAGO, Alfonso, y THURY CORNEJO, Valentín (2003). *Tratado sobre la Delegación Legislativa. Régimen Constitucional Antes, Durante y Después de la Reforma Constitucional*. Buenos Aires Ábaco, de Rodolfo Depalma.

SARMIENTO, Domingo Faustino (1948). "Comentarios de la Constitución de la Confederación Argentina con numerosos documentos ilustrativos del texto", en *Obras Completas*. t. VIII. Buenos Aires, Editorial Luz del Día.

SARTRE, Jean-Paul (1999). *L'Être et le Néant. Essai d'Ontologie Phénoménologique*. Gallimard.

SCALIBRINI ORTIZ, Raúl (1957). *Historia de los Ferrocarriles Argentinos*. 1ª ed. completa, Buenos Aires, Editorial Devenir.

STRAUSS, Leo (1970). *¿Qué Es Filosofía Política?*. Madrid, Guadarrama.

______ (1996). "Persecución y arte de escribir", en *Persecución y Arte de Escribir y otros Ensayos de Filosofía Política*. Valencia, Edicions Alfons el Magnànim.

VAN PARJIS, Philippe (1996). *Libertad Real para Todos*. Barcelona, Paidós.

VIDAL, Senén (1996). *Las Cartas Originales de Pablo*. Barcelona, Trotta.

WEBER, Max (1982). "La política como vocación", en *Escritos Políticos II*. México, Folio Ediciones.

ZAVALÍA, Clodomiro (1941). *Derecho Federal*. t. I. Buenos Aires, Compañía Argentina de Editores.

CADERNOS DE DIREITO TRIBUTÁRIO

APRECIAÇÃO DE INCONSTITUCIONALIDADE POR ÓRGÃO JULGADOR ADMINISTRATIVO FISCAL

ESTEVÃO HORVATH
Professor de Direito Tributário da PUC/SP e de Direito Financeiro da USP.

PEDRO SATIRO
Advogado. Especialista em Direito Tributário pela PUC/SP.

1. Introdução. 2. O controle da constitucionalidade no ordenamento jurídico pátrio: 2.1 Espécies de inconstitucionalidades; 2.2 Formas de controle de constitucionalidade. 3. Fundamentos do impedimento de apreciação, por órgão julgador administrativo tributário, de argüição de inconstitucionalidade. 4. Fundamentos que respaldam o controle da constitucionalidade em esfera administrativa fiscal. 5. Do órgão julgador administrativo: 5.1 Diferença entre atividade administrativa ativa e atividade administrativa vinculante. 6. Conclusão. 7. Bibliografia.

1. Introdução

Há muito se discute entre os operadores do Direito a possibilidade de órgão julgador administrativo tributário apreciar e julgar inconstitucionalidade de lei ou ato normativo, quando argüida pelo sujeito passivo da obrigação tributária ao impugnar exigência fiscal.

Trata-se de questão bastante polêmica, por envolver conflito de princípios e valores constitucionais fundamentais. Não por outra razão é que nos deparamos na doutrina com posicionamentos divergentes entre juristas do mais alto escalão.

Não há como discorrer sobre o tema sem ter por base os estudos do Direito Constitucional, no que toca ao controle da constitucionalidade de acordo com o sistema adotado pelo Brasil; do Direito Administrativo, por tratar-se de meio de defesa apresentado à Administração Pública e que por esta razão deve subordinação àquele regime jurídico; e do Direito Tributário, por abranger questão relacionada a fontes formais e materiais do Direito Tributário.[1]

O Processo Administrativo Fiscal constitui mecanismo extrajudicial de suma importância para a solução de litígios entre Fisco e Contribuinte, pois por seu intermédio será possível discutir o crédito tributá-

1. O Direito material ou substantivo é o que rege a obrigação tributária nos seus elementos essenciais: o fato imponível, a base imponível, a dívida tributária, tudo em conformidade com o princípio da legalidade. Já o Direito tributário formal, ou administrativo, regula a atividade dos sujeitos passivos e da Administração tributária para que as obrigações tributárias nasçam, desenvolvam-se e se extingam (cf. Estevão Horvath, *Lançamento Tributário e Autolançamento*, p. 23).

rio e as sanções oriundas do não cumprimento da norma, valendo-se o contribuinte de todos os meios de defesa e provas em Direito admitidas, para justificar e embasar as razões de sua impugnação.

A garantia do sujeito passivo à ampla defesa no processo administrativo, assim como perante o Poder Judiciário, encontra-se expressamente prevista no texto constitucional, em seu art. 5º, inciso LV, que assim dispõe: "aos litigantes, *em processo judicial ou administrativo*, e aos acusados em geral são assegurados o contraditório e ampla defesa, com os meios e recursos a ela inerentes" (grifos nossos).

Entretanto, o tema em voga, dentre outros princípios e garantias constitucionais que aborda, tem como uma das mais complexas problemáticas, a questão de saber se a garantia fundamental acima transcrita é absoluta ou possui limitação no processo administrativo fiscal.

O presente trabalho abordará o tema com base nessa problemática, analisando sistematicamente as disposições da Constituição Federal, pretendendo chegar numa posição concreta, embasada e fundamentalmente plausível.

2. O controle da constitucionalidade no ordenamento jurídico pátrio

No Brasil, dois são os sistemas de controle de constitucionalidade da norma jurídica. O primeiro, controle "concentrado", também denominado pela doutrina e pelo Supremo Tribunal Federal de controle "abstrato", ou principal, ou direto, ou objetivo, ou por via de ação, ou, ainda, fechado. Trata-se de um controle efetuado em tese, e não sobre um caso concreto, cujo objetivo é retirar do ordenamento jurídico a lei ou o ato normativo contrários à ordem Constitucional. É um controle exercido exclusivamente pelo Supremo Tribunal Federal, e que somente pode ser provocado em ações específicas, onde os legitimados são pessoas e órgãos elencados de forma taxativa na Constituição Federal. Os efeitos da decisão nessa sede proferida são *erga omnes* e vinculantes (art. 28 da Lei 9.868/1999), podendo ser *ex nunc* ou *ex tunc* conforme entendimento do órgão, nos termos da lei.[2]

O segundo é chamado de controle "difuso", também conhecido como controle "concreto", ou incidental, ou indireto, ou subjetivo, ou por via de exceção, ou, ainda, aberto (diluído). Trata-se de um controle realizado no caso concreto, cabendo a qualquer juiz ou tribunal investido da função jurisdicional. A decisão, via de regra, é *inter partes*[3] e seus efeitos são *ex tunc*.[4]

2. Art. 27 da Lei 9.868/1999. "Coerente com a evolução constada no Direito Constitucional comparado, a presente proposta permite que o próprio Supremo Tribunal Federal, por uma maioria diferenciada, decida sobre os efeitos da declaração de inconstitucionalidade, fazendo um juízo rigoroso de ponderação entre o princípio da nulidade da lei inconstitucional, de um lado, e os postulados da segurança jurídica e do interesse social, de outro (art. 27). Assim, o princípio da nulidade somente será afastado *in concreto* se, a juízo do próprio Tribunal, se puder afirmar que a declaração de nulidade acabaria por distanciar-se ainda mais da vontade constitucional. Entendeu, portanto, a Comissão que, ao lado da ortodoxa declaração de nulidade, há de se reconhecer a possibilidade de o Supremo Tribunal, em casos excepcionais, mediante decisão da maioria qualificada (dois terços dos votos), estabelecer limites aos efeitos da declaração de inconstitucionalidade, proferindo a inconstitucionalidade com eficácia *ex nunc* ou *pro futuro*, especialmente naqueles casos em que a declaração de nulidade se mostre inadequada (*v.g.*: lesão positiva ao princípio da isonomia) ou nas hipóteses em que a lacuna resultante da declaração de nulidade possa dar ensejo ao surgimento de uma situação ainda mais afastada da vontade constitucional" (Gilmar Ferreira Mendes, *Processo e Julgamento da Ação Direta de Inconstitucionalidade e da Ação Declaratória de Constitucionalidade perante o Supremo Tribunal Federal: uma Proposta de Projeto de Lei*, in *http://www.planalto.gov.br./CCIVIL/revista?Rev_6/processo_julgamento.htm*).

3. Todavia, esta regra é excepcionada pela previsão do art. 52, inciso X, da CF que permite ao Senado da República suspender a execução, no todo ou em parte, de lei declarada inconstitucional por decisão normativa do STF. Neste caso, o caso concreto levado a apreciação do STF poderá ter efeito

2.1 *Espécies de inconstitucionalidades*

Dentro do sistema de controle de constitucionalidade, temos duas espécies de inconstitucionalidades: por ação e por omissão.

2.1.1 *Inconstitucionalidade por ação*

Inconstitucionalidade por ação é a encontrada nos atos legislativos ou administrativos contrários ao texto constitucional.

O fundamento dessa inconstitucionalidade está no princípio da supremacia da Constituição, do qual resulta o da *compatibilidade vertical* das normas da ordenação jurídica de um país, no sentido de que as normas de grau inferior somente valerão se forem compatíveis com as normas de grau superior – em último grau, a Constituição. As que não forem compatíveis com ela são inválidas, pois a *incompatibilidade vertical* resolve-se em favor das normas de grau mais elevado, que funcionam como fundamento de validade das inferiores.[5]

A inconstitucionalidade *por ação* pode ser formal, ou material (de conteúdo, substancial ou doutrinário). O aspecto formal da norma está atrelado ao processo legislativo, à competência da autoridade que a instituiu e à obediência as formalidades e procedimentos estabelecidos no Texto Constitucional. Já o aspecto material (de conteúdo, substancial ou doutrinário), pertine ao conteúdo da lei ou do ato normativo, podendo ser total ou parcial conforme a extensão do vício.

2.1.2 *Inconstitucionalidade por omissão*

A inconstitucionalidade *por omissão* decorre da falta de norma regulamentadora das normas constitucionais de eficácia limitada. Referida inconstitucionalidade pode ser total, também denominada *pura*, quando da ausência da regulamentação, e *parcial* quando existe a norma, porém, não é suficiente para atender o interesse Constitucional.

2.2 *Formas de controle de constitucionalidade*

Quanto às formas de controle de constitucionalidade, encontramos dois tipos: a preventiva e a repressiva.

2.2.1 *Controle de constitucionalidade preventivo*

O controle de constitucionalidade preventivo é aquele exercido durante o processo legislativo. Em primeiro lugar, referido controle é feito pelo Poder Legislativo, que analisa os projetos levados a exame na Comissão de Constituição, Justiça e Cidadania (CCJC), nas duas casas.[6] Posteriormente, cabe ao Poder Executivo, através do Presidente da República, vetar projetos que considere violar a Constituição Federal ou não atender interesse público.[7] Cumpre observar que nessa fase, pode

erga omnes, após a suspensão do Senado Federal acerca do cumprimento da norma.

4. Cumpre-nos observar que o STF já entendeu que, mesmo no controle difuso, poder-se-á dar efeito *ex nunc* a uma decisão. O caso concreto foi o julgamento do RE n. 197.917, em que o STF reduziu o número de vereadores do Município de Mira Estrela de 11 para 9 e determinou que a aludida decisão só atingisse a próxima legislatura (cf. íntegra do voto em *Informativo STF* 341, Rel. Ministro Maurício Corrêa).

5. Cf. Enrique A. Aftalión, Fernando García Olano e José Vilanova, *Introducción al Derecho*, p. 201; *Aplicabilidade das Normas Constitucionais*, cit., pp. 200 e ss., *apud* José Afonso da Silva, *Curso de Direito Constitucional Positivo*, 32ª ed., p. 45.

6. Conforme art. 32, inciso IV, do Regimento Interno da Câmara dos Deputados, o controle será realizado pela Comissão de Constituição e Justiça e de Cidadania (Res. da CD n. 20, de 204 – DCD, Suplemento, 18.3.2004, p. 3), enquanto no Senado Federal o controle será exercido pela Comissão de Constituição, Justiça e Cidadania – CCJ, de acordo com o art. 101 de seu Regimento Interno. Ressalve-se que o plenário das duas casas poderá verificar a inconstitucionalidade do projeto de lei, o mesmo podendo ser feito durante as votações.

7. O Chefe do Executivo poderá vetar o projeto de lei por duas razões: a primeira quando julgá-lo

também o Judiciário fazer o controle preventivo, isto ocorrerá se, durante a apreciação das proposições for praticado ato que viole diretamente norma constitucional sobre processo legislativo, hipótese em que, qualquer parlamentar federal, dotado de Direito público subjetivo ao devido processo legislativo, poderá propor ação judicial perante o Supremo Tribunal Federal para questionar o caso concreto.[8]

2.2.2 *Controle de constitucionalidade repressivo*

O controle de constitucionalidade repressivo é aquele exercido após a publicação da lei – findado o processo legislativo –, ainda que a norma esteja no período de *vacatio legis*.

No Brasil, embora eminentemente judicial,[9] o controle repressivo pode ser exercido pelo Poder Legislativo em duas situações: (a) art. 49, V, da CF/1988, determina que o Congresso, mediante decreto legislativo, poderá sustar os atos do Executivo que extrapolem os limites do seu poder regulamentar: é o caso de lei delegada que viole os limites fixados pelo Congresso, no momento que autorizou o Presidente legislar e; (b) art. 62 da CF/1988, que permite ao Congresso rejeitar Medida Provisória em razão de inconstitucionalidade.

Entende-se, outrossim, que o Poder Executivo também exerce o controle repressivo ao anular ato da Administração por motivo de inconstitucionalidade. Neste contexto, é que analisaremos as nuances do Processo Administrativo Fiscal, sob a sistemática constitucional, com supedâneo no regime jurídico da Administração Pública, visando trazer argumentos e fundamentos plausíveis para reflexão.

3. Fundamentos do impedimento de apreciação, por órgão julgador administrativo tributário, de argüição de inconstitucionalidade

Para ilustrar esse posicionamento, trazemos as lições de Zeno Veloso, repor-

inconstitucional e a segunda quando for contrário ao interesse público. Sendo o aquele denominado veto jurídico e este veto político. Tal conduta encontra-se prevista no art. 66, § 1º, da CF, que assim dispõe: "A Casa na qual tenha sido concluída a votação enviará o projeto de lei ao Presidente da República, que, aquiescendo, o sancionará. § 1º. Se o Presidente da República considerar o projeto, no todo ou em parte, inconstitucional ou contrário ao interesse público, vetá-lo-á total ou parcialmente, no prazo de quinze dias úteis, contados da data do recebimento, e comunicará, dentro de quarenta e oito horas, ao Presidente do Senado Federal os motivos do veto". A Constituição do Estado de São Paulo adota a mesma sistemática constitucional no que toca ao controle da Constitucionalidade. Conforme art. 28, § 1º, da Constituição do Estado de São Paulo, o Governador (Chefe do Executivo) poderá vetar projeto de lei aprovado pelo Legislativo em razão de inconstitucionalidade. Já no que pertine ao controle judicial concentrado, a Constituição Estadual inclui na competência do Tribunal de Justiça do Estado (nos termos do disposto no art. 74, VI), processar e julgar representação de inconstitucionalidade de lei ou ato normativo estadual ou municipal. Declarada a inconstitucionalidade, caberá à Assembléia Legislativa, ou Câmara Municipal, suspender a execução da lei ou ato normativo, como prevê o inciso XIII do art. 20 e do § 3º do art. 90 da Constituição Estadual. O controle judicial difuso encontra-se previsto no § 6º, art. 90, da Constituição do Estado de São Paulo.

8. O Direito público subjetivo de participar de um processo legislativo hígido é exclusivo aos membros do Poder Legislativo. Esse é o entendimento em que se consolidou a jurisprudência do STF, no sentido de negar a legitimidade *ad causam* a terceiros, que não parlamentar, ainda que invoquem a sua potencial condição de destinatário da norma, sob pena de indevida transformação em controle preventivo de Constitucionalidade em abstrato, inexistente em nosso sistema constitucional (*RTJ* 136/25-26, Rel. Ministro Celso de Mello, *RTJ* 139/783, Rel. Ministro Octávio Gallotti, e MS 21.642-DF, MS 21.747-DF, MS 23.087-SP, MS 23.328-DF). Pedro Lenza, *Direito Constitucional Esquematizado*, 11ª ed., p. 164.

9. O controle de constitucionalidade no Brasil, determinado pelo próprio Texto Constitucional é o jurisdicional, pois baseado no modelo norte-americano, e segundo as lições de José Afonso da Silva tal controle "é a faculdade que as Constituições outorgam ao Poder Judiciário de declarar a inconstitucionalidade de lei e de outros atos do Poder Público que contrariem, formal ou materialmente, preceitos ou princípios constitucionais" (José Afonso da Silva, *Curso de Direito Constitucional Positivo*, 13ª ed., São Paulo, Malheiros, 1997).

tando-se ao fato de o Poder Executivo deixar de aplicar lei ou ato normativo por entender inconstitucional: "permitir que este poder, *ex propria auctoritate*, cancele a eficácia de norma jurídica, porque a reputa contrária à Constituição, é consagrar tese perigosíssima, que pode pôr em risco a democracia, num País em desenvolvimento, como o nosso, com tantas e tão graves limitações e carências, com uma vocação histórica – e até o momento incontrolável – para o autoritarismo, com um executivo verdadeiramente formidável e imperial, significando o princípio da divisão de poderes quase uma letra morta no texto Magno. (...) Além do mais, não podemos esquecer que há a presunção da constitucionalidade das leis, embora não seja absoluta, mas *juris tantum*. Esta presunção só pode ser infirmada por decisão do Poder Judiciário, e, ressalte-se: tratando-se de tribunal, somente pelo voto da maioria absoluta de seus membros, a inconstitucionalidade pode ser declarada (CF, art. 97)".[10]

Na esfera federal, o Conselho Administrativo de Recursos Fiscais do Ministério da Fazenda (CARF/MF), por meio da Portaria MF n. 256, de 22 de junho de 2009, que aprova o seu Regimento Interno e dá outras providências, prevê em seu art. 62: "Fica vedado aos membros das turmas de julgamento do CARF afastar a aplicação ou deixar de observar tratado, acordo internacional, lei ou decreto, sob o fundamento de inconstitucionalidade".

Antes disso, já era pacífico nas câmaras do antigo Conselho de Contribuintes do Ministério da Fazenda, a escusa da análise e julgamento de impugnações, cujos fundamentos pautavam-se em inconstitucionalidade de lei ou ato normativo.[11]

Leia-se, por exemplo, o fundamento contido no voto do Relator da 1ª Câmara, do Conselho de Contribuintes do Ministério da Fazenda (hoje CARF/MF), Acórdão 201-81762, Recurso 136.910:

> (...) Quanto à inobservância de princípios constitucionais, como no caso da multa que a recorrente entende ser confiscatória, é de se esclarecer que tais princípios, como o da vedação ao confisco, dirige-se ao legislador, devendo este observá-la no momento da elaboração da lei. Uma vez positivada a norma, conforme previsto no art. 44, inciso I, da Lei 9.430/1996, é dever da autoridade fiscal aplicá-la, uma vez que o lançamento é uma atividade vinculada. Além disso, não cabe a este Conselho a análise de constitucionalidade de normas vigentes, conforme dispõe a Súmula n. 2 deste Conselho (...).

Percebe-se no fundamento invocado acima, que o julgador administrativo se abstém de julgar a questão da inconstitucionalidade, observando que os ditames constitucionais são destinados ao legislador que institui a norma, ou seja, num momento pré-jurídico, restando ao órgão julgador administrativo a observância e aplicabilidade da lei vigente.[12] Isto sob o pálio da estrita legalidade que deve obedecer a Administração Pública.

Neste caso, a dúvida que paira é a seguinte: o órgão julgador do processo administrativo fiscal possui independência funcional ao ponto de a ele ser aplicado o princípio do livre convencimento motivado, ou a sua função está adstrita à lei?

Na esfera Estadual, especialmente no que se refere ao Estado de São Paulo, a Lei 13.457, de 18.3.2009, que dispõe sobre o processo administrativo tributário decorrente de lançamento de ofício e dá outras providências, prevê no seu art. 28:

> No julgamento é vedado afastar a aplicação de lei sob a alegação de incons-

10. Zeno Veloso, *Controle Jurisdicional de Constitucionalidade*, 2ª ed., pp. 322 e 323.

11. Precedentes: Recurso Voluntário n. 142.749, 6ª Câmara, Acórdão n. 206.01058; Recurso n. 136.558, 3ª Câmara, Acórdão 303-35271; Recurso 136.910, 1ª Câmara, Acórdão 201-81762.

12. Partilham desse entendimento Pietro Virga (*Diritto Costituzionale*, 9ª ed., Milão, Giuffrè, 1979, p. 395) e Balladore Pallieri (*Diritto Costituzionale*, 11ª ed., Milão, Giuffrè, 1976, pp. 403 e 404).

titucionalidade, ressalvadas as hipóteses em que a inconstitucionalidade tenha sido proclamada:

I – em ação direta de inconstitucionalidade;

II – por decisão definitiva do Supremo Tribunal Federal, em via incidental, desde que o Senado Federal tenha suspendido a execução do ato normativo.

E, em esfera Municipal, especificamente no Município de São Paulo, a Lei 14.107, de 12.12.2005 que dispõe sobre o processo administrativo fiscal e cria o Conselho Municipal de Tributos, prevê em seu art. 53: "Compete ao Conselho Municipal de Tributos: (...). Parágrafo único. *Não compete ao Conselho Municipal de Tributos afastar a aplicação de legislação tributária por inconstitucionalidade ou ilegalidade*" (grifos nossos).

Além da jurisprudência dos órgãos julgadores administrativos (Poder Executivo) considerarem não serem competentes para deixar de aplicar dispositivo legal por inconstitucional, o Poder Legislativo dos entes políticos, ao instituir norma procedimental pautada em diretrizes formais do processo administrativo fiscal, consideram não ser possível a tais órgãos apreciar e julgar inconstitucionalidade em senda administrativa, sob pena de restar a decisão viciada.

A postura adotada pelo nosso ordenamento jurídico no tocante à não admissibilidade do controle de constitucionalidade na esfera administrativa fiscal possui diversos fundamentos, os quais passamos a comentar.

O principal fundamento dos defensores deste posicionamento, é que a Constituição Federal criou um mecanismo especial voltado ao controle da constitucionalidade das normas,[13] no qual somente o Poder Judiciário tem autonomia e atribuição para afastar a aplicação de lei ou ato normativo por considerar inconstitucional, e que o princípio da separação dos Poderes obsta a invasão, por parte dos Poderes Executivo e Legislativo, dessa competência exclusiva prevista expressamente no Texto Constitucional. Trata-se – a divisão dos poderes – de cláusula pétrea,[14] estabelecida pelo Poder Constituinte Originário, dentro de um sistema constitucional republicano, onde o paradigma do texto maior determina o Estado Democrático de Direito, o que justifica sua imutabilidade e não violação.

Segundo as lições de José Afonso da Silva, "a Constituição há que aparelhar de um sistema próprio de defesa de sua supremacia contra inconstitucionalidades, originando-se daí, técnica especial que consiste no controle de constitucionalidade das leis e dos demais atos públicos", e assevera "a Constituição se coloca no vértice do sistema jurídico do país, a que confere validade, e que todos os poderes estatais são legítimos na medida em que ela os reconheça e na proporção por ela distribuídos. É, enfim, a lei suprema do Estado, pois é nela que se encontram a própria estruturação deste e a organização de Estado, e só nisso

13. Constituição Federal: "Art. 97. Somente pelo voto da maioria absoluta de seus membros ou dos membros do respectivo órgão especial poderão os tribunais declarar a inconstitucionalidade de lei ou ato normativo do Poder Público". Súmula Vinculante n. 10: "Viola a cláusula de reserva de plenário (CF/1997) a decisão de órgão fracionário de tribunal que, embora não declare expressamente a inconstitucionalidade de lei ou ato normativo do Poder Público, afasta a sua incidência no todo ou em parte".

"Art. 102. Compete ao Supremo Tribunal Federal, precipuamente, a guarda da Constituição, cabendo-lhe: I – processar e julgar, originariamente: a) ação direta de inconstitucionalidade de lei ou ato normativo federal ou estadual e a ação declaratória de constitucionalidade de lei ou ato normativo federal. (...); III – julgar, mediante recurso extraordinário, as causas decididas em única ou ultima instância, quando a decisão recorrida: b) declarar a inconstitucionalidade de tratado ou lei federal".

14. Constituição Federal: "Art. 2º. São Poderes da União, independentes e harmônicos entre si, o Legislativo, o Executivo e o Judiciário".

Art. 60, § 4º: "Não será objeto de deliberação a proposta de emenda tendente a abolir: (...) III – a separação dos Poderes".

se notará sua superioridade em relação às demais normas jurídicas".[15]

Partindo-se desse raciocínio, infere-se que a Constituição Federal de 1988, criou um mecanismo de combate às inconstitucionalidades, dos atos e normas infraconstitucionais, eminentemente judicial, em que, por intermédio do controle concentrado (abstrato) e o difuso (concreto) poderá o Judiciário – tendo como guardião da Constituição o Supremo Tribunal Federal – dizer da incompatibilidade vertical da norma instituída.

Em suma, pela ótica desta teoria, conclui-se que o controle de constitucionalidade encontra-se expressamente previsto e delineado pela Constituição Federal, não se admitindo qualquer interpretação extensiva que outorgue competência para órgão administrativo deixar de aplicar dispositivo por entender inconstitucional.[16]

Dentre os fundamentos que amparam tal posicionamento, tem-se que os órgãos da Administração Pública são adstritos aos princípios da legalidade e poder hierárquico.

O princípio da legalidade, reforçado pelo art. 37, *caput*, da Constituição Federal, determina que os atos da Administração devem ser restritos à lei vigente. Isto porque a lei, ao mesmo tempo em que os define, estabelece também os limites da atuação administrativa que tenha por objeto a restrição ao exercício de tais direitos em benefício da coletividade. O princípio da hierarquia é aquele pelo qual os órgãos da Administração Pública são estruturados de forma que se cria uma relação de coordenação e subordinação entre uns e outros, cada qual com atribuições definidas na lei. Desse princípio, que só existe relativamente às funções administrativas, não em relação às legislativas e judiciais, decorre uma série de prerrogativas para a Administração: a de rever os atos dos subordinados, a de delegar e avocar atribuições, a de punir;

15. *Curso de Direito Constitucional Positivo*, 32ª ed., p. 45.

16. Oportuno trazer a baila as lições de Hans Kelsen: "Se a Constituição conferisse a toda e qualquer pessoa competência para decidir esta questão, dificilmente poderia surgir uma lei que vinculasse os súditos do Direito e os órgãos jurídicos. Devendo evitar-se uma tal situação, a Constituição apenas pode conferir competência para tal a um determinado órgão jurídico. Um recurso de instância análogo ao processo judicial está excluído quando só exista *um* órgão legislativo central. Então, só ao próprio órgão legislativo ou a um órgão diferente dele – *v.g.*, ao tribunal que tem de aplicar a lei, ou tão-somente a um tribunal especial – pode ser conferida competência para decidir a questão da constitucionalidade de uma lei. Se a Constituição nada preceitua sobre a questão de saber quem há de fiscalizar a constitucionalidade das leis, os órgãos a quem a Constituição confere poder para aplicar as leis, especialmente os tribunais, portanto, são por isso mesmo tornados competentes para efetuar esse controle. Visto que os tribunais são competentes para aplicar as leis, eles têm de verificar se algo cujo sentido subjetivo é o de ser uma lei também objetivamente tem este sentido. E só terá esse sentido objetivo quando seja conforme à Constituição (*Teoria Pura do Direito*, pp. 188 e ss.).

A Constituição, porém, pode conferir a certos órgãos competência para aplicar leis e ao mesmo tempo excluir expressamente desta competência a fiscalização da constitucionalidade das leis a aplicar. As constituições contêm por vezes um preceito segundo o qual os tribunais e as autoridades administrativas não têm de verificar a constitucionalidade das leis a aplicar. Esta limitação, no entanto, só é possível em certa medida. Os órgãos chamados a aplicar o Direito não podem razoavelmente receber competência para aplicar como lei tudo o que subjetivamente se apresente como tal.

Quando a Constituição transfere o controle e a decisão da questão de saber se uma lei corresponde às determinações constitucionais que regulam diretamente a legiferação para um órgão diferente do Legislativo e confere a este órgão competência para anular uma lei que considere "inconstitucional". Esta função pode ser cometida a um tribunal especial, ou ao tribunal supremo, ou a todos os tribunais. Como já verificamos, ela é cometida a todos os órgãos competentes para aplicar o Direito, e especialmente aos tribunais, quando essa faculdade de controle não seja expressamente excluída da sua competência. Se todo tribunal é competente para controlar a constitucionalidade da lei a aplicar por ele a um caso concreto, em regra ele apenas tem a faculdade de, quando considere a lei como "inconstitucional", rejeitar a sua aplicação ao caso concreto, quer dizer, anular a sua validade somente em relação ao caso concreto. A lei, porém, permanece em vigor para todos os outros casos a que se refira e deve ser aplicada a esses casos pelos tribunais, na medida em que estes não afastem também a sua aplicação num caso concreto.

para o subordinado surge o dever de obediência.

Por outro lado, com a instituição da Súmula Vinculante pelo art. 103-A da Constituição Federal, é estabelecida uma subordinação hierárquica dos órgãos do Judiciário ao Supremo Tribunal Federal; isto porque, se a decisão judicial contrariar ou aplicar indevidamente a súmula, o Supremo Tribunal Federal poderá cassá-la se acolher reclamação a ele dirigida, e determinar que outra seja proferida. A mesma subordinação ocorrerá com as decisões definitivas proferidas em ações diretas de inconstitucionalidade e nas ações declaratórias de constitucionalidade de lei ou ato normativo federal ou estadual (art. 102, § 2º, da Constituição Federal).[17]

A respeito do poder hierárquico – que deve obediência à Administração Pública, e que constitui fundamento para a teoria em comento –, quando o Chefe do Executivo sanciona uma lei, está reconhecendo sua constitucionalidade, e tal reconhecimento é uma ordem de cumprimento dirigida à Administração, que se pauta, por imperativo constitucional, pelo princípio da legalidade – em matéria tributária.[18]

Tendo o Chefe do Poder Executivo, superior do mais alto escalão da Administração Pública, reconhecido a constitucionalidade da norma, sancionando-a, promulgando-a e publicando-a, não cabe a órgão subalterno – tribunal julgador administrativo, ainda que no exercício de função atípica (judicante) – dizer da sua não aplicabilidade por entender inconstitucional.[19]

Caso assim o faça, poder-se-ia aceitar eventual responsabilização deste órgão, por não cumprir lei vigente.[20]

Imaginemos uma situação hipotética em que o órgão julgador administrativo julgue procedente a argüição de inconstitucionalidade do sujeito passivo, por entender que a multa prevista em determinada norma aplicada ao caso concreto é confiscatória e, por isso, afronta diretamente a Constituição Federal no tocante ao princípio do não-confisco. Após essa decisão, centenas de contribuintes, também autuados com base na mesma norma, requerem o mesmo, suscitando aquele precedente, e daí passe o órgão julgador administrativo a reconhecer a não aplicação da norma por

17. Maria Sylvia Zanella Di Pietro, *Direito Administrativo*, 22ª ed., p. 63.

18. Ana Maria Moliterno Pena e Clayton Eduardo Prado, *Impossibilidade de Declaração de Inconstitucionalidade no Âmbito do Processo Administrativo Tributário*.

19. Nas lições de Marcos Vinicius Neder e Maria Teresa Martínez López "as decisões administrativas são espécies de ato administrativo e, como tal, sujeitam-se ao controle do Judiciário. Se, por acaso, a fundamentação do ato administrativo baseou-se em norma inconstitucional, o Poder que tem atribuição para examinar a existência de tal vício é o Poder Judiciário. Afinal, presumem-se constitucionais os atos emanados do Legislativo, e, portanto, a eles vinculam-se as autoridades administrativas. Ademais, prevê a Constituição que se o Presidente da República entender que determinada norma a contraria deverá vetá-la (CF, art. 66, § 1º), sob pena de crime de responsabilidade (CF, art. 85), uma vez que, ao tomar posse, comprometeu-se a manter, defender e cumprir a mesma (CF, *caput*, art. 78). Com efeito, se o Presidente da República, que é o responsável pela direção superior da Administração Federal, como prescreve o art. 84, II, da CF/1988 e tem o dever de zelar pelo cumprimento de nossa Carta Política, inclusive vetando leis que entenda inconstitucionais, decide não o fizer, há presunção absoluta de constitucionalidade da lei que este ou seu antecessor sancionou e promulgou" (*Processo Administrativo Fiscal Federal Comentado*, 2ª ed., pp. 47-48).

20. O Terceiro Conselho de Contribuintes do Ministério da Fazenda, em sessão de 7.7.2005, julgando o Recurso 128.763, nos autos do Processo Administrativo 10540.000002/2003-04, em matéria versando sobre o ITR, decidiu: "Argüição de inconstitucionalidade e ilegalidade de legislação infraconstitucional. Não cabe às autoridades administrativas analisar a inconstitucionalidade ou ilegalidade de legislação infraconstitucional, matéria de competência exclusiva do Poder Judiciário, conforme disposto no art. 102, inciso I, alínea *a*, da Constituição Federal. *Também incabível às mesmas autoridades afastar a aplicação de atos legais regularmente editados, pois é seu dever observá-los e aplicá-los, sob pena de responsabilidade funcional, nos termos do parágrafo único, do art. 142, do Código Tributário Nacional*" (grifos nossos).

inconstitucionalidade a todas impugnações similares. O Procurador-Geral da República, ao se deparar com o problema, decide intentar uma ação declaratória de constitucionalidade perante o Supremo Tribunal Federal, para que a norma seja analisada pelo órgão máximo do Poder Judiciário como determina a Constituição Federal. O Supremo Tribunal Federal, ao examinar a ação intentada, julga constitucional a norma, permanecendo esta vigente e aplicável em nosso ordenamento jurídico.

Considerando que os efeitos da referida decisão vincula a Administração Pública direta e indireta, surgem as seguintes indagações: O que deve acontecer com os valores deixados de cobrar em razão daquela decisão do órgão julgador administrativo? Deverá o agente fiscal autuar novamente todos os contribuintes que tiveram decisão administrativa favorável? E se, pelo passar dos anos, a exigência não for possível em razão de prescrição? Caberia responsabilização da Administração Pública pelo não respeito ao princípio da legalidade?

Tais indagações nos mostram deixando o órgão julgador administrativo de aplicar a norma por considerá-la inconstitucional, será carreada insegurança jurídica ao ordenamento jurídico tributário, o que é contrário aos desígnios constitucionais, vez que o sujeito passivo da obrigação tributária não pode ser surpreendido com mudança de interpretação da norma de forma repentina, que o obrigue a despender gastos com tributos não provisionados em seu orçamento. Daí ter sido criado um sistema de controle de constitucionalidade específico na Constituição Federal, onde ao analisar o caso concreto, seja ponderado todos os reflexos do julgado, dando inclusive efeitos retroativos ou não, sempre buscando a segurança jurídica e a interpretação conforme o Texto Constitucional.

Mister salientar que a sujeição à lei dos órgãos da Administração Pública ocorre em função da presunção de constitucionalidade e legalidade das normas vigentes em nosso ordenamento jurídico, o que contribui para dar segurança e certeza jurídica aos destinatários da norma, impedindo a surpresa, tendo em vista o respeito, no ato de sua instituição, do sistema tributário nacional delineado na Constituição Federal.

4. Fundamentos que respaldam o controle da constitucionalidade em esfera administrativa fiscal

O principal fundamento dos defensores dessa posição está atrelado à observância ao princípio do devido processo legal, ou *due process of law*, previsto no art. 5º, inciso LIV, da Constituição Federal, de onde decorrem os princípios do contraditório e ampla defesa previstos no inciso LV da mesma disposição.[21]

Segundo Paulo de Barros Carvalho, "a diretriz suprema do devido processo legal, que anima a composição de litígio promovida pelo judiciário, e que garante ampla liberdade às partes para exibir o teor de juridicidade e o fundamento de justiça das pretensões deduzidas em Juízo, se aplica assomos de princípio capital ao procedimento administrativo tributário. Existe o chamado 'devido processo legal', como instrumento exclusivo de preservar direitos e assegurar garantias, tornando concreta a busca da tutela jurisdicional ou do ato jurídico administrativo que consubstancia a manifestação final da Fazenda, em questões tributárias que dependam de um ato formal expressivo de sua vontade".[22]

21. CF/1988: "Art. 5º. Todos são iguais perante a lei, sem distinção de qualquer natureza, garantindo-se aos brasileiros e aos estrangeiros residentes no País a inviolabilidade do Direito à vida, à liberdade, à igualdade, à segurança e à propriedade, nos seguintes termos: (...); LIV – ninguém será privado da liberdade ou de seus bens sem o devido processo legal; LV – aos litigantes, em processo judicial ou administrativo, e aos acusados em geral são assegurados o contraditório e ampla defesa, com os meios e recursos a ela inerentes".

22. Paulo de Barros Carvalho, *Revista de Direito Tributário* 9-10/285.

Nas lições de Maria Helena Diniz o devido processo legal "é o princípio constitucional que assegura ao indivíduo o direito de ser processado nos termos legais, garantindo o contraditório, a ampla defesa e um julgamento imparcial".[23]

Frise-se que, quando ao sujeito passivo da obrigação tributária é obstado o direito de argüir inconstitucionalidade de lei ou ato normativo em esfera administrativa, estar-se-á restringindo, limitando, o direito fundamental à ampla defesa expressamente previsto no texto constitucional. Ressalte-se tratar tal direito de cláusula pétrea prevista no art. 60, § 4º, inciso IV, da Constituição Federal.[24]

A esse respeito, ensina Roque Carrazza, citando Pontes de Miranda, que "a regra do texto (CF, art. 5º, LV) não é regra jurídica vazia, não é, como diriam os juristas alemães, *Leerlaufend*; trata-se de direito subjetivo (constitucional) *de defesa*. Dela nasce o direito constitucional a defender-se ou a *ter tido defesa*; em conseqüência disso, é nulo o processo em que se não assegura ao réu a defesa, ainda que tenha o juiz aplicado alguma 'lei'". E explica a respeito da ampla defesa:

"Este direito é tão importante que nem uma emenda constitucional poderá revogá-lo, ou de algum modo, diminuir-lhe a extensão. Por muito maior razão, também não poderão fazê-lo a lei *lato sensu* e o ato administrativo. É que o inciso em análise (*art. 5º, inciso LV, da CF/1988*) encerra normas constitucionais de eficácia plena (cf. art. 5º, § 1º, da CF), que, como se sabe, atuam prontamente, assim que postas em vigor. Independem, para produzir os efeitos que lhes são próprios, da edição de normas inferiores que lhes explicitem o conteúdo. Daí serem de *aplicabilidade imediata*, como, de resto, estatui o art. 5º, § 1º, do Diploma Magno."[25]

Nas lições do mestre Geraldo Ataliba, "*ampla* significa lata, extensa, aberta, irrestrita. É causa de nulidade dos procedimentos qualquer tipo de constrangimento ou restrição que reduza, de qualquer forma, a possibilidade que têm os acusados de deduzirem as suas razões em juízo, assim como produzirem todas as provas testemunhais documentais, periciais, e outras, em seu benefício, em defesa de seus direitos".[26]

Lúcia Valle Figueiredo, por sua vez, averba: "Se a única defesa do contribuinte for a de não ter pago determinado tributo por entendê-lo inconstitucional, quer seja por bitributação, por existência de isenção não respeitada, ou, porque haveria imunidade que, inconstitucionalmente, não está sendo respeitada – nesse caso, se dissermos que, por exemplo, os Conselhos podem não apreciar este tipo de defesa, estaremos assumindo que eles não estarão cumprindo o inciso LV do art. 5º do Texto Constitucional", e acrescenta "(...) estes tribunais administrativos seriam sem utilidade, ou quase sem utilidade, se determinada lei, que primasse pela inconstitucionalidade – e, infelizmente para nós, o país vem primando pela inconstitucionalidade! – não pudesse ser tida *para aquele caso concreto* como inaplicável. E, isso, dá, evidentemente, ao Judiciário uma sobrecarga de trabalho desumana".[27]

Hely Lopes Meirelles salienta: "a defesa é garantia constitucional de todo acusado, em processo judicial ou administrati-

23. Maria Helena Diniz, *Dicionário Jurídico*, v. 2.

24. CF/1988, art. 60: "§ 4º. Não será objeto de deliberação a proposta de emenda tendente a abolir: (...); IV – os Direitos e garantias individuais".

25. Roque Antonio Carrazza, *Curso de Direito Constitucional Tributário*, 22ª ed., p. 427 (grifos originais).

26. Geraldo Ataliba, *Novo Processo Tributário*, São Paulo, Resenha Tributária, 1975, p. 30.

27. Lúcia Valle Figueiredo, "Processo administrativo e controle de constitucionalidade pelos Tribunais administrativos", Mesa de Debates G, apresentado no XII Congresso Brasileiro de Direito Tributário, in *Revista de Direito Tributário* 75/159-160 (grifos no original).

vo. (...) É um princípio universal dos Estados de Direito, que não admite postergação nem restrições a sua aplicação. Processo administrativo sem oportunidade de ampla defesa ou com defesa cerceada é nulo".[28]

As referências acima transcritas, parece-nos, são suficientes para ilustrar que, na visão da melhor doutrina, o direito à ampla defesa previsto no nosso Texto Constitucional é ilimitado e de observância obrigatória pelo Poder Público.

Esse posicionamento traduz um plexo de fundamentos que não admitem sejam qualquer pessoa ou órgãos públicos ou privados, compelidos a cumprir norma contrária a Constituição Federal.

Partilham desse entendimento Gustavo Zagrebelsky, para quem a lei inconstitucional não é obrigatória, e a sua desobediência por parte da Administração Pública constitui um dever; José Joaquim Gomes Canotilho, considera inexistentes as leis violadoras do núcleo essencial dos Direitos Fundamentais e defende a cessação do dever de obediência nestas situações; Maria Teresa Melo Ribeiro, em sua defesa ao princípio da imparcialidade da Administração Pública, defende legitimidade de todo cidadão em resistir a qualquer ordem que ofenda seus direitos e, para a autora, não teria sentido negar essa mesma legitimidade à Administração Pública, poder autônomo e independente do Estado, de evitar a lesão aos direitos dos particulares.[29]

Marçal Justen Filho é enfático ao dizer: "Quando a Constituição consagrou sistemática de controle jurisdicional de constitucionalidade das leis e atos normativos, não introduziu o monopólio da condição de defensor da Constituição. Em nenhum ponto, a Constituição previu que apenas o Poder Judiciário poderia conhecer o tema de constitucionalidades", e acresce "a existência de regra explícita produzida pelo Poder Legislativo não exime o agente público da responsabilidade pela promoção dos valores fundamentais. Todo aquele que exerce função pública está subordinado a concretizar os valores jurídicos fundamentais e deve nortear seus atos segundo esse postulado. Por isso, tem o dever de recusar cumprimento de leis inconstitucionais".[30]

Para Eduardo Domingos Bottallo, "o processo administrativo não pode ser amesquinhado pela vedação ao exame de argüições de índole constitucional. (...) Portanto, nada justifica afirmar que, em sede administrativa, matéria constitucional não pode ser invocada para fundamentar a irresignação do contribuinte contra exigências tributárias. Os órgãos da Administração não estão impedidos de deixar de aplicar a lei inconstitucional; ou, invertendo a ordem de raciocínio, não estão obrigados a dar execução a normas que se mostrem contrárias à Lei Maior. A resistência a preceitos que revelem tal mácula tem alcance universal, irrestrito. (...) Apressamo-nos em consignar que não estamos, aqui, sustentando a existência de competência administrativa para infirmar a lei inconstitucional. Reconhecemos que este exercício cabe ao Poder Judiciário. Isto não impede, entretanto, o desempenho pela Administração do poder-dever de examinar a validade da norma legal *in caso*, recusando-se a praticar atos próprios que, embora sob protesto, venham assegurar efeitos a dispositivos originariamente nulos".[31]

Miguel Reale, por sua vez, averba: "Se o próprio particular pode recusar cumprimento a uma determinação legal eivada de inconstitucionalidade, sujeitando-se às

28. Hely Lopes Meirelles, *Direito Administrativo Brasileiro*, 32ª ed., p. 689.

29. *Apud* Marcos Vinicius Neder e Maria Teresa Martínez López, *Processo Administrativo Fiscal Federal Comentado*, 2ª ed., p. 46.

30. Marçal Justen Filho, "Ampla defesa e conhecimento de argüições de inconstitucionalidade e ilegalidade no processo administrativo", *Revista Dialética de Direito Tributário* 25/72-73.

31. Eduardo Domingos Bottallo, *Curso de Processo Administrativo Tributário*, pp. 38-39.

conseqüências desse seu entendimento, afigura-se-me incompreensível que se persevere em recusar-se ao Governo igual prerrogativa, máxime em se tratando de um dos três Poderes do Estado. A recusa na execução de um preceito legal, que conflite com dispositivos constitucionais, entra no quadro geral da tutela da legalidade, ou poder-se-ia mesmo dizer que constitui uma das formas de 'poder de polícia' no tocante à defesa impostergável da ordem constitucional, que deve ser preservada contra tudo e contra todos, inclusive contra os abusos do legislador ordinário".[32]

Como se pôde analisar em leitura aos posicionamentos doutrinários acima transcritos, o direito a ampla defesa decorrente do devido processo legal jamais poderá ser limitada, restringida ou obstada.

No tocante ao argumento da posição *ex adversa* de o Poder Executivo estar impedido de afastar lei ou ato normativo inconstitucional em razão do princípio da separação dos Poderes, ensina José Frederico Marques: "a lei inconstitucional é inconstitucional para todos os Poderes e não apenas para o Judiciário. Este último tem, sem dúvida, a palavra definitiva, pois lhe cabe exercer o controle da legitimidade da lei em face da Constituição. Isso, todavia, não quer dizer que aos demais Poderes seja defeso o exame da validade de uma norma. As autoridades administrativas, o Poder Executivo, quando se deparam com uma lei inconstitucional, têm da mesma maneira que o judiciário, de resolver o problema de saber se cumprem a lei ou a Constituição. E, naturalmente, terão de optar pela última".[33]

Luis Roberto Barroso acentua: "(...) mas a interpretação da Constituição, ou antes, a observância da Constituição, não é evidentemente monopólio do Poder Judiciário. Também o Executivo tem o poder, e, mais ainda, o dever de impedir que ela seja violada, e deverá abster-se da prática de qualquer ato que importe em desrespeito à Lei Maior. Este entendimento tem a chancela quase absoluta da melhor doutrina, bem como tem sido reiteradamente acolhido pelo egrégio Supremo Tribunal Federal".[34]

Deveras, a decisão do órgão superior administrativo será prolatada por um colegiado, constituído, paritariamente, por representantes da Fazenda e dos contribuintes, circunstância que assegura, de modo mais intenso, a imparcialidade, que deve permear as decisões administrativas em geral. O direito de defesa é elementar, sagrado e inafastável.

5. Do órgão julgador administrativo

O órgão julgador administrativo foi criado com o propósito de conhecer das impugnações tributárias em senda administrativa, e imparcialmente, sob a égide do ordenamento jurídico, julgar tais recursos, dando autenticidade e legitimidade ou não a exigência fiscal.

A propósito das funções do órgão julgador administrativo, impende frisar que tem por escopo revisar as atividades desenvolvidas pelo fisco no que pertine à cobrança de exação tributária, realizando a interpretação adequada para o fiel cumprimento da norma, em conformidade com os ditames constitucionais. Pertence à Administração Pública, logo, ao Poder Executivo, e por este motivo seus atos vinculam-se ao regime jurídico de Direito Público.

Entretanto, vale enfatizar que a função deste órgão julgador administrativo, não é função administrativa comum ou ativa, ou seja, estritamente vinculada ao princípio da legalidade e ao poder hierárquico. Trata-se de função administrativa judicante, cuja essencialidade encontra-se na li-

32. Miguel Reale, *Revogação e Anulamento do Ato Administrativo*, 2ª ed., p. 33.

33. José Frederico Marques, *apud* Barroso, ob. cit., p. 388.

34. Luis Roberto Barroso, *O Direito Constitucional e a Efetividade de suas Normas*, 3ª ed.

berdade de julgamento, através da persuasão racional, também conhecido como "livre poder de convencimento motivado", outorgado pelo princípio da liberdade funcional, que é totalmente desvinculado do poder hierárquico.

Para que atenda o propósito de sua existência, o órgão julgador administrativo tributário: 1) deverá ter independência funcional; 2) suas funções judicantes devem pautar-se na imparcialidade e; 3) deverá ter como requisito essencial o poder de livre convencimento motivado como previsto no art. 93, inciso X, da Constituição Federal, para que julgue todos argumentos e fundamentos, de toda e quaisquer impugnações, sob o pálio dos desígnios constitucionais.

5.1 Diferença entre atividade administrativa ativa e atividade administrativa vinculante[35]

A função administrativa judicante diferencia-se da função administrativa ativa no tocante às suas atribuições. Aquela tem por propósito revisar e julgar, de acordo com o ordenamento jurídico, as atividades da segunda na sua relação com os administrados.

A função administrativa ativa obedece o regime jurídico da Administração Pública, em que as suas atribuições são ligadas estritamente ao princípio da legalidade, devendo agir sempre nos parâmetros da norma aplicada. Seu objetivo é sempre o interesse público. Já a função administrativa judicante tributária não deve ser subordinada estritamente à legalidade literal, mas ao ordenamento jurídico como um todo. Suas funções são independentes e deverão ser desenvolvidas com supedâneo na sistemática do ordenamento jurídico, não guardando subordinação a nenhum órgão do Poder Executivo. Seu objetivo é resolver litígios entre Administração e os admi-

35. À luz dos ensinamentos de Rubens Gomes de Sousa, "a administração ativa, com efeito, tem por objeto a atuação concreta da vontade do Estado declarada abstratamente na lei; sua atividade é, portanto, essencialmente funcional, visando a aplicação da lei aos casos ocorrentes e a submissão destes ao regime legal positivo, que, através da atividade administrativa impulsionada pela hipótese concreta de fato, atuará e produzirá os resultados de ordem prática visados pelo legislador; resultados esses que, em se tratando de atos administrativos tributários e na arrecadação dos tributos que constituem o objeto dessas relações. Em resumo, a atividade da administração ativa não visa fazer justiça, nem declara Direitos, senão apenas efetivar coativamente a realização de uma função administrativamente regrada ou discricionária, respectivamente nos termos ou nos limites previstos em lei. A administração judicante, ao contrário, tem por objeto solucionar conforme o Direito as controvérsias surgidas com os administrados, em conseqüência do funcionamento da Administração ativa: difere, portanto, desta última, formalmente no sentido de que ao passo que a Administração ativa funciona de ofício, a judicante somente funciona por iniciativa da parte: somente nesta, com efeito, assume o administrado a figura de parte, essencial à instituição da lide e por conseguinte ao próprio conceito de jurisdição. Mas a diferença essencial entre a Administração ativa e a Administração judicante reside na diversidade conceitual do interesse que uma e outra objetivam realizar: para a administração ativa, esse interesse é o interesse público, consubstanciado, em se tratando de matéria fiscal, na arrecadação dos tributos; para a Administração judicante, o interesse objetivado é o interesse da ordem jurídica, consubstanciado, seja qual for a matéria em debate, na recomposição das situações em que essa ordem tenha sido lesada por um ato da Administração ativa que seja contrária ao Direito. A função da Administração judicante (...) é essencialmente a mesma função do Poder Judiciário: também a atividade deste tem por objeto o restabelecimento da plenitude da ordem jurídica, mediante a solução da controvérsia originada entre as partes pela lesão do Direito. (...) por outras palavras, a Administração, em sua função ativa, aplica funcionalmente a lei aos casos ocorrentes, perseguindo o interesse público cuja realização é visada pela norma legal; em seguida, se provocada por iniciativa da parte, a própria Administração, agora em sua função judicante, exerce o controle jurisdicional sobre a sua própria atuação como Administração ativa, visando agora, não mais o interesse público individualizado, mas o interesse jurídico da preservação do Direito objetivo (...).

"Em resumo, a preservação do interesse público individualizado esgota-se no âmbito da Administração ativa, ao passo que a preservação do interesse jurídico objetivo desdobra-se, em dois estágios sucessivos, no âmbito da Administração e no âmbito do Poder Judiciário" ("Revisão judicial dos atos administrativos em matéria tributária por iniciativa da própria Administração", *Revista de Direito Administrativo* 29/445-446).

nistrados, imparcialmente, visando à melhor aplicação da lei na relação jurídico-tributária.

6. Conclusão

Percebe-se a polêmica que envolve a questão posta. Há, conforme se verificou, argumentos de peso para os dois lados das principais correntes doutrinárias. Isso não obstante, não podemos deixar de registrar nossa posição, que é no sentido de admitir-se a apreciação da constitucionalidade por parte do julgador administrativo.

Para além dos arrazoados já referidos, parece-nos que, se o ordenamento jurídico faculta o julgamento de questões administrativas em geral (nestas incluídas as de ordem tributária) e se a lei disciplina a matéria, atribuindo competência ao julgador individual ou ao órgão colegiado correspondente para decidir o caso submetido à análise, tais pessoas são colocadas como se no Judiciário estivessem. Devem, então, apreciar os fatos, as provas e ***o Direito*** aplicável ao caso concreto como se juízes fossem.

O órgão julgador administrativo, embora proveniente da Administração Pública, é composto, para a sua formação, de juízes originários do Fisco e de juízes denominados "contribuintes". No entanto, segundo pensamos, esta situação somente ocorre à hora de criação do órgão; após estar devidamente composto o "Tribunal", há "juízes", pura e simplesmente, deixando de existir "juízes do Fisco" e "juízes do contribuinte".

Se a Administração cria um órgão julgador, este aplicará o *Direito* cabível à espécie, pressupondo-se que as decisões decorrerão da "melhor interpretação" sobre o assunto submetido a julgamento; melhor interpretação ***do Direito*** e não exclusivamente a interpretação da lei *stricto sensu*.

Ora, parece elementar que a Constituição é a Lei das Leis e que outorga fundamento de validade – em linguagem kelseniana – a todas as demais leis. Se assim é, não há como fazer de conta que a Constituição não existe, não está acima da lei que estaria sendo examinada e que poderia, eventualmente, ser conflitante com a Lei Maior, caso em que esta teria de prevalecer sobre aquela. Em outras palavras, não há como aplicar o Direito desconsiderando a Constituição, que é a norma que funda o próprio Estado.

Imagine-se uma hipótese extrema, em que o julgador devesse aplicar uma lei (ou parte dela) flagrantemente inconstitucional. Seria concebível que decidisse a questão, hipocritamente, argumentando que, em que pese a que lei cogitada ser manifestamente inconstitucional, como sou obrigado a aplicá-la, decidirei conforme esta lei (prolatando, então, uma decisão também manifestamente inconstitucional). Teria sido, efetivamente, aplicado o *Direito* dirigido à espécie?

É de lamentar-se, por outro lado, a recente legislação de Conselhos de Contribuintes nas diversas esferas da Federação, proibindo ou restringindo o cotejo da legislação tributária infraconstitucional com a Constituição, o que acarreta, inarredavelmente, a superficialidade – e, por que não dizer, a provisoriedade – do julgamento administrativo, que correrá o sério risco de ver-se ultrapassado por um pronunciamento judicial, este, sim, completo, não por serem seus atores mais ou menos competentes tecnicamente, mas pelo fato de que o juiz não encontra peias para formar o seu convencimento sobre o Direito aplicável à espécie, ao contrário do que acontece com o julgador administrativo, a confirmar-se a restrição mencionada.

7. Bibliografia

ATALIBA, Geraldo. "Princípios constitucionais e procedimento em matéria tributária", *Revista de Direito Tributário* (aula).

BARROSO, Luis Roberto. *O Direito Constitucional e a Efetividade de suas Normas*. 3ª ed., Rio de Janeiro, Renovar.

BORGES, José Souto Maior. *Lançamento Tributário*. 2ª ed., São Paulo, Malheiros Editores, 1999.

BOTTALLO, Eduardo Domingos. *Curso de Processo Administrativo Tributário*. São Paulo, Malheiros Editores, 2006.

CAIS, Cleide Previtalli. *O Processo Tributário*. 5ª ed. rev., ampl. e atual. com a Reforma Processual e a Reforma Tributária. São Paulo, Ed. RT, dez./2006.

CARRAZZA, Roque Antonio. *Curso de Direito Constitucional Tributário*. 22ª ed., São Paulo, Malheiros Editores, 2007.

CARVALHO, Paulo de Barros. *Revista de Direito Tributário* 9-10. Ed. RT, jul.-dez./1979.

______. *Curso de Direito Tributário*. 9ª ed., Saraiva, 2007.

CASTRO, Alexandre Barros. *Procedimento Administrativo Tributário*. São Paulo, Saraiva, 2008.

DE SANTI, Eurico Marcos Diniz. *Lançamento Tributário*.

DI PIETRO, Maria Sylvia Zanella. *Direito Administrativo*. 22ª ed., São Paulo, Atlas, 2009.

DINIZ, Maria Helena. *Dicionário Jurídico*. São Paulo, Saraiva, 1998.

HORVATH, Estevão. *Lançamento Tributário e "Autolançamento"*. São Paulo, Dialética, 1997.

JUSTEN FILHO, Marçal. "Ampla defesa e conhecimento de argüições de inconstitucionalidade e ilegalidade no processo administrativo", *Revista Dialética de Direito Tributário* 25. São Paulo, Dialética.

KELSEN, Hans. *Teoria Pura do Direito*. Trad. João Baptista Machado. 6ª ed., São Paulo, Martins Fontes, 1998.

LENZA, Pedro. *Direito Constitucional Esquematizado*. 11ª ed., São Paulo, Método, 2007.

MEIRELLES, Hely Lopes. *Direito Administrativo Brasileiro*. 32ª ed., São Paulo, Malheiros Editores, 2006.

MELO, José Eduardo Soares de. *Processo Tributário Administrativo*. São Paulo, Quartier Latin.

MENDES, Gilmar Ferreira. *Processo e Julgamento da Ação Direta de Inconstitucionalidade e da Ação Declaratória de Constitucionalidade perante o Supremo Tribunal Federal: uma Proposta de Projeto de Lei*. In *http://www.planalto.gov.br./CCIVIL/revista/Rev_6/processo_julgamento.htm*.

NEDER, Marcos Vinicius, e LÓPEZ, Maria Teresa Martínez. *Processo Administrativo Fiscal Federal Comentado*. 2ª ed., São Paulo, Dialética, 2004.

QUEIROZ, Mary Elbe. "A revisão do lançamento tributário (o controle do ato de lançamento como fator de segurança jurídica)", in *Processo Administrativo Fiscal*.

REALE, Miguel. *Revogação e Anulamento do Ato Administrativo*. 2ª ed.

SILVA, José Afonso da. *Curso de Direito Constitucional Positivo*. 32ª ed., São Paulo, Malheiros Editores, 2009.

SOUSA, Rubens Gomes. "Revisão judicial dos atos administrativos em matéria tributária por iniciativa da própria Administração", *Revista de Direito Administrativo*, São Paulo, 1952.

VELOSO, Zeno. *Controle Jurisdicional de Constitucionalidade*. 2ª ed.

XAVIER, Alberto. *Teoria Geral do Ato, do Procedimento e do Processo Tributário*. Rio de Janeiro, Forense, 1998.

CADERNOS DE DIREITO TRIBUTÁRIO

CONHECIMENTO, VERDADE E DIREITO TRIBUTÁRIO

FABIANA DEL PADRE TOMÉ
Mestre e Doutora em Direito Tributário pela PUC/SP. Professora no Curso de Pós-Graduação *Stricto Sensu* da PUC/SP. Professora nos Cursos de Especialização em Direito Tributário da PUC/SP, IBET e FAAP. Advogada.

1. Nada existe onde faltam palavras. 2. Conhecimento. 3. Verdade. 4. A verdade no direito. 5. Conhecimento e verdade no direito tributário. 6. Conclusões.

1. Nada existe onde faltam palavras[1]

O estudo lingüístico, nos tempos atuais, reveste-se de extraordinária importância, principalmente no que diz respeito ao conhecimento científico. Somente por meio da linguagem é possível o conhecimento. Nesse sentido, recorde-se a proposição 5.6 do *Tractatus Logico-Philosophicus*, segundo a qual "os limites de minha linguagem denotam os limites de meu mundo".[2]

Isso não significa que inexistam quaisquer objetos físicos onde não haja linguagem. A proposição de Wittgenstein quer mostrar que é pela linguagem e somente por ela que a realidade social é construída. A linguagem não cria o mundo-em-si, como objeto fenomênico, mas sim a sua compreensão, realidade objetiva do ser cognoscente.

Partindo dessas premissas e considerando que a realidade do ser cognoscente pressupõe o conhecimento, depreende-se que a própria realidade objetiva demanda a existência de linguagem.

A título de exemplificação, recordemo-nos das teorias relativas à "descoberta"[3] dos átomos. Até o instante em que se deu essa teoria, os átomos inexistiam, quer dizer, não faziam parte da realidade objetiva. E mais ainda, quando *criados* os átomos, estes eram indivisíveis. Posteriormente, porém, houve a *criação* de prótons, nêutrons e elétrons, partículas que passaram a ser componentes dos átomos. Igualmente à situação já exposta, antes de surgir a teoria criadora de tais elementos, eles não faziam parte da realidade.

1. Expressão utilizada por José Souto Maior Borges, na obra *Ciência Feliz*, 2ª ed., São Paulo, Max Limonad, 2000, p. 123.

2. Ludwig Wittgenstein, *Tractatus Logico-Philosophicus*, trad. José Artur Giannotti, São Paulo, Nacional, 1968, p. 111.

3. Colocamos a palavra *descoberta* entre aspas em virtude de que, se antes nada se sabia sobre essas partículas que hoje denominamos *átomos*, não houve descoberta alguma, mas sim *criação*.

Nesse mesmo sentido, afirma Recaséns Siches:[4] "'Meu mundo' concreto está constituído por objetos reais, que são provavelmente com independência de mim; mas o mundo dos objetos que formam o meu mundo, a forma e a estrutura em que eles se mostram a mim, a perspectiva em que se articulam e a significação que possuem para mim, tudo isso de algum modo depende do meu eu concreto. (...) É certo que, mediante uma construção intelectual – desde logo justificada –, referimo-nos a um 'mundo em si', 'o mundo', pura e simplesmente, em que se compreenda a totalidade de tudo quanto exista, sem limitar-se nem configurar-se pela perspectiva do sujeito humano. Mas a idéia de 'o mundo total e em si' é uma perspectiva intelectual, correta e justificada, mas não é um dado da experiência. *Cada indivíduo não tem ante si a totalidade do mundo – todos os seus objetos –, mas alguns deles. Assim, por exemplo, no mundo dos gregos não existiam micróbios nem vitaminas, pois, apesar de estes existirem de fato, os gregos não os conheciam*".

Veja-se quão importante é a linguagem. Além de criar o real, é a única capaz de desconstituí-lo. São as teorias que criam a nossa realidade. São as teorias, também, que a destroem, vindo a construir uma realidade diversa. Não são os eventos que se rebelam contra determinada teoria, demonstrando sua inadequação a eles. Apenas uma linguagem é capaz de destruir outra linguagem; somente uma teoria, portanto, pode refutar outra teoria.

Cuida salientar, ainda, que a existência ou inexistência concreta dos seres é irrelevante. Tendo a linguagem a virtude de constituir a realidade objetiva, ela se autosustenta, não havendo que falar em correspondência do enunciado com o objeto. Isso explica como é possível falarmos em coisas que não existem.

Temos para nós que o sentido de um vocábulo não se confunde com a coisa em si: seu significado nada mais é que outro signo, outro vocábulo. Pensamos não existir correspondência entre as palavras e os objetos. A linguagem não reflete as coisas tais como são (filosofia do ser) ou tais como desinteressadamente percebe uma consciência, sem qualquer influência cultural (filosofia da consciência).

A significação de um vocábulo não depende da relação com a coisa, mas do vínculo que estabelece com outras palavras. Nessa concepção, a palavra precede os objetos, criando-os, constituindo-os para o ser cognoscente. Como anota Dardo Scavino,[5] "não existem fatos, só interpretações, e toda interpretação interpreta outra interpretação". Daí a conclusão de que se a coisa não precede a interpretação, só aparecendo como tal depois de ter sido interpretada, então é a própria atividade interpretativa que a cria. O fato inexiste antes da interpretação. É o ser humano que, interpretando eventos ou até mesmo empregando recursos imaginativos, cria o fato, fazendo-o por meio da linguagem, entendida como o uso intersubjetivo de sinais que tornam possível a comunicação.

Por essa mesma razão, somente por meio da linguagem é possível o conhecimento, em seu sentido pleno, como algo objetivado.

Seguindo semelhante linha de raciocínio, Leonidas Hegenberg[6] conclui que "o ser humano transforma a *circunstância* em *mundo*. Dando sentido às coisas que o cercam, interpretando-as, o ser humano pode viver (ou, no mínimo, sobreviver). Quer dizer, o ser humano reconhece as coisas, *entende-as*, sabe valer-se delas, para seu benefício. Em suma, o caos circundante se transforma em *mundo* – uma circunstância, dotada ainda que parcial e provisoria-

4. *Tratado de Sociologia*, vol. I, trad. João Baptista Coelho Aguiar, Rio de Janeiro/Porto Alegre/São Paulo, Globo, 1965, p. 134 (destaquei).

5. *La Filosofía Actual: Pensar Sin Certezas*, Buenos Aires, Paidós, 1999, p. 36 (trad. nossa).

6. *Saber De e Saber Que: Alicerces da Racionalidade*, Petrópolis, Vozes, 2001, p. 25.

mente, de certa interpretação". O *mundo* não é um conjunto de coisas que primeiro se apresentam e, depois, são nomeadas ou representadas por uma linguagem. Isso que chamamos de mundo nada mais é que uma *interpretação*, sem a qual nada faria sentido.

Nas palavras desse autor,[7] ao nascer somos *atirados* em um mundo, o qual se apresenta, para nós, como uma *circunstância* cheia de coisas, a que aos poucos nos ajustamos. E, para que esse ajuste não seja apenas físico, mas também intelectual, contamos com as interpretações que dela fizeram aqueles que nos antecederam, interpretações estas que conferem inteligibilidade ao mundo.

A experiência sensorial é imprescindível ao ato de conhecimento. Essa experiência, porém, não se resume ao mero contato com a coisa-em-si, exigindo, para que se opere, a interpretação dos fenômenos que se nos apresentam. É mediante o contato com essa interpretação que construímos outras interpretações mais elaboradas, denominadas *significações conceptuais*. Em ambos os casos (interpretação primeira e fixação da significação conceptual), faz-se presente a linguagem, sendo-nos lícito afirmar que a linguagem não se restringe a transformar a realidade efetiva em realidade conceptual: mais que isso, a linguagem é o meio pelo qual se criam essas duas realidades.

O conhecimento pressupõe a existência de linguagem. E a realidade do ser cognoscente caracteriza-se exatamente por esse conhecimento do mundo, constituído mediante linguagem. Não é possível conhecermos as coisas tal como se apresentam fisicamente, fora dos discursos que a elas se referem. Por isso, nossa constante afirmação de que a linguagem cria ou constitui a realidade.

Algo só tem existência no mundo social quando a palavra o nomeia, permitindo que apareça para a realidade cognoscente. Lenio Luiz Streck[8] é preciso ao discorrer sobre o assunto, asseverando não ser possível falar sobre algo que não se consegue verter em linguagem: "Isto porque é pela linguagem que, simbolizando, compreendo; logo, aquele real, que estava fora do meu mundo, compreendido através da linguagem, passa a ser real-idade. Dizendo de outro modo: estamos mergulhados em um mundo que somente aparece (como mundo) na e pela linguagem. Algo só é algo se podemos dizer que é algo. (...) A construção social da realidade implica um mundo que pode ser designado e falado com as palavras fornecidas pela linguagem de um grupo social (ou subgrupo). *O que não puder ser dito na sua linguagem não é parte da realidade desse grupo; não existe, a rigor*".

As coisas não precedem o discurso, mas nascem com ele, pois é o discurso que lhes dá significado. Consoante sublinha Manfredo Araújo de Oliveira,[9] "não existe mundo totalmente independente da linguagem (...). A linguagem é o espaço de expressividade do mundo, a instância de articulação de sua inteligibilidade". E é em busca dessa inteligibilidade e seu aprimoramento que deixamos de associar palavras a coisas, passando a relacioná-las com outras palavras, mediante aquilo que se intitula *definições*. Como corolário, é forçoso concluir que as definições não dizem respeito a coisas: o que definimos são as palavras mesmas, empregando outras palavras.

É comum nos referirmos a coisas que não percebemos diretamente e de que só temos notícias por meio de testemunhos alheios. Falamos de lugares que não visitamos, pessoas que não vimos e não veremos

7. Ibidem, p. 19.

8. *Hermenêutica Jurídica e(m) Crise: uma Exploração Hermenêutica da Construção do Direito*, Porto Alegre, Livraria do Advogado, 1999, p. 178 (grifado no original).

9. *Reviravolta Lingüístico-Pragmática na Filosofia Contemporânea*, São Paulo, Loyola, 1996, p. 13.

(como nossos antepassados e os vultos da História), de estrelas invisíveis a olho nu, de sons humanamente inaudíveis (como os que só os cães percebem), e muitas outras situações que não foram e talvez jamais sejam observadas por nós. Referimo-nos, até mesmo, a coisas que não existem concretamente.

Como se vê, o significado não consiste na relação entre suporte físico e objeto representado, mas na relação entre significações.[10] As assertivas não denotam os acontecimentos em si, mas outras palavras. A verdade não corresponde à identidade entre determinada proposição e o mundo da experiência, mas à compatibilidade entre enunciados: (*i*) aquele que afirma ou nega algo e (*ii*) o que constitui o fato afirmativo ou negativo, mediante a linguagem admitida pelo sistema em que se insere.

Além disso, é sabido que os acontecimentos físicos se exaurem no tempo. Uma vez concretizado, desaparece, sendo impossível ter-lhe acesso direto. Enrique M. Falcón,[11] ao discorrer sobre o conhecimento e o modo como este se opera, deixa transparecer essa impossibilidade de intersecção entre fato e evento, ou seja, entre o relato lingüístico e o mundo da experiência: "Em geral, se pensa que os acontecimentos passados sobre os quais temos conhecimento não só foram reais, mas também se podem recordar e reviver com toda exatidão. Isso não é certo, pois não se pode afirmar, fora de toda dúvida, no sentido próprio da palavra, a certeza absoluta com relação à ocorrência do evento. Quando muito, podemos dizer que segundo os dados relativos aos acontecimentos, com uma comprovação e controle estrito disso, a possibilidade de que haja sucedido de outra forma é improvável (mas não impossível). Mas nunca se poderá ter a convicção absoluta disso". Tal situação se verifica, como já anotamos, por ser a linguagem que constitui a realidade. Só se conhece algo porque o homem o constrói por meio de sua linguagem.

Acerca do assunto, enfatiza Tárek Moysés Moussallem[12] que "os eventos não provam nada, simplesmente porque não falam. Sempre uma linguagem deverá resgatá-los para que eles efetivamente existam no universo humano". Isso não significa que a linguagem apenas reconstrua algo já existente no plano concreto. Não há reconstrução, mas verdadeira construção, no sentido de criação primeira. Conquanto a linguagem fale em nome de um evento, dada a sua auto-suficiência é possível que, mesmo não tendo ocorrido certo acontecimento, este venha a ser reconhecido pela linguagem. Nesse caso, teremos um fato sem efetiva correlação com o evento (embora o fato tenha existência exatamente por certificar um evento).

Por esse motivo, seguimos a linha das *teorias retóricas*, baseadas no princípio da auto-referência do discurso, contrapondo-nos às *teorias ontológicas*, que consideram a linguagem humana simples meio de expressão da realidade. A adoção dessa corrente filosófica, como noticia Paulo de Barros Carvalho,[13] implica reconhecer a auto-sustentação da linguagem, a qual não tem outro fundamento além de si própria, sendo impossível falar de objetos externos à linguagem.

2. *Conhecimento*

A teoria do conhecimento, originalmente, centrava-se no estudo da relação

10. *Signo* é a unidade do sistema comunicacional, apresentando o *status* lógico de relação, mais especificamente, uma relação triádica, onde um *suporte físico* (palavra falada, consistente nas ondas sonoras, ou palavra escrita, como o depósito de tinta no papel ou de giz na lousa) se associa a um *significado* (objeto a que o suporte físico se refere) e a uma *significação* (idéia do objeto referido).

11. *Tratado de la Prueba*, vol. 1, Buenos Aires, Astrea, 2003, pp. 95-96 (trad. nossa).

12. *Fontes do Direito Tributário*, São Paulo, Max Limonad, 2001, p. 27.

13. *Direito Tributário: Fundamentos Jurídicos da Incidência*, 7ª ed., São Paulo, Saraiva, 2009, p. 5.

entre sujeito e objeto, fazendo-o a partir do objeto (ontologia), do sujeito (gnosiologia) ou da relação entre ambos (fenomenologia). A filosofia da consciência via a linguagem como instrumento que ligava o sujeito ao objeto do conhecimento, sendo a *verdade* resultado da correspondência entre a proposição lingüística e o objeto referido.

Com o advento da filosofia da linguagem, cujo marco inicial é a obra de Wittgenstein (*Tractatus Logico-Philosophicus*), passou a considerar-se a linguagem como algo independente do mundo da experiência e, até mesmo, a ela sobreposta, originando o movimento hoje conhecido como *giro lingüístico*. Essa nova corrente filosófica rompeu a tradicional forma de conceber a relação entre linguagem e conhecimento, entendendo que a própria compreensão das coisas dá-se pela preexistência de linguagem, deixando esta de ser concebida como um mero instrumento que liga o sujeito ao objeto do conhecimento. A linguagem deixou de ser um meio entre ser cognoscente e realidade, convertendo-se em um léxico capaz de criar tanto o ser cognoscente como a realidade. Nessa concepção, o conhecimento não aparece como relação entre sujeito e objeto, mas como relação entre linguagens, entre significações.

Costuma afirmar-se que o conhecimento consiste em saber distinguir as proposições verdadeiras das falsas, proposições estas caracterizadas por descreverem estados de coisas.[14] Dessa assertiva depreende-se, desde logo, que o objeto do conhecimento não são as coisas-em-si, mas as proposições que as descrevem. Não são as coisas, portanto, verdadeiras ou falsas: os enunciados a elas referentes é que se sujeitam a essa espécie de valoração.

Avançando um pouco o raciocínio, adotamos o posicionamento de que o mundo exterior sequer existe para o sujeito cognoscente sem uma linguagem que o constitua. As proposições descritivas não se referem à coisa-em-si, mas, necessariamente, a um enunciado. Típico exemplo pode ser observado nos dicionários da língua portuguesa: não se verifica relação alguma entre coisa e linguagem; a correspondência dá-se, sempre, entre linguagens. É a auto-referencialidade da linguagem, muito bem identificada por Lourival Vilanova:[15] "É um traço de toda linguagem o poder ela dizer algo de-si-mesma. Mas, nesse retro-referir-se, move-se num universo fechado: a palavra, que figura como objeto, serve-se de outra palavra que fala acerca dela, e nunca é possível sair-se desse conjunto infinito ou indeterminável de elementos-palavras: estaremos sempre *no interior* do universo-do-discurso".

O conhecimento dá-se mediante conceitos, requerendo uma linguagem que fixe as significações conceptuais.

Firmada essa premissa, consideramos que o fenômeno do conhecimento não se opera entre um sujeito cognoscente e um objeto da experiência, pois qualquer coisa do mundo *lá fora* só passa a ser suscetível de se conhecer quando apreendida pelo ser humano, que a constitui lingüisticamente. Conhecer não significa a simples apreensão mental de um objeto da existência concreta. Ao contrário, é o intelecto que produz os objetos que conhecemos. Como ponderam Humberto Maturana e Francisco Varela, "todo ato de conhecimento produz um mundo".[16] Em conseqüência, sendo produzido pelo homem, o conhecimento apresenta-se condicionado ao contexto em que se opera, dependendo do meio social, do tempo histórico e até mesmo da vivência do sujeito cognoscente. Esse con-

14. Guibourg, Ghigliani e Guarinoni, *Introducción al Conocimiento Científico*, Buenos Aires, Eudeba, 1985, pp. 83-84.

15. Analítica do dever-ser. *Escritos Jurídicos e Filosóficos*, vol. 2, São Paulo, Axis Mundi, 2003, p. 45.

16. *A Árvore do Conhecimento*, trad. Jonas Pereira dos Santos, Campinas, Editorial Psy II, 1995, p. 68.

texto é composto pelo conjunto de elementos que, de algum modo, condicionam a significação de um enunciado e que, para nós, determina a cultura.

Tomados o conhecimento e seu objeto como construções intelectuais, sua existência dá-se pela linguagem: metalinguagem o primeiro; linguagem-objeto o segundo.

Só há realidade onde atua a linguagem, assim como somente é possível conhecer o real mediante enunciados lingüísticos. Quaisquer porções do nosso meio-envolvente que não sejam formadas especificamente pela linguagem permanecerão no campo das meras sensações, e, se não forem objetivadas no âmbito das interações sociais, acabarão por dissolver-se no fluxo temporal da consciência, não caracterizando o conhecimento, na sua forma plena.

3. Verdade

Anotamos que o objeto do conhecimento são proposições, a estas se atribuindo os valores *verdade* e *falsidade*. Mas que é verdade? Seria possível conhecê-la? Existiria uma verdade única? Para afirmarmos que "S" é uma sentença verdadeira, e, por conseguinte, estarmos diante do *conhecimento*, essas indagações devem ser enfrentadas.

Para tanto, convém esclarecer, desde logo, que a verdade é metafísica. Na literalidade, o vocábulo *metafísica* corresponde à locução *após a física*, significando, para fins filosóficos, "aquilo que está além da física, que a transcende".[17] A metafísica abrange questões que não podem ser solucionadas mediante a experiência, ultrapassando o campo do empírico. Esse conceito aplica-se integralmente à idéia de verdade, pois esta não é suscetível de apreciação pelo método das experiências: todos falam em nome da verdade, mas não há como saber, mediante procedimentos experimentais, quem está realmente dizendo a verdade.

Algo semelhante se verifica, por exemplo, com a noção de justiça: é um valor cuja verificação está além das possibilidades de exames empíricos. Diante de uma mesma situação fática, dois sujeitos podem chegar a conclusões distintas: para um, fez-se justiça; para outro, o que houve foi injustiça.

Verdade, justiça e segurança jurídica são alguns dos vários conceitos que podemos denominar *metafísicos*, dada a insuscetibilidade de conhecimento empírico.

Isso não significa, contudo, serem esses conceitos ininteligíveis. O fato de ser inexperimentável não se confunde com a incognoscibilidade: o metafísico é passível de conhecimento, ainda que não empírico. Por isso, entendemos ser perfeitamente compatível a noção de verdade com o suporte teórico do giro lingüístico.

Classicamente, define-se a verdade como a adequação de determinada sentença à realidade, exigindo-se identidade entre a proposição afirmativa ou negativa de algo e a realidade por ela referida. É o que sustentam os adeptos da teoria da *verdade por correspondência.*

Essa correspondência demanda que exista um estado de coisas suscetível de ser descrito pela sentença cuja verdade se está averiguando. No caso de tratar-se de um enunciado negativo, sua veracidade depende da inexistência de estado de fato que se enquadre em sua descrição. Aí reside o primeiro problema dessa corrente: ignorar o fato de que o mundo da experiência não pode ser integralmente descrito pela linguagem e, portanto, de que a proposição não o espelha de forma completa. O real é infinito e irrepetível, possuindo, cada objeto, um número ilimitado de determinações. Por isso, o sujeito cognoscente tem sempre percepções parciais do mundo.

17. Hilton Japiassu e Danilo Marcondes, *Dicionário Básico de Filosofia*, Rio de Janeiro, Zahar, 1990, p. 165.

O segundo obstáculo à adoção de tal posicionamento filosófico consiste no fato de que, nos termos da premissa firmada neste trabalho, as coisas só existem para o ser humano a partir do instante em que se tornam inteligíveis para ele. Dependem, portanto, da sua constituição em linguagem. Disso decorre que a proposição cuja veracidade se examina não se refere ao objeto-em-si, mas ao enunciado lingüístico que a compõe, inexistindo aquela suposta correspondência entre a linguagem e algo exterior a ela.

Feitas essas anotações, evidencia-se que adotamos a concepção segundo a qual a verdade não se dá pela relação entre a palavra e a coisa, mas entre as próprias palavras, ou seja, entre linguagens. Desse modo, sendo relação entre enunciados construídos pelo homem, podemos dizer que a verdade não é simplesmente *descoberta*, mas *criada* pelo ser humano no interior de um determinado sistema.

A verdade não se descobre: inventa-se, cria-se, constrói-se. Não há uma verdade objetiva, isto é, uma verdade que possa reclamar validade universal. A verdade é sempre relativa, configurando, como assevera Richard Rorty,[18] "o êxito de um discurso em um mercado de idéias". Depende, portanto, das circunstâncias de tempo e de espaço em que se encontra inserida: a verdade "terra plana" de ontem deixa de existir, dando lugar à verdade "terra redonda" de hoje.

Tal conclusão decorre do fato de que, como para os adeptos da corrente filosófica denominada *giro lingüístico* a verdade não se dá pela correspondência da proposição ao objeto, não há que falar em essências a serem descobertas. Sendo a própria linguagem que cria os objetos, inexistem verdades únicas e imutáveis. O conhecimento, assim como a verdade, são construções lingüísticas, sempre sujeitas a refutação por outras proposições.

Nessa concepção, inexistem verdades absolutas. Todas são relativas: dependem do sistema em que se inserem, das condições de tempo e de espaço. A relatividade da verdade está intimamente relacionada, também, com a possibilidade de modificação dos sentidos atribuídos às palavras de acordo com o sintagma ou com a sucessão discursiva.[19]

Isso não significa, contudo, sermos adeptos do *relativismo*, entendido como corrente de pensamento que considera possível, dentro de um mesmo sistema, que algo seja verdadeiro para um sujeito e falso para outro, renunciando ao princípio da não-contradição. Também não caracterizamos nossa postura como *cética*, pois essa corrente filosófica, embora parta do pressuposto de que para cada argumento a favor de uma tese existe outro argumento a favor da tese oposta, ambos com igual probabilidade, realiza a suspensão do juízo, não se preocupando com o que seja verdadeiro ou falso, implicando ausência de opinião. Quando afirmamos que não há uma verdade absoluta, universal, nos referimos à variação de sentidos e valores que uma proposição pode apresentar em virtude da influência do ambiente e condições impostas pelos diferentes sistemas.

No âmbito jurídico, a propriedade de tal assertiva é facilmente verificada. O sistema do direito positivo indica os momentos em que os fatos podem ser constituídos mediante produção probatória, impõe prazos para a apresentação de defesas e de recursos (tempestividade), além de estabelecer o instante em que as decisões se tornam imutáveis (coisa julgada). Com determinações desse jaez, fornece os limites dentro dos quais a verdade será produzida, prescrevendo que sejam tomadas como verídicas as situações verificadas no átimo e for-

18. *El Giro Lingüístico*, Barcelona, Paidós, 1990, p. 65.

19. *Eixo paradigmático* é o conjunto das palavras que possuem o mesmo sentido, podendo umas substituir as outras, enquanto *eixo sintagmático* é o relativo às palavras que circundam as demais. Este último confere contexto aos vocábulos, influindo em sua significação dentro do discurso.

ma legais, independentemente de sua relação com o *mundo das coisas*.

O mesmo se pode dizer da realidade social: tem-se por verdadeiro um fato quando constituído pela linguagem do sistema social, aceita conforme as regras da respectiva comunidade.

Essa a razão, também, por que é imprescindível a noção de sistema para fixação da verdade. Apenas pela relação entre as linguagens de um determinado sistema pode-se aferir a veracidade ou falsidade de dada proposição. Um enunciado é verdadeiro, em princípio, quando está em consonância com uma interpretação estabelecida, aceita, instituída dentro de uma comunidade de pertinência. O enunciado verdadeiro não diz o que uma coisa é, mas o que pressupomos que seja dentro de uma cultura particular.

Nesse sentido, o mundo nada mais é que um sistema de crenças, mediante o qual o ser o humano transforma o caos em algo inteligível. Nascemos e vivemos em um mundo de crenças, as quais, sem divergências dignas de nota, acolhemos e tornamos nossas, utilizando-as como pontos de partida para o desenvolvimento de novas verdades. É o que acontece, por exemplo, com a matemática, física e química: são grandes crenças com que vivemos, utilizadas como premissas para discussões, pesquisas e formação do conhecimento.

Seguindo a lição de Dardo Scavino,[20] tomamos a verdade como correspondência entre uma proposição e uma pré-interpretação mais originária do fato, ou seja, como relação entre linguagens, de modo coerente e segundo as regras que disciplinam sua produção, caracterizando uma espécie de consenso dentro do sistema em que se insere.

Estamos nos referindo à *verdade construída*, que não é simplesmente revelada ou descoberta, mas que nasce do relacionamento intersubjetivo, considerado determinado quadro referencial, ou seja, a verdade que se estabelece dentro das condições humanas do discurso. É a *verdade lógica*: verdade em nome da qual se fala e que irá prevalecer se suficientemente convincente (mediante critérios de coerência e consenso no âmbito de determinada comunidade).

Feitos esses esclarecimentos, convém anotar que a doutrina costuma distinguir *verdade material* e *verdade formal*, definindo a primeira como a efetiva correspondência entre proposição e acontecimento, ao passo que a segunda seria uma verdade verificada no interior de determinado jogo, mas suscetível de destoar da ocorrência concreta, ou seja, da verdade real.

Com base em tais argumentos, é comum identificar o processo administrativo tributário com a busca da verdade material, e o processo judicial tributário com a realização da verdade formal. Nesse sentido, afirma Aurélio Pitangas Seixas Filho[21] que, não obstante os procedimentos litigiosos sejam regidos pelo princípio da verdade formal, aos procedimentos administrativos aplicar-se-ia a verdade material, que ampara o direito à ampla defesa e supera o direito ao contraditório. No mesmo sentido posicionam-se Alberto Xavier,[22] Paulo Celso B. Bonilha[23] e James Marins,[24] dentre outros, considerando a busca pela verdade material um princípio de observância indeclinável da administração tributária, em oposição ao princípio da verdade formal que preside o processo civil e prioriza a formalidade processual probatória.

20. *La Filosofía Actual: Pensar Sin Certezas*, Buenos Aires, Paidós, 1999, p. 43.

21. "Invalidade de lançamento tributário por cerceamento do direito de defesa – Ausência de motivação", *Revista Dialética de Direito Tributário* 26/92.

22. *Do Lançamento: Teoria Geral do Ato, do Procedimento e do Processo Tributário*, 2ª ed., Rio de Janeiro, Forense, 1997, pp. 124 e ss.

23. *Da Prova no Processo Administrativo Tributário*, 2ª ed., São Paulo, Dialética, 1997, p. 76.

24. *Direito Processual Tributário Brasileiro (Administrativo e Judicial)*, 2ª ed., São Paulo, Dialética, 2002, pp. 177-179.

Essa corrente doutrinária proclama o abandono da formalidade, na esfera administrativa, em prol da produção de prova e contraprova, para, com isso, alcançar a verdade material. Tal conclusão, entretanto, não procede. O que se consegue, em qualquer processo, seja administrativo ou judicial, é a *verdade lógica*, obtida em conformidade com as regras de cada sistema. Conquanto nos processos administrativos sejam dispensadas certas formalidades, isso não implica a possibilidade de serem apresentadas provas ou argumentos a qualquer instante, independentemente da espécie e forma. É imprescindível a observância do procedimento estabelecido em lei, ainda que esse rito dê certa margem de liberdade aos litigantes.

Em estudo inovador, Tárek Moysés Moussallem[25] noticia a irrelevância dessa classificação (verdade material e formal), pois, considerando o caráter auto-suficiente da linguagem, toda a verdade passaria a ser formal, quer dizer, verdade dentro de um sistema lingüístico. Seguindo essa linha de raciocínio, porém quebrando as barreiras da tradição terminológica, é lícito afirmar que a verdade jurídica não é material nem formal, mas *verdade lógica*, construída a partir da relação entre as linguagens de um determinado sistema.

A denominada *verdade material* refere-se a enunciados cujos termos corresponderiam aos fenômenos experimentais. Funda-se na aceitação da teoria da *verdade por correspondência*, pressupondo a possibilidade de espelhar a realidade por meio da linguagem. O mundo da experiência, todavia, não pode ser integralmente descrito. O real é infinito e irrepetível, possuindo, cada objeto, um número ilimitado de determinações. Por isso, o sujeito cognoscente tem sempre percepções parciais do mundo.

A *verdade formal*, por sua vez, diz respeito a enunciados demonstráveis e dotados de coerência lógica, *independentemente de seu conteúdo*.[26] Essa espécie de verdade é própria das proposições nomológicas, existentes na lógica e na matemática. Por cingir sua valoração aos dados de ordem sintática, desprezando o conteúdo (semântica), essa espécie de apreciação de veridicidade é inaplicável às proposições nomoempíricas, sejam elas descritivas ou prescritivas.[27]

Posto isso, e considerando que no direito (*i*) o exame do conteúdo é essencial à determinação da verdade ou falsidade de certo enunciado, e que (*ii*) o mundo das coisas e a linguagem não se tocam, é impróprio falar em verdade formal ou material.

Observamos, nos processos jurídicos, que o advogado do autor fala em nome da verdade; o advogado do réu também argumenta em nome da verdade; o juiz, por sua vez, decide em nome da verdade; a parte vencida recorre em nome da verdade; os julgadores *ad quem* reformam a decisão monocrática em nome da verdade; e assim por diante. Nesse sentido, a verdade apresenta-se como elemento *a priori* da argumentação, pressuposto lógico do discurso comunicativo: ao realizar afirmações, o sujeito o faz com o objetivo de que o fato alegado seja reconhecido como verdadeiro. Por isso, diante das diversas verdades argüidas, o direito estabelece formas que permitem chegar a um final, mediante decisões que fixam qual é a verdade que há de prevalecer no sistema jurídico.

A verdade que se busca no curso de processo de positivação do direito, seja ele administrativo ou judicial, é a *verdade lógica*,[28] quer dizer, a verdade em nome da

25. *Fontes do Direito Tributário*, São Paulo, Max Limonad, 2001, pp. 39-40.

26. Gérard Durozoi e André Roussel, *Dicionário de Filosofia*, trad. Marina Appenzeller, Campinas, Papirus, 1993, p. 482.

27. Sobre *proposições nomológicas* e *nomoempíricas*, consulte-se Paulo de Barros Carvalho, *Curso de Direito Tributário*, 21ª ed., São Paulo, Saraiva, 2009, pp. 133 e ss.

28. A *verdade lógica* a que nos referimos não se confunde com aquela verificada mediante aplicação

qual se fala, alcançada mediante a constituição de fatos jurídicos, nos exatos termos prescritos pelo ordenamento: a *verdade jurídica*. Daí por que leciona Paulo de Barros Carvalho[29] que, "para o alcance da verdade jurídica, necessário se faz o abandono da linguagem ordinária e a observância de uma forma especial. Impõe-se a utilização de um procedimento específico para a constituição do fato jurídico", pouco importando se o acontecimento efetivamente ocorreu ou não. Havendo construção de linguagem própria, na forma como o direito preceitua, o fato dar-se-á por juridicamente verificado e, portanto, verdadeiro.

4. *A verdade no direito*

Todo enunciado lingüístico apresenta forma e função. Orientar a atenção para as *formas da linguagem* significa ingressar no âmbito gramatical do idioma, mais especificamente em sua sintaxe, entendida como parte da gramática que examina as possíveis opções no que concerne à combinação das palavras na frase. As funções dos enunciados, entretanto, não se encontram presas à forma pela qual estes se exteriorizam. Como acentua Irving M. Copi,[30] as estruturas gramaticais oferecem apenas precários indícios a respeito da função, sendo lícito ao emissor utilizar uma determinada forma para expressar diferentes funções, conforme o contexto. O art. 3º do Código Tributário Nacional, por exemplo, *define* o conceito de tributo, dispondo que "Tributo é toda prestação pecuniária compulsória, em moeda ou cujo valor nela se possa exprimir, que não constitua sanção de ato ilícito, instituída em lei e cobrada mediante atividade administrativa plenamente vinculada". Não obstante a forma declarativa desse enunciado, sua função é prescritiva, encerrando a ordem de que, ao ser instituído tributo, este deve apresentar determinados caracteres.

Para identificar a função lingüística, necessário se faz que o intérprete abandone a significação de base inerente a toda palavra, buscando a compreensão do discurso dentro da amplitude contextual em que se encontra,[31] examinando-o segundo os propósitos do emissor da mensagem (plano pragmático).

É preciso deixar bem claro que nenhuma manifestação de linguagem exerce uma única função. Há, sempre, uma função dominante e diversas outras que a ela se agregam no enredo comunicacional, tornando difícil a missão de classificá-las. Para superar esse obstáculo, sugere Alf Ross[32] que tomemos o *efeito imediato* como critério classificatório: "A função de qualquer ferramenta deve ser determinada por seu efeito próprio, isto é, o efeito imediato a cuja produção a ferramenta está diretamente adaptada. São irrelevantes quaisquer outros efeitos ulteriores na cadeia causal subseqüente".

Partindo do critério do *efeito imediato* ou *função dominante*, podemos classificar as linguagens com base no *animus* que move o emissor da mensagem, identificando as seguintes funções: (*i*) descritiva; (*ii*) expressiva de situações subjetivas; (*iii*) prescritiva de condutas; (*iv*) interrogativa; (*v*) operativa; (*vi*) fáctica; (*vii*) persuasiva; (*viii*) afásica; (*ix*) fabuladora; e (*x*) metalingüística. Interessa-nos, por ora, analisar os caracteres predominantes das funções lingüísticas descritiva e prescritiva de condutas.

A *linguagem descritiva*, também chamada de informativa, declarativa, indicativa, denotativa ou referencial, exerce a função de transmitir conhecimentos ordiná-

da tabela de verdade, cujo emprego permite enumerar todas as possibilidades de verdade para certa proposição.

29. *Curso de Direito Tributário*, 21ª ed., São Paulo, Saraiva, 2009, p. 357.

30. *Introdução à Lógica*, trad. Álvaro Cabral, São Paulo, Mestre Jou, 1974, p. 55.

31. Luis Alberto Warat, *O Direito e sua Linguagem*, 2ª ed., Porto Alegre, Fabris, 1995, pp. 65-68.

32. *Lógica de las Normas*, Madrid, Tecnos, 1971, p. 28 (trad. livre).

rios, técnicos ou científicos, mediante afirmações ou negações. Seus enunciados submetem-se aos valores de *verdade* e *falsidade*, visto que a eles se aplica a lógica clássica, apofântica ou alética.

Já a *linguagem prescritiva* presta-se à expedição de ordens, comandos dirigidos ao comportamento humano, intersubjetivo ou intra-subjetivo. A essa espécie de enunciados não se empregam os valores verdadeiro e falso, mas *válido* e *não-válido*, inerentes à lógica deôntica. É a função lingüística predominante nas proposições jurídico-positivas, que se direciona às condutas intersubjetivas para alterá-las. Norberto Bobbio,[33] esclarecendo a distinção entre forma gramatical, entendida como o modo pelo qual a proposição é expressa, e sua função, consistente no fim a que se propõe alcançar aquele que a pronuncia, conclui ser a função prescritiva própria da linguagem normativa, consistente em "dar comandos, conselhos, recomendações, advertências, influenciar o comportamento alheio e modificá-lo". Lourival Vilanova,[34] enfatizando essa finalidade, leciona: "Altera-se o mundo físico mediante o trabalho e a tecnologia, que o potencia em resultados. E altera-se o mundo social mediante a linguagem das normas, uma classe da qual é a linguagem das normas do Direito".

Tendo em vista que ao direito positivo não se aplicam os valores *verdade* e *falsidade*, poder-se-ia indagar: existe relação entre a verdade e o direito? Ocorre que tanto as normas gerais e concretas como as individuais e concretas, não obstante configurem enunciados prescritivos e, portanto, sujeitos aos valores *válido* e *não-válido*, são expedidas em conformidade com enunciados descritivos, os quais, por sua vez, submetem-se aos critérios de verdade e falsidade.

O antecedente normativo é constitutivo de fato jurídico em sentido estrito,[35] consistente em um enunciado protocolar que, nas palavras de Paulo de Barros Carvalho,[36] surpreende "uma alteração devidamente individualizada do mundo fenomênico, com a clara determinação das condições de espaço e de tempo em que se deu a ocorrência". Por integrar o sistema do direito positivo, é válido ou não-válido: *princípio da prioridade pragmática*, decorrente do caráter de *totalidade de significado* inerente ao texto jurídico. Mas, tendo em vista a necessidade de essa espécie de enunciado ser proferida em consonância com eventos supostamente verificados, é imprescindível sua articulação com a teoria das provas, mediante as quais é apreciada a *veracidade* de determinado fato jurídico, influenciando a construção da norma concreta.

5. Conhecimento e verdade no direito tributário

Examinando o sistema do direito positivo, identificamos variadas espécies de normas jurídicas. Conforme o universo de destinatários a que a norma se refere, esta pode ser classificada em *geral* ou *individual*: a primeira dirige-se a um conjunto indeterminado de destinatários, enquanto a segunda individualiza os sujeitos de direito para os quais se volta. Ainda, considerando a descrição contida na hipótese normativa, há normas *abstratas*, que oferecem critérios para identificar fatos de possível ocorrência, e *concretas*, remetendo a acontecimentos passados, indicados de forma denotativa. Esses caracteres podem ser combinados de modo que constituam normas (*i*) gerais e abstratas, (*ii*) gerais e concretas,

33. *Teoria da Norma Jurídica*, trad. Fernando Pavan Baptista e Ariani Bueno Sudatti, São Paulo/Bauru, Edipro, 2001, pp. 77-78.

34. *As Estruturas Lógicas e o Sistema do Direito Positivo*, São Paulo, Max Limonad, 1997, pp. 3-4.

35. Sobre a distinção entre fato jurídico em sentido amplo e fato jurídico em sentido estrito, consulte-se Fabiana Del Padre Tomé, *A Prova no Direito Tributário*, 2ª ed., São Paulo, Noeses, 2008.

36. *Direito Tributário: Fundamentos Jurídicos da Incidência*, 7ª ed., São Paulo, Saraiva, 2009, p. 88.

(*iii*) individuais e abstratas, e (*iv*) individuais e concretas.[37]

As normas gerais e abstratas, cujo típico exemplo são aquelas veiculadas no corpo da lei, não atuam diretamente sobre as condutas intersubjetivas, exatamente em decorrência de sua generalidade e abstração. É necessário que sejam emitidas outras regras, mais diretamente voltadas aos comportamentos das pessoas, mediante aquilo que se chama *processo de positivação do direito*, para obter maior aproximação dos fatos e ações reguladas. Com fundamento nas normas gerais e abstratas constroem-se normas individuais e concretas, determinando que em virtude da ocorrência de determinado fato jurídico nasceu a relação em que um sujeito de direito S' tem determinada obrigação, proibição ou permissão perante outro sujeito S".

Obviamente, para que essa positivação seja realizada de modo apropriado, é imprescindível o perfeito enquadramento do fato à previsão normativa.

Quando pensamos no fenômeno da percussão jurídico-tributária, vem-nos à mente a figura de um fato que, subsumindo-se à hipótese normativa tributária, implica o surgimento de vínculo obrigacional. É a fenomenologia da incidência. Referida operação, todavia, não se realiza sozinha: é preciso que um ser humano promova a subsunção e a implicação que o preceito da norma geral e abstrata determina. Na qualidade de operações lógicas, subsunção e implicação exigem a presença humana. Eis a visão antropocêntrica, requerendo o homem como elemento intercalar, construindo, a partir de normas gerais e abstratas, outras normas, gerais ou individuais, abstratas ou concretas.

Essa movimentação das estruturas do direito em direção à maior proximidade das condutas intersubjetivas exige a certificação da ocorrência do fato conotativamente previsto na hipótese da norma que se pretende aplicar. Mas, para que o relato ingresse no universo do direito, constituindo fato jurídico tributário, é preciso que seja enunciado em linguagem competente, quer dizer, que seja descrito consoante às provas em direito admitidas. Observa-se, aí, importante função da linguagem das provas no sistema do direito tributário. É por meio delas que se compõe o fato jurídico tributário, em todos os seus aspectos (conduta nuclear, tempo e espaço), bem como o sujeito que o praticou e sua medida. O mesmo se pode dizer do ilícito tributário: somente com o emprego da linguagem competente, isto é, por meio de enunciados probatórios, configura-se o descumprimento de obrigação tributária ou de dever instrumental, desencadeando a relação jurídica sancionatória.

Esse fato, por sua vez, deve ser constituído segundo a linguagem das provas, com vistas a certificar a veracidade dos fatos subsumidos. Observa-se a importância capital que apresenta a *prova* no ordenamento jurídico, inclusive no âmbito da tributação: ao constituir a obrigação tributária e aplicar sanções nessa esfera do direito, não basta a observância às regras formais que disciplinam a emissão de tais atos; a materialidade deve estar demonstrada, mediante a produção de prova da existência do fato sobre o qual se fundam as normas constituidoras das relações jurídicas tributárias.[38]

A fundamentação das normas individuais e concretas na linguagem das provas decorre da necessária observância aos princípios da estrita legalidade e da tipici-

37. As regras-matrizes de incidência tributária são exemplos de normas gerais e abstratas, assim como o lançamento tributário e sentenças são de normas individuais e concretas. Os veículos introdutores são típicas normas gerais e concretas, enquanto as normas individuais e abstratas podem ser identificadas nos contratos firmados entre pessoas determinadas, objetivando ao cumprimento de prestações se e quando se concretizar uma situação futura.

38. Cf. Fabiana Del Padre Tomé, *A Prova no Direito Tributário*, 2ª ed., cit., 2008.

dade tributária, limites objetivos que buscam implementar o sobreprincípio da segurança jurídica, garantindo que os indivíduos estarão sujeitos à tributação somente se for praticado o fato conotativamente descrito na hipótese normativa tributária. Como bem ensina Paulo de Barros Carvalho,[39] o princípio da tipicidade tributária se define em duas dimensões, quais sejam, o plano legislativo e o da facticidade. No primeiro está a necessidade de que a norma geral e abstrata traga todos os elementos descritores do fato jurídico tributário e os dados prescritores da relação obrigacional, ao passo que no segundo tem-se a exigência da estrita subsunção do fato à previsão genérica da norma geral e abstrata, vinculando-se à correspondente obrigação. Por esse motivo, a norma individual e concreta que constitui o fato jurídico tributário e a correspondente obrigação deve trazer, no antecedente, o fato tipificado pela norma geral e abstrata, com as respectivas coordenadas temporais e espaciais, indicando, no conseqüente, o fato da base de cálculo, juntamente da alíquota, especificando o *quantum* devido, bem como os sujeitos integrantes do vínculo obrigacional. E, para que a identificação desses fatos[40] seja efetuada em conformidade com as prescrições do sistema jurídico, deve pautar-se na linguagem das provas. É por meio das provas que se certifica a ocorrência do fato e seu perfeito enquadramento aos traços tipificadores veiculados pela norma geral e abstrata, permitindo falar em subsunção do fato à norma e em implicação entre antecedente e conseqüente, operações lógicas que caracterizam o fenômeno da incidência normativa.

A figura da *prova* é de extrema relevância nesse contexto, pois sem ela não existe fundamento para a aplicação normativa e conseqüente constituição do fato jurídico tributário e do respectivo laço obrigacional. Sem prova não há como estabelecer a verdade e, por conseguinte, o conhecimento.

Vimos que a realidade, tal qual se apresenta aos seres humanos, nada mais é que um sistema articulado de símbolos num contexto existencial. Cada sistema delimita sua própria realidade, elegendo o modo pelo qual seus enunciados lingüísticos serão constituídos. É o que se verifica no sistema do direito posto, conforme enuncia Gregório Robles: "o que o ordenamento faz é delimitar sua *própria realidade*, que é a realidade do direito. Essa delimitação artificial consiste em constituir tal realidade *jurídica* e, simultaneamente, em *regulá-la*".[41] É o sistema do direito que determina o que nele existe ou não. Para tanto, elege uma forma lingüística específica, que denominamos *linguagem competente*. Somente por meio dela é que a realidade jurídica se constitui, o que, por si só, revela a importância das provas no ordenamento como um todo, inclusive na esfera tributária.

Como os acontecimentos físicos exaurem-se no tempo e no espaço, estes são de impossível acesso, sendo necessário, ao homem, utilizar enunciados lingüísticos para constituir os fatos com que pretenda entrar em contato. Um evento não prova nada. Somos nós quem, valendo-nos de relatos e de sua interpretação, provamos. Esse o motivo pelo qual afirmamos que os eventos não integram o universo jurídico.

Os eventos não ingressam nos autos processuais. O que integra o processo são sempre fatos: enunciados que declaram ter ocorrido uma alteração no plano físico-social, constituindo a faticidade jurídica. Fran-

39. "A prova no procedimento administrativo tributário", *Revista Dialética de Direito Tributário* 34/105.

40. Tanto o antecedente como o conseqüente contêm fatos: fato jurídico tributário e base de cálculo, respectivamente. Ao constituir esses fatos, o emissor terá de pautar seus enunciados em provas admitidas pelo direito.

41. *O Direito como Texto: Quatro Estudos de Teoria Comunicacional do Direito*, trad. Roberto Barbosa Alves, Barueri, Manole, p. 13.

cesco Carnelutti,[42] embora sem empregar essa terminologia, também vislumbra a prova como suporte necessário à constituição do fato jurídico: "Isso significa que o confessor declara não para que o juiz *conheça* o fato declarado e aplique a norma *tão-somente se o fato é certo*, senão para que *determine* o fato *tal como foi declarado* e aplique a norma *prescindindo da verdade*". Para esse jurista, a declaração feita nos processos "não se limita a *trazer ao conhecimento* o fato declarado, senão que vem a constituir por si mesmo um fato diferente, do qual depende a realização da norma, ou seja, fato jurídico processual. (...) Provar, de fato, não quer dizer demonstrar a verdade dos fatos discutidos, e sim *determinar ou fixar formalmente os mesmos fatos mediante procedimentos determinados*". Daí por que, para Jeremías Bentham,[43] a arte do processo não é senão a arte de administrar as provas.

Não é qualquer linguagem, porém, habilitada a produzir efeitos jurídicos ao relatar os acontecimentos do mundo social. É o próprio sistema jurídico que indica os instrumentos credenciados para constituir os fatos. A linguagem escolhida pelo direito vai não apenas dizer que um evento ocorreu, mas atuar na própria construção do fato jurídico e, mais especificamente, do fato jurídico tributário, tomado como enunciado protocolar que preenche os critérios constantes da hipótese da regra-matriz de incidência tributária. Apenas se presentes as provas em direito admitidas, ter-se-á por ocorrido o fato jurídico tributário.

O valor *verdade* é posto pelo ordenamento jurídico; encontra-se, pois, *dentro* desse ordenamento, e não fora ou antes dele. Assim, provado o *fato*, tem-se o reconhecimento de sua veracidade. Apenas se o enunciado pautar-se nas provas em direito admitidas, o fato é juridicamente verdadeiro.

6. Conclusões

Feita essa breve exposição, podemos concluir que *verdadeiro* é o fato que esteja comprovado, atingindo-se o mais elevado grau da crença, também denominado *certeza*. No âmbito jurídico, a veracidade de um fato exige que este seja constituído mediante o emprego dos instrumentos indicados pelo próprio sistema do direito positivo: desse modo, atinge-se a *verdade jurídica*.

Essas noções assumem grande relevância para que se opere o processo de positivação do direito e, em especial, do direito tributário. Para que a aplicação do direito se realize, necessário se faz o perfeito enquadramento do fato à previsão normativa abstrata. É exatamente por meio das provas que se certificam a ocorrência fática e sua adequação aos traços tipificadores veiculados pela norma geral e abstrata, permitindo falar em subsunção do fato à norma e em implicação entre antecedente e conseqüente, operações lógicas que caracterizam o fenômeno da incidência normativa. Desse modo, a linguagem das provas, prescrita pelo direito, não apenas diz que um evento ocorreu, mas atua na própria constituição do fato jurídico tributário, e, por conseguinte da realidade jurídica.

42. *A Prova Civil*, trad. Lisa Pary Scarpa, 2ª ed., Campinas, Bookseller, 2002, pp. 61-72.

43. *Tratado de las Pruebas Judiciales*, trad. Manuel Osorio Florit, Granada, Editorial Comares, 2001, p. 4.

CADERNOS DE DIREITO TRIBUTÁRIO

PARA UMA TEORIA DA NULIDADE EM MATÉRIA TRIBUTÁRIA

TACIO LACERDA GAMA
Mestre e Doutor em Direito do Estado pela PUC/SP. Professor de Direito Tributário da PUC/SP. Advogado.

1. Ilícitos nomogenéticos e suas espécies. 2. Inconstitucionalidade. 3. Ilegalidade. 4. Nulidade e anulabilidade. 5. Erro de fato e erro de direito. 6. Improcedência da pretensão da Fazenda ou do contribuinte. 7. Conclusão: atributo comum do gênero nulidade – Sanção pelo descumprimento da norma de competência. 8. Bibliografia.

Em trabalhos anteriores, defini noções de existência, validade, invalidade, vigência e eficácia das normas jurídicas.[1] Nestas oportunidades, busquei destacar a relevância destes conceitos para a compreensão da dinâmica do Sistema Tributário Nacional, num esforço de sistematização típico da teoria geral do direito. Neste artigo, relacionaremos estas definições fundamentais com o direito positivo, a dogmática jurídico-tributária e a jurisprudência. É neste contexto que se poderei demonstrar o que há de comum entre a inconstitucionalidade, a nulidade, o erro de fato, o erro de direito e as improcedências da pretensão do contribuinte ou do Fisco.

1. Ilícitos nomogenéticos e suas espécies

São premissas para o desenvolvimento este trabalho:

(*i*) todas as normas jurídicas regulam condutas. Logo é insubsistente a distinção entre normas de estrutura e normas de comportamento;

(*ii*) "nomogênese" é a palavra que designa o surgimento de novas normas (nomo = norma + gênese = surgimento, criação);

(*iii*) conduta nomogenética é a que produz novas normas;

(*iv*) toda ação pode ser tipificada como lícita ou ilícita;

(*v*) a norma jurídica de competência prescreve conduta nomogenética lícita e, também, a enunciação ilícita de novos textos jurídicos;

(*vi*) norma criada licitamente é válida, vigente e apta a ser eficaz;

(*vii*) norma criada segundo a norma sancionatória de competência foi produzida ilicitamente e é, portanto, norma inválida;[2]

1. *Competência Tributária – Fundamentos para uma Teoria da Nulidade*, pp. 301-139.

2. Em sentido contrário: "Una sanción supone que la conducta a la que se imputa es indeseable y

(*viii*) norma que reconhece a invalidade de outra pode prescrever restrições quanto à sua vigência ou quanto à sua eficácia;

(*ix*) é "ilícito nomogenético" a conduta de criar uma norma sem fundamento na norma de competência.

Essas nove premissas são essenciais para que possamos analisar as características comuns a todos os ilícitos que se pode incorrer na criação de uma norma.

Pois bem, ter sido criada de forma ilícita – sem fundamento na norma de competência ou ajustada à norma sancionatória de competência – é o que há de comum entre os vícios[3] de inconstitucionalidade, ilegalidade, nulidade, anulabilidade, erro de fato, erro de direito e de simples improcedência da pretensão da Fazenda ou do contribuinte. Ocorre, em todos esses casos, um desajuste entre a norma jurídica criada e seu respectivo fundamento de validade. É esse desajuste que impõe, em alguns casos, a não aplicação da norma ao caso concreto. Em verdade, ainda como decorrência das premissas fixadas acima, poderíamos afirmar que todo conflito de interesse em matéria tributária leva em consideração a ocorrência ou não de um ilícito nomogenético, numa das modalidades a que acabamos de aludir.

Outro ponto a ser destacado: a prescrição da conduta de criar uma norma é feita pela vinculação entre forma e matéria. É a norma de competência que prescreve que tipo de enunciação é adequado para tratar de que tipo de matéria. Se cabe à emenda constitucional, lei complementar ou ordinária tratar de uma matéria tributária qualquer é tema que só a norma de competência pode prescrever. Ora, se forma e matéria estão vinculados pela competência, a forma viciada compromete a matéria e vice-versa. Noutras palavras, é impróprio pensar num vício exclusivamente formal ou material,[4] pois, no direito positivo, forma e matéria se co-implicam. O que existe é a preponderância formal ou material, nunca a exclusividade.

Definido o que se pode entender por criação ilícita de normas e definidas as suas espécies, cabe pensar quais dispositivos da norma de competência podem ser violados na atividade nomogenética. Para isso, retomaremos à sua estrutura formal: **Njcom {[(s.p(p1.p2.p3...).(e. t)] → [s(s. sp) . m(c.s.e.t)]}**. Esta norma, assim formalizada, qualifica o sujeito ativo da competência, além de aglutinar os critérios que devem ser levados em conta na criação da norma jurídica válida. Em linguagem desformalizada, este sintagma pode ser lido assim: se o sujeito competente **(s)** realizar

merece ser desalentada. (...) Simplemente, no reconoce sus efectos jurídicos". Santiago Nino cita outra diferença entre nulidade e sanção: "(...) si suprimimos la sanción de una norma penal, lo que queda (por ejemplo, 'no se debe matar'), si bien pude perder fuerza, todavía tiene sentido; en cambio, si se suprime la nulidad como consecuencia de una norma que establece cierto procedimiento, lo que resta (por ejemplo, 'el testamento debe hacerse con testigos') no tendría ningún sentido, ni podríamos decir que constituye regla alguna" (Carlos Santiago Nino, *Introducción al Análisis del Derecho*, Barcelona, Editorial Ariel, 1983, pp. 90-91).

3. "Se llama 'viciada' toda norma, disposición o fuente que no sea enteramente conforme a las normas que regulan su creación. Por una parte, un 'vicio' es el efecto de la violación de una norma sobre la producción jurídica. Por otra, un 'vicio' es la causa (o la razón) de la invalidez de la norma viciada" (Riccardo Guastini, *Distinguiendo*, p. 322).

4. "Es inválida por razones 'formales' una ley que no haya sido dictada por el órgano competente y según los procedimientos debidos. Es inválida por razones 'materiales' (o 'sustanciales') una ley que esté en conflicto con la constitución por su objeto (la materia regulada) o por su contenido (la forma cómo se regula esa materia).

"Ahora bien, mientras que la invalidez material es una forma 'débil' de invalidez, que no comporta además la inexistencia de la ley, la invalidez formal, de modo general, es una invalidez de tipo 'fuerte' que, habitualmente, comporta nada menos que la inexistencia de la ley. (...).

"Podría también decirse así: una ley materialmente inválida es anulable (por un tribunal constitucional), mientras que una ley formalmente inválida es decididamente nula (de forma que su nulidad puede ser reconocida por cualquier juez)" (Riccardo Guastini, *Distinguiendo*, p. 313).

a enunciação **[p(p1.p2.p3...)]** em certas condições de espaço **(e)** e de tempo **(t)** então será permitido ou obrigatório, conforme o caso, editar norma jurídica que verse sobre uma certa matéria **[m(c.s.e.t)]** para uma determinada comunidade **(sp)**. Atendidas essas prescrições a norma criada será válida. Caso contrário, inválida.

Os critérios da norma de competência oferecem, ainda, a esquematização dos tipos de vício que podem ser cometidos, em conjunto ou isoladamente, na criação de normas jurídicas. No que diz respeito à enunciação, há vícios quanto ao sujeito competente,[5] enunciação/procedimento, espaço e tempo. No que se refere à matéria, especificamente, há vícios quanto a conduta prescrita e os âmbitos de vigência espacial e temporal aos quais a norma inferior deve se ajustar. Existem, pois, oito formas de violar a norma de competência, sendo quatro formais e quatro materiais.[6]

Os ilícitos nomogenéticos, porém, não se presumem, tampouco são automáticos e infalíveis.[7] Sendo o direito positivo um sistema dinâmico de normas, apenas com decisões exaradas por autoridades competentes – via de regra, titulares de competência jurisdicionais – é possível constituir a invalidade de uma norma.[8] Noutro dizer, até que uma norma jurídica identifique o ilícito nomogenético (inconstitucionalidade, ilegalidade, nulidade...) e prescreva os efeitos desta ilicitude, a norma seguirá regulando condutas de modo coercitivo, por efeito da chamada presunção de validade.

A invalidade exige reconhecimento expresso por outra norma jurídica. E essa norma, quando positivada, prescreve até quando a norma criada de forma ilegítima poderá ser aplicada, em relação a que sujeitos, entre outros efeitos possíveis. Neste contexto, falar em controle concentrado ou em controle difuso da constitucionalidade das normas jurídicas; em eficácia *erga omnes* ou *erga singulum*; em efeitos *ex tunc*,

5. "A criação de um tributo por pessoa política incompetente viola normas constitucionais. Essa anomalia jurídica não pode ser sanada, nem mesmo com o beneplácito da pessoa política que sofreu a usurpação. Portanto, a falta de competência da pessoa política que, fazendo rosto à Constituição, 'cria' tributos alheios acarreta a nulidade do ato por ofensa a princípio básico da ordem jurídica. A lei assim produzida, maculada por vício essencial, não pode, mesmo, ter eficácia jurídica. Pelo contrário, pronunciada pelo Judiciário, mediante provocação, a nulidade, volvem as coisas ao estado anterior ao do avento do ato anulado (efeito *ex tunc*). Assim preceitua a teoria das nulidades" (Roque Antonio Carrazza, *Curso de Direito Constitucional Tributário*, 20ª ed., São Paulo, Malheiros Editores, 2004, pp. 466-467).

6. "É ponto pacífico que o descompasso entre uma norma jurídica qualquer (emenda constitucional, lei, decreto, portaria, ato administrativo etc.) e a Constituição tem o nome técnico de *inconstitucionalidade*, que, como predica a melhor doutrina, pode ser *material* ou *formal*. *Material*, quando o conteúdo da norma jurídica é incompatível com regra ou princípio constitucional. E, *formal*, quando a norma jurídica é editada por autoridade, órgão ou pessoa incompetente *ou sem a observância dos procedimentos adequados* (nos termos da Constituição)" (Roque Antonio Carrazza e Eduardo Bottallo, "As inconstitucionalidades da 'nova' CPMF", in Valdir de Oliveira Rocha, *Grandes Questões Atuais do Direito Tributário*, 3º vol., São Paulo, Dialética, 1999, p. 298).

7. "Descabe buscar o princípio lógico da não-contradição para solucionar o conflito. Primeiro, a contraditoriedade é recíproca; segundo, a lógica mesma não dá um critério de decisão entre N e não-N; terceiro, o princípio lógico não é norma positiva (supraconstitucional, ou intraconstitucional, ou intrasistêmica) para desconstituir normas vigentes. A ele se vai, como auxiliar indispensável, no processo de hermenêutica, que prepara o ato-de-decisão. Normas (materialmente constitucionais) repartem competência a órgão, instituem a forma procedimental, ponente de normas e, até, o conteúdo mínimo inafastável, como requisito de validade" (Lourival Vilanova, *Causalidade e Relação no Direito*, 4ª ed., pp. 308-309).

8. "Substancialmente, o mesmo ocorre com a norma inconstitucional que violar o processo de produção (o *Erzeugunsprozess*) de normas. A norma inconstitucional é válida enquanto não desconstituída pelo órgão com competência para tal. Mesmo, normas N e não-N, contraditórias entre si, são ambas válidas, *alternativamente aplicáveis* aos atos administrativos, aos atos judiciais e aos próprios atos de legislação ordinária. Dizemos alternativamente, pois seria insolúvel o caso concreto com incidência de N e não-N. A inaplicabilidade simultânea não prejudica a simultânea validade" (Lourival Vilanova, *Causalidade e Relação no Direito*, 4ª ed., p. 309).

ex nunc e modulado; em declaração de inconstitucionalidade com ou sem redução de texto; nada mais significa que tratar dos efeitos prescritos pela norma que reconhece um ilícito na criação de outras normas.

Todos esses efeitos seguem um princípio: assegurar que a norma hierarquicamente superior prevaleça sobre a norma inferior. Coibir ilícitos nomogenéticos, noutro dizer, é a forma que o sistema jurídico encontra para preservar sua consistência, evitando que os comandos emanados de autoridades hierarquicamente inferiores regulem condutas em detrimento daqueles emanados por autoridades superiores. Desta forma, pelo controle de constitucionalidade se assegura a prevalência das normas constitucionais sobre todas as demais; o controle de legalidade afirma a lei como superior aos atos infralegais e assim sucessivamente.

Entre as teses defendidas neste trabalho está a de que a norma que reconhece um ilícito na criação de outra norma – seja ele de natureza formal ou material – tem nítido caráter sancionatório. Esta sanção cumpre o papel de desestimular a criação de normas ilícitas e, na eventualidade delas serem criadas, corrigir os respectivos efeitos restringindo a eficácia e até a vigência destas normas. Aceita esta natureza, não se pode ignorar que os contornos de toda e qualquer sanção devem ser estabelecidos pela lei, segundo critérios que variam de acordo com a gravidade do ilícito. Analisando o sistema de direito positivo, perceberemos que alguns ilícitos, como aqueles que violam a Constituição da República, são gravíssimos. Por isso a norma que o reconhece pode ter efeitos para toda a sociedade (*erga omnes*) ou, mesmo, poder ser alegada a qualquer tempo, sem prejuízo de caducidade.

Noutras circunstâncias, porém, os vícios são menos graves, a ponto de poderem ser convalidados sem prejuízo para a validade, vigência ou eficácia da norma. Em qualquer caso, cabe sempre ao direito positivo regular em que circunstâncias a norma se sujeita a sanções graves ou leves. Não cabe ao intérprete autêntico julgar a gravidade do ilícito sem fundamento no que prescreve a lei, tampouco se admite juízos discricionários neste particular.

Ressaltamos que, por força do art. 27 da Lei n. 9.868/1998, foi aberta a possibilidade de o Supremo Tribunal Federal, mediante deliberação qualificada de seus membros, decidir pela modulação de efeitos das normas que reconhecem a inconstitucionalidade de outra, no controle concentrado. Em mais de uma oportunidade, o plenário do STF fez uso desta prerrogativa, atribuindo efeitos *ex nunc* a normas que, ordinariamente, teriam efeitos *ex tunc*. Este preceito normativo se justifica pela circunstância de que, em alguns casos, preservar a consistência do sistema jurídico, em especial a sua hierarquia, pode trazer mais prejuízos à sociedade do que manter os efeitos de norma criada ilicitamente. Esta hipótese, contudo, não pode ser feita a favor do Estado, como bem demonstra Mizabel Derzi,[9] em vigoroso estudo sobre a matéria. Isso porque a modulação de efeitos pró Estado, entre muitas outras razões, equivale a autorizar que o agente que realiza o ilícito nomogenético se beneficie da própria torpeza, em detrimento do Sistema Constitucional Tributário.

Em síntese, para que se possa configurar um ilícito desta natureza é imprescindível o concurso dos seguintes elementos: (*i*) autoridade competente, titular de jurisdição administrativa ou judicial; (*ii*) processo em que se discuta a validade da norma no curso da ação ou de forma incidental; (*iii*) alegação de conflito real entre norma inferior e superior – de competência; (*iv*) prejuízo para a parte, pois não há de se cogitar de nulidade sem dano real ou iminente; e (*v*) a parte que alega o ilícito nomogenético (inconstitucionalidade, ilegalidade, nulidade...) não pode ter dado causa a ele, pois é vedado a qualquer pes-

9. *Modificações da Jurisprudência no Direito Tributário*, *passim*.

soa se beneficiar da nulidade que tenha provocado ou, noutro dizer, tirar proveito da própria ilicitude.

Após resgatar essas idéias, que servem para explicar e qualificar todas as modalidades de ilícitos que podem ser praticados na enunciação de textos normativos, estamos de posse dos instrumentos conceituais aptos a investigar cada uma das espécies de ilícitos nomogenéticos.

É o que faremos a seguir.

2. *Inconstitucionalidade*

É inconstitucional a norma criada em confronto direto com o texto da Constituição.[10] Com a ressalva dos atos que promovem descumprimento de preceito fundamental, apenas as normas inseridas no sistema de direito positivo por lei, em sentido amplo, podem estabelecer esta espécie de antinomia.[11] Nos demais, o confronto é apenas oblíquo, subordinado ao diploma legislativo imediatamente superior. Assim, um decreto, uma instrução normativa ou uma portaria podem prescrever disposições contrárias à Lei Maior, mas serão consideradas ilegais, pois teriam na lei seu fundamento de validade imediato. Antes de serem inconstitucionais, seriam ilegais.

Na hierarquia dos vícios que se pode cometer ao editar uma norma, a inconstitucionalidade está no cimo.[12] Nada é mais grave do que a ofensa direta à Constituição. E não é por acaso que a própria Lei das Leis prescreve os instrumentos necessários à preservação de sua integridade. O legislador constituinte cuidou pormenorizadamente do controle de constitucionalidade: estabeleceu as formas de controle, indicando se seria concentrada ou difusa; ao prescrever os efeitos que cada uma dessas formas de controle pode ensejar, se *erga omnes* ou *erga singulum* ou se *ex tunc* ou *ex nunc*; indicou que sujeitos poderiam agir em nome da coletividade, pleiteando o controle concentrado de constitucionalidade; e, além disso, prescreveu que cabe ao Supremo Tribunal Federal ser o órgão máximo competente para julgar a inconstitucionalidade das leis e atos normativos.

A natureza da norma inconstitucional é tema recorrente entre aqueles que litigam acerca do tema. A relevância prática da disputa estaria no efeito no tempo que se poderia imputar à decisão de inconstitucionalidade. A pergunta central seria: a norma inconstitucional é nula,[13] inexistente ou

10. "A norma impositiva tributária é a regra geral e abstrata, veiculada por lei, que institui o tributo. É produto, portanto, da aplicação das normas constitucionais. Em caso de inadequação entre tal regra e o parâmetro constitucional ter-se-á hipótese de invalidade, que é qualificada como 'inconstitucionalidade'. Dependendo do tipo de norma de competência infringida, a inconstitucionalidade poderá atingir a norma impositiva, ou o seu veículo introdutor" (Paulo Roberto Lyrio Pimenta, "Normas de competência e o controle de validade da norma impositiva tributária", in Aires Fernandino Barreto (*et all.*), *Segurança Jurídica na Tributação e Estado de Direito*, p. 851).

11. "Segue-se, iniludivelmente, que inconstitucional é a lei (ou o ato normativo de igual ou inferior tope) que contravém, direta ou indiretamente, prescrições, mandamentos, categorias ou princípios encartados na Constituição. Portanto, inconstitucional é, não só o ato que viola a letra expressa do Texto Supremo, senão, igualmente, o que atrita com seu espírito, vale dizer, com seu sentido e real significado" (Roque Antonio Carrazza, *Conflitos de Competência: um Caso Concreto*, São Paulo, Ed. RT, 1983, p. 28).

12. "La inconstitucionalidad es un caso particular de invalidez: es la invalidez que deriva de la no-conformidad de una norma con la constitución" (Riccardo Guastini, *Distinguiendo*, p. 323).

13. "A conseqüência da não conformidade com tais regras pode não ser sempre a mesma, mas haverá sempre algumas regras relativamente às quais a não conformidade transforma qualquer tentativa de exercício de poder legislativo num acto nulo ou, como na decisão de um tribunal inferior, sujeita-o à invalidação. Em certos casos, a partir da certificação de que os procedimentos não foram observados, a lei pode impor a conclusão da regularidade quanto a aspectos de procedimento interno e, noutros casos, as pessoas sem a qualificação exigida pelas regras, que participem nas actividades legislativas podem ficar sujeitas a uma pena nos termos de regras criminais especiais que considerem tal facto delito. Mas, ainda que parcialmente encoberta por estas complicações, há uma diferença radical entre as regras que conferem e definem o modo de exercício dos poderes legislativos e as regras do direito criminal, as quais, pelo menos, se

anulável. Se nula, seus efeitos retroagiriam à data de edição do ato viciado. Se inexistente, não seria possível considerar qualquer dos seus efeitos jurídicos.[14] Se anulável, é a decisão do STF que a anula, logo seus efeitos se projetariam apenas para o futuro, num caso clássico de eficácia *ex nunc*.[15]

Em voto que busca equacionar essa discussão, o Ministro Celso de Melo[16] demonstra a existência das três posições indicadas acima, todas elas defendidas por juristas de escol.[17] A despeito disso, defende que a sólida jurisprudência do Supremo Tribunal Federal aponta para a natureza nula da norma inconstitucional,[18] sendo-lhe, via de regra, cassados os efeitos desde a sua edição. Também ele, ao expor a posição prevalecente, acaba por se filiar a esta tese, ressalvando a posição do Ministro Gilmar Mendes,[19] que sustenta a possibilidade de modular amplamente os efeitos da decisão.

Depois das idéias que expusemos acima, não é difícil inferir a nossa posição. A norma inconstitucional é fruto de um ilíci-

assemelham a ordens baseadas em ameaças" (Herbert L. A. Hart, *O Conceito de Direito*, 3ª ed., p. 39).

14. "Una norma inválida puede, a pesar de su invalidez, pertenecer al ordenamiento (y seguir perteneciendo hasta que no sea expulsada por el órgano competente). Una norma 'inexistente', en cambio, es una norma que no pertenece en absoluto al ordenamiento. (...) Una norma, disposición o fuente es 'inexistente' si no responde ni siquiera a los requisitos mínimos para ser reconocida como norma, disposición o fuente perteneciente al ordenamiento. De todas maneras, el concepto de inexistencia no resulta fácil de precisar. Se considera inexistente, sin duda, cualquier norma que haya sido creada en violación de todas las normas que rigen su creación. Pero, para que una norma sea inexistente (no alcance ni el umbral de la existencia jurídica), no es necesario que sean violadas todas las normas sobre la producción jurídica: es suficiente que sean violadas algunas normas cruciales" (Riccardo Guastini, *Distinguiendo*, pp. 322-323).

15. "Se as determinações da Constituição não são respeitadas, então não se produzem quaisquer normas jurídicas válidas, as normas em tais condições produzidas são nulas ou anuláveis, isto é: o sentido subjetivo dos atos postos inconstitucionalmente e que, portanto, não são postos de acordo com a norma fundamental, não será interpretado como seu sentido objetivo ou, então, essa interpretação – provisória – vem a ser repudiada" (Hans Kelsen, *Teoria Pura do Direito*, 6ª ed., p. 57).

16. "Essa posição de eminência da Lei Fundamental – que tem o condão de desqualificar, no plano jurídico, o ato em situação de conflito hierárquico com o texto da Constituição – estimula reflexões teóricas em torno da natureza do ato constitucional, daí decorrendo a possibilidade de reconhecimento, ou da inexistência, ou da nulidade, ou da anulabilidade (com eficácia 'ex nunc' ou com eficácia 'ex tunc'), ou, ainda, da ineficácia do comportamento estatal incompatível com a Constituição" (trecho do voto do Ministro Celso de Mello (relator) nos autos do RE-Ag n. 353.508-RJ, 2ª T. do STF, *DJ* 29.6.2007).

17. Recomendamos a leitura do já citado voto do Ministro Celso de Melo, proferido no AgR n. 395.902-6.

18. Não existem normas nulas para Kelsen, ou são inválidas ou anuláveis: "(...) uma norma jurídica é sempre válida, não pode ser nula, mas pode ser anulada. Existem, contudo, diferentes graus de anulabilidade. (...) O que geralmente se chama nulidade é apenas o grau mais elevado de anulabilidade, o fato de que todo sujeito, e não apenas um órgão especial, está autorizado a anular a norma. No Direito nacional moderno, a nulidade, como o grau mais elevado da anulabilidade, está praticamente excluída. Um estado em que todos estão autorizados a declarar toda norma, ou seja, tudo o que se apresenta como norma, como sendo nula, é quase que um estado de anarquia" (Hans Kelsen, *Teoria Geral do Direito e do Estado*, p. 161).

19. "Não se nega, pois, o caráter de princípio constitucional ao princípio da nulidade da lei inconstitucional. Entende-se, porém, que tal princípio não poderá ser aplicado nos casos em que se revelar absolutamente inidôneo para a finalidade perseguida (casos de omissão; exclusão de benefício incompatível com o princípio da igualdade), bem como nas hipóteses em que a sua aplicação pudesse trazer danos para o próprio sistema jurídico constitucional (grave ameaça à segurança jurídica). Assim, configurado eventual conflito entre o princípio da nulidade e o princípio da segurança jurídica, que, entre nós, tem *status* constitucional, a solução da questão há de ser, igualmente, levada a efeito em um processo de complexa ponderação. (...) a adoção de uma decisão alternativa é inerente ao modelo de controle de constitucionalidade amplo, que exige, ao lado da tradicional decisão de perfil cassatório com eficácia retroativa, também decisões de conteúdo outro, que não importem, necessariamente, a eliminação direta e imediata da lei do ordenamento jurídico" (trecho do voto do Ministro Gilmar Mendes nos autos do RE n. 197.917-SP, Tribunal Pleno, Rel. Ministro Maurício Corrêa, *DJ* 7.5.2004).

to que precisa ser corrigido. A decisão do STF que reconhece esse ilícito aplica uma sanção, limitando a eficácia[20] e até a vigência da norma inválida. Ora, se a norma que reconhece a criação de uma lei inconstitucional tem natureza sancionatória, os limites desta sanção devem ser aqueles estabelecidos pela Constituição ou, quando for o caso, pela lei. O nome atribuído à ilicitude tem menor relevância do que os efeitos previstos pelo próprio sistema.

Para finalizar, cabe sempre insistir na idéia de que o controle de constitucionalidade das leis e atos jurídicos é a técnica que o sistema dispõe para manter a consistência e hierarquia de suas normas.[21] Esta é a forma que existe para evitar que autoridades inferiores – sujeito competente para a criação de leis e atos complementares – disponham sobre o que prescreveu o legislador constitucional.[22]

3. Ilegalidade

Quando a competência é outorgada por lei, o ilícito cometido ao se criar norma incompatível com ela é o da "ilegalidade". São ilegais, por exemplo, o decreto, o regulamento, a instrução normativa, a portaria e o ato normativo interpretativo que tenham sido criados em conflito com o que dispõe a lei. A exemplo do que se passa com os demais ilícitos nomogenéticos, a ilegalidade não se presume, pois requer: (*i*) linguagem competente; (*ii*) produzida no curso de um processo administrativo ou judicial; (*iii*) onde se alegue a incompatibilidade entre norma inferior e a lei; (*iv*) exista claro prejuízo de quem faça a alegação; e (*v*) aquele que alega não tenha sido o mesmo sujeito que criou a norma. Pela existência destes requisitos, podemos dizer que a ilegalidade não é automática e infalível.

Vários critérios são igualmente hábeis para classificar as ilegalidades, pois vários são os tipos de lei, bem como são vários os tipos de ato que contradizem as suas prescrições. Há ilegalidade da lei ordinária que viola a lei complementar; do decreto que viola a lei; do lançamento de ofício constituído em ofensa à disposição legal. O que há de comum entre todas essas espécies é a circunstância de a norma de competência ser formada a partir de enunciados inseridos por lei, em sentido amplo. Também as sanções que se imputam ao ato ilegal são prescritas por ato legislativo.

Nada mais natural que assim seja, pois, muito embora a ilegalidade seja uma grave ofensa ao ordenamento, é ato mais brando que o praticado contra a Constituição. Daí porque sua forma de controle é

20. Para Paulo de Barros Carvalho, a declaração de inconstitucionalidade no controle difuso resulta na suspensão de eficácia da regra por resolução do Senado, enquanto não seja revogada adequadamente pelo órgão competente: "No caso de declaração de inconstitucionalidade de norma pela Suprema Corte, tratando-se de controle difuso, suspende-se a eficácia da regra mediante resolução do Senado, até que seja ela revogada pelo órgão competente. Dito de outro modo, significará que certa norma até então vigente na ordem jurídica nacional teve sua inconstitucionalidade declarada pelo Supremo, que comunica tal decisão ao Senado da República. Este, pela figura legislativa da 'resolução', manda suspender a eficácia técnica daquela regra, que permanece vigente sem poder atuar, continuando também válida até que o órgão que a promulgou venha a expulsá-la do sistema" (Paulo de Barros Carvalho, *Curso de Direito Tributário*, 17ª ed., São Paulo, Saraiva, 2005, p. 82).

21. "A decisão de inconstitucionalidade é um ato jurisdicional, fruto da afirmação do direito e da supremacia da Constituição, por isso consiste na aplicação do princípio da hierarquia. A inconstitucionalidade supõe um vício da norma em questão e busca a conservação do sistema jurídico" (Gabriel Ivo, "Considerações acerca da revogação (é possível falar de revogação tácita?)", in Aires Fernandino Barreto (*et all.*), *Segurança Jurídica na Tributação e Estado de Direito*, cit., pp. 219-220).

22. "(...) a rigidez constitucional e a existência do controle de constitucionalidade são requisitos de manutenção do Estado Federal. De fato. Se as competências das entidades políticas que compõem o Estado Federal não estiverem numa Constituição rígida e, de outro lado, se não existir um órgão constitucional incumbido do controle de constitucionalidade, não haverá federação" (Carlos Mário Velloso, "Estado federal e estados federados na Constituição brasileira de 1988: do equilíbrio federativo", *Revista de Direito Administrativo*, v. 187, Rio de Janeiro, Forense, jan.-mar./1992, pp. 32-33).

sempre difusa, com efeitos que beneficiam apenas as partes envolvidas no processo (*erga singulum*), nem de longe se comparando à messe de preceitos relativos ao controle de constitucionalidade.

A despeito disso, o controle da legalidade é imprescindível para a ordem jurídica. É por seu intermédio que o sistema evita delegações indevidas de competência, como a que pretende o Chefe do Executivo ao editar um decreto que vai além do que permite a lei. Sempre que há o reconhecimento da ilegalidade de um ato, há, simultaneamente, a afirmação da competência de alguém que foi usurpada pela ilegalidade. Sem este controle, não existiriam meios de imposição desta competência e da própria hierarquia entre normas legais e infralegais.

4. Nulidade e anulabilidade

Há de se distinguir o gênero nulidade das suas espécies. O gênero é equivalente à invalidade e suas variações. A espécie, ou nulidade em sentido estrito, é um tipo específico de vício que incorre o sujeito competente ao criar normas incompatíveis com a norma de competência.

Ao gênero, não teríamos nada a acrescentar além do que já falamos acerca dos ilícitos nomogenéticos e sobre a validade das normas jurídicas. Sobre a espécie, cabe esclarecer que existem nulidades formais e materiais, assim como se pode falar em nulidade e anulabilidade ou, o que nos parece o mesmo, nos referir à nulidade absoluta e relativa.

As nulidades formais e materiais se referem, respectivamente, a vícios na forma de enunciação da norma e no seu conteúdo prescritivo. Desta forma, sempre que existir incompatibilidade entre o instrumento introdutor (decreto, regulamento, instrução normativa) e a norma de competência, o vício será de forma. Ainda que exista compatibilidade entre a enunciação-enunciada e seu fundamento de validade, se se constatar vícios em qualquer dos atos de seu iter procedimental, teremos um caso de nulidade formal. A nulidade material, como o próprio nome sugere, é fruto da incompatibilidade entre o conteúdo da norma de competência, previsto no seu conseqüente, e a norma introduzida. Não se trata, mais, do modo de produção do ato normativo, mas sim da sua mensagem prescritiva.

Seja quanto à forma ou quanto à matéria, as nulidades, como regra, são tipificadas nas leis ordinárias que tratam dos processos administrativos federal, estadual, distrital ou municipal. Esses diplomas normativos tipificam algumas espécies de ilícitos que podem ser praticados no curso de lides administrativas, imputando a cada um deles o caráter absoluto ou relativo, segundo a sua gravidade. É, também, um juízo acerca da maior ou menor gravidade do ilícito que nos autoriza falar em nulidade como sinônimo de nulidade absoluta e anulabilidade como nulidade relativa. Essa classificação refletiria, segundo o direito positivo, a maior ou menor gravidade da ofensa à norma de competência.

Neste ponto, as palavras de Alfredo Augusto Becker não deixam espaço para dúvidas: "No mundo jurídico há maior (nulidade) ou menor (anulabilidade) intolerância ou repugnância por atos jurídicos defeituosos (inválidos: nulos e anuláveis), de tal sorte que o legislador que criou a regra jurídica específica da nulidade ou da anulabilidade, também criou o instrumental técnico-jurídico para fazer desaparecer do mundo jurídico a existência jurídica e os efeitos jurídicos daqueles atos defeituosos (inválidos). Este fazer desaparecer é o desconstituir".[23]

Como se vê, os atos anuláveis são criados com vícios menos graves do que os

23. *Teoria Geral do Direito Tributário*, p. 459. Esse "desconstruir" a que se refere Becker é o efeito próprio, não só das normas que reconhecem a existência de uma nulidade, em sentido estrito, mas também de todas as demais nulidades, tomadas como gênero.

nulos. Daí por que podem ser sanados e têm prazo certo para ser alegados em juízo, sob pena de preclusão. Já os atos nulos, por conflitarem com aspectos essenciais da competência (i.e., sujeito e procedimento devidos), podem ser desconstituídos ao longo de todo o processo e, em alguns casos, até depois dele. Algumas destas nulidades, ou vícios absolutos, são vistas como matéria de ordem pública que compromete a própria validade do processo em que esse ato é praticado.

5. Erro de fato e erro de direito

Erro, seja ele quanto à norma ou quanto ao fato, é expressão equívoca. Acerto e erro, em suas acepções de base, são expressões próprias da linguagem descritiva e se relacionam com a idéia de verdade.

O pensamento verdadeiro acerta ao passo que o equivocado erra. O uso dessas expressões, porém, está bem menos ligado à precisão de sentidos que ao uso que delas fazem a comunidade jurídica, incluídos aí aqueles que elaboram a jurisprudência e a própria Ciência do Direito. Por força disto, são tão difundidas as expressões erro de fato e erro de direito para expressar, também elas, a criação ilícita de normas.

Visto se tratar de modalidades de ilícitos praticados na criação de normas, caberia a dúvida: que tipo de norma pode ser criada com estes vícios? E mais, em que consistem tais erros?

A resposta é dada por Paulo de Barros Carvalho, nos seguintes termos: "(...) o erro de fato é um problema intra-normativo, um desajuste interno na estrutura do enunciado, por insuficiência de dados lingüísticos informativos ou pelo uso indevido de construções de linguagem que fazem às vezes de prova. Esse vício na composição semântica do enunciado pode macular tanto a oração do fato jurídico tributário como aquela do conseqüente, em que se estabelece o vínculo relacional. Ambas residem no interior da norma e denunciam a presença do erro de fato. Já o erro de direito é também um problema de ordem semântica, mas envolvendo enunciados de normas jurídicas diferentes, caracterizando-se como um descompasso de feição externa, internormativa".[24]

Apenas as normas individuais e concretas costumam ser vistas como normas produzidas com erro, seja ele de fato ou de direito. Nada impede, porém, sejam estas expressões utilizadas noutros contextos, para expressar incompatibilidade entre normas. Desde que, em qualquer dos casos, atendam aos seguintes requisitos propostos por Paulo de Barros Carvalho: "1) A linha divisória entre erro de fato e erro de direito fica bem nítida: se o desajuste de linguagem verificar-se no interior de uma única norma, seja no antecedente ou no conseqüente, teremos erro de fato. 2) Para que se trate de erro de fato, essa norma tem de ser individual e concreta. 3) Quando os desacertos de linguagem envolverem duas ou mais normas, sendo uma delas, obrigatoriamente, regra individual e concreta, e outra, também necessariamente, geral e abstrata, teremos erro de direito. 4) Como particularidade das normas jurídicas tributárias, qualquer desalinho com relação à 'alíquota' ou ao 'sujeito ativo' será sempre erro de direito, porquanto esses os únicos fatores compositivos da estrutura normativa que não podem ser encontrados na contextura do fato jurídico tributário. Sua consideração supõe, necessariamente, o trajeto que vai da norma geral e abstrata à norma individual e concreta".[25]

Apenas com a ressalva de que, nestes casos, o emprego das expressões será diverso do que costuma ser feito tanto pela Ciência quanto pela jurisprudência. Vejamos algumas manifestações acerca do erro de fato:

24. *Direito Tributário: Fundamentos Jurídicos da Incidência*, p. 254.
25. Paulo de Barros Carvalho, *Curso de Direito Tributário*, p. 420.

Processual Civil. Ação rescisória. Empréstimo compulsório. Aquisição de veículo. DL 2.288/1986. Erro de fato comprovado (CPC, art. 485, IX, e § 1º).

1. Inequívoco que a decisão rescindenda incorreu em erros de fato quanto à natureza do empréstimo compulsório, considerando-o como relativo ao consumo de combustíveis quando, em verdade, concerne à aquisição de veículo, bem como referentemente à prescrição.

2. O acórdão do Excelso Pretório que declarou a inconstitucionalidade do empréstimo compulsório sobre a aquisição de veículos (RE 121.336-CE) foi publicado no *DJ* de 26.6.1992. Ajuizada a ação de repetição de indébito em 17.10.1996, evidencia-se que não se exaurira o qüinqüênio prescricional.

3. Ação rescisória julgada procedente para desconstituir a decisão atacada, afastando a prescrição e determinando o julgamento do recurso especial. Custas e honorários advocatícios, arbitrados em 10% sobre o valor da causa, a cargo da requerida.[26]

E mais:

Processual Civil e Tributário. Compensação FINSOCIAL com COFINS. Acórdão fundado em erro de fato. Ação rescisória procedente.

– O acórdão proferido fundou-se em erro de fato, porquanto teria centrado as razões de decidir na inexistência de documento comprobatório da declaração de inconstitucionalidade do FINSOCIAL, quando, efetivamente, existia o documento em tela, concretizado pela cópia do Mandado de Segurança, com trânsito em julgado, declarando a inconstitucionalidade da contribuição social em comento.

– Ação rescisória procedente.[27]

Assim, o erro de direito e o erro de fato[28] designam, respectivamente, incompatibilidade da norma individual e concreta com a norma que lhe serve de fundamento; e incompatibilidade da norma individual e concreta com a linguagem das provas.

No primeiro caso, a norma viola a competência. No segundo, a violação é indireta, pois a norma constitui fato diverso daquele que era para ser constituído. Num caso, o problema é internormativo e se comprova mediante o confronto entre normas. Já no outro, o problema é interno à norma individual e concreta e se comprova confrontando as provas, relativas ao fato, com a descrição feita no antecedente da norma.

Esta distinção, mesmo tendo como pano de fundo a violação da competência, é relevante, pois o direito positivo imputa efeitos distintos conforme se reconheça erro de fato ou erro de direito. Como regra, a posterior constatação de erro de direito, em normas criadas pela Administração Pública e que sejam favoráveis ao contribuinte, não enseja revisão. Porém, caso o erro seja de fato, a norma poderá ser revista com fundamento expresso no que dispõe o art. 149 do CTN.

6. Improcedência da pretensão da Fazenda ou do contribuinte

Não é raro identificar sentenças ou decisões administrativas que simplesmente afastam a pretensão impositiva da Fazenda ou que negam, por exemplo, o direi-

26. AR 1.381-DF, 1ª Seção do STJ, Rel. Ministro Francisco Peçanha Martins, *DJ* 9.12.2003.

27. AR 836-RS, 1ª Seção do STJ, Rel. Ministro Francisco Falcão, *DJ* 24.2.2003.

28. "A linha de demarcação entre questões de direito e questões de fato, contudo, é flutuante. À primeira vista, para formular a premissa menor do silogismo é preciso verificar os fatos. (...) Observa-se, contudo, que os 'fatos' que o juiz verifica diretamente são somente as provas (por exemplo, os testemunhos), não os fatos provados. Uma prova é precisamente um fato que induz a considerar ocorrido um outro fato. Este último não é verificado diretamente pelo juiz, mas inferido pelas provas. Uma prova autoriza o juiz a considerar verdadeira uma certa proposição acerca do passado. Esta inferência não tem caráter dedutivo: entre duas proposições não há um nexo de implicação lógica, mas antes de nexo mais débil de 'congruência narrativa' (como é chamada)" (Herbert Hart, *Das Fontes às Normas*, pp. 71-72).

to a restituições ou compensações proposto pelo contribuinte. Muitas dessas decisões não chegam a fundamentar a improcedência em qualquer dos vícios descritos acima. Quando isso acontece, trata-se de caso em que há conflito em matéria tributária e não há argumento pela violação da norma de competência? É evidente que não.

Decorre da própria definição do conceito de tributo, prescrita pelo art. 3º do Código Tributário Nacional, que se trata de uma obrigação compulsória, o qual decorre diretamente da lei, e não de acordo de vontades. Trata-se, portanto, de uma obrigação *ex lege*. Neste tipo obrigação, não há concurso de vontade das partes, tampouco existe discricionariedade para se definir onde, quando e quanto de tributo deve ser pago. Todos os contornos da obrigação, a teor do que prescreve o art. 150, I, da Constituição e o art. 97 do Código Tributário Nacional, devem ser instituídos por lei. O efeito concreto destas disposições é o seguinte: a pretensão impositiva do Estado será legítima se estiver conforme as disposições legais. Da mesma forma a pretensão do contribuinte. Se assim é, qualquer juízo de ilegitimidade, mesmo que não haja expressa menção às nulidades citadas acima, envolve um ajuste entre a norma positivada e aquela que lhe serve de fundamento.

Por isso, mesmo quando não há referência expressa a qualquer das nulidades comentadas acima, está presente a idéia de violação da competência nos casos em que a pretensão fazendária ou do contribuinte não é aceita no curso de uma lide administrativa ou judicial.

7. *Conclusão: atributo comum do gênero nulidade – Sanção pelo descumprimento da norma de competência*

Com as considerações desenvolvidas acima fica patente a existência de um núcleo comum entre todos os argumentos levantados pelas partes num litígio relativo a questões tributárias, qual seja: criação ilícita de normas.

Se criar norma pode ser entendido como uma ação juridicamente regulada, é possível, também, que essa ação seja considerada lícita ou ilícita, conforme tenha sido praticada segundo a norma que prescreve a licitude – norma de competência – ou segundo aquela que estabelece os efeitos da ilicitude – norma sancionatória da competência.

A sanção pelo exercício ilícito da competência é a nulidade da norma. A conseqüência da nulidade é, conforme o caso, a suspensão da vigência (nas decisões que prescrevem efeitos gerais) ou da eficácia (nas decisões individuais) da norma criada ilicitamente.

Tanto a norma produzida de forma regular como aquela produzida irregularmente estão no sistema de direito positivo. A diferença é que uma irradia os efeitos para os quais foi criada e a outra – criada ilicitamente – não.

A reação do sistema à prática desses ilícitos tem natureza sancionatória, voltada a coibir a criação de normas feita em descompasso com a respectiva norma de competência.

Sempre que se postule a um órgão judicante – administrativo ou judicial – o não cumprimento de uma norma, o argumento a ser utilizado é o de que essa norma foi criada em descompasso com a respectiva norma de competência. Esse é o atributo comum entre: inconstitucionalidade, ilegalidade, nulidade, anulabilidade, erro de fato, erro de direito, entre outros. As normas que reconhecem essas espécies do gênero "nulidade" têm natureza de sanção pelo descumprimento da norma de competência.

8. *Bibliografia*

ALEXY, Robert. *El Concepto y la Validez del Derecho*. Barcelona, Gedisa, 2004.

CARVALHO, Paulo de Barros. *Direito Tributário: Fundamentos Jurídicos da Incidência*. 5ª ed., São Paulo, Saraiva, 2006.

_____. *Direito Tributário, Linguagem e Método*. São Paulo, Noeses, 2008.

DERZI, Misabel Abreu Machado. *Modificações da Jurisprudência no Direito Tributário*. São Paulo, Noeses, 2009.

GUASTINI, Riccardo. *Distinguiendo: Estudios de Teoría y Metateoría del Derecho*. Barcelona, Gedisa, 1999.

HART, Herbert L. A. *O Conceito de Direito*. 3ª ed., Lisboa, Fundação Calouste Gulbenkian, 2001.

_____. *Das Fontes às Normas*. Trad. Edson Bini. São Paulo, Quartier Latin, 2005.

KELSEN, Hans. *O Problema da Justiça*. 3ª ed., São Paulo, Martins Fontes, 1998.

_____. *Teoria Geral das Normas*. Porto Alegre, Fabris, 1986.

_____. *Teoria Pura do Direito*. 6ª ed., São Paulo, Martins Fontes, 1999.

_____. *Teoria Geral do Direito e do Estado*. 3ª ed., São Paulo, Martins Fontes, 2000.

_____; BULYGIN, Eugenio; e WALTER, Robert. *Validez y Eficacia del Derecho*. Buenos Aires, Astrea, 2005.

LINS, Robson Maia. *Controle de Constitucionalidade da Norma Tributária. Decadência e Prescrição*. São Paulo, Quartier Latin, 2005.

MIRANDA, Francisco Cavalcanti Pontes de. *Tratado de Direito Privado. Parte Geral*. ts. 1 e 2. Rio de Janeiro, Borsói, 1954.

PIMENTA, Paulo Roberto Lyrio. "Normas de competência e o controle de validade da norma impositiva tributária", in DE SANTI, Eurico Marcos Diniz (org.). *Segurança Jurídica na Tributação e Estado de Direito*. São Paulo, Noeses, 2005, pp. 839-854.

ROSS, Alf. *Direito e Justiça*. Trad. Edson Bini. São Paulo, EDIPRO, 2000.

VILANOVA, Lourival. *Causalidade e Relação no Direito*. 4ª ed., São Paulo, Ed. RT, 2000.

CADERNOS DE DIREITO TRIBUTÁRIO

MULTAS TRIBUTÁRIAS E O PRINCÍPIO DA CONSUNÇÃO

GUILHERME ADOLFO MENDES
Mestre e Doutor em Direito Tributário pela USP. Auditor Fiscal da Receita Federal e Superintendente Adjunto no Estado de São Paulo. Professor da USP/Ribeirão Preto, do IBET, da Fundação Getúlio Vargas/SP – GV*Law* no Curso Preparatório FMB.

1. As sanções tributárias. 2. Relevância da investigação das penalidades. 3. Finalidade das sanções. 4. Sanção e delito. 5. Sanção e coação. 6. Direito penal e o sancionador não penal. 7. O princípio da absorção. 8. Conclusão.

1. As sanções tributárias

Nos termos literais do art. 113 do Código Tributário Nacional, são dois os tipos de obrigação tributária: a (*i*) principal que "surge com a ocorrência do fato gerador, tem por objeto o pagamento de tributo ou penalidade pecuniária", e a (*ii*) acessória que "decorre da legislação tributária e tem por objeto as prestações, positivas ou negativas, nela previstas no interesse da arrecadação ou da fiscalização dos tributos".

Muitas são as críticas doutrinárias acerca da redação legal. A penalidade pecuniária (a multa), por exemplo, não deveria ser legalmente qualificada como obrigação tributária. A obrigação acessória, além de não se caracterizar como obrigação por ser destituída de cunho patrimonial, também não poderia ser predicada como acessória, pois pode ser imposta e exigida mesmo no caso de inexistência do dever à satisfação da prestação pecuniária.

De igual sorte, bastante criticada é a dicção do § 3º do mesmo artigo, segundo a qual "A obrigação acessória, pelo simples fato da sua inobservância, converte-se em obrigação principal relativamente à penalidade pecuniária". Afinal, não há uma "conversão" de uma obrigação em outra, mas sim a imposição de uma sanção pelo descumprimento de um dever, o que é inerente a toda a ordem jurídica.

Tais análises críticas são pertinentes e relevantes. Assim, com elas comungamos. Nada obstante, é importante destacar não só as imprecisões legislativas, mas também os acertos. O referido artigo prescreve três institutos jurídicos fundamentais ao Direito Tributário: evidentemente (*i*) o tributo, mas ainda (*ii*) os deveres de fazer e de não fazer necessários às atividades de fiscalizar e arrecadar, e (*iii*) a sanção – no caso de caráter pecuniário.

Relativamente ao primeiro, transbordam obras que esmiúçam com invejável precisão seus meandros. Há formulações gerais consagradas em face de sua rigorosa estruturação teórica, como a Teoria da Regra-Matriz de Incidência de Paulo de Barros Carvalho. Cada uma das espécies tributárias (e seus espécimes) já foi investigada a olhos de lupa e suas nuanças destacadas a toque de pinça. São quase incontáveis os trabalhos acadêmicos dedicados à análise das mais diversas peculiaridades do regime jurídico dos tributos, como a competência tributária, os princípios e as imunidades.

Nada obstante, não podemos dizer o mesmo em relação aos deveres de fazer e deixar de fazer, bem como às sanções na seara tributária. Apesar de haver algumas dignas iniciativas, o conjunto de trabalhos destinados ao estudo dos deveres instrumentais e das penalidades não pode ser comparado ao vasto universo de obras dedicadas à estrita investigação das imposições tributárias.

Aliás, relativamente às sanções, atrevemo-nos a afirmar que a produção doutrinária nacional é sobremaneira carente de obras de envergadura, exceto quanto àquelas específicas da seara criminal. Apenas o "direito sancionador" penal encontra-se hodiernamente em estágio avançado de formulação teórica.

Dessarte, investigar as sanções estatuídas em razão do descumprimento de deveres tributários é navegar por águas muito pouco exploradas.

2. *Relevância da investigação das penalidades*

A relevância de se investigar com a maior acuidade possível os mais diversos tributos do nosso ordenamento é evidente. No modelo jurídico nacional, em que os meios de produção não estão, como regra, sob o domínio público, os recursos econômicos necessários à gestão do aparato estatal só podem provir do patrimônio particular mediante, principalmente, tributos. O tributo é o esteio de todo e qualquer Estado, como o nosso, que adote a concepção capitalista.

Há invariavelmente a contínua necessidade de transferência de parcela da riqueza produzida pelos entes privados para os públicos; e esse deslocamento de recursos é promovido, em regra, por meio de tributos.

O privado provê o público, mas isso não inverte a ordem prioritária dos modelos democráticos de nação: o Estado existe para servir ao indivíduo e não o indivíduo existe para servir ao Estado. O indivíduo só serve ao Estado para que este possa servir ao próprio indivíduo.

Desse modo, a instituição de tributos, tão essencial para prover o Estado dos recursos necessários ao cumprimento de seu único desígnio – a satisfação de sua população –, deve estar regida por um manto normativo capaz de garantir ao cidadão provedor as garantias necessárias para que não se inverta a relação.

A imposição tributária desmedida sufoca, asfixia, inibe a iniciativa privada e amiúde incentiva o seu próprio descumprimento. Com isso, de um Estado faz-se uma tirania; de um povo, uma horda de descomprometidos.

O estabelecimento de tributos (mais precisamente o abuso desta prática) é tema recorrente; das páginas do noticiário às conversas cotidianas, das reuniões empresariais à convivência familiar, e, principalmente, tem sido objeto de investigação de inúmeras searas científicas, como a Economia, a Sociologia, a História, a Geografia e, evidentemente, a Ciência do Direito mediante o seu ramo especializado: o Direito Tributário.

Por certo, não pairam dúvidas sobre a necessidade de análise meticulosa do ordenamento pátrio no que se refere ao estabelecimento das imposições pecuniárias de âmbito tributário. Mas e quanto aos deveres instrumentais e às penalidades? Deveriam ser relegados a um segundo plano?

Não só por meio de tributos o Estado pode assoberbar o setor privado de encargos que consomem recursos produtivos. A imposição desmedida de deveres formais também pode produzir o mesmo resultado. Apesar de esses deveres serem destituídos de cunho patrimonial, ou seja, o seu cumprimento pelo sujeito passivo não produz por si só vantagens econômicas para o sujeito ativo, eles geram ônus. O fato de um sujeito da relação jurídica não obter uma vantagem patrimonial imediata não significa que o outro não sofrerá uma desvantagem. A imposição de deveres formais, a despeito de não transferir riquezas das mãos privadas para o Estado, as consome tal qual os tributos. Deveriam, assim, merecer a mesma atenção da Dogmática Jurídica.

Mas e quanto às penalidades?

Tributos e deveres instrumentais são imposições que independem de qualquer prática contrária às prescrições jurídicas, ao passo que penalidades são impostas pela realização de condutas ilícitas, vale dizer, pela ação ou omissão proibidas. Desse modo, por estar numa condição de violador da ordem jurídica, estaria o particular juridicamente desarmado contra as imposições punitivas? Poderia o Estado estabelecer toda e qualquer sorte de punições pelo descumprimento de deveres? A discricionariedade legislativa ao tipificar infrações e ditar punições seria de tal modo vasta que não mereceria maiores investigações doutrinárias?

Cremos que a resposta deve ser negativa para todas essas questões.

Conforme análise que se seguirá, o estabelecimento de sanções é essencial para toda e qualquer ordem jurídica, o que não legitima, contudo, a imposição de toda e qualquer punição.

No final do ano de 1996, por exemplo, foi publicada a Lei Federal n. 9.430. Esse diploma trouxe uma vasta gama de inovações para legislação do Imposto de Renda, mas também algumas para os demais tributos administrados pela Secretaria da Receita Federal.

Uma destas pretensas inovações foi o art. 44 e seu inciso I abaixo transcritos:

> Art. 44. Nos casos de lançamento de ofício, serão aplicadas as seguintes multas, calculadas sobre a totalidade ou diferença de tributo ou contribuição:
>
> I – de setenta e cinco por cento, nos casos de falta de pagamento ou recolhimento, pagamento ou recolhimento após o vencimento do prazo, sem o acréscimo de multa moratória, de falta de declaração e nos de declaração inexata, excetuada a hipótese do inciso seguinte;

Segundo a interpretação promovida pela Administração Federal, na hipótese de pagamento integral de imposto ou contribuição após o vencimento do prazo, mas sem o recolhimento de multa moratória, deveria ser lançada multa de ofício isolada sobre o valor do total do imposto e assim foram promovidos lançamentos "manuais", bem como houve a programação de sistemas informatizados de auxílio aos lançamentos semi-automatizados.

Numa situação concreta em que o tributo corresponda a R$ 1.000.000,00 (um milhão de reais) e que tenha sido efetivamente recolhido um dia depois de expirado o prazo, pela falta do pagamento de apenas R$ 3.300,00 relativos à multa moratória (0,33% do tributo por dia de atraso), o Fisco Federal lançava uma multa de ofício de R$ 750.000,00 (75% sobre o valor de R$ 1.000.000,00 referente ao imposto pago).

Em suma, o descumprimento de uma prestação, cujo objeto correspondia a apenas R$ 3.300,00, acarretou uma conseqüência punitiva mais de 200 vezes superior àquele valor. Este e outros casos, de notória não razoabilidade ao senso comum, despertaram em nosso espírito o juízo de que o problema (a não razoabilidade) não está nesta ou naquela situação concreta, mas na estrutura da própria norma geral e abstrata sancionatória diante de princípios gerais do ordenamento jurídico pátrio.

Numa detida investigação acerca da estrutura da regra sancionadora, podemos constatar que seu antecedente corresponde ao ato ilícito do pagamento em atraso de tributo sem a multa moratória, enquanto o conseqüente é a multa punitiva cujo aspecto quantitativo é composto pelo tributo como base de cálculo multiplicado pelo percentual de 75%.

Ora, essa norma apresenta uma compleição totalmente degenerada, pois o comportamento de pagar tributo, mesmo em atraso, é lícito. Do contrário, deveríamos supor que, na hipótese de atraso, o sujeito passivo estaria proibido de efetuar o pagamento. Todavia, não é assim. Mesmo em atraso, o ato de pagar é lícito.

Dessa forma, ilícita é a falta de pagamento da multa de mora na hipótese de atraso e não o pagamento do tributo sem a multa de mora. A base de cálculo da sanção punitiva deve guardar relação com o aspecto pecuniário do dever descumprido, não pode tomar por base o valor do tributo, pois o seu recolhimento corresponde a ato lícito.

Essa base de cálculo infirma a conduta ilícita pela incoerência entre as duas e é a causa de situações absurdas como a do exemplo numérico anteriormente apresentado.

Feliz e acertadamente, porém, o legislador, mediante a edição da Lei n. 11.488/2007, alterou o referido dispositivo para a seguinte redação:

> Art. 44. Nos casos de lançamento de ofício, serão aplicadas as seguintes multas:
>
> I – de 75% (setenta e cinco por cento) sobre a totalidade ou diferença de imposto ou contribuição nos casos de falta de pagamento ou recolhimento, de falta de declaração e nos de declaração inexata;

Ou seja, revogou essa estapafúrdia sanção, a qual foi expurgada inclusive para os fatos pretéritos em razão da retroatividade benigna prevista no art. 106 do Código Tributário Nacional.

Com esse exemplo pretendemos demonstrar a relevância do estudo das penalidades, as quais, sem o devido controle, podem redundar em onerosos gravames para lá de esdrúxulos.

Evidentemente, em poucas páginas, não é possível abarcar todo o espectro teórico das sanções pecuniárias no Direito Tributário. No entanto, é possível, além de chamar a atenção da comunidade acadêmica para o tema, apresentar alguns delineamentos gerais, bem como aprofundar o assunto em relação a um ponto específico. É o que faremos ao analisar a aplicação às sanções tributárias do princípio da consunção ou da absorção desenvolvido pelo Direito Penal.

3. Finalidade das sanções

Antes de avançar no estudo de qualquer ponto específico acerca de um instituto jurídico, é essencial fixar exatamente o seu conceito. No caso da sanção, para estabelecer sua definição, ao revés de indagarmos diretamente: O que são sanções? Ou, qual é o conceito de sanção? Cremos ser mais útil partirmos do questionamento: para que servem as sanções? Qual a sua finalidade?

Nesse ponto, julgamos não haver muitas controvérsias, pelo menos entre aqueles que não adotam o Jus-naturalismo como Doutrina. Para Kelsen, "A eficácia das normas que impõem conduta determinada depende, assim, da eficácia das normas – das primárias – que estatuem sanções".[1] Em linha similar, Von Wright afirma: "La función de la sanción es constituir motivo de obediencia de la norma en ausencia de otros motivos de obediencia y en presencia de motivos de desobediencia".[2] Podemos inferir que posição idêntica é adotada por Paulo de Barros Carvalho: "(...) 'sanções administrativas' projetadas para reforçar a eficácia dos deveres jurídicos previstos em outras normas (...)".[3]

1. *Teoria Geral das Normas*, Porto Alegre, Sergio Antonio Fabris Editor, 1986, p. 176.

2. *Norma y Acción*, Madri, Tecnus, 1970, p. 139.

3. *Curso de Direito Tributário*, São Paulo, Saraiva, 2000, p. 344.

Assim, é possível responder claramente à indagação acerca da finalidade das sanções: elas são estabelecidas com o fito de conferir (reforçar, ampliar, garantir) a eficácia de outras normas.

Para nós, entretanto, saber a finalidade ou a função da sanção é condição necessária, mas não suficiente, para passarmos à pergunta acerca do conceito de sanção. Antes devemos também responder: Como? Como as sanções, expedientes que visam reforçar a eficácia doutras normas, alcançam seu desígnio?

Normas são atos de fala, são mecanismos lingüísticos com os quais o homem busca interferir na realidade – para mantê-la se o natural fosse a alteração; para mudá-la se seria de esperar a estagnação ou a mudança noutra direção. Mas como conseguir tal propósito senão por meio de outros homens?

Se desejarmos acionar um mecanismo distante de nossas mãos, podemos nos levantar e com nossas próprias forças assim executar. Podemos também pedir, ordenar, sugerir que outro o faça. Ou seja, podemos com um simples ato de fala alterar a realidade, mas para tal, uma condição é necessária: "o outro".

As normas e, portanto, as normas jurídicas, pertencem a esse enorme conjunto de atos de linguagem que buscam intervir nos acontecimentos do mundo, mas sempre por intermédio de outrem.

Um ato de fala não é dirigido a um objeto, mesmo a um animal irracional. É sempre direcionado a um ser lingüístico – outro homem, portanto – dotado de aspirações, desejos e vontades.

Para que o mecanismo seja acionado por meio de nosso ato de fala, não basta haver um outro e nem que compreenda a nossa mensagem, há que também desejar se comportar em conformidade com ela.

As normas jurídicas não são pedidos, sugestões, mas, mesmo sendo prescrições, dependem do querer daqueles para quem são dirigidas. Ninguém cumpre uma ordem apenas porque a recebe como tal. Cumpre porque quer.

É certo que esse querer pode advir de vários motivos. A norma que proíbe o ato de fumar dentro de um restaurante pode ser cumprida por alguém simplesmente pela circunstância de que não adquiriu o hábito de fumar, nada mais.

Se a sanção tem por escopo conferir eficácia a normas, se visa reforçar o cumprimento das determinações jurídicas, deve agir sobre o querer, a vontade daqueles que estão sujeitos a tais determinações.

Assim, podemos definir *provisoriamente* as sanções como expedientes que têm a finalidade de reforçar a eficácia de normas impositivas de deveres. Tal reforço, contudo, deve advir de recursos que atuem sobre a vontade daqueles que estão sujeitos ao cumprimento do dever prescrito.

4. Sanção e delito

As sanções visam reforçar o cumprimento das prescrições estabelecidas noutras normas mediante algum expediente que atue sobre a vontade de seus sujeitos passivos. A natureza desse expediente, contudo, ainda não foi esclarecida. Para tal precisamos explorar o conceito de delito.

Kelsen é taxativo em dizer que "Não existe delito em si".[4] Também nada temos a obstar a essa afirmativa. No entanto, por detrás de frase tão singela há uma firme premissa: a de que não é a sanção a conseqüência de um delito; este sim é como tal qualificado por estar vinculado a uma sanção.

Não concordamos, contudo, com esse ponto de vista. Não há preeminência lógica de um conceito sobre o outro.

Um ilícito é assim conceituado por estar ligado a uma sanção e vice-versa. A

4. *Teoria Geral do Direito e do Estado*, São Paulo, Martins Fontes, 2000, p. 73.

relação é que deve ser destacada e não qualquer um de seus pólos. Alguém é pai, porque outrem é dele filho, assim como o contrário: alguém é filho, porque outrem dele é pai. Nem o pai, nem o filho, tem preeminência conceitual sobre o outro. Não há como caracterizar alguém como pai sem o filho, e nem o filho sem o pai. Um simplesmente não pode ser conceituado sem o outro, o que levaria a uma definição cíclica.

Para escapar desse problema lógico devemos pôr em destaque não um ou outro pólo da relação, mas sim a própria relação.

É a relação que adquire autonomia conceitual e cada um dos seus elementos estão implicados logicamente.

Se o fim da sanção é o de atuar sobre a vontade de outrem para que cumpra o estabelecido por uma norma, necessariamente visa também evitar que esse mesmo destinatário deixe de cumpri-lo, ou seja, que pratique a conduta oposta, o delito.

Kelsen classifica sanção como ato coercitivo e não a identifica como conseqüência do delito. Este sim é qualificado como tal por estar ligado a uma sanção. Nada obstante, o próprio autor afirma que nem todos os atos coercitivos são sanções.

Dessa forma, as sanções não podem ser conceituadas meramente por serem atos coercitivos, pois outros há que não sanções, o que acarreta, no nosso entender, uma lacuna na Teoria Pura.

Uma sanção não é qualificada por algo a ela intrínseco, como ser um ato coercitivo. A sanção visa evitar o ato ilícito e, com isso, reforçar a eficácia da norma que impõe a conduta lícita oposta.

Ao colocar a sanção em primeiro plano, Kelsen deixou sua Teoria pairando no ar. Como destaca Sacha Calmon Navarro Coêlho: "Conquanto tenha Kelsen atribuído ao ilícito dignidade jurídica, contrapondo-se às teorias clássicas do direito, a sua implantação do problema distorceu o significado preciso do fenômeno jurídico. Evidentemente o Direito Positivado não é um rol de sugestões, mas tampouco é um elenco de sanções, pura e simplesmente".[5] E prossegue para definir o direito, à luz da Teoria Egológica de Carlos Cóssio: "É uma pauta ou modelo de comportamentos desejáveis que é possível obedecer ou não. Cóssio retoma o tema neste ponto e revaloriza a função da Liberdade Humana na trama da realização do direito como experiência social. Ao mesmo tempo posiciona o dever-ser desejável como o alvo primevo da ordem jurídica, reservando à sanção a função garantidora, punitiva, que é-lhe própria".[6]

Pois bem, o direito é uma reunião de enunciados em que se prescrevem condutas lícitas e as ilícitas, logicamente implicadas como na formulação cossiana. A norma completa contempla as duas possibilidades lógicas da ação: o realizar e o não realizar. Não é possível logicamente estabelecer o lícito sem o ilícito e vice-versa.

Se o realizar uma conduta é obrigatório, o oposto da ação é um ilícito; e se o realizar uma ação é ilícito, o contrário é necessariamente proibido. Mas se o ilícito e o lícito convivem como possibilidades, concretamente um implica o "não-outro". Se alguém realizou uma conduta lícita, não praticou a oposta ilícita; se efetuou o ilícito, não realizou a conduta lícita contrária. No dizer de Vilanova, em análise da doutrina cossiana: "Poder-se-ia pensar que a disjunção proposicional exprime uma alternativa, com um ou-excludente, cada um dos membros excluindo a verificação simultânea do outro membro. Se a conduta verifica a endonorma, se o sujeito da prestação satisfaz o comportamento devido, não entra em jogo a perinorma, que prevê

5. "Normas impositivas e sancionantes", *Revista de Direito Tributário* 38/179, São Paulo, Ed. RT, 1986.

6. "Normas impositivas e sancionantes", *Revista de Direito Tributário* 38/179-180, São Paulo, Ed. RT, 1986.

o comportamento contrário como pressuposto da sanção".[7]

E é justamente com base nessa impossibilidade lógica de convivência concreta que se baseia a sanção. A sanção desestimula o ilícito com o fito de reforçar o lícito.

5. *Sanção e coação*

O modo pelo qual a sanção busca reforçar a eficácia das normas impositivas é pelo desestímulo direto da prática do ilícito. Como visto, isso decorre de uma propriedade categórica. Se alguém pratica um ilícito, deixou de executar a conduta oposta prescrita (lícita, portanto); se atuou licitamente, deixou de realizar a conduta oposta ilícita. Não é possível a um só tempo realizar a conduta lícita e a oposta ilícita. Se avançou o semáforo vermelho, não esperou o verde para acionar o acelerador do automóvel; se cruzou a via durante a luz verde, deixou de atravessar no vermelho.

Os recursos empregados para desestimular a prática do ilícito por via de conseqüência lógica reforçam o cumprimento da conduta lícita. Se a intenção é desestimular o ilícito por via direta (e estimular o lícito por via lógica) só há um modo: a imposição de algo que seja desagradável ao destinatário, ou seja, que presumivelmente tentará evitar. E esse algo desagradável necessariamente deve ser passível de ser imposto àquele cuja conduta se pretende conformar.

Se buscamos que nosso filho estude a lição escolar, podemos determinar que assim o faça. Para reforçar a eficácia de nossa ordem, podemos ameaçá-lo com uma sanção, algo que lhe seja desagradável e assim desestimule o comportamento contrário – a pachorra. Contudo, essa ameaça deve estar sob o domínio da nossa ação comandada pela nossa própria vontade e não pela dele. De nada serviria a ameaça de encaminhá-lo a uma academia militar, ainda que isso lhe fosse extremamente desagradável, se para lá ingressar fosse necessária a aprovação num concurso por ele realizado. Ora, esse castigo não poderia ser ao nosso filho imposto contra a sua vontade.

As prescrições podem ser de dois tipos em função da possibilidade de exigência coercitiva: deveres passíveis de coerção (como o de pagar um tributo) e deveres não passíveis de coerção (como o de não matar). As normas impositivas podem estabelecer quaisquer dos dois tipos; mas as sancionatórias, não. Uma norma sancionatória deve necessariamente impor uma conduta passível de ser coercitivamente exigida.

Kelsen, ao proferir que as sanções são atos coercitivos, expressou de forma sintética que são deveres desagradáveis passíveis de serem impostos pela força, mas não que o sejam em todas as situações concretas. Em razão da função pragmática da linguagem prescritiva, sanção e coerção estão implicados logicamente, mas são conceitos distintos.

Sanções são deveres que necessariamente devem ser aptos à imposição coercitiva, sob pena de não cumprirem a sua função pragmática de conferir eficácia às normas impositivas a que estão acopladas. Mas, como afirma Regis de Oliveira: "Não se pode confundir *sanção* com *coação*. Esta constitui a aplicação forçada da sanção. É sua conseqüência diante do descumprimento da sujeição à sanção. É a compulsão material do comando".[8]

O direito visa ao ajuste do comportamento inter-humano à linguagem, mas não apenas por intermédio da prescrição de condutas desejáveis – aquelas por ele moduladas como lícitas –, pois se serve também da imputação para as condutas opostas (as ilícitas) de uma conseqüência desa-

7. Lourival Vilanova, *As Estruturas Lógicas e o Sistema do Direito Positivo*, p. 139.

8. *Infrações e Sanções Administrativas*, São Paulo, Ed. RT, 1985, p. 3.

gradável passível de ser exigida coativamente.

De nada serviriam sanções sem coatividade. A conseqüência desagradável deve ser, pela sua própria natureza, apta a imposição por outrem, isto é, deve ser possível a pessoa diversa daquela para a qual foi estipulada a conduta inicial aplicar fisicamente a resposta sancionatória.

Por esse motivo, a pena alternativa de prestação de serviços não corresponde a uma sanção típica, uma vez não ser passível de imposição coativa. As únicas com tal característica são as privativas de direitos, como a multa e o confisco que privam o infrator de patrimônio; a prisão que lhe retira a liberdade; a repreensão que macula sua honra e imagem públicas; a chibata que lacera o corpo; e todas as formas de supressão da vida (forca, guilhotina, cadeira elétrica, inoculação, fuzilamento, etc.).

Desse modo, podemos definir sanção como uma norma composta por um antecedente, em que se localiza uma conduta ilícita, e por um conseqüente que seja desagradável ao infrator e passível de lhe ser imposto coercitivamente.

6. Direito penal e o sancionador não penal

Evidentemente, os expedientes que maculam a integridade corporal se quadram perfeitamente na definição, além de serem os mais aptos ao reforço da eficácia em razão de seu elevado potencial de aversão pelo destinatário. Nada obstante, os ordenamentos modernos, pelo menos no mundo ocidental, não mais permitem imposições sancionatórias que atinjam a incolumidade física, exceto, em algumas raras hipóteses, a própria pena capital. Essas sanções, contudo, foram, ao longo de séculos, o principal expediente sancionador empregado para reforçar a eficácia das mais diversas ordens jurídicas e, ainda hoje, são adotadas por países cuja cultura não absorveu as evoluções do processo civilizador ocidental.

Desde os primeiros passos da sociedade na direção do estabelecimento de uma ordem jurídica, com a criação e aplicação de regras de forma minimamente institucionalizada, o tema dos limites ao poder de sancionar se destaca. O Código de Hamurabi, já dezoito séculos antes de Cristo, traçava as linhas iniciais. Nossos olhos modernos muitas vezes não percebem que a Lei de Talião, princípio norteador das regras do Código, teve por finalidade algo que buscamos ainda hoje: fixar os limites ao poder de punir. Numa época em que a reação a um ato ilícito era absolutamente desmedida, a regra do "olho por olho" veio como expediente primevo para dimensionar a reação ao ilícito. Nada mais lógico, como primeira baliza, que a resposta não pudesse ser mais prejudicial ao infrator que sua ação delitiva foi para a vítima.

Ao longo dos séculos, apesar de alguns retrocessos em determinados períodos históricos, o direito evoluiu por caminhos restritivos ainda mais intensos. Hoje, não se espera que a comunidade organizada reaja mediante artifícios idênticos aos daqueles que burlaram suas determinações.

Desse modo, perscrutar o regime jurídico das regras sancionatórias não se resume a determinar qual meio é o mais eficiente para prevenir o delito (se fosse assim, bastaria estabelecer pena de morte para toda e qualquer infração, pois seguramente é a punição mais temida); pelo contrário, é, antes de tudo, estabelecer seus limites formais e materiais. Se, por um lado, a função pragmática das regras sancionatórias, de reforçar a eficácia das normas impositivas, induz a máxima reação ao ilícito, por outro, os mais diversos princípios garantidores da condição humana visam estreitar suas fronteiras.

Nessa linha, a obra de Beccaria – *Dos Delitos e das Penas* –, do século XVIII, é o marco mais relevante para o Direito Penal e extrapola suas fronteiras para ser seguramente considerada indispensável à compreensão do pensamento ocidental contemporâneo.

A imposição de sanções eficazes, ao menos para o nosso atual estágio cultural, é indispensável. Todavia, é imperativa sua moderação qualitativa e quantitativa. Do ponto de vista qualitativo, não são mais admitidas sanções cruéis, que maculem o corpo; já no que se refere ao aspecto quantitativo, ainda que a punição possa ser aceitável quanto à sua natureza, como a pecuniária, ela deve guardar proporcionalidade com o delito cometido.

O Direito Penal se desenvolveu não só na direção de fixar parâmetros limitadores qualitativos, mas principalmente quantitativos, como o concurso formal, o crime continuado e o princípio da consunção ou da absorção; os dois primeiros com expressa previsão em nossa codificação penal (arts. 70 e 71) e o último de edificação doutrinária e jurisprudencial, cuja aplicação às sanções tributárias não penais é o objeto específico deste estudo.

Não podemos, contudo, transportar, sem maiores reflexões, os princípios desenvolvidos num ramo jurídico para outro. Devemos primeiramente verificar as similaridades e dessemelhanças entre os ramos; depois, analisar o papel que o ditame estudado desempenha na seara normativa adotada como referência; e, por fim, se o princípio, em razão da sua conexão com os pontos de semelhança, pode desempenhar a mesma função no ramo de interesse, o que legitimaria a sua transposição, ou, pelo contrário, por estar vinculado a aspectos díspares entre as duas searas jurídicas, não pode ser adotado em ambos os ramos jurídicos ou sua adoção, apesar de apropriada, exige adaptações.

A imediata e mais relevante semelhança entre o Direito Penal e os Direitos Sancionadores Não Penais, dentre os quais o estudo das multas pelo descumprimento de deveres tributários, é a circunstância de todos investigarem o estabelecimento e imposição de sanções.

Quanto às diferenças, muitos apontam a gravidade das infrações e sanções. Os delitos mais danosos e, conseqüentemente, as punições mais severas seriam objeto do Direito Penal, ao passo que as infrações com menor potencial de violação da ordem jurídica e, desse modo, as penalidades menos onerosas pertenceriam aos regimes sancionadores não criminais.

Não discordamos dessas linhas gerais; no entanto, alguns pontos devem ser precisados. Nem sempre as sanções penais são, em cada caso concreto, mais graves que as sanções não penais; ao menos em termos quantitativos.

Isso ocorre por que o Direito Penal é suplementar. Se qualitativamente o conjunto das sanções penais é mais severo que o dos direitos sancionadores não penais, pois abriga modalidades punitivas não contempladas pelos outros (como o cerceamento à liberdade); por outro lado, relativamente às sanções de conteúdo idêntico (as multas, por exemplo), pode impor penas quantitativamente mais brandas que aquelas impostas pelos demais ramos sancionatórios, porque a pena criminal não substitui a sanção imposta por outros ramos, mas a suplementa. À sanção administrativa pode se acrescentar a penal.[9]

O Direito Penal reúne as normas que visam sancionar os atos ilícitos considerados mais nocivos à comunidade. Desse modo, duas conclusões podemos atingir acerca de limites. Primeira, as sanções de outros ramos não podem apresentar natureza mais gravosa (qualitativamente) que as desse ramo. Segunda, o processo de criação das normas – sejam as gerais e abstratas, sejam as individuais e concretas – sancionadoras criminais não pode ser me-

9. Discordamos, nesse ponto, de Hugo de Brito Machado, in *Sanções Administrativas Tributárias*, São Paulo, Dialética, 2004, p. 188: "A cumulação de sanções administrativa e penal sobre um mesmo ilícito não é válida (...)".

nos rígido que o dos demais corpos normativos sancionadores.

Em síntese, enquanto os limites materiais qualitativos atinentes ao direito penal são necessariamente fronteiras intransponíveis aos demais ramos sancionadores, seus limites formais não se aplicam com o mesmo rigor quando vertidos ao processo de formação das sanções não criminais.

Como é proibido ao legislador estabelecer sanções penais cruéis ou de caráter perpétuo (CF, art. 5º, inciso XLII), também não pode fixar tais conseqüências para o descumprimento de quaisquer outros atos ilícitos, uma vez que são limites materiais, ou seja, relativos ao conteúdo das sanções (consideramos que a extensão no tempo também compõe o conteúdo da pena).

Por outra parte, o primado do devido processo legal alcança o maior rigor no direito processual penal, como o impedimento de o réu revel citado por edital ser condenado. Uma vez que se trata de um limite formal à fixação de normas sancionatórias individuais e concretas, sua aplicação no processo administrativo não deve necessariamente guardar a mesma rigidez. Assim, apenas considerada essa razão, não estaria obstada a imputação de uma sanção administrativa a um acusado, ainda que dela não tenha sido intimado pessoalmente.

Conclusão similar devemos obter no que tange às normas gerais e abstratas. A Constituição Federal (art. 62, § 1º, I, "b") impede que se veiculem normas penais mediante medidas provisórias. Esse limite, por também ser formal, não deve ser transposto imediatamente sem maiores considerações aos demais direitos sancionadores.

Não é por que a Carta Constitucional impede a fixação de normas penais por meio de Medidas Provisórias, que sanções de natureza administrativa não podem ser criadas por tal diploma.

7. O princípio da absorção

Na lição de Delmanto, a absorção ou consunção se caracteriza quando "a norma incriminadora de fato que é meio necessário, fase normal de preparação ou execução, ou conduta anterior ou posterior de outro crime, é excluída pela norma deste". Como exemplo, os crimes de dano absorvem os de perigo. Desse modo, a conduta delitiva só será punida com a pena estatuída para o crime de dano. Não são cumuladas as punições. Evidencia-se, assim, um preceito moderador na aplicação de punições.

Como vimos anteriormente, os limites materiais relativos às penas criminais são balizas intransponíveis aos demais direitos sancionadores; todavia, apenas do ponto de vista qualitativo.

A consunção é um princípio limitador à aplicação de punições, mas apenas sob o aspecto quantitativo. Nada obstante, como já explicitamos, as punições não criminais podem ser quantitativamente mais severas que as penais, o que não permitiria a transposição deste preceito para a aplicação das penalidades tributárias não criminais.

Não é da essência do direito penal, porém, apresentar caráter suplementar. Diversos são os delitos punidos apenas pela esfera criminal. No entanto, a absorção é adotada sem distinção quando a punição criminal suplementa ou não uma outra prevista em norma sancionadora de seara jurídica diversa.

Poderíamos, então, cogitar que a moderação decorre do caráter mais aflitivo das punições penais, as quais são, geralmente, restritivas da liberdade de locomoção. Assim, o aplicador deveria ser mais comedido. Nada obstante, há também sanções penais qualitativamente idênticas às não penais, como as multas, e uma vez mais o princípio é aplicado.

Assim, na esfera penal, a consunção não depende da natureza qualitativa da penalidade, nem do seu caráter suplementar, ou seja, sua aplicação não diz respeito a qualquer característica do conseqüente punitivo, mas sim do antecedente ilícito.

Se o direito penal abarca justamente os delitos considerados mais graves pela sociedade e, ainda assim, é aplicado indistintamente quanto à natureza da penalidade um preceito moderador da intensidade sancionatória, seguramente podemos afirmar que esse primado deve se estender a todo e qualquer feixe de normas sancionatórias.

Fixamos assim com segurança a premissa de que o princípio da absorção deve também ser aplicado ao direito sancionatório tributário. Isso, porém, não basta. Toda formulação abstrata deve ser testada a uma ou mais situações concretas.

No Direito Penal, a Doutrina aponta vários exemplos de aplicação do preceito da consunção, como a já citada absorção do crime de perigo pelo crime de dano. Também é relativamente fácil encontrar jurisprudência firmada com base nesse ditame, como a Súmula n. 17 do Superior Tribunal de Justiça: "Quando o falso se exaure no estelionato, sem mais potencialidade lesiva, é por este absorvido".

Relativamente à penalidade pecuniária no Direito Tributário, entendemos que um exemplo de aplicação do princípio da consunção é o da prática de condutas que violem concomitantemente o dever de antecipar e de pagar definitivamente um tributo.

Se uma pessoa física reduz indevidamente o imposto de renda anual a que estaria sujeito por ter deduzido valores a título de despesas médicas sem comprovação, deverá se submeter a uma multa correspondente a 75% do imposto suprimido, conforme o art. 44, inciso I, da Lei n. 9.430/1996.

Já os profissionais liberais, além do dever de apurar o imposto devido anual, estão obrigados também a recolher, no curso no ano, antecipações mensais. Nesse caso, se ofereceram à tributação o total de sua renda ao preencher a declaração no exercício seguinte, mas deixam de promover os recolhimentos mensais ao longo do ano de aquisição dos recursos, estarão sujeitos a uma multa de 50% sobre montante do imposto não antecipado (art. 44, inciso II, alínea "a", da Lei n. 9.430/1996). Mas e se o contribuinte simplesmente deixou de oferecer suas rendas ao Fisco?

Terá ofendido tanto o dever de antecipar mensalmente, quanto o de recolher em definitivo por meio da apuração anual. Nesse caso, deveriam ser aplicadas as duas punições, vale dizer, a multa de 50% e a de 75%?

Entendemos que não.

Nos termos do próprio STJ, "para aplicação do princípio da consunção pressupõe-se a existência de ilícitos penais que funcionam como fase de preparação ou de execução, ou como condutas, anteriores ou posteriores de outro delito mais grave" (HC 108.232-MG).

Como estabelecido anteriormente que o primado vale para todos os âmbitos sancionatórios, não há dúvidas de que, na hipótese descrita, o delito mais grave é o de não recolher o imposto apurado de forma definitiva e não o de meramente deixar de antecipar. Ademais, aquele só se consuma, neste contexto factual, se o infrator cometer também o menos grave.

De igual forma podemos encontrar hipótese similar em relação à tributação das pessoas jurídicas. Além do regime definitivo trimestral, o imposto de renda pode ser apurado anualmente; neste caso, contudo, a pessoa jurídica estará obrigada a promover antecipações mensais estimadas. Com base em dispositivos do mesmo art. 44 da Lei n. 9.430/1996, a violação ao dever de pagar em definitivo implica uma sanção pecuniária no percentual de 75%, ao passo que o delito de meramente não antecipar acarreta uma punição de 50%. Desse modo, o mero não recolhimento das estimativas impõe a multa de 50%; como estas antecipações são calculadas tomando-se por base exclusivamente a receita, um registro indevido de despesa acarreta apenas a redução do imposto definitivo e assim a aplicação da multa de 75%; já uma omissão de receita reduzirá ambos os valores (a antecipação e o pagamento definitivo), mas a infração mais grave deve absorver a outra.

Há, porém, uma peculiaridade. Uma parte da própria omissão de receita pode ser absorvida por despesas. Assim, não acarretará imposto devido e, conseguintemente, não irá compor a quantificação punitiva mais elevada. Nesse caso, em relação a essa parcela, deve prevalecer a sanção menos onerosa de 50%.

Isso posto, pelo princípio da absorção ou consunção, não deve ser aplicada a penalidade pela violação do dever de antecipar, mas apenas na mesma medida em que houver aplicação de sanção sobre o dever de recolher em definitivo. Esta penalidade absorve aquela até o montante em que suas bases se identificarem.

8. Conclusão

Um dos temas mais relevantes para a Dogmática Jurídica, no que diz respeito ao estudo das regras sancionatórias, é a precisa demarcação dos limites ao poder de punir desde a edição dos diplomas normativos veiculadores das regras gerais e abstratas até a sua aplicação mediante atos introdutores de normas individuais e concretas.

O Direito Penal é a Dogmática mais desenvolvida. Está repleta de princípios norteadores de uma interpretação mais condizente com o paradigma contemporâneo de moderação na aplicação das regras punitivas.

Desse modo, seus avanços e conquistas teóricas são um ponto de partida sobremaneira relevante para a análise das conseqüências punitivas não penais. Nada obstante, não podem ser adotados – como o princípio da consunção – sem uma reflexão detida e as devidas adaptações às peculiaridades de cada seara punitiva.

CADERNOS DE DIREITO TRIBUTÁRIO

ALGUNS ASPECTOS POLÊMICOS SOBRE A RESPONSABILIDADE TRIBUTÁRIA DO ADQUIRENTE DE ESTABELECIMENTO EMPRESARIAL – ART. 133 DO CTN

ANDRÉA MEDRADO DARZÉ
Mestra em Direito Tributário pela PUC/SP.
Professora do Curso de Especialização do IBET. Advogada em São Paulo.

1. Introdução. 2. A estrutura lógica do art. 133 do CTN: elementos configuradores do fato e da conseqüência: 2.1 Requisitos legais para a configuração do antecedente normativo; 2.2 Contornos do conseqüente normativo: 2.2.1 Tributos abrangidos pela responsabilidade do art. 133 do CTN; 2.2.2 Hipóteses de exclusão da responsabilidade prescrita no art. 133 do CTN; 2.2.3 Características da responsabilidade do art. 133 do CTN

1. Introdução

Muitas são as dificuldades que o aplicador da lei enfrenta para construir o sentido e alcance da regra que estabelece a responsabilidade dos adquirentes de estabelecimento empresarial pelo pagamento de tributos prescrita no art. 133 do Código Tributário Nacional. Essa realidade decorre, especialmente, da circunstância de o legislador ter se valido, para a sua delimitação, de diversas categorias e institutos de direito privado, sendo que alguns deles, inclusive, não mais existem ou recebem denominação diferente na sistemática instaurada pelo Código Civil, tais como razão social e fundo de comércio. Não bastasse isso, a riqueza de detalhes, seja na descrição do fato jurídico, seja na imputação da relação jurídica, robustece sobremodo o esforço do intérprete.

Neste contexto, como forma de facilitar a presente investigação, procederemos ao estudo analítico da regra de responsabilidade do art. 133, do CTN, fracionando a estrutura lógica da norma em antecedente (descrição do fato) e conseqüente (relação jurídica) (*i*) elucidando o significado dos principais termos neles utilizados e (*ii*) fixando algumas premissas fundamentais para a compreensão das conclusões que serão alcançadas. Tudo como forma de equacionar algumas das principais dúvidas que giram em torno do presente tema.

2. A estrutura lógica do art. 133 do CTN: elementos configuradores do fato e da conseqüência

Prescreve o art. 133 do Código Tributário Nacional:

Art. 133. A pessoa natural ou jurídica de direito privado que adquirir de outra, por qualquer título, fundo de comércio ou estabelecimento comercial, industrial ou profissional, e continuar a respectiva exploração, sob a mesma ou outra razão social ou sob firma ou nome individual, responde pelos tributos, relativos ao fundo ou estabelecimento adquirido, devidos até à data do ato:

I – integralmente, se o alienante cessar a exploração do comércio, indústria ou atividade;

II – subsidiariamente com o alienante, se este prosseguir na exploração ou iniciar dentro de seis meses a contar da data da alienação, nova atividade no mesmo ou em outro ramo de comércio, indústria ou profissão.

De acordo com o referido dispositivo legal, na hipótese de ocorrer a sucessão da titularidade de bens em decorrência da aquisição de estabelecimento empresarial sem ou com a continuação das respectivas atividades pelo alienante, os novos titulares passam a responder pelos tributos relativos aos bens adquiridos e devidos até a sucessão em caráter integral ou subsidiário, respectivamente.

2.1 Requisitos legais para a configuração do antecedente normativo

Decompondo-se analiticamente essas estruturas normativas, verifica-se a presença, no antecedente, de três pressupostos para a configuração do fato da responsabilidade.

O primeiro deles diz respeito à natureza do fato que culmina na transferência do *fundo de comércio ou estabelecimento comercial, industrial ou profissional*. A leitura apressada do *caput* do presente artigo poderia sugerir que qualquer fato que implique a aquisição da titularidade desses bens seria suficiente para caracterizar o cumprimento desse requisito legal. Isto tendo em vista o emprego da expressão *por qualquer título* em seu texto. Essa primeira impressão, todavia, é facilmente contornada quando se analisa todo o contexto normativo. Com efeito, ao associar a referida locução aos signos *adquirir*, *de outra* e, mais em seguida, *alienante*, o legislador restringiu o alcance do signo *adquirir*, demarcando a amplitude dos fatos que implicam responsabilidade tributária.

Correlacionados os referidos termos, a conclusão é imediata: apenas a transferência definitiva da propriedade (alienação), decorrente de negócio jurídico *inter vivos*, celebrado entre duas ou mais pessoas, físicas ou jurídicas, de direito privado é suficiente para a sua configuração. Ou seja, o objeto da relação jurídica qualificada como suposto da presente regra de responsabilidade deverá, necessariamente, enfeixar todos os direitos que recaem sobre o bem (uso, gozo e fruição). Somente nesses casos será possível falar em irrelevância do título, da causa da sucessão, que poderá ser um contrato de compra e venda; de doação; de permuta; ou qualquer outra avença que tenha por objeto a transferência de domínio.[1]

Por conta disso, ficam afastadas do âmbito de abrangência objetiva da presente regra figuras como a aquisição originária de propriedade ou aquelas decorrentes de sucessão *mortis causa*, na medida em que estes atos não se incluem no conceito de "alienação".[2] Também o usufruto, o co-

1. Nesse sentido foi proferido Parecer Normativo da Coordenação do Sistema de Tributação n. 02/1972 prescrevendo: "4. Adquirir, juridicamente, é o ato através do qual se incorpora completa e definitivamente ao patrimônio do seu sujeito os direitos inerentes ao seu objeto. Portanto, quando a lei se refere à aquisição de estabelecimento ou fundo, é necessário determinar quais são os direitos relativos ao fundo ou estabelecimento que estão abrangidos pelo dispositivo. Qualquer dos direitos, alguns ou todos? 'Aquisição de estabelecimento comercial ou fundo de comércio' é expressão que tem o sentido de 'aquisição do domínio sobre estabelecimento', pois se a lei não explicita a quais direitos se refere a aquisição deve-se entender que é a todos e só o domínio enfeixa os direitos sobre o respectivo bem".

2. Quanto ao tema, são muito elucidativas as lições de Hugo Barreto Sodré Leal: "Além disso, nos

modato, o arrendamento, o penhor etc. ficam excluídos da classe dos fatos que ensejam a responsabilidade por sucessão, já que nesses atos negociais não ocorre transferência de patrimônio.

Nesse sentido, são as lições de Maria Rita Ferragut: "O início do *caput* do art. 133 refere-se ao vocábulo adquirir, que significa obter, conseguir, alcançar, comprar, passar a ter. Nesse sentido, se não houver aquisição, não haverá responsabilidade por sucessão. A aquisição que importa a sub-rogação da obrigação tributária é a aquisição da propriedade do estabelecimento. Por isso, o fato de alguém arrendar máquinas, adquirir apenas parte dos ativos do estabelecimento, ao invés de todo o patrimônio líquido; locar o prédio onde a devedora exercia suas atividades; explorar a mesma atividade comercial no local onde antes estava instalada a pessoa jurídica devedora, etc., não se constituem em fatos suficientes para justificar a responsabilidade, por sucessão, pelo pagamento do crédito tributário".[3]

Ainda com relação a esse primeiro requisito legal, faz-se necessário definir os conceitos de estabelecimento industrial, comercial e profissional e fundo de comércio.

Não há qualquer consenso doutrinário. Alguns entendem que o fundo estaria relacionado apenas aos bens incorpóreos, enquanto que o estabelecimento aos bens corpóreos e vice-versa.[4] Outros imprimem definição mais restrita ao estabelecimento, entendendo que estaria relacionado apenas ao ponto, ao local onde se desenvolve a atividade empresária. Há ainda quem defenda o emprego indistinto desses conceitos para designar o conjunto de direitos que se estabelecem a favor do empresário.

Essas discussões, todavia, perderam força após a edição do Parecer Normativo CST n. 02/1972 que afirma tratar-se de expressões sinônimas. Esse entendimento foi reforçado com advento do Código Civil de 2002 que positivou a definição de estabelecimento ao prescrever, em seu art. 1.142, que "considera-se estabelecimento todo complexo organizado de bens, para o exercício da empresa, por empresário ou sociedade empresária".

Diante dessas disposições normativas fica evidente que estabelecimento ou fundo é universalidade de fato. O caráter unitário deriva de ato de vontade do próprio empresário, que reúne os bens necessários para o desenvolvimento de sua atividade econômica, de sorte a formar o aviamento[5] e captar a sua clientela. O que é relevante, portanto, é a destinação, a finalidade com

incisos I e II do art. 133, foi também empregado o vocábulo 'alienante', o qual designa a pessoa que pratica um ato de alienação. A alienação é ato pelo qual alguém torna de outrem determinado bem ou direito. Abrange qualquer ato, *inter vivos*, oneroso ou gratuito, que tenha por objeto a transferência de bem ou direito de uma para outra pessoa. Como se vê, o conceito de alienação também denota menos do que o conceito de aquisição, pois requer a existência de um vínculo jurídico entre pelo menos dois sujeitos de direito, o transmitente e o adquirente, por força do qual o segundo sucede ao primeiro, ocupando a sua posição em determinada relação jurídica. Também não abrange, portanto, as hipóteses de aquisição originária" (*Responsabilidade Tributária na Aquisição de Estabelecimento Empresarial*, São Paulo, Quartier Latin, 2008, p. 168).

3. Maria Rita Ferragut, *Responsabilidade Tributária e o Código Civil de 2002*, São Paulo, Noeses, 2005, p. 87.

4. Segundo Rubens Requião, "o fundo de comércio ou estabelecimento comercial é o instrumento da atividade do empresário. Com ele o empresário comercial aparelha-se para exercer sua atividade. Forma o fundo de comércio a base física da empresa, constituindo um instrumento da atividade empresarial" (Rubens Requião, *Curso de Direito Comercial*, vol. 1, São Paulo, Saraiva, 2003, p. 270).

5. De acordo com De Plácido e Silva, entende-se por aviamento "o bom aparelhamento do comerciante para que seu negócio possa obter sucesso e possibilidade de lucros. É o resultado do nome comercial, a boa localização do estabelecimento, capital, pessoal devidamente preparado para atender à freguesia. O aviamento é formado com o tempo, com a obra diligente e contínua do comerciante, com excelência dos produtos, com a honestidade de sua forma de comerciar" (De Plácido e Silva, *Noções Práticas de Direito Comercial*, 13ª ed., atual. por Waldir Vitral, Rio de Janeiro, Forense, 1998, pp. 144-145).

que são empregados.[6] É justamente isto que autoriza tomá-los como um todo, outorgando-lhes um único regime jurídico, independentemente daquele que seria aplicado aos bens isoladamente considerados. Sua natureza não está, absolutamente, entre os requisitos que lhe são intrínsecos, mas na destinação que se lhe dê.

Mas quais são os bens que podem integrar o estabelecimento empresarial?

De acordo com a lei civil, bem é tudo aquilo que tenha caráter patrimonial e que possa incorporar o patrimônio do seu titular. Conjugando essa prescrição com os limites do próprio art. 133, do CTN, verifica-se serem três os pressupostos que o objeto deve preencher para ser qualificado como integrante do estabelecimento: (*i*) apresentar valor patrimonial positivo; (*ii*) ser alienável; e (*iii*) ser utilizado em função específica, qual seja, a exploração da atividade econômica.

Assim, tratando-se de negócio jurídico *inter vivos* cujo objeto seja a transferência definitiva de bens responsáveis para a formação do aviamento e da clientela do estabelecimento, ter-se a observância deste primeiro requisito legal.

O segundo pressuposto estabelecido pelo art. 133 para configurar o fato da responsabilidade é a continuidade da exploração da respectiva atividade empresarial pelo adquirente. Não basta que se adquiram bens responsáveis pela formação do aviamento e da clientela do alienante. É necessário que o adquirente lhes dê a mesma destinação, os utilize na mesma finalidade. Ou seja, continue a empregá-los na exploração da atividade econômica em que era utilizado antes da sucessão.

O terceiro requisito é a existência de débitos tributários. Apesar de não estar expresso no texto legal, decorre da dependência lógica que existe entre a norma de responsabilidade e a regra-matriz de incidência tributária. Afinal, não sendo devido o tributo, não há que se falar em responsabilidade de qualquer espécie.

2.2 Contornos do conseqüente normativo

2.2.1 Tributos abrangidos pela responsabilidade do art. 133 do CTN

Pois bem, uma vez configurado o fato que preenche simultaneamente todas as notas identificadas no tópico anterior, surge a obrigação de o adquirente do estabelecimento responder pelos tributos relativos ao fundo ou estabelecimento adquirido, devidos até à data da sucessão, em caráter subsidiário, se o sucedido prosseguir na exploração da atividade empresarial ou reiniciá-la dentro do prazo de seis meses, a contar da ata da alienação; ou em caráter integral, caso o sucedido cesse a sua exploração.

A primeira questão com que se depara o intérprete ao analisar este fragmento normativo é a seguinte: quais tributos estão abrangidos por esta regra de responsabilidade?

Esse tema é muito pouco tratado pela doutrina e praticamente não existem precedentes jurisprudenciais, administrativos ou judiciais, enfrentando diretamente a matéria.

6. Nesse sentido, esclarece Tércio S. Ferraz Júnior que o estabelecimento empresarial é constituído "por força da vontade autônoma que conjuga bens e os destina a um fim. Conjugar e destinar são ações responsáveis por um novo bem. Este novo bem, imaterial, tem a ver com a formação da clientela, razão pela qual, na doutrina de origem francesa, houve quem o identificasse com ela (Planiol, no seu *Traité Elémentaire de Droit Civil*). Com mais precisão, outros (La Morandière, *Droit Commercial*, 1965), a clientela está sujeita à concorrência, não podendo constituir um bem do comerciante. Seu direito é sobre os elementos que conjuga para conquistar, reunir a clientela. É esta organização (ação) que constitui o fundo de comércio. Na mesma direção, o belga Van Ryn fala em elementos unidos para exploração do estabelecimento" (Tércio Sampaio Ferraz Júnior, "Da inexistência de fundo de comércio nas sociedades de profissionais de engenharia", *Revista de Direito Mercantil, Industrial, Econômico e Financeiro* 111/47, nova série, ano XXXVI, São Paulo, Malheiros Editores, jul./set. 1998, p. 47).

Parece-nos, todavia, que o legislador foi claro ao estabelecer o conteúdo e alcance da presente regra de responsabilidade, limitando-a aos tributos direta e exclusivamente relacionados à exploração do estabelecimento empresarial cedido, ou seja, à atividade econômica referente aos bens cuja propriedade foi transferida. Afinal, qual seria a outra interpretação possível para a locução *tributos relativos ao fundo ou estabelecimento adquirido*, empregada em seu texto?

Hugo Barreto Sodré Leal é bem enfático ao externar este posicionamento:

"O estabelecimento empresarial já foi definido como um conjunto de bens vinculados funcionalmente à exploração de determinada atividade econômica, resultando o seu conceito, portanto, da conjugação de elementos estáticos (bens) e dinâmico (atividade). Por isso, nos termos do art. 133 do CTN, o adquirente somente é responsabilizado quando a par da aquisição dos ativos também dê continuidade à exploração da empresa. Nesse sentido, quando o art. 133 do CTN refere-se aos 'tributos relativos' ao estabelecimento, entendemos que o que se busca alcançar são apenas os tributos que decorram da própria exploração do estabelecimento, isto é, tributos cujos fatos imponíveis decorram, direta ou indiretamente, do exercício da atividade empresaria. Em uma palavra, tributos relativos ao estabelecimento são aqueles decorrentes da exploração da respectiva atividade econômica.

"Diversamente, consideramos que o art. 133 do CTN não alcança tributos incidentes sobre a simples propriedade dos bens ou direitos integrantes do estabelecimento, considerados independentemente de sua utilização econômica, ou seja, tributos cujos supostos de fato não estejam relacionados ao desenvolvimento da empresa. No que toca aos tributos que incidem diretamente sobre a propriedade ou titularidade de bens ou direitos estaticamente considerados, a responsabilidade por sucessão é disciplinada por normas específicas (arts. 130 e 131 do CTN), o que também afasta a incidência do art. 133 do CTN."[7]

Assim, para que o aplicador da lei tenha segurança na correta definição dos tributos alcançados pela presente regra de responsabilidade deverá identificar três elementos: (*i*) o(s) objeto(s) social(ais) do alienante; (*ii*) o(s) estabelecimento(s) empresarial(ais) efetivamente transferido(s) para o adquirente; e (*iii*) os tributos cujas hipóteses de incidência são direta e exclusivamente relacionadas à exploração do(s) estabelecimento(s) empresarial(ais) transferido(s).

Isso porque é muito comum que uma empresa desenvolva mais de uma atividade em um mesmo local ou várias atividades em locais diferentes ou, ainda, uma única atividade em localidades diversas, o que implica uma pluralidade de estabelecimentos empresariais. Não bastasse isso, a alienação pode recair sobre bens utilizados em uma ou em várias finalidades sociais, o que igualmente interfere no número de estabelecimentos empresarias transferidos. Em face dessas possibilidades combinatórias, é necessário que se identifique(m) a(s) específica(s) atividade(s) em que os bens eram empregados anteriormente à transferência da sua propriedade, posto que, só assim, será possível demarcar o(s) estabelecimento(s) empresarial(ais) efetivamente cedido(s), bem como os tributos a ele(s) vinculados.

Para facilitar a compreensão do que acabamos de expor tomemos como exemplo uma empresa "A" que presta serviços concomitantemente de telecomunicação e provimento de acesso à internet.

"A" aliena a "B" bens utilizados exclusivamente na exploração de serviços de telecomunicação, tais como postes, fios, antenas de transmissão e recepção de sinais eletromagnéticos. Nesse caso, preenchidos os demais requisitos legais, "B" po-

7. Hugo Barreto Sodré Leal, *Responsabilidade Tributária na Aquisição de Estabelecimento Empresarial*, cit., p. 320.

derá vir a ser responsabilizado pelos débitos de ICMS devidos até a data da sucessão, já que, sendo a hipótese de incidência deste imposto a prestação de serviços de comunicação, não há dúvidas de se enquadra entre os tributos direta e exclusivamente relacionados com a exploração do estabelecimento cedido.

O mesmo raciocínio não se aplica, todavia, em relação ao IRPJ e à CSLL. Com efeito, estes tributos incidem, respectivamente, sobre o acréscimo patrimonial e sobre o lucro, independentemente da origem das receitas. Ou seja, são tributos cujas hipóteses de incidência estão relacionadas à pessoa jurídica e não propriamente à atividade por ela desempenhada. Incide sobre o acréscimo, sobre o lucro e não sobre as receitas decorrentes da específica exploração da atividade econômica, não podendo, por esta simples razão, ser considerados como tributos diretamente vinculados ao estabelecimento empresarial.

Do mesmo modo, entendemos que a Contribuição ao PIS e a COFINS estão igualmente excluídas do âmbito de aplicação da presente regra de responsabilidade. Isso especialmente após a Emenda Constitucional n. 20/1998 que alargou a base de cálculo desses tributos, passando a defini-la como receita, não mais o faturamento.

Alguns doutrinadores, todavia, defendem que o adquirente de estabelecimento ("B") poderá ser responsabilizado pelo pagamento das referidas contribuições desde que se segreguem as receitas operacionais das não operacionais, havendo responsabilidade apenas em relação aos valores decorrentes da exploração das atividades sociais (faturamento).

"Também incluímos no grupo ora examinado, os tributos que incidem diretamente sobre a receita bruta ou o faturamento decorrente das operações de venda de bens ou da prestação de serviços relativos ao estabelecimento, como é o caso da contribuição ao PIS e da COFINS. Embora a legislação do PIS e da Cofins não adote o princípio da autonomia dos estabelecimentos, devendo o sujeito passivo apurar e recolher essas contribuições de maneira consolidada, sobre o faturamento decorrente da exploração de todos os seus estabelecimentos, bem como de sobre outras receitas, é perfeitamente identificável a parcela desses tributos proveniente da exploração de cada um de seus estabelecimentos, justificando-se a aplicação do art. 133 do CTN. Ressalte-se que o adquirente somente responde pelo PIS e a COFINS calculados sobre as operações de venda de produtos e/ou serviços realizados por meio do estabelecimento que lhe foi transferido. As contribuições calculadas sobre receitas não-operacionais do alienante, ou sobre receitas financeiras, estão fora do alcance do art. 133 do CTN, pois não se tratam de receitas decorrentes da exploração do estabelecimento, ou seja, da atividade econômica desenvolvida pelo contribuinte."[8]

Particularmente, entendemos não ser essa a melhor interpretação que se deva atribuir ao art. 133 do CTN, pois subverte o sistema, na medida em que resulta, em última análise, em verdadeira criação de regras-matrizes de incidência, cujos binômios hipótese/base de cálculo não coincidem com aqueles definidos nas leis instituidoras desses tributos. Não bastasse isso, implica outorga de tratamento disforme ao realizador do fato jurídico tributário e ao responsável, que estariam compelidos ao pagamento de valores diversos, já que as respectivas bases de cálculo a que estariam submetidos seriam diversas.

Não se pode, todavia, estender esse entendimento às contribuições ao FUST,[9] ao FISTEL[10] ou ao FUNTEL.[11] Esses tributos, apesar de terem como hipótese de incidência a receita bruta, suas bases de cálculo apontam exclusivamente para a receita decorrente da prestação do serviço de telecomunicação. Incidindo sobre fato di-

8. Idem, pp. 322-323.
9. Lei n. 9.998/2000.
10. Lei n. 5.070/1966 c/c Lei n. 9.472/1997.
11. Lei n. 10.052/2000.

retamente relacionado com a exploração da atividade econômica da empresa, inquestionável a inclusão desses tributos no campo de aplicação da presente regra de responsabilidade.

Dúvidas maiores suscitam os tributos relativos à propriedade de bens ou direitos, tais como o IPTU, o ITR e o IPVA, especialmente quando esses bens são utilizados para a exploração da atividade econômica, ou seja, quando o IPTU é relativo ao imóvel onde está localizado o estabelecimento ou quando o IPVA refere-se a veículos empregados na consecução da atividade econômica. Mesmo nesses casos entendemos que referidos impostos não são alcançados pela norma de responsabilidade. Isso por uma razão muito simples: a hipótese de incidência desses impostos é a propriedade de bens independentemente da destinação que se lhes dê, o que, por si só, impede a sua qualificação como tributo vinculado à atividade empresarial. Além disso, esses impostos são alcançados pelas regras de responsabilidade previstas nos arts. 130 e 131, do CTN.

Em suma, apenas os tributos cuja hipótese de incidência não possa ser algo considerado independentemente da sua utilização econômica são alcançados pela norma de responsabilidade prescrita no art. 133, do CTN.

2.2.2 Hipóteses de exclusão da responsabilidade prescrita no art. 133 do CTN

Com a edição da Lei Complementar n. 118/2005 – Nova Lei de Falências –, que acrescentou os §§ 1º a 3º ao art. 133, do CTN, foram introduzidas no ordenamento algumas hipóteses de exclusão da presente responsabilidade:

> § 1º. O disposto no *caput* deste artigo não se aplica na hipótese de alienação judicial:
>
> I – em processo de falência;
>
> II – de filial ou unidade produtiva isolada, em processo de recuperação judicial.
>
> § 2º. Não se aplica o disposto no § 1º deste artigo quando o adquirente for:
>
> I – sócio da sociedade falida ou em recuperação judicial, ou sociedade controlada pelo devedor falido ou em recuperação judicial;
>
> II – parente, em linha reta ou colateral até o 4º (quarto) grau, consangüíneo ou afim, do devedor falido ou em recuperação judicial ou de qualquer de seus sócios; ou
>
> III – identificado como agente do falido ou do devedor em recuperação judicial com o objetivo de fraudar a sucessão tributária.

Antes dessas disposições, era muito difícil a realização de ativo em processos de falência ou de recuperação judicial. Pouquíssimos eram os interessados em adquirir bens de empresas nessas situações, justamente em razão do grande risco de ter seu patrimônio pessoal comprometido para o pagamento de tributos devidos pelo alienante. Assim, entendeu por bem o legislador estabelecer estas hipóteses de exclusão da responsabilidade dos adquirentes de estabelecimento empresarial, em que muito contribuiu para operacionalizar a reestruturação de sociedades em processo de falência ou de recuperação judicial.

Cabem aqui mais algumas considerações: apenas se exclui a responsabilidade nos casos de alienação judicial de bens. Assim, caso a alienação seja extrajudicial, ainda que homologada judicialmente, persistirá a responsabilidade.

Também não estão excluídos da incidência da regra geral prescrita no art. 133 os negócios jurídicos celebrados entre sujeitos vinculados entre si em razão de parentesco, sociedade ou representação. Nesses casos, estabeleceu o legislador hipótese de presunção legal absoluta de simulação, sendo irrelevante qualquer tentativa de demonstrar que o ato não visava fraudar interesses dos credores.

2.2.3 Características da responsabilidade do art. 133 do CTN

Delimitado o campo de abrangência da presente regra de responsabilidade, voltemos nossas atenções às suas características.

O texto do inciso I do art. 133 do CTN suscita muitas dúvidas a respeito do tipo de responsabilidade de que se trata: se exclusiva ou solidária.[12]

Segundo Hugo de Brito Machado "quem diz integralmente não está dizendo exclusivamente. (...) A palavra integralmente há de ser entendida como solidariamente e não como exclusivamente. (...) havendo mais de uma interpretação possível, não há de se preferir aquela que dá oportunidade para fraudes".[13]

No mesmo sentido, defende Aliomar Baleeiro: "não poderia estar na cogitação do legislador desonerar o homem de negócios que destes se retirasse para viver de rendas ou mesmo consumir seu patrimônio".[14]

Entendemos, todavia, que esta interpretação é insustentável em face da própria literalidade do enunciado normativo em análise. Afinal, quem diz integral não pode pretender significar solidariamente ou subsidiariamente.

De fato, toda obrigação é integral, já que sempre se pode exigi-la por inteiro da pessoa que figure em seu pólo passivo. Todavia, o que constatamos, a partir de uma análise mais detida das disposições do próprio Código Tributário Nacional, é que toda vez o legislador utilizou o signo *integral* estava se referindo às relações estabelecidas exclusivamente com o responsável. Essa construção de sentido é feita pela negativa. Afinal, sendo apenas três as características da sujeição passiva e havendo impossibilidade semântica de se enquadrar o termo integral nas classes *subsidiária* ou *solidária*, a conclusão é inevitável: trata-se de responsabilidade exclusiva.

Luciano Amaro acompanha este raciocínio. Nas suas palavras: "o que, na verdade, o Código quis dizer é que a, nesse caso, o adquirente responde sozinho".[15]

Dito isso, é até intuitivo concluir que, nesses casos, o comum seria o Fisco exigir, originalmente, o pagamento dos tributos do sujeito que era, à época da realização do evento tributado, o titular dos bens, transferindo referido dever para o novo proprietário apenas na eventualidade de ocorrer fato superveniente e desde que a obrigação tributária não tenha sido adimplida antes da sucessão do estabelecimento empresarial. Todavia, nem sempre é isso que se verifica no plano pragmático.

Com efeito, a forma como se processa e as conseqüências decorrentes da alteração do pólo passivo da relação tributária variam de acordo com o estágio em que se encontra o próprio processo de positivação da norma tributária.

Na hipótese de a alienação do estabelecimento empresarial se verificar em instante posterior à constituição do crédito contra o antigo proprietário, a incidência da norma de responsabilidade provocará os seguintes efeitos: (*i*) constituição da obrigação tributária contra o sucessor (N2) e (*ii*) revogação da norma individual e concreta na qual o sucedido figurava no pólo passivo da obrigação (-N1).

A presente situação não envolve, portanto, a aplicação de apenas uma norma. Dois foram os cortes conceptuais promovi-

12. Exclui-se, de pronto, a possibilidade de qualificar a presente regra de responsabilidade como subsidiária, já que, em sentido contrário, desapareceria o critério de *discrímen* para apartá-lo do inciso II.

13. Hugo de Brito Machado, *Curso de Direito Tributário*, 26ª ed., São Paulo, Malheiros Editores, 2005, p. 110.

14. Aliomar Baleeiro, *Limitações Constitucionais ao Poder de Tributar*, 21ª ed., atual. por Misabel Abreu Machado Derzi, Rio de Janeiro, Forense, 2006, pp. 750-751.

15. Luciano Amaro, *Direito Tributário Brasileiro*, 11ª ed., São Paulo, Saraiva, 2005, p. 314.

dos no suporte fáctico, assim como duas foram as relações jurídicas que se propagaram pela ocorrência dos respectivos acontecimentos: a obrigação que resulta da incidência da norma que designamos de regra-matriz (N1) e a da regra de responsabilidade (N2). Com efeito, nessas circunstâncias, o que se constata é a seqüência de dois eventos diversos – o tributário em sentido estrito e o da responsabilidade –, o que abre espaço para a percussão de duas normas jurídicas igualmente distintas, porém que se relacionam entre si, na medida em que se voltam à satisfação de um único interesse.

É bem verdade que, nestes casos, o próprio sistema prescreve expressamente que o dever do responsável exclui o do realizador do fato tributado. Ocorre que, no instante da aplicação da regra-matriz, não havia causa suficiente para a positivação da regra de responsabilidade, uma vez que ainda não tinha se verificado no mundo fenomênico a ocorrência da sucessão de estabelecimento empresarial, mas tão-somente, do evento tributado. Daí a razão da válida incidência dessas duas regras jurídicas.

Em contrapartida, instaura-se antinomia normativa, já que a mesma conduta passa a ser efetivamente regulada por duas normas igualmente obrigatórias, porém com conteúdos jurídicos distintos: N1 (dado o fato de ter realizado o fato jurídico tributário, deve ser a obrigação de o seu realizador – contribuinte – pagar tributo) e N2 (dado o fato de ter adquirido definitivamente a titularidade de estabelecimento empresarial e de ter sido praticado por outrem o fato jurídico tributário que lhe é correlato, desacompanhado do respectivo pagamento do tributo, deve ser a obrigação de o sucessor pagar os valores devidos).

A despeito de contraditórios, estes enunciados não se excluem entre si, tendo o intérprete/aplicador que identificar a regra fixada pelo próprio direito positivo para a solução do conflito.

No presente caso, entra em cena regra específica, ostensivamente prevista no próprio inciso I do art. 133 do CTN, a qual determina que a obrigação do sucessor é integral, exclusiva. Com efeito, ao empregar o presente termo para caracterizar a responsabilidade dos sucessores, o legislador deixou claro que esses sujeitos passam a ser os únicos devedores dos tributos. E, como desdobramento imediato dessas prescrições, tem-se a necessidade de revogar a norma constituída em face do contribuinte, que entra em contradição com a posteriormente lavrada contra o responsável (art. 2º, § 1º, da LICC).

Em outras palavras, apesar de, no momento da constituição da N1, existir fundamento para se exigir tributo do sujeito que realizou o fato jurídico tributário, com a ocorrência do fato superveniente – *in casu*, a aquisição de estabelecimento empresarial – ele deixa de existir, não propriamente por conta da inserção da N2 no sistema, mas em face das conseqüências imputada por regra jurídica autônoma, disposta no próprio inciso I do art. 133 do CTN.

Zelmo Denari sintetiza muito bem o que acabamos de expor: "A adesão ao objeto da imposição não é coexistencial à instituição do tributo, e assim, o fenômeno sucessório pode ser isolado e nitidamente constatado em qualquer fase do de desenvolvimento do *iter impositivo*: pode-se suceder no vínculo que deriva do pressuposto; na obrigação tributária, ou ainda, em todas as situações instrumentais relacionadas com o lançamento. Quando, em razão do lançamento, se instaura a fase contenciosa, sucede-se no processo administrativo. A sucessão pode ocorrer ainda após a constituição definitiva do crédito tributário, o que se dá com o decurso do prazo de defesa ou com a decisão final prolatada na esfera administrativa, estendendo-se até a fase de cobrança judicial da dívida ativa. Por essa razão, a observação de que ao invés da fórmula 'sucessão no débito fiscal', consolidada no estado atual da doutrina, deve-se aludir a 'sucessão nas situações jurídicas passivas', locução abrangente dos diversos estágios sucessórios".[16]

Cabe, ainda, um esclarecimento: o cálculo de relações a que nos referimos é aquele estabelecido no plano das normas individuais e concretas. A regra-matriz de incidência e a norma de responsabilidade do art. 133, I, do CTN permanecem ambas válidas no sistema, já que, nesse caso, a regra de superação de antinomias aplicável é a da especialidade (art. 2º, § 2º, da LICC).

Por outro lado, caso não tenha sido constituído o crédito contra o titular original do bem no instante da sucessão, a norma de responsabilidade produzirá os seguintes efeitos: (*i*) permissão para constituir a obrigação tributária diretamente contra o sucessor (N2) e (*ii*) ineficácia técnica do critério pessoal passivo da regra-matriz de incidência em sentido amplo (-N1).

Aqui, diferentemente do que ocorre na situação anterior, não há a expulsão de qualquer norma do sistema, mas apenas proibição para a regra-matriz incidir, em sua integridade lógica, no caso concreto.

Não tendo sido positivada a N1 no momento oportuno (antes do ato sucessório), desaparece o fundamento para a sua válida inserção no sistema, havendo apenas permissão para produzir norma individual e concreta em face do sucessor (N2). Dito de outra forma, se à época da constituição do crédito já havia se verificado, no campo material das condutas intersubjetivas, a realização de fato que, além de se subsumir à hipótese da regra-matriz, apresenta peculiaridades tais que permitem o seu completo enquadramento à hipótese da norma de responsabilidade, deve prevalecer a aplicação do critério pessoal passivo prescrito por esta segunda regra.

Como se nota, a regra de superação de conflitos que irá equacionar a presente situação é a da especialidade, cujo efeito não é a revogação, mas apenas a suspensão da eficácia técnica do enunciado geral relativo ao sujeito passivo prescrito no conseqüente da regra-matriz e, em contrapartida, a incidência do enunciado especial da responsabilidade. Tudo isso como decorrência do que prescreve o art. 2º, § 1º, da LICC.

Com essas considerações, fica claro que a dependência que se estabelece entre o fato da responsabilidade e o fato jurídico tributário é meramente lógica, não cronológica.[17] Assim, é possível, e em alguns casos, obrigatório, que se constitua norma individual e concreta direta e exclusivamente em face do responsável, relatando, nesse mesmo instante, tanto o evento sucessório como o tributário. O que se exige como pressuposto para a aplicação do art. 133, I, é a possibilidade de constituição do crédito em face do contribuinte ou, mais tecnicamente, a efetiva subsunção do suporte factual à hipótese da norma padrão, com a potencialidade de propagar os efeitos que lhe são imputados pela causalidade deôntica.

Diferentemente do que ocorre em relação ao inciso I, é praticamente pacífico o entendimento de que o art. 133, II, do CTN instituiu hipótese de responsabilidade subsidiária. Afinal, o legislador foi inequívoco ao empregar o termo *subsidiariamente* em seu texto.

Assim, na hipótese de o alienante prosseguir na exploração da atividade empresarial, ou reiniciá-la no prazo de seis meses, somente depois de demonstrada a insuficiência de bens para responder pelas dívidas por ele contraídas é que será possível invadir a esfera patrimonial do adquirente do respectivo estabelecimento. Apenas neste contexto é que haverá autorização para a ampliação da relação judicial,

16. Zelmo Denari, *Solidariedade e Sucessão Tributária*, São Paulo, Saraiva, 1977, p. 59.

17. Com efeito, a cronologia aqui presente se processa apenas no plano dos eventos do mundo fenomênico, não dos fatos, que podem ser perfeitamente constituídos no mesmo instante. Ou seja, o evento tributário deve ocorrer em momento anterior ao evento sucessório, mas os respectivos relatos em linguagem competente podem ser realizados simultaneamente.

autorizando-se o redirecionamento da execução para o novo titular do estabelecimento. Ou, como bem sintetiza Maria Rita Ferragut, "a responsabilidade é subsidiária na medida em que a lei não permite que o terceiro responsabilize-se pela dívida sem que o credor certifique-se de que o cumprimento da obrigação, pelo contribuinte, é impossível".[18]

Como se percebe, presumiu o legislador que o sujeito que continua a realizar a atividade econômica mantém certa capacidade para pagar suas dívidas tributárias, mesmo após a alienação de parte do seu patrimônio. Todavia, para o caso de ser infirmada essa presunção, prescreveu regra de responsabilidade, reforçando a garantia do Fisco, que passa a contar também com os bens do adquirente para a satisfação de seus créditos.

Dito de outra maneira, não há exclusão da obrigação tributária do alienante, mas acréscimo da obrigação do adquirente. Identificam-se, portanto, duas relações jurídicas distintas: (*i*) a primeira, instituída em face do alienante; e (*ii*) a segunda, que tem como sujeito passivo o adquirente. A possibilidade de invadir o patrimônio do adquirente, todavia, surgirá apenas depois de frustradas todas as tentativas de extinguir o débito tributário com bens do alienante.

18. Maria Rita Ferragut, *Responsabilidade Tributária e o Código Civil de 2002*, cit., 2005, p. 111.

CADERNOS DE DIREITO TRIBUTÁRIO

RESPONSABILIDADE DA ADMINISTRAÇÃO PÚBLICA PELAS CONTRIBUIÇÕES PREVIDENCIÁRIAS EM OBRA DE CONSTRUÇÃO CIVIL

Uma crítica ao Parecer AC-055 da Advocacia-Geral da União

CARLOS HENRIQUE OLIVEIRA
Engenheiro Civil. Bacharel e Mestrando em Direito pela Faculdade de Direito da USP. Especialista em Direito do Trabalho e Seguridade Social pela *Università di Modena e Reggio Emilia* (Itália). Professor de Direito do Trabalho e Previdenciário dos Cursos de Pós-Graduação da FAAP e GV*Law*. Auditor Fiscal da Receita Federal do Brasil.

I – Introdução. II – Conflito de leis: 1. Hermenêutica jurídica; 2. Consistência do ordenamento. III – Responsabilidade tributária: 1. Critério pessoal da regra-matriz de incidência; 2. Responsabilidade tributária. 3. Responsabilidade tributária nas contribuições previdenciárias. IV – Administração pública: 1. Princípios constitucionais aplicáveis à Administração Pública. 2. Lei das Licitações. V – Legislação previdenciária aplicável à construção civil: 1. Distinção entre obra e serviço de construção civil e seus efeitos. 2. Distinção entre empreitada total e parcial e seus efeitos. VI – O Parecer AC-055-AGU. VII – Conclusão crítica. VIII – Bibliografia.

I – Introdução

Preceitua a Lei de Custeio da Previdência Social, Lei 8.212/1991,[1] a solidariedade do contratante de obra de construção civil com o construtor, e deste e daquele com os subempreiteiros, pelas contribuições previdenciárias incidentes sobre a remuneração da mão-de-obra utilizada na atividade.

Em alteração promovida pela Lei 9.711/1998, o art. 31[2] da citada Lei de Cus-

1. "Art. 30. (...); VI – o proprietário, o incorporador definido na Lei 4.591, de 16 de dezembro de 1964, o dono da obra ou condômino da unidade imobiliária, qualquer que seja a forma de contratação da construção, reforma ou acréscimo, são solidários com o construtor, e estes com a subempreiteira, pelo cumprimento das obrigações para com a Seguridade Social, ressalvado o seu direito regressivo contra o executor ou contratante da obra e admitida a retenção de importância a este devida para garantia do cumprimento dessas obrigações, não se aplicando, em qualquer hipótese, o benefício de ordem;"

2. "Art. 31. A empresa contratante de serviços executados mediante cessão de mão-de-obra, inclusive em regime de trabalho temporário, deverá reter 11% (onze por cento) do valor bruto da nota fiscal ou fatura de prestação de serviços e recolher a importância retida até o dia 10 (dez) do mês subseqüente ao da emissão da respectiva nota fiscal ou fatura em

teio da Previdência Social, passou a prever, além da solidariedade mencionada, a obrigação do contratante de serviços prestados em cessão de mão-de-obra,[3] de reter e recolher, em nome do contratado, 11% do valor da nota fiscal dos serviços prestados. O mesmo artigo, agora no § 4º, elenca algumas atividades que se dariam em cessão de mão-de-obra e remete ao Regulamento da Previdência Social, aprovado pelo Decreto 30.48/1999, a lista exaustiva que as contempla, e entre estas, estão os serviços de construção civil.

Ocorre que a Lei de Licitações, Lei 8.666/1993, em seu art. 71,[4] excepciona a responsabilidade da Administração Pública sobre os eventuais débitos fiscais e trabalhistas da contratante. Ressalte-se que o § 2º do mencionado artigo diz que prevalece a solidariedade da Administração quanto às contribuições previdenciárias, na forma do art. 31, que como visto hoje não mais a prevê, pois instituiu-se a antecipação tributária.

O presente trabalho pretende, a partir da análise teórica dos institutos envolvidos, estudar e identificar a responsabilidade da Administração Pública pelas contribuições previdenciárias incidentes na execução de obra de construção civil nas contratações públicas.

Cumprido tal desiderato, objetiva-se ainda, fazer-se uma leitura crítica, fundada nas conclusões obtidas pelo presente estudo, do Parecer AC-55-AGU, de 17 de novembro de 2006, aprovado pelo Presidente da República, que afastou a responsabilidade solidária da Administração Pública pelas contribuições previdenciárias nas obras de construção civil.

A relevância do presente estudo está, entre outros motivos, na importância do segmento econômico da construção civil na produção de riqueza em nosso país, ainda mais quando se recorda que esta indústria é uma das que mais emprega mão-de-obra na realização de suas atividades.

A utilização intensa dessa mão-de-obra faz com que o segmento econômico em comento seja um grande financiador da seguridade social brasileira, uma vez que a remuneração de pessoas físicas é a base de cálculo da contribuição previdenciária prevista no art. 195, inciso I, alínea "a", da Constituição Federal.

Acrescente-se ao exposto o fato de a Administração Pública, visando a implementação e/ou manutenção da infra-estrutura do país, a prestação dos serviços públicos que lhe são imputados, a manutenção do seu patrimônio e outras finalidades, ter a constante e premente necessidade da realização de obras e a realiza, quase invariavelmente, com a contratação, em regra através de processo licitatório, de empresas de construção civil.

Para se atingir os objetivos propostos, pretende-se, com apoio doutrinário e jurisprudencial, perquirir a hermenêutica jurídica a fim de se embasar a correta interpretação das leis aplicáveis ao caso em análise, verificando-se qual a determinação legal sobre a solidariedade da Administração Pública com relação às contribuições previdenciárias quando da contratação de obra de construção civil.

Para tanto é necessário determinar-se, com o maior rigor científico possível, respeitando a limitação desse espaço, a responsabilidade tributária deste ente político, o que não pode prescindir de uma análise do instituto da responsabilidade no âmbito tributário.

nome da empresa cedente da mão-de-obra, observado o disposto no § 5º do art. 33 desta Lei."

3. Cessão de mão-de-obra é a disponibilização de trabalhadores, para a realização de serviços contínuos, executados na dependência do contratante, ou onde ele indicar, relacionados ou não com a atividade-fim desse contratante, qualquer que seja a forma de contratação (Lei 8.212/1991, art. 31, § 3º).

4. "Art. 71. O contratado é responsável pelos encargos trabalhistas, previdenciários, fiscais e comerciais resultantes da execução do contrato. (...). § 2º. A Administração Pública responde solidariamente com o contratado pelos encargos previdenciários resultantes da execução do contrato, nos termos do art. 31 da Lei 8.212, de 24 de julho de 1991."

Também, em respeito ao rigor teórico que deve ter o intérprete da norma jurídica, devemos investigar as disposições constitucionais e legais que submetem a Administração Pública.

Não poderemos, por óbvio, deixar de estudar a legislação previdenciária aplicável ao caso sobre o qual nos debruçamos.

Com todo esse respaldo, faremos uma leitura crítica e apresentaremos o Parecer AGU n. 55/2006, que como dito, afastou a responsabilidade solidária da Administração Pública no caso de contração de obra de construção civil.

Por fim, em conclusão, relataremos os resultados do estudo desenvolvido, apoiados em doutrina e jurisprudência que versem sobre todos os tópicos analisados.

II – Conflito de leis

1. Hermenêutica jurídica

O projeto científico requer metodologia segura e apropriada para a descrição do fenômeno que lhe serve de objeto. Assim também deve o cientista do Direito usar um método que lhe proporcione segurança e meios de corretamente poder analisar o instituto jurídico objeto de seu estudo.

Ensina Tércio Sampaio Ferraz[5] que uma ciência pode ser definida como dogmática quando considera certas premissas, em si e por si arbitrárias (assim entendidas aquelas resultantes de uma decisão), como vinculantes para o estudo. Por isso chamadas de dogmáticas, pois assentes em dogmas, credos, postulados. São regidas pelo princípio da não-negação do ponto de partida das séries argumentativas, ou segundo Luhmann, princípio da inegabilidade dos pontos de partida. É o que Paulo de Barros Carvalho chama de cortes metodológicos que permitem o perfeito foco do objeto do estudo.

A dogmática, segundo Tércio,[6] "explica que os juristas, em termos de um estudo estrito do direito, procurem sempre compreendê-lo e torná-lo aplicável dentro dos marcos da ordem vigente. Esta ordem que lhes parece como um dado, que eles aceitam e não negam, é o ponto de partida em qualquer investigação".

Vemos então que cabe ao jurista compreender o direito e torná-lo aplicável dentro da ordem vigente, que é a ordem que emana do sistema jurídico constitucional, pois a norma que vige é a norma que está atuando.[7] Diante dessas assertivas duas condições exsurgem para o jurista: compreender o direito e o sistema jurídico.

Mas, compreender é fazer para si uma concepção ideal e pessoal de determinada coisa ou pessoa,[8] é interpretar, é conhecer.

Tomando o discurso como resultado do emprego da linguagem, podemos entender que esta, na parte cultural do mundo que nos interessa, é o modo de aquisição do saber científico. Se entre as várias acepções possíveis tomarmos a língua como sistema de signos, em vigor numa determinada comunidade social, teremos cumprindo o papel de meio de comunicação entre os membros desta comunidade.

Como ciência social que é, o Direito também se utiliza da linguagem para se realizar. Ao disciplinar as condutas humanas as normas jurídicas usam palavras, signos lingüísticos, que devem expressar o sentido daquilo que deve ser. Nas palavras de Tércio Sampaio Ferraz[9] "este uso oscila entre o aspecto onomasiológico da palavra, isto é, o uso corrente para a designação de um fato, e o aspecto semasiológico, isto é, a sua significação normativa". A elucidação do grande jurista já nos permite

5. Tércio Sampaio Ferraz Jr., *Introdução ao Estudo do Direito. Técnica, Decisão, Dominação*, p. 48.

6. Tércio Sampaio Ferraz Jr., ob. cit., p. 49.

7. Tércio Sampaio Ferraz Jr., ob. cit., p. 180.

8. *Dicionário Houaiss*, consultado às 16h36 do dia 13.12.2008, em *http://dic.busca.uol.com.br/result.html?t=10&ref=homeuol&ad=on&q=compreender&group=0&x=9&y=7*.

9. Tércio Sampaio Ferraz Jr., ob. cit., p. 231.

afirmar as diversas acepções que podem assumir os signos lingüísticos. Infere-se que o legislador ao criar a norma jurídica utiliza termos cotidianos, mas lhes atribui, no mais das vezes, acepções próprias, técnicas, destinadas à obtenção da disciplina desejada.

Essa técnica, ou a falta dela, cria, ou ainda fomenta, a plurissignificação. Como ensina Celso Ribeiro Bastos[10] "é que a linguagem normativa não tem significações unívocas".

Além disso, como lecionava o saudoso mestre André Franco Montoro,[11] "as leis são formuladas em termos gerais e abstratos para que se possam estender a todos os casos da mesma espécie. Passar do texto abstrato ao caso concreto, da norma jurídica ao caso real, é tarefa do aplicador do direito".

A determinação do exato sentido das normas, o correto entendimento do significado dos seus textos e intenções, objetivando a decisão do conflito, constitui a tarefa da hermenêutica jurídica. Hermenêutica, para Celso Bastos[12] – apoiado em Emilio Betti – "é a ciência do espírito que engloba a atividade humana de interpretar".

Interpretar é atribuir sentido ou significado a signos ou símbolos. Paulo de Barros[13] não nos deixa esquecer que interpretar é conhecer, como dito alhures, é atribuir valor ao símbolo, no caso símbolo jurídico, adjudicando-lhe significações, e por meio dessas, fazer referência ao mundo. Tal procedimento permite que os textos possam dialogar entre si, no caminho da chamada intertextualidade; conceito que nos será extremamente útil no desenvolvimento deste trabalho.

10. Celso Ribeiro Bastos, *Hermenêutica e Interpretação Constitucional*, 2ª ed., p. 17.
11. André Franco Montoro, *Introdução à Ciência do Direito*, 24ª ed., p. 369.
12. Celso Ribeiro Bastos, ob. cit., p. 18.
13. Paulo de Barros Carvalho, ob. cit., p. 192.

Não podemos deixar de explicitar: a interpretação é um pressuposto necessário para a aplicação da norma jurídica, pois é através dela que o sujeito determina o sentido normativo do texto. Nesse sentido, a interpretação se aproxima da própria aplicação.

Aqui a conceituação exposta encontra a magistral lição de Paulo de Barros: o caráter finalístico da interpretação e da aplicação é o mesmo, resolver um caso concreto extraindo da norma geral e abstrata a individual e concreta.

Vejamos agora os métodos de interpretação. Antes, porém, devemos mencionar a questão da interpretação, portadora do dilema processo/produto, como atividade do operador jurídico ou como resultado da atividade do intérprete.

Montoro classifica as técnicas de interpretação como sendo a (*i*) gramatical ou literal, aquela que toma por base o significado das palavras da lei e sua função gramatical, que embora útil como primeiro método, apresenta a deficiência de não considerar a unidade do ordenamento; (*ii*) a lógico-sistemática, que leva em conta o sistema em que se insere o texto e procura estabelecer a concatenação entre este e os demais elementos da própria lei e do ordenamento; (*iii*) a histórica, que se baseia na investigação dos antecedentes da norma, sua justificativa e exposição de motivos; (*iv*) a sociológica, que busca a adaptação da lei ao contexto social e de realidade, prevista na LICC, art. 5º.

Leciona Paulo de Barros, que o direito positivo está contido em camada lingüística vazada em termos prescritivos, sendo um vetor dirigido ao comportamento social e, portanto, deve ser interpretado com base nos sistemas de linguagem. Sabedor que esse sistema possui três planos fundamentais, a sintaxe, a semântica e a pragmática, só através da análise deles é que teremos condições de entender e valorar a norma jurídica.

Em resumo, podemos dizer que o plano da sintaxe contém o relacionamento entre os símbolos lingüísticos sem qualquer referência ao mundo exterior ao sistema. Já no plano semântico se encontram as grandes questões afetas a denotação (literalidade, relação direta símbolo-siginificado), e a conotação (conjunto de ampliações ou alterações que uma palavra agrega a seu sentido literal), dos termos jurídicos. Por fim o plano pragmático contém a aplicação do direito promovida por alguém que pertence ao contexto social por ele regulado e emprega os signos jurídicos em conformidade com pautas axiológicas comuns à sociedade.

Importa ressaltar que o bom exegeta deve se utilizar de todos os métodos simultaneamente, buscando a melhor interpretação possível para o caso concreto, muito embora tal assertiva padeça de um vício grave em função da carga subjetiva que a atividade interpretativa contém como pudemos demonstrar. Mas, podemos dizer que o método sistêmico – até por transitar por todos os planos apresentados – é o método de interpretação por excelência.

2. Consistência do ordenamento

A necessidade da interpretação sistêmica aflora quando o intérprete se depara com possíveis antinomias no ordenamento jurídico.

Tratemos, mesmo que em apertada síntese, do tema.

Antinomias devem ser extirpadas do ordenamento visando a consistência deste. Elas ocorrem quando existem incompatibilidades entre as normas válidas, ou seja, estas normas válidas se excluem mutuamente. Pode-se definir antinomia, ao menos no campo da lógica, como sendo a contradição que se apresenta após processos aceitos de raciocínio.

Tércio Sampaio Ferraz[14] define antinomia jurídica como "a oposição que ocorre entre duas normas contraditórias (total ou parcialmente), emanadas de autoridades competentes num mesmo âmbito normativo, que colocam o sujeito em uma posição insustentável pela ausência ou inconsistência de critérios aptos a permitir-lhe uma saída nos quadros de um ordenamento dado".

Aqui surge a necessária distinção entre antinomia real e aparente. Aquela, a real, ocorre quando efetivamente nos encontramos diante da definição de Tércio, ou seja, temos uma situação onde o sujeito se encontra em posição insustentável, pois não há critérios que suportem a solução de conflito, ou entre esses critérios existentes também há conflito. Já a antinomia aparente se dá quando essas premissas de conflitos não existem. Para Tércio Sampaio Ferraz quando há antinomia real existe, na verdade, lacuna de regras de solução de antinomia.

Nesse ponto novamente nos vemos diante da importância da interpretação sistêmica, ainda mais nos aspectos a ela inerentes da interdisciplinaridade e da inesgotabilidade da interpretação, aqui entendida como método pelo qual se busca a verificação da ocorrência de antinomia real ou aparente.

Paulo de Barros Carvalho nos alerta para a importância da escolha do caráter disciplinar ou interdisciplinar como método estratégico para a construção do discurso científico, visando conseguir o quanto de objetividade que se pretende na carga de subjetividade envolvida.

Isto porque, como leciona o doutrinador,[15] o fato social nasce com pluralidade inesgotável de aspectos, impedindo a concepção do "fato puro". Assim, torna-se praticamente impossível isolar-se, dentro do social, o fato jurídico, sem uma série de cortes e recortes que representem o aspecto que efetivamente será o objeto da análise a ser empreendida. Ressalva aqui o mestre o paradoxo escondido no raciocínio

14. Tércio Sampaio Ferraz Jr., ob. cit., p. 189.

15. Cf. Paulo de Barros Carvalho, ob. cit., p. 196.

acima desenvolvido: "o disciplinar leva ao interdisciplinar e este último faz retornar ao primeiro". É a relação de implicação e polaridade tão presente no pensamento de Miguel Reale.

Ao aplicador da lei, seja ele o detentor de poder de decisão, operador do direito, ou mesmo destinatário desta, cabe, para poder aplicar o preceito normativo, interpretá-lo.

Essa interpretação, como visto, deve ser – embora necessário a aplicação de todos os métodos disponíveis – sistêmica. E com base em qual sistema, ou melhor, quais os princípios, métodos e limites que envolvem essa interpretação sistêmica.

Kelsen, que via a necessidade de implementação de um rigor científico ao Direito, encontrava na norma fundamental um limite, pois fundante de todo o sistema, dela se extraía toda a validade necessária a outras normas. Esse caráter inicial de todo o sistema se encontra na Constituição. Nesse sentido Tércio, citado por Celso Ribeiro Bastos,[16] diz "A lei constitucional chama-se lei apenas por metáfora, ela não é igual a outras leis. A Constituição tem que ser entendida como a instauração do Estado e da comunidade". Fundante de todo o sistema social, portanto.

Mas a Constituição não é formada apenas de normas jurídicas em sentido estrito, suas prescrições "diretas", seu aspecto positivador. Ela é formada também, ou dela se depreendem, os princípios norteadores de todo ordenamento.

Princípios não são normas jurídicas em sentido estrito, pois neles não se encontra a característica diferenciadora fundamental entre as espécies de "normas jurídicas", leis e princípios; estes não possuem no descritor uma pressuposição fática e no prescritor uma disciplina de conduta intersubjetiva, como aquelas, as leis, as chamadas normas jurídicas em sentido estrito.

Assim, nos dizeres de Paulo de Barros[17] princípios "são regras do direito positivo que introduzem valores relevantes para o sistema, influindo vigorosamente sobre a orientação de setores da ordem jurídica". Inegável, a partir da definição do ilustre professor, a forte conotação axiológica que carregam essas normas jurídicas, os princípios.

Ora, se os princípios introduzem valores, estes são de fundamental importância, até por tudo acima exposto, para que o exegeta possa entender e interpretar o sentido da norma jurídica que necessita aplicar, e mais, no caso de antinomia aparente, este apoio, principiológico, será de capital importância na elucidação da aparente lacuna interpretativa. Retenhamos esse conceito. É um dos pilares do presente estudo!

Como ensina Paulo de Barros "os princípios aparecem como linhas diretivas que iluminam a compreensão de setores normativos, imprimindo-lhes caráter de unidade relativa e servindo de fator de agregação num dado feixe de normas".

III – Responsabilidade tributária

1. Critério pessoal da regra-matriz de incidência

A norma jurídica, possuidora de um esquema sintático de juízo condicional, destina-se a orientar condutas subjetivas em função de valores que pretende tutelar visando a garantia da vida em sociedade.

Esse esquema sintático tem a organização interna das proposições hipotéticas que relacionam uma conduta, a ser realizada pelo sujeito, à ocorrência de determinado evento, ou seja, acontecido o fato "F" deve o sujeito A obrigatoriamente realizar a conduta tal em face do sujeito B.

Assim, podemos dizer que há hipótese da norma, aquela que contém a previsão de um fato possível, e também o conse-

16. Celso Ribeiro Bastos, ob. cit., p. 50.

17. Paulo de Barros Carvalho, ob. cit., p. 252.

qüente da norma, onde encontraremos a relação jurídica que se instalará na ocorrência do fato previsto no conseqüente.

Usando a terminologia de Lourival Vilanova, podemos chamar, entre vários outros nomes, a hipótese de descritor, e o conseqüente de prescritor. Analisando as características de um e de outro, o Professor Paulo de Barros, verificou que, em se tratando de norma tributária, no descritor encontraremos um critério material que conterá o comportamento de alguém (composto por um verbo e seu complemento), condicionado no espaço (critério espacial), e no tempo (critério temporal). Já no prescritor veremos um critério pessoal (os sujeitos envolvidos) e um critério quantitativo (base de cálculo e alíquota).[18]

Nosso foco se fechará sobre o critério pessoal, como visto constante do conseqüente da norma tributária, e em especial sobre o sujeito que se obriga em função da realização do fato hipotético previsto no antecedente.

2. *Responsabilidade tributária*

Ocorrido o fato previsto no descritor, impropriamente, mas comumente chamado de fato gerador,[19] instaura-se a relação jurídica tributária, surgindo a obrigação tributária. Essa relação é composta por, no mínimo, dois sujeitos: um titular do direito subjetivo público de exigir o tributo, denominado de sujeito ativo; e outro, o obrigado à prestação pecuniária equivalente, nomeado como passivo.

Pessoa física ou jurídica, privada ou pública, obrigada ao adimplemento da prestação pecuniária e das demais obrigações acessórias (estas, nos termos adotados por Paulo de Barros, denominada deveres instrumentais), o sujeito passivo é encontrado, portanto, no seio da relação jurídica tributária, e chamado por contribuinte.

Aponte-se aqui, como bem faz Barros Carvalho, que o contribuinte tem participação direta e pessoal com o fato ocorrido. E por que a referência explícita a isso?

Porque essa distinção ajuda no entendimento da desnecessária discussão doutrinária sobre contribuinte de direito e de fato. Contribuinte de fato seria aquele que tem a obrigação de pagar o tributo, mas não incorreu no fato gerador, ou no caso do IPI, que em função da previsão constitucional da não-cumulatividade, se torna credor do imposto.[20]

Analisemos a questão na ótica que nos será mais necessária. Como suso mencionado, o contribuinte deve ser pinçado no âmbito da obrigação tributária instaurada com a ocorrência do fato jurídico tributário. Tal assertiva, além do apoio doutrinário mencionado, tem respaldo no Código Tributário Nacional (art. 121).

Exatamente essa a lição de Paulo de Barros, que assevera ser o contribuinte, como vimos, pinçado na relação jurídica tributária, e o responsável aquele que o legislador definiu que substituiria o contribuinte. Escutemos: “Em algumas oportunidades, outras pessoas, que mantiveram uma proximidade apenas indireta com aquele ponto de referência ao redor do qual foi formada a situação jurídica, poderão ser escolhidas para, na condição de responsáveis, substitutos ou solidários pelo crédito tributário, responderem, em caráter supletivo, ao adimplemento da prestação. A obrigação tributária entretanto, só se instaurará com sujeito passivo que integre a ocorrência típica, limite constitucional da competência do legislador tributário. Em conseqüência, somente poder ocupar a posição de sujeito passivo tributário quem es-

18. Paulo de Barros Carvalho, *Direito Tributário, Linguagem e Método*, 2ª ed., p. 585.

19. Cf. Paulo de Barros Carvalho, *Curso de Direito Tributário*, 14ª ed., p. 238.

20. Para maior aprofundamento do tema: Paulo de Barros Carvalho, *Direito Tributário, Linguagem e Método*, 2ª ed., p. 558.

tiver em relação com o fato jurídico praticado".[21]

Essa também é a lição de Tácio de Lacerda Gama,[22] que explicita: "O pólo passivo da relação jurídica de competência tributária é ocupado pelo conjunto de sujeitos destinatários da norma que veicula a norma tributária em sentido estrito".

Assim temos duas situações distintas: aquela onde o sujeito passivo foi encontrado em face da sua relação pessoal e direta com o fato jurídico tributário, chamada sujeição direta, a do contribuinte, e outra a indireta, decorrente da lei, e denominada substituição ou transferência, esta se subdividindo em sucessão, solidariedade e responsabilidade.

O que deve permanecer claro é a lição de Paulo de Barros: a substituição não é cessão do lugar de um sujeito para outro. É opção do legislador que ocorre antes da entrada da norma no sistema.

Diferentemente do que ocorre nos casos de transferência, ou seja, nos casos de sucessão, de responsabilidade e de solidariedade,[23] onde resta responsabilidade supletiva ao contribuinte, o substituto absorve totalmente o debito, assumindo na plenitude os deveres de sujeito passivo, quer os principais quer os acessórios.

Importante realçar que embora praticamente, como dito, o substituído permaneça à distância da relação tributária instaurada com o substituto, ainda dele depende o regime tributário que obrigará o substituto, ou seja, o regime jurídico que rege a relação tributária é o do substituído. Por exemplo, se o substituído for isento, o substituto também o será.

Instituto de grande relevância atual, em face de sua agilidade arrecadatória e facilidade que oferece à fiscalização da Administração Tributária, a substituição traz consigo uma providência assecuratória dos direitos do substituto de grande importância, a questão do imediato ressarcimento.

Vejamos a responsabilidade. Para uma correta análise dessa, precisaremos verificar de onde surge esse responsável, pois se ele integra a relação tributária sua relação jurídica segue a sorte desta, ou seja, é tributária, mas se ele não tem relação com o fato jurídico tributário, por óbvio, sua relação deve ser de outra índole.

E qual seria essa índole? De plano afastamos o vínculo obrigacional tributário, pois se o sujeito não estava na relação tributária, instaurada com a ocorrência do fato gerador, não pode ser por ela afetado. O que resta?

A leitura do art. 134,[24] em especial de seu *caput* e parágrafo, ajuda na tarefa de perquirir a natureza dessa relação. Exsurge da leitura, em especial dos grifos, a natureza sancionatória da responsabilidade solidária instaurada. Sanção administrativa decorrente de culpa ou dolo nos atos praticados pelos elencados que, de algum modo, se relacionam com contribuintes ou responsáveis tributários. Confirmando a tese exposta, o parágrafo único – acima reproduzido – evita o *bis in idem* afastando outra penalidade, que não a moratória, para os casos de responsabilidade solidária por sanção.

Este ponto exige que se retenha um conceito esposado no artigo supra reproduzido. A responsabilidade solidária acima imputada decorre sempre da omissão dos responsáveis ou da sua falta de cuidado com os negócios nos quais participam. Esse também é o entendimento de Paulo de Barros:[25] "Para evitar o comprometimen-

21. Paulo de Barros Carvalho, ob. cit., p. 553.

22. Tácio Lacerda Gama, *Contribuições de Intervenção no Domínio Econômico*, p. 82.

23. CTN, Cap. V, arts. 128 a 138.

24. "Art. 134. Nos casos de impossibilidade de exigência do cumprimento da obrigação principal pelo contribuinte, *respondem solidariamente com este nos atos em que intervierem ou pelas omissões de que forem responsáveis*: (*omissis*) Parágrafo único. *O disposto neste artigo só se aplica, em matéria de penalidades, às de caráter moratório*" (grifos nossos).

25. Paulo de Barros Carvalho, ob. cit., p. 574.

to, as pessoas arroladas hão de intervir com zelo e não praticar omissões: tal é o dever que lhes compete".

Hugo de Brito Machado alerta para a outra responsabilização solidária prevista no Código Tributário Nacional, que é aquela que surge no seio da relação jurídica tributária instaurada e que está prevista no art. 124, inciso I.[26]

Leciona o mestre cearense:[27] "Importante aqui estudar a solidariedade passiva, vale dizer, a ocorrência de mais de um sujeito passivo em uma mesma relação obrigacional tributária". O mesmo autor ao exemplificar diz: "Exemplo típico de solidariedade passiva é o das pessoas casadas em comunhão de bens, relativamente ao imposto de renda".

Vemos que as pessoas envolvidas no fato jurídico tributário, para serem solidários, devem se encontrar no mesmo pólo da relação negocial entabulada entre os envolvidos. Com exemplo se entende melhor. No caso de compra e venda de mercadoria, existe um vendedor e um comprador cabendo ao primeiro recolher o imposto estadual, e nunca o segundo, o comprador, será solidário ao primeiro, mesmo se creditando do valor destacado por aquele na nota fiscal. Diferentemente do exemplo do professor Hugo de Brito onde, marido e mulher, "aproveitam" igualmente a renda auferida por um deles em face do regime matrimonial, se encontrando, portanto, no mesmo pólo da relação, tendo interesse comum.

Por fim, não nos esqueçamos do inciso II do transcrito art. 124. A lei pode expressamente designar outras pessoas como responsáveis solidárias.

26. "Art. 124. São solidariamente obrigadas: I – *as pessoas que tenham interesse comum na situação que constitua o fato gerador* da obrigação principal. II – as pessoas expressamente designadas por lei."

27. Hugo de Brito Machado, *Curso de Direito Tributário*, 20ª ed., p. 125.

3. Responsabilidade tributária nas contribuições previdenciárias

Não é objeto do presente estudo a análise da sujeição passiva nas contribuições previdenciárias em sentido amplo. Mantendo a necessária objetividade do trabalho, analisaremos somente os casos de solidariedade e de substituição previstas na Lei de Custeio da Previdência Social, a mencionada Lei 8.212/1991, e mais especificamente, os afetos à construção civil.

Encontramos, entre outras, na Lei de Custeio as seguintes disposições expressas de solidariedade quanto à obrigação tributária previdenciária principal: no art. 30, (*i*) empresas que integrem grupo econômico (inciso IX), (*ii*) o proprietário, o incorporador definido na Lei 4.591, de 16 de dezembro de 1964, o dono da obra ou condômino da unidade imobiliária, qualquer que seja a forma de contratação da construção, reforma ou acréscimo, são solidários com o construtor, e estes com a subempreiteira, pelo cumprimento das obrigações para com a Seguridade Social (inciso VI). O art. 25-A, da mesma lei, imputa solidariedade no caso de integrantes de consórcio de empregadores rurais.

Além disso, leis esparsas determinam a mesma solidariedade: *a*) entre o operador portuário e o órgão gestor de mão-de-obra (OGMO) (Lei 9.719/1998); *b*) o titular de firma individual urbana ou rural, considerado empresário individual pelo art. 931 da Lei 10.406, de 2002 (Código Civil) e os sócios das empresas por cotas de responsabilidade limitada, com a firma individual e a sociedade, respectivamente (Lei 8.620/1993); *c*) os titulares e os sócios, em qualquer tempo, e os administradores do período de ocorrência dos respectivos fatos geradores ou em períodos posteriores, de microempresas ou empresas de pequeno porte, baixadas sem o pagamento das respectivas contribuições previdenciárias (Lei Complementar 123/2006).

Por fim o objeto de nosso estudo: a responsabilidade da Administração Pública nos termos da Lei 8.666/1993, esculpida no art. 71, § 2º, que mesmo com o pecado da repetição, voltamos a colacionar:

> § 2º. A Administração Pública responde solidariamente com o contratado pelos encargos previdenciários resultantes da execução do contrato, nos termos do art. 31 da Lei 8.212, de 24 de julho de 1991.

Atentemos para a redação da parte final do mencionado parágrafo. No item VII, analisaremos com o vagar necessário a infeliz remissão.

Por enquanto, retenhamos claro que a chamada Lei de Licitações, 8.666/1993, que regula os contratos da Administração Pública expressamente prevê a solidariedade desta com o contratado, e mais, a Lei de Custeio determina que todo aquele que executa obra de construção civil também é solidário com o construtor. Não podemos esquecer que, aqui, ainda cabe a responsabilidade solidária genérica, prevista no art. 124 do CTN, em face do interesse comum no fato gerador que é patente no caso do proprietário de obra e o construtor. Hugo de Brito Machado[28] respalda a afirmação: "As pessoas com interesse comum na situação que constitui o fato gerador da obrigação de pagar um tributo são solidariamente obrigadas a esse pagamento, mesmo que a lei específica do tributo em questão não o diga. É uma norma geral, aplicável a todos os tributos".

Passemos a questão da retenção dos 11% sobre os valores da nota fiscal/fatura dos serviços prestados em cessão de mão-de-obra, que devem ser descontados pelo contratante dos serviços, e recolhido em nome do prestador, que os compensará, quando do recolhimento das contribuições previdenciárias incidentes sobre sua folha de pagamento de segurados. Verdadeira antecipação tributária compensável, a chamada retenção dos 11% é entendida como substituição tributária para alguns[29] e como nova contribuição para outros.

Clareemos a questão.

Vejamos a plausibilidade de enquadrá-la como nova contribuição. Ao se considerar como tributo, apoiados nos ensinamentos de Paulo de Barros, além de enquadrável na definição legal do mesmo, a lei que o instituiu ao ser decomposta como regra-matriz de incidência tributária, deverá nos demonstrar todos os critérios constantes da mesma.

A retenção em comento é uma prestação pecuniária compulsória, prevista em lei, cobrada mediante atividade vinculada e não se constitui sanção de ato ilícito. Enquadrável, portanto, até aqui, como tributo.

Vejamos como se comporta a norma em apreço, quando submetida à decomposição seguindo a regra-matriz de incidência tributária (art. 31 da Lei 8.212/1991):[30]

> Critério material: ***deverá reter*** 11% (onze por cento) do valor bruto da nota fiscal ou fatura de prestação de serviços ***e recolher*** a importância retida até o dia 10 (dez) do mês subseqüente ao da emissão da respectiva nota fiscal ou fatura ***em nome da empresa cedente da mão-de-obra***, observado o disposto no § 5º do art. 33 desta Lei.

28. Hugo de Brito Machado, ob. cit., p. 125.

29. Como substituição tributária: AgRg no REsp 697.007-SP (2004/0148294-8), Rel. Ministro José Delgado. Como nova contribuição: Nicolau Konkel Jr., *Contribuições Sociais: Doutrina e Jurisprudência*, p. 209.

30. "Art. 31. A empresa contratante de serviços executados mediante cessão de mão-de-obra, inclusive em regime de trabalho temporário, deverá reter 11% (onze por cento) do valor bruto da nota fiscal ou fatura de prestação de serviços e recolher a importância retida até o dia 10 (dez) do mês subseqüente ao da emissão da respectiva nota fiscal ou fatura em nome da empresa cedente da mão-de-obra, observado o disposto no § 5º do art. 33 desta Lei. § 1º. O valor retido de que trata o *caput*, que deverá ser destacado na nota fiscal ou fatura de prestação de serviços, será compensado pelo respectivo estabelecimento da empresa cedente da mão-de-obra, quando do recolhimento das contribuições destinadas à Seguridade Social devidas sobre a folha de pagamento dos segurados a seu serviço" (*Redação dada pela Lei 9.711, de 20.11.1998*).

Critério espacial: *no território nacional*;

Critério temporal: *serviços prestados no mês com recolhimento dia 10*;

Critério pessoal: *sujeito ativo: RFB; sujeito passivo: a empresa contratante de serviços prestados em cessão de mão-de-obra*;

Critério quantitativo: *base de cálculo: o valor da nota fiscal/fatura de prestação de serviço. Alíquota: 11%.*

Analisemos os elementos encontrados.

A preciosa lição de Paulo de Barros nos ajuda a afastar a questão de ter sido novo tributo criado pela Lei 9.711/1998. Pudemos observar acima que o critério material da regra-matriz da norma não se presta a ser identificada como um imposto, pois não tem critério material típico destes; tampouco taxa, uma vez que não se trata de serviço público ou exercício do poder de polícia; empréstimo compulsório também não é, pois não há devolução; muito menos contribuição de melhoria, uma vez que não há obra pública realizada quanto menos valorização dela decorrente; e nova contribuição muito menos, pois o produto arrecadado entra sim no caixa do Tesouro, mas em nome de outrem, que não o sujeito responsável pelo recolhimento, e mais esse outrem que vai se compensar do valor recolhido, abatendo da contribuição que ele sim deve recolher. Tal conduta demonstra ser somente um desconto no pagamento dos serviços prestados pelo contratado, existindo o posterior recolhimento, dias após ou antes, por vezes, do valor descontado em nome desse contratado, que irá imediatamente se compensar dos valores retidos, quando do pagamento das contribuições previdenciárias incidentes sobre a sua folha de pagamento.

Como vimos exaustivamente no item anterior deste capítulo, contribuinte é aquele sujeito que apanhado na relação jurídica tributária surgida na ocorrência do fato jurídico, a este deu causa e mais, suportará o ônus do tributo. Ora, não é o que ocorre no caso em análise.

Acrescente-se também, que o valor é recolhido em nome do prestador dos serviços, que dele se compensará, consoante o disposto no supra colacionado art. 31, § 1º. O contratante, então, contribuinte não é. Responsável tributário também não, uma vez que este não arcará com a exação, se cumprir a determinação legal.

Agora, se descumprir a imposição da lei, não retendo, ou retendo e não recolhendo, aí sim, surgirá para o contratante o encargo da exação, pois consoante o disposto no art. 33, § 5º, a retenção se presume feita, e, portanto, se não corretamente recolhida o contratante se transforma em pessoalmente responsável por seu adimplemento.

Como tivemos a oportunidade de analisar, linhas atrás, esse descumprimento de preceito legal gera uma relação obrigacional, mas de cunho sancionatório e não tributário, em face da omissão ocorrida. Tal técnica, *mutatis mutandis*, é a mesma que ocorre no imposto de renda na fonte, e no desconto da contribuição previdenciária do segurado empregado e contribuinte individual, onde o encargo dos tributos mencionados são do descontado, e não daquele que retém e recolhe o valor devido.

Diante do exposto, só nos resta afirmar a retenção dos 11% como sendo substituição tributária, onde o contratante recolhe o valor antecipadamente e o prestador se compensa deste quando do recolhimento das contribuições previdenciárias incidentes sobre a remuneração das pessoas físicas que trabalham para ele. Aponte-se ser esse o entendimento dos tribunais superiores.[31]

31. REsp 855.066-SP (2006/0114645-7), Rela. Ministra Denise Arruda; AgRg no REsp 433.799-SP, Rel. Ministro Luiz Fux, *DJ* 5.5.2003, p. 224; REsp 548.190-PE, Rela. Ministra Denise Arruda, *DJ* 1.2.2006, p. 435; AgRg no Ag 493.819-MG, Rel. Ministro João Otávio de Noronha, *DJ* 15.3.2004, p. 237; e REsp 439.155-MG, Rel. Ministro José Delgado, *DJ* 23.9.2002, p. 289.

IV – Administração pública

1. Princípios constitucionais aplicáveis à Administração Pública

Linhas atrás vimos que os princípios constitucionais, assim como os princípios gerais do direito, devem nortear o aplicador do direito quando este realiza a imprescindível interpretação da norma. Essa afirmação demonstra o porquê desse nosso capítulo, uma vez que nos propusemos a verificar se há a responsabilização da Administração Pública como solidária quando contrata obra de construção civil, em face do ordenamento vigente.

A Carta Maior traz expressamente consignado, na cabeça do art. 37, a obediência que a Administração deve aos princípios da legalidade, impessoalidade, moralidade administrativa, publicidade e eficiência. Maria Sylvia Zanella Di Pietro,[32] ressaltando a bipolaridade do Direito Administrativo, decorrente da liberdade do indivíduo e da autoridade da Administração, lembra os dois princípios basilares do Direito Administrativo – que, aliás, permeiam não só este mas todos os direitos públicos – que são o princípio da legalidade e o da supremacia do interesse público sobre o particular.

O princípio da legalidade praticamente nasceu com o Estado de Direito e constitui uma das principais garantias aos direitos individuais, pois impede que o Estado extrapole os limites da vontade da Lei. Dele, do princípio da legalidade, é que decorre o consenso que a vontade da Administração Pública é a vontade da lei. Celso Ribeiro Bastos[33] nos ensina: "De tudo ressalta que a Administração não tem fins próprios, mas há de buscá-los na lei, assim como, em regra, não desfruta de liberdade, escrava que é da ordem jurídica".

Encontramos o princípio da supremacia do interesse público tanto na elaboração da lei, como no momento de sua execução pela Administração Pública. Esse princípio encontra suas raízes no direito público, que por excelência, visa tutelar os interesses coletivos, os interesses públicos, ao contrário do direito privado que, em regra, protege os interesses individuais.

Aqui o ponto fulcral do nosso entendimento sobre a Administração Pública que utilizaremos com vigor ao longo do desenvolvimento desse estudo. A Administração Pública deve obediência ao princípio da supremacia do interesse público, que visa implementar a verdadeira justiça social, vinculando o ato do ente mais forte da sociedade, o Estado, que retira sua força, seu poder coercitivo, justamente da cessão que o indivíduo faz do seu interesse para a tutela do interesse coletivo, social.

Ligado a esse princípio da supremacia do interesse público, e embasado no exposto no parágrafo anterior, está o princípio da indisponibilidade do interesse público, que nos dizeres de Celso Antônio Bandeira de Mello, impede que as pessoas administrativas tenham disponibilidade sobre os interesses públicos confiados a sua guarda e proteção. Tal afirmação tem peso e previsão legal, consoante podemos verificar no art. 2º, *caput*, da Lei 9.784/1999. Realcemos uma vez mais: os agentes públicos não podem dispor do interesse público, mesmo que contrários aos interesses da Administração singularmente considerada.

Exatamente essa é a lição de Celso Bastos,[34] que assevera: "*Por vezes o Poder Público atua em nome de interesses que tem como qualquer pessoa de direito, sem revelar propriamente interesses da coletividade*, mas um interesse que possui enquanto mera pessoa jurídica. *Nesses casos não há que se falar em supremacia do interesse coletivo*, porque há total possibilida-

32. Maria Sylvia Zanella Di Pietro, *Direito Administrativo*, 14ª ed., p. 67.

33. Celso Ribeiro Bastos, *Curso de Direito Administrativo*, 4ª ed., p. 25.

34. Celso Ribeiro Bastos, ob. cit., p. 30.

de de o Estado submeter-se a igual direito dos particulares sem quebra ou prejuízo do atingimento dos fins coletivos" (grifos não constam do original).

Magistral essa lição do professor Celso Bastos. Guardemos.

2. Lei das Licitações

Exercendo sua competência privativa[35] a União fez publicar em 1993 a chamada Lei de Licitações, Lei 8.666, que regula os contratos administrativos, embora versem também sobre contratos de natureza privada, como de locação, compra e venda, obras e serviços, todos, é claro, quando envolvam a Administração Pública, e nesse caso, a lei cria procedimentos especiais que a Administração deverá observar.

No tocante ao contrato de obras e serviços, que nos interessa em particular, Maria Sylvia Zanella Di Pietro[36] ressalva: "Já no que diz respeito aos contratos de obras e serviços, abrangendo a empreitada e a tarefa (art. 6º, VIII), a Lei 8.666/1993 não apenas estabeleceu sujeições próprias do regime administrativo (arts. 7º a 12), como também assegurou à Administração uma série de prerrogativas que a colocam em situação de supremacia sobre o particular".

Essa posição de supremacia, conforme discutido acima, decorre do interesse público que norteia a Administração, e nesse sentido deve ser utilizado, não cabendo de modo algum, como sobejamente visto, ser utilizado fora do interesse coletivo sob pena de caracterização de desvio de poder. Lembremos que o princípio da supremacia do interesse público vincula inclusive o legislador.

De todo modo, em observância ao princípio da legalidade, a Administração Pública, quando contratante, deve observar os preceitos da Lei 8.666/1993.

35. CF, art. 22, XXVII.

36. Maria Sylvia Zanella Di Pietro, ob. cit., p. 248.

Em conclusão, podemos dizer que a atuação da Administração Pública, aliada ao inexorável princípio da legalidade, deve se pautar pelo princípio da moralidade e mais, pelo princípio da supremacia do interesse público que deve ser maximizado quando ela atua como se particular fosse!

V – Legislação previdenciária aplicável à construção civil

1. Distinção entre obra e serviço de construção civil e seus efeitos

A conceituação que passaremos a apresentar será baseada nos preceitos da Instrução Normativa MPS/SRP 03, de 14 de julho de 2005, que normatizando a Lei 8.212/1991 e o Regulamento da Previdência Social, aprovado pelo Decreto 3.048/1999, trata, dentre outros, dos aspectos da legislação de custeio previdenciário afetos à construção civil.

Como veremos, a distinção entre obra e serviço de construção civil será de capital importância para se atribuir ao contratante dessas atividades qual a responsabilidade tributária que a lei lhe reservou, se responsável solidário ou obrigado a reter e recolher os 11% incidentes sobre o valor da nota fiscal.

Define-se *obra* de construção civil como sendo a construção, demolição, acréscimo ou reforma de edificação ou todo aquilo que se agrega ao solo ou subsolo, por intervenção humana, com ânimo de permanência. Assim a construção de uma casa, reforma desta, demolição de um galinheiro, construção de uma rede de água ou esgoto, construção de uma usina hidrelétrica são exemplos de obras de construção civil.

Por *serviços de construção civil* devemos, embora não haja uma definição clara na citada IN MPS/SRP 03/2005, entender a obra singularmente considerada, um "pedaço" da obra, um item desta, enfim, um serviço da obra. A pintura, a elétrica, a impermeabilização, a alvenaria, o assentamento de tubo, a fundação da usina, são *serviços de construção civil*.

Embora de fácil compreensão, as definições acima podem, no caso concreto, dificultar a vida do contribuinte. Visando dissipar possíveis dúvidas a IN MPS/SRP 03/2005 traz em seu anexo XIII, tabela classificatória, pelo código CNAE da atividade econômica, determinando se dada atividade deve ser considerada obra ou serviço.

Mas, passemos a verificar os efeitos da distinção apontada entre obra e serviço de construção civil.

Segundo a Lei 8.212/1991, art. 30, inciso VI, há solidariedade entre o proprietário e o construtor quando estes firmam um contrato de *obra* de construção civil. Já o art. 219 do Regulamento da Previdência Social, aprovado pelo Decreto 3.048/1999, cumprindo o disposto no art. 31, § 3º, da Lei de Custeio, determina que o contratante de *serviços* de construção civil deverá reter e recolher 11% do valor da nota fiscal/fatura de serviços.

Ora, se solidário o contratante, querendo afastar esse vínculo tão indesejável, deverá se portar como verdadeiro agente fiscal, verificando se seu eleito cumpriu todos os passos elencados na Lei de Custeio, não só aqueles relativos a seus segurados, mas também com relação a todos aqueles que prestaram serviços na obra como terceirizados, em empreiteiras e subempreiteiras. E mais, deve esse contratante principal observar se houve adimplemento não só das obrigações principais: pagar as contribuições previdenciárias incidentes sobre a remuneração das pessoas físicas,[37] sobre os pagamentos eventualmente feitos às cooperativas,[38] e retenção dos valores constantes da nota fiscal/fatura pelos serviços prestados por todos empreiteiros e subempreiteiros envolvidos na obra[39] de seu interesse, como também, verificar se houve o cumprimento das obrigações acessórias em especial, quanto à declaração na Guia de Informações à Previdência Social e ao FGTS, a GFIP.[40]

Infinitamente mais fácil a vida daquele obrigado a reter e recolher em nome do prestador o valor de 11% da nota fiscal/fatura dos serviços de construção civil prestados na obra. Ressalte-se que, facultativamente, o contratante pode elidir a solidariedade retendo e recolhendo a antecipação mencionada nos termos do art. 220, § 3º, inciso III, do contratado em empreitada total.

A diferença de sistemática só pode ser atribuída à lei que dispôs que fatos sociais diferentes levassem a obrigações legais distintas, trocando a garantia de mais um coobrigado pelo adimplemento das obrigações tributárias previdenciárias, pela antecipação compensável da contribuição devida pelo prestador.

Vejamos agora mais uma distinção importante: a contratação em empreitada total ou parcial.

2. Distinção entre empreitada total e parcial e seus efeitos

Entende-se por empreitada total a contratação de *obra* de construção civil, independentemente do fornecimento de materiais, pela qual a construtora, assim entendida a empresa regularmente inscrita no CREA e que tenha por seu objetivo social a exploração da indústria da construção civil, se responsabiliza pela execução de todos os *serviços* constante dos projetos da obra.

Explicitemos. Sob o ponto de vista da legislação previdenciária só teremos *em-*

37. Consoante o previsto no art. 22, I a III, e art. 30, I e II, ambos da Lei 8.212/1991.

38. Consoante o previsto no art. 22, IV, da Lei 8.212/1991.

39. Consoante art. 31 da mencionada Lei 8.212/1991.

40. Consoante o previsto no art. 220, §§ 2º e 3º, do RPS, aprovado pelo Decreto 3.048/1999.

preitada total se o *contrato* for firmado com *construtora* para a execução de *todos os serviços* constantes dos projetos da obra. Assim, se construtora firmar um contrato para realização de parte da obra, este, independentemente da forma de contratação, será de empreitada parcial, ou seja, se na execução de um edifício de 30 andares a construtora não se obrigar a realizar a colocação dos vidros da fachada, e o proprietário tiver que contratar outra empresa para a realização desse serviço, estaremos – sob a ótica da legislação previdenciária – diante de um contrato de empreitada parcial.

E mais. Se a contratação for para a execução da obra toda, assim entendida a execução de todos os serviços constantes do contrato, mas este se der com empresa que não seja construtora, esta contratação também será considerada em empreitada parcial.

Importante notar que somente estaremos diante de construtora quando seu objeto social demonstrar o intuito da exploração da indústria da construção civil em sentido amplo, e não a realização de um ou outro serviço de construção civil, e ela a empresa, esteja devidamente registrada no Conselho Regional de Arquitetura e Engenharia – CREA.

E aqui cabe novamente a pergunta. Por que a distinção? Porque somente na obra contratada em empreitada total é imputável a solidariedade entre contratante, assim entendido o dono da obra, o incorporador e o proprietário da obra e a empresa construtora.

Em todos os outros casos estaremos diante do instituto da retenção, consoante o disposto no art. 30, VI, combinado com o art. 31 da Lei 8.212/1991 e com as disposições do Regulamento da Previdência Social, aprovado pelo Decreto 3.048/1999, no art. 220, *caput*, e § 1º.

Consolidando os conceitos apresentados, no intuito deste estudo: sob a legislação previdenciária vigente, só há responsabilidade solidária entre proprietário da obra e construtora quando o contrato for de empreitada total, assim entendida a contratação pela qual, a empresa construtora se responsabiliza pela execução de todos os serviços constantes do projeto da obra.

Passaremos agora a analisar as linhas-mestras do Parecer da Advocacia-Geral da União que afastou a responsabilidade solidária da Administração Pública quando contrata obra de construção civil.

VI – O Parecer AC-055-AGU

Com o objetivo de não transcrever todo o Parecer,[41] faremos uma análise sintética do pronunciamento da Consultoria da União sobre as questões mais relevantes.

Os comentários críticos acrescentados ao entendimento da Consultoria da União embasarão o desenvolvimento do item VII abaixo, no qual se pretende demonstrar as possíveis divergências entre o conteúdo do Parecer e a doutrina e jurisprudência estudadas. Iniciemos.

O mencionado Parecer, visando resolver uma questão tributária surgida quando da autuação dos entes públicos nele mencionados, apresenta, em conclusão, o entendimento que, em face do disposto nas Leis 8.666/1993 e 8.212/1991, atualmente a Administração Pública não responde solidariamente quando contrata obra de construção civil.

Ressalte-se que o mencionado pronunciamento traça um quadro ao longo do tempo, cotejando a legislação válida à época, no qual aponta a responsabilização cabível aos entes públicos.

No ponto que agudamente nos interessa, o Consultor – após o esforço histórico empreendido – chega a diferenciação que a Lei de Custeio da Previdência faz en-

41. O Parecer AC-055, de 8.11.2006, publicado no *DOU* 26.11.2006, pode ser consultado na íntegra no endereço: *http://www.agu.gov.br/SISTEMAS/SITE/PaginasInternas/NormasInternas/AtoDetalhado.aspx?idAto=8459*, consulta realizada no dia 7.9.2009, às 9h47.

tre obra de construção civil e serviço de construção civil prestado em cessão de mão-de-obra, como já enfrentamos acima, e lembra que dessa diferenciação surge a responsabilização tributária diversa, responsabilidade solidária no caso de obra contratada em empreitada total e de substituição tributária – obrigação de efetuar e recolher a retenção – nos casos de contratação de serviços em cessão de mão-de-obra.

Aqui nos interessa uma opinião do próprio Parecer, que em certa altura afirma:

> 24. Porém, poder-se-ia argumentar que a expressão "nos termos do art. 31 da Lei 8.212, de 24 de julho de 1991", presente no novo § 2º, do art. 71 da Lei 8.666/1993, não se referia ao mérito deste dispositivo – contrato de serviço executado mediante cessão de mão-de-obra –, mas apenas à forma como a Administração responderia solidariamente em todos os tipos de contratos, *ou seja, a solidariedade previdenciária envolvendo a Administração Pública contratante deveria sempre observar, procedimentalmente, as regras dispostas no art. 31 da Lei 8.21219/1991*, mesmo em relação às demais espécies de contratos administrativos, como o contrato previsto no art. 30, VI, desta Lei contrato de construção, reforma ou acréscimo (grifos nossos).

A presente citação demonstra que a Consultoria encontrou como enfrentar a questão das responsabilidades que a Lei de Custeio em cotejamento com a Lei de Licitações reservou à Administração Pública quando contrata obra de construção civil.

Porém preferiu caminho diverso.

Passou a trilhar, a passos largos, o caminho da interpretação literal, buscando entender a clara remissão errônea do legislador, como uma determinação deste – em franca oposição lógica ao entendimento sistêmico, teleológico e constitucional do ordenamento aplicável – em afastar a responsabilidade solidária da Administração Pública.

Assevera o Parecer – em flagrante equívoco – que diante da cisão quanto a responsabilidade do contratante de obra de construção civil quis o legislador distinguir a Administração Pública dos demais contratantes. Se ela contratar em cessão de mão-de-obra (o que, sobejamente se sabe, não ocorre – por força da própria Lei de Licitações – em obras de construção civil), tem responsabilidade de reter a antecipação tributária previdenciária incidente sobre a Nota Fiscal/Fatura de Serviços e recolher o produto desta, como reconhece o Parecer. Mas no caso usual – contratação de obra em empreitada total – não resta responsabilidade solidária à Administração Pública, pois esta imposição legal foi afastada quando da mudança da Lei de Custeio (simples opção do legislador em mudar, topologicamente, o instituto de lugar no texto legal), embora – grife-se – *continue expressamente existindo na Lei 8.666/1993, que regula a contratação pela administração pública.*

Essa é a conclusão do incoerente Parecer.

VII – Conclusão crítica

Em apertada síntese, pois os supedâneos das afirmações que passaremos a transcrever já foram exaustivamente analisados, recordemos as premissas que embasarão, reiterando o pedido de licença, as nossas críticas.

Vimos, no início do desenvolvimento deste, as regras de interpretação que antecedem forçosamente a aplicação da norma jurídica. Dentre elas destacamos a interpretação sistêmica. Observamos que ela visa, permeando todo o ordenamento, encontrar a exegese mais apropriada das normas jurídicas aplicáveis ao caso concreto. Concluímos também que os princípios constitucionais, como normas de conteúdo axiológico, e norteadores de todo o sistema, não podem – de modo algum – serem desconsiderados na tarefa do intérprete, pois a este cabe, ainda mais na subsunção do caso concreto, observar toda a consistência do ordenamento, chegando assim a uma aplicação escorreita da norma jurídica.

Estudamos todos os conceitos doutrinários aplicáveis ao caso *in comento*. As figuras de responsabilização tributária, as normas jurídicas, em sentido estrito e amplo, aplicáveis à Administração Pública, tanto as pertencentes ao âmbito do Direito Administrativo quanto ao Previdenciário.

Diante do exposto, podemos afirmar:

A Lei 8.666/1993, lei que regula a contratação pela Administração Pública, prevê no § 2º do art. 71, a responsabilização solidária da Administração Pública pelos "encargos" previdenciários decorrentes da execução do contrato. Tal responsabilização decorre de alteração legislativa, introduzida pela Lei 9.032/1995, demonstrando que a tutela do patrimônio da previdência social deva também ser exercida pela Administração Pública.

A mesma Lei 9.032/1995, altera a Lei de Custeio da Previdência, introduzindo nova metodologia de elisão da responsabilidade solidária aos contratantes de serviços em cessão de mão-de-obra.

Com o perdão da repetição, mas em face de sua importância capital, devemos rememorar que, essa responsabilização solidária entre contratante e contratado não tem natureza tributária e sim de sanção administrativa, pois decorre da falta de cuidado na realização do contrato.

Nesse viés, resta claríssimo que a Lei 8.666/1993 contém em seu § 2º dois comandos. Primeiro comando: a Administração é responsável solidária. Segundo: para a correta elisão deve se valer do disposto no art. 31 da Lei 8.212/1991, que sofria – *pela mesma norma* – alteração legislativa que incorporava exatamente essa determinação na lei, ou seja, criava o procedimento pelo qual o sujeito passivo da obrigação sancionatória dela se exonerava, a saber: folha de pagamento e comprovante da guia de recolhimento específica para cada obra ou serviço.

Essa interpretação não pode fugir da nossa atenção. Somente ela valida todo o ordenamento, e mais, a ele dá consistência, através do respeito aos princípios norteadores e às normas mencionadas. Vejamos.

O princípio da legalidade resta totalmente respeitado, pois aplicáveis as duas leis sobre a questão. O princípio da supremacia do interesse público também, pois o interesse coletivo nesse caso é o que resguarda o patrimônio da previdência social, que é de toda a sociedade, ainda mais quando se recorda que, no caso em apreço, a Administração Pública aqui age em seu próprio interesse, e não no interesse comum, como se pode verificar na afirmação do próprio Consultor da União,[42] que não se incomoda em sugerir gestões junto ao Poder Judiciário, mais especificamente ao Tribunal Superior do Trabalho, que também faz uma leitura sistêmica da Lei 8.666/1991, para que ele deixe de aplicar a Súmula 331,[43] que imputa responsabilidade trabalhista à Administração.

Não podemos olvidar que o princípio da supremacia do interesse público que também deve ser observado na elaboração das leis, com essa interpretação restaria respeitado. É a vontade da lei que a Administração não agindo com zelo que dela se espera, ainda mais ao tratar do patrimônio público, seria responsável solidária pelos encargos previdenciários devido pelo seu eleito.

Certamente, a prevalecer o entendimento constante do Parecer, *a contrario senso*, todos os princípios norteadores da Administração Pública restaram violados. Ressalte-se que o entendimento jurispru-

42. Cf. item 4 do Parecer.

43. Súmula 331. "IV – O inadimplemento das obrigações trabalhistas, por parte do empregador, implica a responsabilidade subsidiária do tomador dos serviços, quanto àquelas obrigações, *inclusive quanto aos órgãos da administração direta, das autarquias, das fundações públicas, das empresas públicas e das sociedades de economia mista*, desde que hajam participado da relação processual e constem também do título executivo judicial" (art. 71 da Lei 8.666, de 21.6.1993).

dencial vai na linha do nosso raciocínio. Vejamos o voto do Ministro Lélio Bentes Corrêa, da 1ª Turma, publicado em 12 de novembro de 2008 e proferido no Agravo de Instrumento ao Recurso de Revista 600/2006-411-06-040 do TST:

(...).

Dessa forma, correta a condenação subsidiária do ente Estadual quanto aos débitos trabalhistas das primeiras reclamadas, em virtude do princípio da moralidade administrativa, todo o arcabouço Constitucional protetivo do trabalhador e, sobretudo, pela responsabilidade objetiva da administração para com terceiros, já que quedou-se inerte quanto a fiscalização da legalidade na contratação pela empresa prestadora dos serviços.

(...).

Nesse sentido, a jurisprudência trabalhista *apreendeu, da sua interpretação sistemática com a permissão do ordenamento jurídico* (arts. 4º da LICC, 8º, *caput*, da CLT e 126 do CPC) –, a responsabilidade subsidiária do tomador dos serviços por obrigações trabalhistas não-adimplidas pela empresa prestadora, resultantes do contrato firmado entre ambos.

Assim, o item IV da Súmula n. 31 do TST *é produto de integração jurídica, que tem seu balizamento no princípio da plenitude da ordem jurídica, informador de que a ordem jurídica sempre terá, necessariamente, uma resposta normativa para qualquer caso concreto posto a exame do operador do Direito* (cf. Maurício Godinho Delgado, in *Curso de Direito do Trabalho*, 2ª ed., LTr, p. 240).

Impende ressaltar, ainda, que não incide na espécie o disposto nos arts. 37, II, e § 2º, e 169, § 1º, II, ambos da Constituição da República, porquanto não houve reconhecimento de vínculo empregatício da reclamante com o agravante. O disposto no item II da Súmula n. 331 do TST afasta, tão-somente, a possibilidade de reconhecimento de vínculo empregatício com entidade pública, *mas não isenta o tomador de serviços da responsabilidade subsidiária por obrigações trabalhistas inadimplidas pela empresa prestadora de serviços* (...) (grifos nossos).

No mesmo sentido pronuncio-se o STJ. O Ministro Humberto Gomes Barros relatando o REsp 414.515-RS, publicado em 17.12.2002, asseverou:

(...).

A discussão é saber se incide a responsabilidade solidária entre o Estado e seus empreiteiros após o advento da alteração introduzida no art. 31, da Lei n. 8.212/1991 e a conseqüente ofensa aos arts. 124 e 128, do CTN, quando dos serviços prestados pelas empresas contratadas pelo Município em licitação pública, no período de maio a setembro de 1995.

Sobre o tema, a e. Ministra Eliana Calmon, em voto proferido no REsp 392.597-SC observa que

"A solidariedade de que fala o art. 31 da Lei n. 8.212/1991 não apresenta como forma tecnicamente identificadora de uma obrigação solidária, como disciplinada no Código Civil.

"Observe-se que a solidariedade do Código Civil não admite recusa alguma por parte de um dos devedores solidários que, sem maiores indagações, paga para só depois acertar a sua relação jurídica com o(s) outro(s) devedor(es) solidário(s).

"E isto ocorre porque a solidariedade enseja o surgimento de duas relações jurídicas: uma externa, entre o credor e o devedor solidário, este representado por dois ou mais obrigados; e uma interna, que se estabelece entre o devedor que paga e os demais devedores.

"Se interpretado o art. 31, da Lei n. 8.212/1991, tem-se como deformada a solidariedade imposta, que, na verdade, de solidária só tem a nomenclatura. Afinal, estabelece o *caput* do artigo exceção à solidariedade ao ressalvar o direito adquirido, permitindo resguardarem-se os devedores solidários, um contra o outro.

"O § 3º do mesmo art. 31 elide a solidariedade se o executor comprovar o recolhimento prévio das contribuições.

"Temos, na espécie, sem dúvida, não um devedor solidário e sim um garante a quem permite a lei exercer uma ampla defesa no sentido de escusar-se da responsabilidade."

A despeito do conceito técnico dado à solidariedade pelo legislador, no § 2º, do art. 71, da Lei n. 8.666/1993, com a redação dada pela Lei n. 9.032, de 28.4.1995, essa solidariedade buscou responsabilizar a Administração Pública pelos encargos previdenciários, quando não honrados pelo contratado, "verbis":

"Art. 71. O contratado é responsável pelos encargos trabalhistas, previdenciários, fiscais e comerciais resultantes da execução do contrato.

"§ 1º. A inadimplência do contratado, com referência aos encargos trabalhistas, fiscais e comerciais não transfere à Administração Pública a responsabilidade por seu pagamento, nem poderá onerar o objeto do contrato ou restringir a regularização e o uso das obras e edificações, inclusive perante o Registro de Imóveis.

"§ 2º. A Administração Pública responde solidariamente com o contratado pelos encargos previdenciários resultantes da execução do contrato, nos termos do art. 31 da Lei n. 8.212, de 24 de julho de 1991."

Neste caso, o Município, para se eximir da recém-criada responsabilidade solidária, *deveria ter-se acautelado com a exigência de comprovação do pagamento das contribuições previdenciárias pelas empresas contratadas, relativas à execução dos contratos administrativos, quando da quitação das notas fiscais pelos serviços realizados, até porque a Administração Pública tem o dever-poder de exigir e fiscalizar os serviços por ela contratados.*

Deste modo, a situação está perfeitamente adequada ao caso, pois ocorreu a incidência da responsabilidade enunciada no § 2º, do art. 71, da Lei n. 8.666/1993, com a nova redação dada pela Lei n. 9.032, de 28.4.1995, tendo em vista que o fato gerador – maio a setembro de 1995 – verificou-se posteriormente à sua edição (grifos nossos).

Diante do exposto não podemos concordar com as conclusões do Parecer analisado. E não se diga que a alteração de entendimento decorre das disposições introduzidas pela Lei 9.711/1998, que altera substancialmente o art. 31 da Lei 8.212/1991, pois como exaustivamente dito e provado, a solidariedade imposta pela Lei 8.666/1991 tem natureza de sanção administrativa e não de natureza tributária. O entendimento dessa diferenciação teórica é eminentemente prático, pois permite ao intérprete entender que a remissão constante do art. 71, § 2º, da Lei de Licitações, é de natureza procedimental, ou seja, determina como a Administração Pública deve elidir a responsabilidade solidária a ela legalmente imposta quando contratante.

Exemplifique-se mais uma vez. A alteração de legislativa de 1995, que expressamente obriga o ente público a zelar pela regularidade do recolhimento dos encargos previdenciários dos seus contratados, sob pena de responsabilidade solidária, também *através da especifica remessa à Lei 8.212/1991* diz como o ente deverá proceder para bem cumprir essa obrigação, devendo segundo a alteração promovida no art. 31, §§ 3º e 4º, exigir do seu contratado a comprovação do pagamento prévio das contribuições previdenciárias e mais a respectiva folha de pagamento.

Como o próprio Parecer reconhece[44] essas foram as alterações significativas produzidas pela Lei 9.032/1995 na Lei de Custeio de Previdência Social.

Não se diga que esses procedimentos eram aplicáveis a Administração somente nos contratos que tomavam serviços em cessão de mão-de-obra, pois como a juris-

44. Item 20 do Parecer AGU: Resta agora definir-se quais foram as reais mudanças causadas no tema ora em estudo pela Lei 9.032/1995, especialmente no que diz respeito à alteração do art. 71 da Lei 8.666/1993, *pois no que se refere às alterações feitas no art. 31 da Lei 8.212/1991, as mesmas apenas vieram detalhar os procedimentos referentes à forma de elisão da responsabilidade solidária do tomador de mão-de-obra com o cedente por ele* contratado.

prudência[45] reconhece, ali se instituiu a solidariedade nos contratos administrativos.

Agora vejamos se as alterações subseqüentes, ocorridas na Lei Previdenciária, tiveram o condão de alterar a disposição da Lei de Licitações como quer demonstrar o entendimento da Consultoria da União.

Em 1998, com o advento da Lei 9.711, foi alterada a responsabilização do contratante dos serviços prestados em cessão de mão-de-obra, deixando-se de lado a sanção administrativa decorrente da omissão ou da falta de zelo, e partindo-se para a substituição tributária representada pela retenção antecipada e compensável de 11% sobre os valores da prestação de serviços em cessão de mão-de-obra.

Quando estudamos a legislação previdenciária aplicável, analisamos as diferentes situações que ensejam uma ou outra responsabilização. Também discutimos linhas atrás as distinções conceituais de uma e outra forma de responsabilização.

Diante de todo o exposto, não podemos aceitar que as alterações na legislação previdenciária tenham o condão de alterar a responsabilização por solidariedade como sanção administrativa que o legislador quis imputar à Administração Pública quando atuando em seu próprio interesse, contratasse a realização de uma obra.

Ainda mais quando a citação da lei previdenciária tem nítido caráter procedimental.

Sabe-se que infelizmente, ou felizmente no dizeres de Paulo de Barros, as casas legislativas são formadas por pessoas de várias formações intelectuais, profissionais, com diferentes níveis de escolaridade e social. Casas representativas da sociedade brasileira. Assim, não se pode esperar delas rigor técnico na atividade legislativa. Esse rigor cabe ao cientista do direito, ao estudioso do direito, àqueles que, por formação profissional, se dedicam a aplicação do direito.

Tal antinomia é aparente, não é real, como vimos quando perquirimos a hermenêutica jurídica. Aparente, pois não há conflito entre as normas incidentes sobre o caso. Uma imputa responsabilidade solidária de natureza sancionatória, outra contém em seu bojo, como se elide[46] essa penalização. Há sim falha na remissão do artigo da lei, que só ocorreu por alteração de redação.

Por todo o exposto, podemos asseverar que a Administração Pública tem responsabilidade solidária, a partir de 1995, pelos encargos previdenciários[47] quando contrata obra de construção civil em empreitada total. Tem também, e aqui se concorda até com o Parecer AC-055-AGU, obrigação de reter e recolher 11% sobre o valor da prestação de serviços, se o contrato se desenvolver em cessão de mão-de-obra, que nos casos de construção civil, se dá se a contração for empreitada parcial ou de serviços de construção civil.

Essa conclusão, fruto da interpretação sistêmica realizada, encontra-se amparada por toda a teoria desenvolvida no presente trabalho, embasada em sólida doutrina, e respaldada pelo entendimento dos tribunais superiores.

A interpretação exarada pelo Parecer AC-055-AGU, com o respeito devido, além de não se sustentar perante o estudo aqui desenvolvido e jurisprudência dominante, deixa o maior contratante do país sem responsabilidade alguma pela eventual inadimplência de seus contratados.

A Administração Pública não pode prevalecer-se de sua condição para obter uma vantagem sobre o particular, senão no exercício do interesse público. No caso em tela, o interesse público se substancia na

45. REsp 314.394-RS, Ministro Francisco Falcão: "*Execução fiscal. Contribuições previdenciárias. Construtora de obra pública. Inadimplência. Município. Responsabilidade*".

46. V. Lei 8.212/1991, art. 30, VI, c/c art. 220, §§ 2º e 3º, do RPS, aprovado pelo Decreto 3.048/1999.

47. E trabalhista segundo a Súmula 331 do TST.

defesa da arrecadação previdenciária, conforme a expressa previsão legal.

O pior resultado do entendimento consubstanciado no entendimento da Consultoria da União é que não há ônus para a Administração Pública agir no exato cumprimento da Lei 8.666/1991.

Pasmem, é isso mesmo, não há nenhuma vantagem econômica no Parecer. As obras não ficarão um centavo mais baratas, ou a Administração gastará mais ao zelar que seus contratados cumpram suas obrigações tributárias previdenciárias.

Assim, mesmo sob a ótica de argumentos não jurídicos, já que quanto aos jurídicos não podem mais existir dúvidas, o indigitado Parecer deve ser imediatamente revogado.

VIII – Bibliografia

BASTOS, Celso Ribeiro de. *Curso de Direito Administrativo*. 4ª ed., São Paulo, Saraiva, 2000.

______. *Hermenêutica e Interpretação Constitucional*. 2ª ed., São Paulo, Celso Bastos Editor, 1999.

CARVALHO, Paulo de Barros. *Curso de Direito Tributário*. 14ª ed., São Paulo, Saraiva, 2002.

______. *Direito Tributário. Fundamentos Jurídicos da Incidência*. 6ª ed., São Paulo, Saraiva, 2008.

______. *Direito Tributário, Linguagem e Método*. 2ª ed., São Paulo, Noeses, 2008.

CASSONE, Vittorio. *Interpretação no Direito Tributário. Teoria e Prática*. São Paulo, Atlas, 2004.

CRETELLA JR., José. *Das Licitações Públicas*. 18ª ed., Rio de Janeiro, Forense, 2006.

DI PIETRO, Maria Sylvia Zanella. *Direito Administrativo*. 14ª ed., São Paulo, Atlas, 2002.

FERRAZ JR., Tércio Sampaio. *Introdução ao Estudo do Direito*. São Paulo, Atlas, 1990.

FERREIRA FILHO, Manuel Gonçalves. *Curso de Direito Constitucional*. 31ª ed., São Paulo, Saraiva, 2005.

GAMA, Tácio Lacerda. *Contribuição de Intervenção no Domínio Econômico*. São Paulo, Quartier Latin, 2003

KONKEL Jr. Nicolau. *Contribuições Sociais. Doutrina e Jurisprudência*. São Paulo, Quartier Latin, 2005.

MACHADO, Hugo de Brito. *Curso de Direito Tributário*. 20ª ed., São Paulo, Malheiros Editores, 2002.

MONTORO, André Franco. *Introdução à Ciência do Direito*. 24ª ed., São Paulo, Ed. RT, 1997.

SILVA, José Afonso da. *Curso de Direito Constitucional Positivo*. 16ª ed., São Paulo, Malheiros Editores, 1999.

CADERNOS DE DIREITO TRIBUTÁRIO

"MOTIVACIÓN DE LOS ENUNCIADOS FÁCTICOS". UN "CASO" JUDICIAL DE DERECHO PENAL TRIBUTARIO

Carlos Bautista Torta Conte
Abogado (Universidad Nacional de Córdoba, Argentina) y *Master in Business Administration* (Universidad Empresarial Siglo 21, Córdoba, Argentina). Fue miembro de la Cátedra de Derecho Laboral y de la Seguridad Social (Universidad Nacional de Córdoba) y de Teoría General del Derecho (Universidad Nacional de Buenos Aires). Actualmente es miembro de la Cátedra de Filosofía del Derecho de la Facultad de Derecho y Ciencias Sociales de la Universidad Nacional de Córdoba y Maestrando de la *Maestría en Derecho y Argumentación Jurídica* (Universidad Nacional de Córdoba).

I – Un "caso" difícil. II – El modelo de justificación judicial de la Corte Suprema de Justicia de la Nación. III – Identificación de las premisas de la resolución y motivación. IV – Algunas conclusiones. V – Referencias bibliográficas.

I – Un "caso" difícil

Por sentencia del 2.2.2009, la mayoría de la Cámara Nacional de Apelaciones en lo Penal Económico, Sala A (votos de los Vocales Edmundo S. Hendler y Nicanor M. Repetto), en autos "Fracchia, Julio José y Otros Contribuyente BATCO S.A.", resolvió revocar el auto que sobreseyó a los imputados por considerar prescripta la acción penal para perseguir el delito de evasión tributaria simple o agravada. Justificó su resolución sosteniendo que resultaba prematuro un pronunciamiento acerca de la exacta *calificación legal* de los hechos, máxime cuando se trataba de una resolución oficiosa del juez *a quo*.

El voto disidente del Vocal Juan Carlos Bonzón *interpretó* que el delito de evasión tributaria reprime acciones u omisiones acompañadas por el despliegue de un ardid o engaño idóneo dirigido a ocasionar un error inevitable en el Fisco y para establecer la concurrencia de ese elemento subjetivo debía tenerse en cuenta la *posibilidad* que tiene el organismo recaudador de detectar la irregularidad. En el caso, se había presentado una declaración jurada de Impuesto a las Ganancias, en la cual se habrían computado en exceso los costos de las mejoras efectuadas en un inmueble reciclado. El Vocal Bonzón *resolvió* sobreseer a los imputados porque el Fisco había tomado conocimiento de esta irregularidad a raíz de lo documentado por la contribuyente y ésta no habría dificultado el desarrollo de las tareas de fiscalización del ente recaudador.[1]

1. Publicado en *La Ley Online*, Argentina.

La *secuencia procesal*, en el caso, fue la siguiente: (i) los imputados Julio José Fracchia, Horacio Alberto Fernández Prieto y José Luis Arocena fueron *sobreseídos* por prescripción de la acción penal del delito de evasión tributaria por el Tribunal *a quo*; (ii) la resolución del juez de primera instancia fue *apelada* por la querellante, Dirección General Impositiva, argumentando que la conducta encuadraba en la norma del art. 2, Ley 24.769 y que la acción penal no habría prescripto aún; (iii) la Cámara Nacional de Apelaciones en lo Penal Económico, Sala A, por mayoría, *revocó* la resolución favorable a los imputados del tribunal de primera instancia por entender que era prematura la formulación de la exacta *calificación legal* de los hechos, máxime cuando se había tratado de una resolución *oficiosa* del juez *a quo*.

Es conveniente aclarar que utilizaré la palabra "caso" con el significado de *problema práctico* que puede tener *varias* soluciones, debido a posibles desacuerdos con relación a la *justificación* de los enunciados de las premisas o a la inferencia de la conclusión del razonamiento y que aquél debe resolverse en un lapso de tiempo dado.[2]

El presente caso es *individual* y *difícil*. Es *individual* porque es una acción externa *a* que habría sido realizada por los individuos imputados *x, y, z* en el tiempo *t* en el lugar *l* y pertenecería (□) a un caso *genérico* regulado por una norma *N* y son *difíciles* tanto la justificación externa de la premisa fáctica, como la motivación interna de la sentencia-decisión. Así, la *subsunción* del caso individual en el sistema normativo elegido, la afirmación de *existencia* del caso individual que torne aplicable la premisa normativa y la *derivación lógica* de la norma individual o sentencia-decisión, a partir de las premisas normativa y fáctica, plantea cuestiones sobre la *verdad* de lo afirmado de la premisa fáctica, de *interpretación* y *aplicabilidad* de la premisa normativa y de justificación interna de la sentencia-decisión que tienen entidad para dividir las posiciones excluyentes de la mayoría y de la disidencia de la Cámara que requieren una justificación mediante la exposición de las razones que muestren que tales decisiones son correctas o *aceptables*.[3]

Los *objetivos* de este trabajo serán presentar el modelo epistemológico de justificación de las decisiones judiciales de la C.S.J.N., el marco teórico que lo soporta y utilizar aquél para analizar la justificación externa de la premisa fáctica y la justificación interna la sentencia-decisión de la Cámara de Apelaciones en lo Penal Económico, mostrando las diferencias entre los votos de la mayoría y la minoría del tribunal con relación a la motivación referida.[4]

II – El modelo de justificación judicial de la Corte Suprema de Justicia de la Nación

Genaro R. Carrió, elaboró una reconstrucción abierta de *criterios de uso* de la

2. Genaro R. Carrió, *Cómo Estudiar y Cómo Argumentar un Caso*, pp. 22-26; 29-34, y Rodrigo Coloma Correa, "Vamos a contar mentiras, tralará..., o de límites a los dichos de los abogados", pp. 35-36.

3. Ronald Dworkin, "Los casos difíciles", en *Los Derechos en Serio*, pp. 146-208; Paolo Comanducci, "La motivazione in fatto", pp. 240-241; Pablo E. Navarro, María Cristina Redondo y José Juan Moreso, "Argumentación jurídica, lógica y decisión judicial", pp. 84-85; María Cristina Redondo, *La Noción de Razón para la Acción en el Análisis Jurídico*, pp. 219-221; Paolo Comanducci, *Razonamiento Jurídico Elementos para un Modelo*, pp. 109; 112; Jorge Luis Rodríguez, *Lógica de los Sistemas Jurídicos*, pp. 303-318; Marina Gascón Abellán, *Los Hechos en el Derecho – Bases Argumentales de la Prueba*, pp. 191-193; Daniel González Lagier, "Los hechos bajo sospecha sobre la objetividad de los hechos y el razonamiento judicial", en *Quaestio Facti Ensayos sobre Prueba, Causalidad y Acción*, p. 22, y Juan Pablo Alonso, *Interpretación de las Normas y Derecho Penal*, pp. 312-315.

4. Carlos E. Alchourrón y Eugenio Bulygin, *Introducción a la Metodología de las Ciencias Jurídicas y Sociales*, pp. 61-65, y Daniel González Lagier, *Quaestio Facti Ensayos sobre Prueba, Causalidad y Acción*, pp. 17-54.

expresión "sentencia arbitraria" por parte de la C.S.J.N. que no debería vincularse solamente al *recurso extraordinario* por ante este máximo tribunal. A partir de tales criterios, se puede definir un modelo reconstructivo *de sentencia justificada* del máximo tribunal argentino que cumple la función operativa de *test de corrección*. Y, a partir del modelo de la C.S.J.N., analizaré la justificación de la sentencia de la Cámara de Apelaciones en lo Penal Económico, Sala A (CNApelPC, A) por considerarlo más amplio que el modelo del "silogismo judicial" y permitir el control de todas las motivaciones necesarias para el dictado de una resolución judicial correcta;[5] es decir, la justificación *externa* limita la elección de las premisas y la *conjunción* de las justificaciones externa e interna conforman el *test de corrección* de la C.S.J.N., permitiendo analizar la *aplicabilidad* de la premisa normativa, la *verdad* de la premisa fáctica y si el *paso lógico* de éstas a la conclusión es o no correcto, todo lo cual excede el control de logicidad y define la *relevancia normativa* de la decisión-sentencia.[6]

La justificación de una decisión judicial supone un *dominio* de razones y un *contradominio* compuesto por aquello que hay que justificar: las premisas y la sentencia-decisión. La justificación es un problema *abierto* en la filosofía jurídica contemporánea que hace muy difícil o imposible elegir entre una de las concepciones teóricas:[7] una *decisión judicial justificada*, según el modelo epistemológico cognoscitivista de la C.S.J.N., debería ser "una derivación razonada del derecho vigente con aplicación de las circunstancias comprobadas de la causa",[8] o, en otras palabras, una sentencia tendría justificación *si y sólo si* es una inferencia válida a partir de una premisa normativa aceptada (sistema normativo aplicable) y de una premisa fáctica motivada en las circunstancias comprobadas de la causa, utilizando ciertas reglas de inferencia.[9] A la justificación *interna*, lógico-deductiva o coherencia de una sentencia-decisión, una justificación *completa* añade la motivación externa de las elecciones del *sistema normativo* aplicable al caso y de una *premisa fáctica*. Las justificaciones *externas* de estas decisiones son calificadas de *buenas*, según los estándares que deben utilizar los jueces que hacen la calificación al utilizar una *técnica analítica*.

La *motivación* en materia de hechos da razones para apoyar la conclusión de que una descripción de los enunciados es verdadera, probable, verosímil o aceptable o que la imputación de un hecho cuya atribución depende de normas es correcta.[10]

5. Un *modelo* es una representación simplificada, generalmente, en términos matemáticos de una determinada realidad. Eugenio Bulygin, "Sistema deductivo y sistema interpretativo", *Isonomía* n. 13, pp. 55-60; "Model Theory", 12.7.2005, *www.philosophy.standford.edu*, y Jérzy Wroblewski, "Legal decisión and its justification", pp. 409-419.

6. Genaro R. Carrió y Alejandro D. Carrió, *El Recurso Extraordinario por Sentencia Arbitraria*, t. I, pp. 21-40, 229-231, 244 y 256-259; y José Juan Moreso, "Relevancia y justificación de las decisiones judiciales", pp. 101-132.

7. Rafael Hernández Marín, en "Relaciones entre la aplicación de los enunciados jurídicos y la motivación de las decisiones judiciales", sostuvo: "A mi juicio... si nos preguntamos simplemente qué es justificar una decisión judicial, creo que es muy difícil, sino imposible, hallar argumentos determinantes para preferir una determinada concepción de la justificación de las decisiones judiciales a las demás concepciones" (*op. cit.*, pp. 67). Jérzy Wroblewski, en el mismo sentido, afirmó que la justificación de las decisiones judiciales es un problema abierto de la filosofía del derecho ("Problemas abiertos en la filosofía del derecho").

8. Pueden verse casos recientes de esta jurisprudencia en C.S.J.N., B.125.XLII, 6.5.2008, "De los Santos Martín Salvador"; S.330.XLII, 8.4.2008, "Sansonetti Miguel Angel y otros c/ La Internacional Empresa de Transporte de Pasajeros S.A. y Otros", *www.csjn.gov.ar*.

9. Genaro R. Carrió, "Sentencia arbitraria", en *Notas sobre Derecho y Lenguaje*, pp. 281-299; Ricardo A. Caracciolo, "Justificación normativa y pertenencia" y "Paradigmas de decisión judicial", M. S.

10. Genaro R. Carrió y Alejandro D. Carrió, *El Recurso Extraordinario por Sentencia Arbitraria en la jurisprudencia de la Corte Suprema*, pp. 229-231

Según el modelo epistemológico cognoscitivista de la C.S.J.N., los enunciados fácticos son verdaderos si los hechos que describen han sucedido y el principal criterio de justificación es la comprobación empírica. No es simple distinguir conceptualmente entre *quaestio facti* y *quaestio iuris* porque hay una interrelación conceptual y operativa entre la justificación normativa y fáctica, lo cual se advierte en problemas tales como la subsunción y la interpretación normativa.[11] Pero para dotar a esta distinción de un potencial explicativo es preciso señalar que la motivación no se cumple con sólo dar razones, cualesquiera que éstas sean; es preciso aportar razones lo bastante sólidas o convincentes para descartar la *arbitrariedad*, siendo la técnica *analítica* adecuada a este fin. Esta técnica de justificación consiste en la exposición y valoración *individual* y ordenada de todas las pruebas practicadas y la valoración es la verificación de los enunciados fácticos, la estimación de su correspondencia con los hechos que describen los primeros, tras lo cual la evaluación del material probatorio en su *conjunto* cierra la tarea cognoscitiva. De esta manera, se asume un *objetivismo crítico*, dado que es necesario escrutar los hechos para determinar en qué medida éstos son independientes o son construcciones del observador, así como en qué supuestos es posible *conocerlos* con objetividad.[12] Este estilo de motivación permitiría evitar un *input* de elementos probatorios inaceptables o insuficientemente justificados en la motivación y controlar todas las inferencias que componen la cadena justificatoria de una sentencia.[13]

III – Identificación de las premisas de la resolución y motivación

El razonamiento judicial de la *mayoría* tendría la siguiente estructura:[14]

(i) Premisa normativa *N*: "Si el obligado, mediante declaraciones engañosas, ocultaciones maliciosas o cualquier otro ardid o engaño, sea por acción o por omisión, evadiere total o parcialmente el pago de tributos al fisco nacional por cada tributo y por cada ejercicio anual, aún cuando se tratare de un tributo instantáneo o de período fiscal inferior a un año, será sancionado en función del monto de la evasión[15] y de la ocurrencia de alguna de las circunstancias agravantes del art. 2, Ley 24.769".[16]

y 244; Paolo Comanducci, "La motivazione in fatto", pp. 222-225; y Daniel González Lagier, "Los hechos bajo sospecha Sobre la objetividad de los hechos y el razonamiento judicial", en *Quaestio Facti Ensayos sobre Prueba, Causalidad y Acción*, p. 52.

11. Daniel González Lagier, *Quaestio Facti Ensayos sobre Prueba, Causalidad y Acción*, pp. 17-54.

12. Daniel González Lagier, *Quaestio Facti Ensayos sobre Prueba, Causalidad y Acción*, p. 38, y Alejandro Nieto, *Las Limitaciones del Conocimiento Jurídico*, pp. 17-20 y 32-34.

13. Michele Taruffo, "Algunas consideraciones sobre la relación entre prueba y verdad", pp. 34-36; Marina Gascón Abellán, *Los Hechos en el Derecho – Bases Argumentales de la Prueba*, pp. 196, 217 y 223-228, y Nicolás Guzmán, *La Verdad en el Proceso Penal. Una Contribución a la Epistemología Jurídica*, pp. 184-189.

14. *N* es la norma general o premisa normativa, *I* es un suceso espacio-temporal clasificado normativamente como *caso individual* subsumible en el caso genérico *C* si se dieran las condiciones a), b) y c) referidas en el apartado (ii) y *S* es la sentencia o norma individual. Se discute en la filosofía del derecho actual si las normas generales, cuyas prescripciones no se dirigen a la administración pública, ni a los jueces, responden a una estructura de condicionales derrotables o no. Dejaré esta cuestión al margen y consideraré relevante sostener que a partir de un enunciado normativo general y un enunciado fáctico, por aplicación de una norma técnica de inferencia, se puede concluir – lógicamente – que existe una necesidad práctica de actuar (norma individual). Pablo E. Navarro, María Cristina Redondo y José Juan Moreso, "Argumentación jurídica, lógica y decisión judicial", pp. 84-85, y Hugo R. Zuleta, *Normas y Justificación*, pp. 121-142.

15. El *monto* de la evasión forma parte del resultado de la acción y de lo que el sujeto tiene que saber en el tipo penal doloso de evasión fiscal. Norberto Eduardo Spolansky, "Delitos tributarios y condiciones objetivas de punibilidad".

16. Las normas de los arts. 1 y 2 de la ley 24.769 tipifican las *evasiones simple* y *agravada*, respectivamente.

(ii) Premisa fáctica *I*: "En el estado actual del trámite procesal, resulta prematuro un pronunciamiento acerca de la exacta *calificación legal* de los *hechos* (según las normas de los arts. 1º ó 2º, Ley 24.769), máxime cuando se trata de una resolución oficiosa del juez".[17]

Para la identificación de *I*, la mayoría de la Cámara sostuvo: a) Los imputados Julio José Fracchia, Horacio Alberto Fernández Prieto y José Luis Arocena habrían cometido una evasión tributaria *e* en un tiempo *t* y un lugar *l*; b) tal suceso sería un *caso individual* del caso genérico *C* de *N* (normas de los arts. 1 ó 2, Ley 24.769); y c) la mayoría del tribunal *no conoce* si *i* existió y tornaría aplicable *N*".[18]

(iii) Decisión-sentencia *S*: "Los imputados Fraccia, Fernandez Prieto y Arocena habrían evadido el pago del impuesto a las ganancias, pero es prematura la formulación exacta de la calificación legal de los hechos, debiéndose revocar el *sobreseimiento* del juez *a quo* y el querellante podría instar la instrucción de la causa".[19]

Este voto de la mayoría manifestó que había un problema epistémico que les impedía esclarecer si el *caso individual* tenía o no las propiedades relevantes del caso genérico de la premisa *N*, pues sería prematura una *subsunción* debido a la carencia de información suficiente sobre un hecho relevante o porque el caso individual caería dentro de la zona de vaguedad de algún concepto relevante de *N*. Para arribar a esta resolución, los vocales llevaron a cabo una *actividad cognoscitiva* de la prueba producida y otra de carácter *interpretativo* de las expresiones normativas que definen el caso genérico, pero sin haber logrado superar el problema epistémico con relación a la subsunción.[20] Sin embargo, no se puso en tela de juicio la "validez" de las normas aplicables; es decir, se aceptaron las normas generales dictadas por una autoridad legislativa competente y que el contenido de éstas no violaba normas de la Constitución Nacional.[21] La *motivación* de

17. Era prematuro porque, todavía, no se habían sustanciado las excepciones de previo y especial pronunciamiento de las normas de los arts. 339 y 340 del Código Procesal Penal de la Nación. La última consideración "... máxime cuando se trata de una resolución oficiosa del juez..." hace alusión a la falta de *imparcialidad*; es decir, a la necesidad que el juez penal asuma una actitud pasiva con relación a la *onus probandi* y la formación de las hipótesis fácticas. Nicolás Guzmán, *La Verdad en el Proceso Penal. Una Contribución a la Epistemología Jurídica*, pp. 189-202.

18. Para la identificación de la premisa *I*, la Cámara habría necesitado afirmar: a) el *acaecimiento* de un suceso *i*; b) la *pertenencia* del caso individual *I* a la clase *C* o caso genérico de la norma *N* que se propone como un candidato a ser aplicada, y c) la *existencia* del caso *I* que torna aplicable *N*. Ricardo Alberto Caracciolo, "El problema de los hechos en la justificación de las sentencias", M. S.; Victoria Iturralde, "Justificación judicial: validez material y razones", pp. 119-151; y Daniel González Lagier, "Los hechos bajo sospecha Sobre la objetividad de los hechos y el razonamiento judicial", pp. 69-87.

19. Genaro R. Carrió establece que uno de los *criterios de uso* de la expresión "sentencia arbitraria" –por la C.S.J.N. – es la falta de fundamentos de la decisión y, como un subcriterio, la falta de fundamento de hecho o del tránsito de éste a la conclusión. Genaro R. Carrió y Alejandro D. Carrió, *El Recurso Extraordinario por Sentencia Arbitraria en la Jurisprudencia de la Corte Suprema*, p. 229.

20. Alchourrón y Bulygin acuñaron una distinción entre *lagunas de conocimiento* y de *reconocimiento* para referir problemas epistémicos relacionados con la *subsunción*, sea por falta de información suficiente sobre un hecho relevante o porque el caso individual cae dentro de la zona de vaguedad de algún concepto relevante, respectivamente. Por las semejanzas existentes entre ambos problemas y porque – en la labor judicial de subsunción – los dos problemas están se dan en forma simultánea no hay casos puros de lagunas de conocimiento o de reconocimiento. Por esto, no sería conveniente trazar una distinción tajante entre ambos tipos de lagunas y habría que considerar la laguna de reconocimiento como un tipo especial de laguna epistémica que se produce por la incapacidad de identificar los límites precisos que delimitan la extensión de nuestros conceptos. Carlos E. Alchourrón y Eugenio Bulygin, *Introducción a la Metodología de las Ciencias Jurídicas y Sociales*, pp. 61-65 y 202-205; y Pablo E. Navarro, "Lagunas de conocimiento y de reconocimiento", pp. 227-228.

21. Cfr. Roberto García Calvo y Montiel, "La doble vinculación del juez a la Constitución y la Ley", en Jorge Malem, Jesús Orozco y Vázquez, *La Función Judicial*, pp. 265-274.

la *premisa fáctica I* fue insuficiente y, por lo tanto, la inferencia de la sentencia-decisión devino *arbitraria*, dado que revocó una resolución de sobreseimiento favorable a los imputados sin utilizar una *técnica analítica*; es decir, no se justificó por qué razón "... resulta prematuro un pronunciamiento acerca de la exacta calificación legal de los hechos", pero no resultaba prematuro revocar el sobreseimiento y mantener la condición de imputados.

En el razonamiento fáctico, este voto omitió motivar externamente la *hipótesis* de la acusación mediante la técnica analítica. Una hipótesis es el resultado conjetural de una inferencia inductiva y está justificada si no ha sido *refutada* y es *confirmada* por las pruebas disponibles más que cualquier otra hipótesis (de la defensa). Habría, pues, tres elementos en esta justificación: (i) *no refutación*: una hipótesis no ha sido refutada si las pruebas disponibles no se hallan en contradicción con ella; (ii) *confirmación*: es necesario demostrar que la hipótesis puede explicar las pruebas disponibles (indicios) porque existe un nexo causal (que es una simple ley probabilística o una máxima de experiencia) entre aquélla y éstas, que hace que, a la vista de las pruebas, la hipótesis pueda estimarse probable en un grado suficiente; y (iii) *mayor confirmación* que cualquier otra hipótesis sobre los mismos hechos: hay una congruencia narrativa entre varias proposiciones (o entre una hipótesis y varias proposiciones aceptadas) si todas ellas pertenecen a un único esquema racional de explicación. Por ello, el *test* de coherencia justifica creencias y, por tanto, afirmaciones sobre hechos del pasado, pues decir que una creencia o afirmación sobre hechos pasados es verdadera significa que es explicable dentro del mismo esquema explicativo de otras explicaciones consideradas verdaderas. La *coherencia* es un criterio para justificar cuál de las hipótesis en competencia (de la acusación o la defensa) resultará más improbable; es decir, la probabilidad relativa de hipótesis incompatibles a propósito de los mismos hechos está en función del número de eventos que deban presuponerse para permitir la coherencia (entre las hipótesis y las pruebas) y de la medida en que deba recurrirse a principios explicativos auxiliares para obtener esa coherencia.[22] Tampoco se *expresó* ni *justificó* la ley científica o máxima de experiencia (premisa menor del razonamiento fáctico), la subsunción del hecho individual en la primera ni la *conclusión fáctica*.[23] Así, la premisa menor carece de justificación externa y la sentencia-decisión es arbitraria.[24]

El Vocal Juan Carlos Bonzón, como minoría, razonó de este modo:

"(i') Premisa normativa *N'*: "Será reprimido con prisión de dos a seis años el obligado que mediante declaraciones engañosas, ocultaciones maliciosas o cualquier otro ardid o engaño, sea por acción o por omisión, evadiere total o parcialmente el pago de tributos al fisco nacional, siempre que el monto evadido excediere la suma de cien mil pesos ($ 100.000) por cada tributo y por cada ejercicio anual, aún cuando se tratare de un tributo instantáneo o de período fiscal inferior a un año. Pero, si hubiere transcurrido el plazo máximo de la sanción (seis años), sin que no hubiere existido un acto válido de interrupción del

22. Paolo Comanducci, "La motivazione in fatto", pp. 240-241; Marina Gascón Abellán, *Los Hechos en el Derecho – Bases Argumentales de la Prueba*, pp. 219-222; Rodrigo Coloma Correa, "Vamos a contar mentiras, tralará..., o de límites a los dichos de los abogados", pp. 46-50; y Amalia Amaya, "Inference to the best legal explanation", pp. 135-159.

23. Los Vocales Hendler y Repetto deberían haber *enunciado* y *justificado* la regla universal o premisa mayor del razonamiento fáctico (ley científica o máxima de experiencia), *probar* que el enunciado probatorio singular constituye una instancia particular de la regla universal y que la conclusión probatoria (premisa menor del razonamiento de la sentencia) se *infiere* por una deducción válida.

24. Marina Gascón Abellán, *Los Hechos en el Derecho – Bases Argumentales de la Prueba*, pp. 218-219.

plazo de prescripción, corresponde declarar la prescripción de la acción penal".[25]

"(ii') Premisa fáctica *I'*: "a) Los imputados Julio José Fracchia, Horacio Alberto Fernández Prieto y José Luis Arocena habrían cometido una evasión tributaria subsumible en el sistema normativo conformado por las normas de los art. 1º, Ley 24.769 y arts. 62, inc. 2, y 67 del Código Penal; b) tal suceso sería un *caso individual* del caso genérico *C* de *N*; y c) la minoría de la Cámara, tras analizar, evaluar la prueba, y enunciar una máxima de experiencia, concluyó que si se hubiere existido el hecho *i*, tornaría aplicable *N*; es decir, los imputados habrían incurrido en la conducta penal del tipo del art. 1º, Ley 24.769, pero habiendo transcurrido el plazo máximo de la sanción para este delito sin que mediare interrupción del plazo de prescripción de la acción penal, corresponde que ésta sea declarada".

"(iii) Decisión-sentencia *S'*: "Los imputados FFPA habrían evadido el pago del impuesto a las ganancias, conforme a la norma del art. 1, Ley 24.769, pero habiendo prescripto la acción penal para perseguir este delito, confirmó el sobreseimiento de los imputados dictado por el Tribunal *a quo*".

Este voto tampoco cuestionó la "validez" de las normas aplicables, pero realizó una interpretación normativa y un análisis de las pruebas para concluir que no es posible subsumir el caso individual en el caso genérico de evasión tributaria simple o agravada porque es un delito doloso y exige ardid en el agente; es decir, la motivación de la *hipótesis* fáctica de la defensa que recoge este voto se lleva a cabo mediante el uso de la técnica analítica. Primero, *expuso* la máxima de experiencia sobre la concurrencia de ardid en la evasión fiscal: "A fin de establecer la concurrencia de un ardid o engaño idóneo, real, significativo y oportuno debe considerarse las *posibilidades* que tiene el fisco de detectar la irregularidad en el sistema autodeclarativo de tributos"; segundo, no justificó esta máxima y la formuló utilizando la noción genérica de *posibilidad* en lugar de la de *probabilidad*, siendo, pues, su enunciación imprecisa. Giulio Ubertis precisa la naturaleza *probable* de la máxima de experiencia que funge como premisa mayor del razonamiento fáctico, en el cual la premisa menor es el caso a resolver y que permite inferir una conclusión, también, probable.[26] Por las pruebas analizadas, el voto minoritario argumentó que el caso individual no se subsumía en esta máxima de experiencia; es decir, no habría habido evasión porque no hubo ardid. Y finalizó asumiendo el carácter hipotético de esta conclusión, sosteniendo que, aún subsumiéndose en el caso genérico del art. 1, Ley 24.769 que tiene por propiedad el ardid y no se probó, el caso sí se subsume en el caso genérico de prescripción de la acción penal.

IV – Algunas conclusiones

El modelo de justificación de la C.S.J.N. es un *test* útil de corrección para evaluar la motivación fáctica de las sentencias de los tribunales inferiores y de la misma Corte y se basa en una epistemología cognoscitivista sobre la prueba judicial que asume un objetivismo crítico y en el empleo de una técnica analítica; es decir, tiene por cometido establecer analítica-

25. Sistema normativo integrado por las normas del art. 1, Ley 24.769 y de los arts. 62, inc. 2, y 67, Código Penal.

26. Se distingue entre posibilidad *lógica*, *empírica* y *técnica*. La posibilidad puede definirse a base del concepto de probabilidad: "*x* es posible si y sólo si hay un conjunto *y*, tal que todo miembro de *y* tiene una determinada probabilidad, y *x* pertenece a *y*"; es decir, es posible todo lo que es probable. En la *máxima de experiencia*, la probabilidad es la variable independiente y admite grados; la posibilidad, en cambio, es una propiedad que está o no presente. Cfr. Ubertis, Giulio, *La prova penale. Profili giuridici ed epistemologici*, pp. 32; Hospers, John, *Introducción al análisis filosófico*, pp. 216-226; Bunge, Mario, *La investigación científica*, pp. 100 y Copi, Irving M., *Introducción a la Lógica*, pp. 531-553.

mente la verdad por correspondencia entre los enunciados fácticos judiciales y los hechos acaecidos para evitar la arbitrariedad de las resoluciones.

La decisión de la mayoría de la Cámara no justificó analíticamente la premisa fáctica (hipótesis de la acusación); sólo formuló una motivación *aparente*. Por tanto, de una premisa fáctica sin justificación externa y de una premisa normativa sólo pudo inferir una sentencia-decisión arbitraria o sin justificación interna.[27]

La disidencia, realizó un esfuerzo encomiable de motivación analítica de la hipótesis de la defensa para construir su premisa fáctica y evitar la arbitrariedad Para este cometido el *iter* de la justificación fue el siguiente: a) se *interpretó N*;[28] b) se analizó y valoró la prueba, se enunció la máxima de experiencia y se sostuvo que el caso individual no era subsumible en el caso genérico de evasión simple, pero declaró que la norma *N* se tornaba aplicable con relación a la prescripción de la acción penal; c) confirmó el fallo del juez *a quo* que sobreseyó los imputados por prescripción de la acción penal del delito de evasión fiscal simple.

En síntesis, la mayoría adoptó la hipótesis fáctica de la acusación y la minoría la hipótesis de la defensa como sus premisas menores, pero ningún voto motivó la *no refutación*, la *confirmación* y la *mayor confirmación* de la hipótesis fáctica elegida como lo hubiese exigido una motivación fáctica suficiente.

V. Referencias bibliográficas

ALCHOURRÓN, Carlos E., y BULYGIN, Eugenio (1975). *Introducción a la Metodología de las Ciencias Jurídicas y Sociales*. Buenos Aires, Astrea. Original en inglés: *Normative Systems*. vol. 5, 1971, Library of Exact Philosophy, Springler Verlag. Versión española de los autores.

ALONSO, Juan Pablo (2006). *Interpretación de las Normas y Derecho Penal*. Buenos Aires, Editores del Puerto.

AMAYA, Amalia (2009). "Inference to the best legal explanation", en KAPTEIN, Hendrik, PRAKKEN, Henry, y VERHEIJ, Bart. *Legal Evidence and Proof Statistics, Stories, Logic*. Famham, Ashgate Publishing Ltd.

BULYGIN, Eugenio (2000). "Sistema deductivo y sistema interpretativo", *Isonomía* n. 13.

BUNGE, Mario (2004). *La Investigación Científica*. Traducción de Manuel Sacristán. 3ª ed., México D. F., Siglo Veintiuno Editores.

CARACCIOLO, Ricardo Alberto (1993). "Entrevista a Eugenio Bulygin", *Doxa* 14.

______ (2000). "El problema de los hechos en la justificación de las sentencias", M. S.

______ (2008). "Paradigmas de decisión judicial", M. S.

CARACCIOLO, Ricardo A. (2008). *Argumentación Jurídica y Justificación de las Decisiones Judiciales*. Universidad Nacional de Córdoba. M. S.

CARRIÓ, Genaro R. (1987). *Cómo Estudiar y cómo Argumentar un Caso*. Buenos Aires, Abeledo-Perrot.

______ (1994). *Notas sobre Derecho y Lenguaje*. 4ª ed., Buenos Aires, Abeledo-Perrot.

______, y CARRIÓ, Alejandro D. (1983). *El Recurso Extraordinario por Sentencia Arbitraria en la Jurisprudencia de la Corte Suprema*. 3ª ed. actualizada, Buenos Aires, Abeledo-Perrot.

COLOMA CORREA, Rodrigo (2006). "Vamos a contar mentiras, tralará..., o de límites a los dichos de los abogados", *Revista de Derecho*, vol. XIX, n. 2, diciembre, Santiago.

COMANDUCCI, Paolo (1992). "La motivazione in fatto", en UBERTIS, Giulio. *La Conoscenza del Fatto nel Processo Penale*. Milano, Giuffrè Editore.

27. Carrió, Genaro R. y Carrió. Alejandro D., *El Recurso Extraordinario por Sentencia Arbitraria en la jurisprudencia de la Corte Suprema*, pp. 229-231.

28. Vernengo, Roberto J. "La interpretación lógica del Derecho", pp. 113-133.

______ (1999). *Razonamiento Jurídico Elementos para un Modelo*. Traducción española de Pablo Larrañaga. México D. F., Distribuciones Fontamara.

COPI, Irving M. (1997). *Introducción a la Lógica*. Eudeba, Buenos Aires. Traducción de Néstor Alberto Míguez de *Introduction to Logic*. Nueva York, Macmillan Publishing Co. Inc., 1961.

DWORKIN, Ronald (1984). *Los Derechos en Serio*. Barcelona, Ariel. Traducción de Marta Guastavino del título original *Taking Rights Seriously*. London, Gerald Duckworth & Co. Ltd., 1977.

GARCÍA CALVO Y MONTIEL, Roberto (2003). "La doble vinculación del juez a la Constitución y la Ley", en MALEM, Jorge, OROZCO, Jesús y, VÁZQUEZ, Rodolfo (2003). *La Función Judicial*. Barcelona, Gedisa.

GASCÓN ABELLÁN, Marina (2004). *Los Hechos en el Derecho – Bases Argumentales de la Prueba*. 2ª ed., Madrid, Editorial Marcial Pons.

GONZÁLEZ LAGIER, Daniel (2000). "Los hechos bajo sospecha sobre la objetividad de los hechos y el razonamiento judicial", *Analisi e Diritto*, pp. 69-87. También publicado en GONZÁLEZ LAGIER, Daniel (2005), en Quaestio Facti Ensayos sobre *Prueba, Causalidad y Acción*. Palestra. Lima y Bogotá, Temis.

GUZMÁN, Nicolás (2006). *La Verdad en el Proceso Penal. Una Contribución a la Epistemología Jurídica*. Buenos Aires, Editores del Puerto.

HERNÁNDEZ MARÍN, Rafael (2006). "Relaciones entre la aplicación de los enunciados jurídicos y la motivación de las decisiones judiciales", *Isegoría* n. 35.

HOSPERS, John (1982). *Introducción al Análisis Filosófico*. Madrid, Alianza. Traducción española de Julio César Armero San José. Revisión de Néstor Míguez. Título original en inglés *An Introduction to Philosophical Analysis*. 2ª ed., Englewood Cliffs, N. J., Prentice-Hall, Inc., 1967.

ITURRALDE, Victoria (2004). "Justificación judicial: validez material y razones", *Analisi e Diritto*, pp. 119-151.

KAPTEIN, Hendrik, PRAKKEN, Henry, y VERHEIJ, Bart. *Legal Evidence and Proof Statistics, Stories, Logic*. Famham, Ashgate Publishing Ltd.

MALEM, Jorge, OROZCO, Jesús, y VÁZQUEZ, Rodolfo (2003). *La Función Judicial*. Barcelona, Gedisa.

MORESO, José Juan (1997). "Relevancia y justificación de las decisiones judiciales", en MORESO, José Juan (1997). *Normas Jurídicas y Estructura del Derecho*. México, D. F., Distribuciones Fontamara.

NAVARRO, Pablo E. (2006). "Lagunas de conocimiento y de reconocimiento", *Análisis Filosófico*. vol. XXVI, n. 2, Buenos Aires.

______, y REDONDO, María Cristina, y MORESO, Juan José (1994). "Argumentación jurídica, lógica y decisión judicial", en NAVARRO, Pablo, y REDONDO, María Cristina. *Normas y Actitudes Normativas*. México D. F. Distribuciones Fontamara.

NIETO, Alejandro (2003). *Las Limitaciones del Conocimiento Jurídico*. Madrid, Trotta.

REDONDO, María Cristina (1996). *La Noción de Razón para la Acción en el Análisis Jurídico*. Madrid, Centro de Estudios Políticos y Constitucionales.

RODRÍGUEZ, Jorge Luis (2002). *Lógica de los Sistemas Jurídicos*. Madrid, Centro de Estudios Políticos y Constitucionales.

SPOLANSKY, Norberto Eduardo (2005). "Delitos tributarios y condiciones objetivas de punibilidad", *La Ley* 2005-F, 1.475.

TARUFFO, Michele (2003). "Algunas consideraciones sobre la relación entre prueba y verdad", *Doxa* n. 3, Alicante, pp. 15-41. Traducción de Maurizio Betti y Rodrigo Coloma. Revisión de Jordi Ferrer Beltrán.

UBERTIS, Giulio (1992). *La Conoscenza del Fatto nel Processo Penale*. Milano, Giuffrè Editore.

______ (1995). *La Prova Penale. Profili Giuridici ed Epistemologici*. Torino, Ed. UTET.

VERNENGO, Roberto J. (1994*a*). *La Interpretación Literal del Derecho*. 2ª ed., Buenos Aires, Abeledo-Perrot.

______. (1994b). "La interpretación lógica del Derecho", en *La Interpretación Literal del Derecho*.

WROBLEWSKI, Jérzy (1971). "Legal decisión and its justification", *Logique et Analyse*, n. 53-54.

______ (1984). "Problemas abiertos en la Filosofía del Derecho", *Doxa* n. 1, pp. 269-271.

ZULETA, Hugo R. (2008). *Normas y Justificación*. Madrid, Marcial Pons.

Página web

www.philosophy.standford.edu: "Model Theory", 12.7.2005.

ANEXO

Texto completo de sentencia

Tribunal: Cámara Nacional de Apelaciones en lo Penal Económico, Sala A

Fecha: 2.2.2009

Partes: Fracchia, Julio José y Otros – Contribuyente BATCO S.A.

Publicado en: La Ley Online

Sumarios:

1. Corresponde revocar el auto que sobreseyó al imputado en razón de considerar prescripta la acción penal derivada del delito de evasión tributaria simple si, el querellante sostiene que la maniobra denunciada encuadra en el delito establecido en el art. 2º de la ley 24.769 pues, resulta prematuro un pronunciamiento acerca de la exacta calificación legal de los hechos, máxime cuando se trata de una resolución oficiosa del juez.

2. Resulta improcedente asignar carácter interruptivo de la prescripción de la acción penal, al llamado a prestar declaración indagatoria, cuando la recepción de la misma ha sido diferida hasta que se produzcan una serie de medidas de investigación, por cuanto la sola providencia ordenando la citación del imputado para ser indagado sin efectivización real posterior en un plazo razonable, carece de efecto interruptivo (del voto en disidencia del doctor Bonzón).

3. El delito de evasión tributaria no reprime simples mentiras tendientes a dificultar el control fiscalizador, sino acciones u omisiones acompañadas por el despliegue de un ardid o engaño idóneo dirigido a ocasionar un error inevitable en el Fisco, y a fin de establecer la concurrencia de ese elemento adicional, debe tenerse en cuenta la posibilidad que tiene el organismo recaudador de detectar la irregularidad (del voto en disidencia del doctor Bonzón).

4. En una causa en la cual se investiga la presunta comisión del delito de evasión tributaria mediante la presentación de una declaración jurada correspondiente al Impuesto a las Ganancias, en la cual se habrían computado en exceso los costos de las mejoras efectuadas en un inmueble reciclado, debe decretarse el sobreseimiento pues, el hecho de que el Fisco hubiere tomado conocimiento de dicha irregularidad a raíz de lo documentado por la contribuyente, permite concluir que no se da en el caso el despliegue de un ardid idóneo para dificultar el desarrollo de las tareas de fiscalización que el ente recaudador tiene a su cargo (del voto en *disidencia* del doctor Bonzón).

Texto Completo: 2ª Instancia — Buenos Aires, febrero 2 de 2009.

Vistos: El recurso de apelación interpuesto por la apoderada de la Dirección General Impositiva contra la resolución que sobreseyó a Julio José Fracchia, a Horacio Alberto Fernández Prieto y a José Luis Arocena por prescripción de la acción penal.

El escrito presentado por la apelante en sustento del recurso.

Los memoriales presentados por los letrados defensores de Fracchia y Fernández Prieto en procura de que se confirme lo resuelto.

Consideraron:

El *doctor Bonzón* dijo:

I. Que se imputa a Julio José Fracchia, a Horacio Alberto Fernández Prieto y a José Luis Arocena un fraude con las obligaciones tributarias de una sociedad anónima – generadas en el reciclado de un inmueble y la posterior comercialización de las unidades en él existentes – correspondientes al período fiscal del año 1999.

Se les atribuye, concretamente, haber contabilizado erogaciones inexistentes con ciertos proveedores mediante la utilización de facturas presuntamente apócrifas y haber computado de forma improcedente y excesiva los costos de las mejoras efectuadas en ciertas unidades que integran el inmueble.

II. Que lo resuelto se funda, por un lado, en que la controversia suscitada respecto a la manera en que correspondería computar los gastos incurridos en concepto de mejoras resulta una cuestión técnica, ajena a la competencia del tribunal a quo y, por ende, carente de relevancia jurídico penal.

Por otro lado se funda en que, descartada esa imputación por no constituir una maniobra ardidosa tendiente a evadir el pago de tributos, la acción penal para perseguir el hecho de fraude que habrían cometido los imputados mediante el cómputo de erogaciones inexistentes se hallaría prescripta.

III. Que la apelante sostiene que la ley de impuesto a las ganancias es clara respecto a la forma en que corresponde computar y liquidar esos costos, razón por la cual el cálculo efectuado de forma diversa a lo allí establecido demuestra la existencia de una maniobra defraudatoria desplegada por los imputados. En consecuencia, sostiene que, teniendo en cuenta la calificación que cabe asignar a los hechos denunciados – artículos 1º y 2º inc. a) de la Ley Penal Tributaria –, la acción penal no se encontraría prescripta.

Postula, además, que aun cuando se considere que sólo cabe atribuir a los imputados la presunta declaración de erogaciones inexistentes mediante la utilización de facturas apócrifas y, por ende, sólo pueda imputárseles el delito previsto por el artículo 1º de la ley 24.769, el curso de la prescripción se encontraría interrumpido por el llamado a prestar declaración indagatoria del mes de marzo de 2005.

IV. Que, en primer lugar y con relación a la imputación referida al cómputo en exceso de costos de las mejoras efectuadas en las unidades del inmueble reciclado, considero que el comportamiento delictivo que la Ley Penal Tributaria describe como declaración engañosa, ocultación maliciosa o cualquier otro ardid o engaño no puede entenderse incurrido por haberse omitido ingresar el tributo en su justa medida mediante la presentación de declaraciones que se sostienen incorrectas.

En efecto, el ilícito tributario, tanto en su forma comisiva como en su modalidad omisiva, sólo contempla aquellas conductas que efectivamente atenten gravemente contra el bien jurídico protegido mediante ardid o engaño. No se trata de simples maniobras o mentiras tendientes a dificultar el control fiscalizador, sino de acciones u omisiones en las cuales la maniobra utilizada se encuentra acompañada por el despliegue de un elemento adicional: "ardid o engaño idóneo" dirigido a ocasionar el error inevitable en el fisco. En definitiva, la acción o la omisión desplegada deben contener un ardid o engaño idóneo, real, significativo y oportuno. A fin de establecer su concurrencia corresponde, en cada caso, evaluarlo de acuerdo a las posibilidades que tiene el fisco de detectar la irregularidad y considerando la existencia del sistema autodeclarativo de tributos. La evasión debe ser consecuencia de una efectiva maniobra ardidosa o engañosa idónea concebida de tal manera que realmente pueda impedir o dificultar gravemente el debido control del ente recaudador.

Que, en el caso, la contabilización de los costos incurridos no se encuentra acompañada de ese despliegue adicional ardidoso antes mencionado y lo cierto es que, teniendo en cuenta la circunstancia que el fisco tuvo conocimiento de los mismos a raíz de lo documentado por la propia contribuyente, no se advierte la existencia de circunstancias que hayan impedido o dificultado el desarrollo de las tareas de fiscalización que el ente recaudador tiene a su cargo.

Que, por lo demás, el castigo como delito con penas privativas de libertad está reservado para comportamientos ardidosos o engañosos que sean susceptibles de inducir en error al encargado de la recaudación de tributos y no cuando se invoca una pretensión que el acreedor de la obligación puede ponderar sin ninguna dificultad, tal como sucedió en este caso.

V. Que, conforme lo hasta aquí expuesto, el único hecho defraudatorio que cabría atribuir a los imputados es una presunta evasión tributaria efectuada mediante la declaración de gastos o erogaciones inexistentes respaldados por facturas que serían apócrifas. En ese caso, teniendo en cuenta el monto de lo presuntamente evadido, la maniobra configuraría el delito previsto en el artículo 1º de la ley 24.769 y reprimido con pena de prisión de dos a seis años.

Que, conforme lo establecido por el inc. 2º del artículo 62 del Código Penal de la Nación, la acción penal para perseguir hechos delictivos reprimidos con esa clase de pena prescribe después de transcurrido el máximo de duración de la pena señalada para el delito.

Que el artículo 67 del código citado (modificado por ley 25.990) confiere valor interruptivo del curso de la prescripción al primer llamado a prestar declaración indagatoria.

Que de las constancias de autos surge que el 4 y el 7 de marzo de 2005 el a quo convocó a prestar declaración indagatoria a los imputados Julio José Fracchia, José Luis Arocena y Alberto Horacio Fernández Prieto (conf. fs. 205/206 vta. y 324/326 de la causa principal).

También surge que, con posterioridad a esas providencias, el mismo juez dispuso el 6 de julio de 2005 diferir la recepción de las indagatorias ordenadas para luego de producidas una serie de medidas de investigación (conf. fs. 747/757 del principal).

Que, por ende, no puede entenderse que aquellos llamados a prestar declaración indagatoria dispuestos por el juez en marzo de 2005 tengan carácter interruptivo del curso de la prescripción. En efecto, la sola providencia ordenando la citación de los imputados para ser indagados sin efectivización real posterior en un plazo razonable carece de eficacia interruptiva.

Que, en consecuencia, teniendo en consideración la fecha de comisión del hecho imputado, ya sea que se considere la fecha del vencimiento de la obligación tributaria – 10 de noviembre de 1999 – o las fechas en que fueron presentadas la declaración jurada original y la rectificativa – 7 de abril y 26 de mayo del 2000 –, el plazo de prescripción de la acción penal ha transcurrido en ambos supuestos.

Que, por lo demás, la citación a prestar declaración indagatoria ordenada por auto del día 29 de octubre de 2007 tuvo lugar cuando ya había transcurrido el máximo de la pena prevista para el delito denunciado de acuerdo con lo establecido por el artículo 1º de la ley 24.769 y, entonces, esa citación no puede tener incidencia alguna en la interrupción del plazo de prescripción.

Que, por esas consideraciones, lo resuelto se encuentra ajustado a derecho.

VI. Por lo que corresponde confirmar la resolución apelada en cuanto ha sido materia de apelación en este incidente. Con costas.

Los *doctores Hendler y Repetto* dijeron:

Que lo resuelto se funda en que ha transcurrido el plazo de prescripción de la acción para perseguir el delito del artículo 1º de la ley 24.769.

Que la apelante sostiene que la maniobra denunciada encuadra en el delito del artículo 2º de esa misma ley, lo que implica un plazo de prescripción mucho mayor que no habría transcurrido.

Que en el estado actual del trámite procesal resulta prematuro un pronunciamiento acerca de la exacta calificación legal de los hechos, más aún tratándose de una resolución oficiosa del juez, ya que el pronunciamiento previo no había tenido ni siquiera la sustanciación que establecen los artículos 339 y 340 del Código Procesal Penal de la Nación.

Que la parte querellante tiene derecho a impulsar la acción y, consecuentemente, a probar sus afirmaciones en cuanto a haberse incurrido el delito que atribuye a los imputados. En caso de resultar vencida en sus pretensiones será responsable por las costas del proceso.

Por lo que corresponde revocar la resolución apelada en cuanto ha sido materia de recurso. Sin costas.

Por lo que, por mayoría, SE RESUELVE: REVOCAR la resolución apelada en cuanto ha sido materia de recurso. Sin costas. — Edmundo S. Hendler. — Nicanor M. Repetto. — Juan Carlos Bonzón.

ESTUDOS & COMENTÁRIOS

PRESCRIÇÃO TRIBUTÁRIA E RESPONSABILIDADE POR SUCESSÃO

VANESSA CANADO
Mestra pela PUC/SP. Pesquisadora do Núcleo de Estudos Fiscais – NEF.
Professora de Prática Jurídico-Tributária da Direito/GV.

1. Esclarecimentos iniciais sobre a responsabilidade por sucessão no CTN. 2. Panorama das discussões sobre os prazos prescricionais para o Fisco: 2.1 A contagem dos prazos prescricionais no CTN e na Lei de Execuções Fiscais; 2.2 A questão da prescrição intercorrente e contagem do prazo prescricional para os responsáveis tributários. 3. Os prazos para constituição e cobrança dos débitos previdenciários. 4. Conclusão: aplicação a dois casos concretos.

1. Esclarecimentos iniciais sobre a responsabilidade por sucessão no CTN

O Código Tributário Nacional (CTN) em seu art. 121 prescreve que o responsável tributário é o sujeito passivo que, sem revestir a condição de contribuinte, isto é, sem ter relação pessoal e direta com a circunstância que constitui o fato gerador, fica obrigado ao pagamento dos tributos e das penalidades em decorrência de expressa disposição de lei.[1]

É no próprio Código Tributário Nacional que se encontram as hipóteses legais de responsabilidade tributária: (*i*) responsabilidade por sucessão (arts. 129 a 133); (*ii*) responsabilidade de terceiros (arts. 134 e 135); e (*iii*) responsabilidade por infrações (arts. 136 a 138).

Aquela que nos interessa está prescrita no art. 133 e é, portanto, hipótese de responsabilidade por sucessão: "a pessoa natural ou jurídica de direito privado que adquirir de outra, por qualquer título, fundo de comércio ou estabelecimento comercial, industrial ou profissional, e continuar a respectiva exploração, sob a mesma ou outra razão social ou sob firma ou nome individual, responde pelos tributos, relati-

1. "Art. 121. Sujeito passivo da obrigação principal é a pessoa obrigada ao pagamento de tributo ou penalidade pecuniária. Parágrafo único. O sujeito passivo da obrigação principal diz-se: I – contribuinte, quando tenha relação pessoal e direta com a situação que constitua o fato gerador; II – responsável, quando, sem revestir a condição de contribuinte, sua obrigação decorra de disposição expressa de lei."

vos ao fundo ou estabelecimento adquirido, devidos até à data do ato: I – integralmente, se o alienante cessar a exploração do comércio, indústria ou atividade; II – subsidiariamente com o alienante, se este prosseguir na exploração ou iniciar dentro de seis meses a contar da data da alienação, nova atividade no mesmo ou e outro ramo de comércio, indústria ou profissão".

Assim, segundo o CTN, as pessoas jurídicas que adquirirem de outras, fundo de comércio ou estabelecimento comercial, sucedem a adquirida relativamente às obrigações tributárias, integral ou subsidiariamente, caso a sucedida permaneça ou não explorando atividade econômica.

2. Panorama das discussões sobre os prazos prescricionais para o Fisco

Por ser de extrema importância para a clarificação do contexto em que se insere a prescrição relativa aos responsáveis tributários, abriremos este item, destacando-o em dois tópicos: (*i*) o primeiro abordando a contagem dos prazos prescricionais para a propositura das execuções fiscais e (*ii*) o segundo descrevendo sobre os prazos de prescrição que se dão no curso da ação, denominados de prazos de *prescrição intercorrente*.

2.1 A contagem dos prazos prescricionais no CTN e na Lei de Execuções Fiscais

O art. 174, do CTN, em sua redação original, dispunha que a ação para cobrança do crédito tributário prescreveria em cinco anos, contados a partir da data da constituição definitiva do crédito tributário, sendo interrompido, segundo o parágrafo único, I, apenas pela citação pessoal feita ao devedor.[2] Em outras palavras, entre a data da constituição definitiva do crédito tributário[3] e a citação do devedor não poderia transcorrer tempo maior do que cinco anos.

Com a promulgação da LC 118, em 9 de fevereiro de 2005, o inciso I, do parágrafo único, do art. 174, do CTN, passou a prever que a interrupção do prazo prescricional, iniciado com a constituição definitiva do crédito tributário, se daria pelo *despacho do juiz que ordenasse a citação em execução fiscal*. Ou seja, a partir da constituição definitiva do crédito tributário, o Fisco passou a ter cinco anos para propor a ação de execução fiscal e impulsionar o Juízo a ordenar a citação do executado.

Esta alteração veio dirimir uma das dúvidas relativas à contagem do prazo prescricional que existia em razão do conflito entre o art. 174, parágrafo único, inciso I, do CTN e o art. 8º, § 2º, da Lei de Execuções Fiscais (LEF):[4] enquanto aque-

2. "Art. 174. A ação para a cobrança do crédito tributário prescreve em cinco anos, contados da data da sua constituição definitiva. Parágrafo único. A prescrição se interrompe: I – pela citação pessoal feita ao devedor; (...)".

3. A doutrina e a jurisprudência dominante entendem que a constituição definitiva do crédito tributário se dá com o lançamento tributário, sem que esteja pendente nenhuma causa suspensiva da exigibilidade do crédito tributário, tal como a existência de processo administrativo em trâmite. Segundo Eurico Marcos Diniz de Santi: "discussões teóricas que disputam o sentido da aludida expressão, como sendo ou i) o momento da notificação do lançamento ou ii) o momento da decisão final do processo administrativo, além de didaticamente confusas, são pragmaticamente inúteis: se não houver impugnação (ou reclamação) administrativa, o *dies a quo* do prazo prescricional será a data da notificação do lançamento tributário constitutivo do crédito do Fisco; se houver impugnação (ou reclamação) administrativa, fica suspensa a exigibilidade do crédito tributário, restando o *dies a quo* do prazo prescricional deslocado para a data da notificação da decisão administrativa de última instância" (cf. "Prescrição do Direito do Fisco, suspensão da exigibilidade e segurança jurídica", in *Revista Dialética de Direito Tributário* 127/110-111, São Paulo, Dialética, abr./2006. No STF, v. RE 95.365-MG).

4. "Art. 8º. O executado será citado para, no prazo de 5 (cinco) dias, pagar a dívida com os juros e multa de mora e encargos indicados na Certidão de Dívida Ativa, ou garantir a execução, observadas as seguintes normas:

le prescrevia que o prazo prescricional seria interrompido pela efetiva citação do devedor, esta prescrevia que o mero despacho do juiz ordenando a citação era suficiente para tanto.

O Superior Tribunal de Justiça (STJ) tem entendimento pacificado de que a interrupção do prazo prescricional prescrita na LEF não seria aplicável, pois a prescrição é matéria que merece tratamento por lei complementar (art. 146, III, "b") e, portanto, deveria ser obedecido o quanto disposto no CTN (interrupção do prazo somente com a citação do devedor).[5]

Com a vinda da LC 118/2005 não será mais necessária a discussão sobre a prevalência do CTN sobre a LEF, mas resta, ainda, a dúvida com relação a quais execuções fiscais será aplicada a nova lei (interrupção do prazo a partir do despacho judicial que ordenar a citação) e a quais prevalecerá o entendimento do STJ (aplicação do CTN em sua redação original e, portanto, interrupção do prazo prescricional somente a partir da citação válida do devedor).

Em recente interpretação doutrinária, utilizaram-se (*i*) a data dos despachos que ordenaram a citação e (*ii*) a data da vigência da LC 118/2005 como critérios para definição da legislação aplicável às execuções fiscais em curso:[6] para aquelas cujas ordens de citação foram proferidas antes de 9 de junho de 2005, deveria ser aplicada a redação original do CTN; naquelas em que o despacho foi proferido a partir de 9 de junho de 2005, já seria aplicável a redação alterada do art. 174.[7]

De fato, quando o art. 4º da LC 118/2005 dispôs que a lei entraria em vigor 120 dias após a sua publicação (em 9 de junho de 2005, portanto), ressalvou apenas a disposição do art. 3º que, qualificada como *lei interpretativa*, teria aplicação retroativa nos termos do art. 106, I, do CTN.[8] Nada dispôs sobre o art. 1º, que promoveu a alteração do art. 174, do CTN. Neste sentido, seria possível afirmarmos que, para as execuções em curso, nas quais já haja o despacho que ordenou a citação do devedor, não seria cabível a aplicação retroativa da nova redação do art. 174, parágrafo único, I, do CTN. Para as execuções com despachos ordinatórios de citação posteriores a 9 de junho de 2005, seria possível afirmarmos que a prescrição do Fisco foi interrompida.

Outra discussão de interpretação se põe quando tratamos na natureza jurídica da norma do art. 174: trata-se de norma processual ou material? A doutrina divide-se neste sentido.[9] No entanto, a 1ª Turma do Superior Tribunal de Justiça manifestou-se recentemente no Recurso Especial n. 860.128-RS (*DJ* 1.2.2007). O voto-vencedor, do Ministro Luiz Fux, registrou que:

> *É cediço na jurisprudência do E. STJ que a prescrição, posto referir-se à ação, quando alterada por novel legisla-*

(...). § 2º. O despacho do Juiz, que ordenar a citação, interrompe a prescrição."

5. Neste sentido ver acórdãos proferidos nos Recursos Especiais (REsp) n. 106.816-PR (mar./1999), n. 123.392-SP (jun./2000), n. 327.268-PE (mar./2003), n. 432.586-RO (jun./2003), n. 510.190-MA (fev./2001), n. 588.715-CE (abr./2004), n. 687.076-PE (abr./2005), e acórdãos proferidos nos Embargos de Divergência em Recurso Especial (EREsp) n. 84.144-RJ (fev./2001), e no Agravo Regimental em Agravo de Instrumento (AgRg no AI) n. 606.623-PE (mar./2005).

6. Cf. Daniel Monteiro Peixoto, "Prescrição intercorrente na execução fiscal: vertentes do STJ e as inovações da Lei n. 11.051/2004 e da Lei Complementar n. 118/2005", in *Revista Dialética de Direito Tributário* 125/22, São Paulo, Dialética.

7. Embora a LC 118 seja de 9.2.2005, segundo seu art. 4º, só entraria em vigor 120 dias após a publicação, isto é, em 9.4.2005.

8. "Art. 106. A lei aplica-se a ato ou fato pretérito: I – em qualquer caso, quando seja expressamente interpretativa, excluída a aplicação de penalidade à infração dos dispositivos interpretados; (...)."

9. Como norma de direito material: Eurípedes Gomes Faim Filho, "A prescrição do crédito da Fazenda Pública e a execução fiscal", in *Revista Direito Tributário Atual* 20/3, São Paulo, Dialética e IBDT, 2006, e Humberto Theodoro Júnior, *Lei de Execução Fiscal*, 4ª ed., São Paulo, Saraiva, 1995, p. 51. Como norma de direito processual: Yoshiaki Ichihara, *Direito Tributário*, 9ª ed., São Paulo, Atlas, 2000, p. 170.

ção, tem aplicação imediata. Nesse sentido, os seguintes precedentes da Corte: (...) Tratando-se de norma de natureza processual, a sua aplicação é imediata, inclusive nos processos em curso, competindo ao juiz da execução decidir acerca da sua incidência, por analogia, à hipótese dos autos. (...) (REsp 764.827-RS, Rel. Ministro Luiz Fux, 1ª Turma, *DJ* 28.9.2006). Conforme salientou o Exmo. Ministro Teori Albino Zavascki, no julgamento do Ag 663.671-PE (*DJ* 13.4.2005), "*por se tratar de norma que dispõe sobre matéria processual, sua aplicação é imediata, alcançando inclusive os processos em curso*. (...)" (REsp 839.820-RS). A *Lei Complementar 118, de 9 de fevereiro de 2005, alterou o art. 174 do CTN para atribuir ao despacho do juiz que ordenar a citação o efeito interruptivo da prescrição. "In casu", o tributo refere-se ao IPTU relativo a 1997, com constituição definitiva em 5.1.1998. O despacho que ordenou a citação foi proferido em 17.6.2003 (...), denotando inequívoca a prescrição em relação ao débito da exação "in foco"* (destaques nossos).

Neste mesmo recurso, entretanto, houve voto vencido do Ministro José Delgado que entendeu não ser aplicável a nova disposição do art. 174 para as execuções fiscais que tivessem por objeto fatos geradores tributários anteriores à LC 118/ 2005.

Tais critérios, portanto, encontram-se longe de estarem definidos, isto em razão da legislação relativamente recente, que merecerá ainda muita discussão doutrinária e jurisprudencial para consolidação de sua interpretação.

Entre as interpretações possíveis, a interrupção do prazo prescricional pela ordem de citação e não mais pela citação válida do executado se daria: (*i*) apenas para as execuções fiscais cujos fatos jurídico-tributários tenham ocorrido após a LC 118/2005; (*ii*) para todas as execuções fiscais em curso, pois se trata de disposição normativa de ordem processual e (*iii*) somente para as execuções fiscais em curso cujos despachos ordinatórios de citação tenham se dado antes de 9 de junho de 2005, data da entrada em vigor da nova lei.

2.2 A questão da prescrição intercorrente e contagem do prazo prescricional para os responsáveis tributários

A contextualização feita acima, sobre os atuais debates acerca da contagem do prazo prescricional não abarca, entretanto, as discussões relativas à prescrição intercorrente, isto é, aquela que ocorre no curso do processo de execução, por inércia da Fazenda na promoção dos atos impulsionadores da ação fiscal.

O art. 40, da LEF, prescreve que o juiz suspenderá o curso da execução por um ano quando o devedor não for localizado ou não forem encontrados bens sobre os quais possa recair a penhora. Prescreve, ainda, que durante esse período não correrá o prazo de prescrição.[10] Decorrido esse prazo, no entanto, será ordenado pelo Juiz o arquivamento dos autos (§ 2º).[11]

Neste artigo, a LEF, implicitamente, traz a possibilidade de ocorrência da prescrição no curso do processo de execução fiscal, por isso a denominação comumente dada de *prescrição intercorrente*.[12] Os dis-

10. "Art. 40. O Juiz suspenderá o curso da execução, enquanto não for localizado o devedor ou encontrados bens sobre os quais possa recair a penhora, e, nesses casos, não correrá o prazo de prescrição."

11. "§ 2º. Decorrido o prazo máximo de 1 (um) ano, sem que seja localizado o devedor ou encontrados bens penhoráveis, o Juiz ordenará o arquivamento dos autos."

12. Segundo Milton Flaks, "interrompido o curso do prazo prescricional pelo despacho do juiz, recomeça a fluir, por inteiro, do último ato praticado no processo, a teor do art. 173 do Código Civil e dos princípios que informam a prescrição intercorrente (cf. Câmara Leal, *Da Prescrição*, n. 151; STF, Súmula n. 264), ressalvada a hipótese prevista no art. 40 da LEF, em que o reinício da fluência pode ser dilatado de até um ano" (in *Comentários à Lei de Execução Fiscal*, Rio de Janeiro, Forense, 1981, p. 192). Cf. ensina Humberto Teodoro Júnior, "Outro problema, ainda ligado à prescrição, refere-se à admissibilidade ou não da prescrição intercorren-

positivos em questão admitem que, entre a data da propositura da execução e a citação do devedor não pode decorrer mais do que seis anos, levando em consideração a suspensão de 1 ano. Igualmente com relação à localização de bens para a penhora, após a citação do executado.[13]

A Lei 11.051/2004 incluiu o § 4º no art. 40, determinando que, *se da decisão que ordenar o arquivamento tiver decorrido o prazo prescricional, o juiz, depois de ouvida a Fazenda Pública, poderá, de ofício, reconhecer a prescrição intercorrente e decretá-la de imediato.*

Com a vinda deste dispositivo, foi reconhecida no direito positivo, expressamente, a existência da *prescrição intercorrente* e também pacificada a questão da possibilidade de ser ela decretada de ofício. Entretanto, criou-se mais um problema de conflito entre a LEF e o CTN: estaria a LEF criando hipótese de interrupção e, portanto, recontagem do prazo prescricional a partir do final da suspensão da execução por 1 ano?[14]

O STJ entende já há tempos que o art. 40, da LEF, em dita aplicação harmônica com o art. 174, do CTN, impõe o reconhecimento da prescrição quando o feito restar paralisado por mais de cinco anos, sem a promoção da citação do devedor ou a localização dos bens penhoráveis, em atendimento à segurança das relações jurídicas, que não podem perpetuar eternamente.[15]

A Súmula 314, de 8.2.2006, pacificou a questão relativamente à suspensão do processo por um ano e a existência da prescrição *quando não localizados bens penhoráveis*, dirimindo ao menos essa dúvida com relação à redação do § 4º, do art. 40, da LEF: "Em execução fiscal, não localizados bens penhoráveis, suspende-se o processo por um ano, findo o qual se inicia o prazo da prescrição qüinqüenal intercorrente".

Além dessas hipóteses genéricas de prescrição intercorrente, interessa-nos, especificamente, aquela criada pelo STJ com relação aos responsáveis tributários.

Em inúmeros acórdãos o STJ tem decidido que a citação dos responsáveis tributários tem que ocorrer no prazo máximo de 5 anos, contados a partir da data da citação da devedora principal executada.[16] Entende o tribunal *que a citação da devedora principal também interrompe a prescrição com relação aos devedores responsáveis, mas essa interrupção tem o condão de iniciar prazo de prescrição intercorrente para a promoção da citação efetiva dos responsáveis tributários.*[17]

Ainda não há manifestação do STJ com relação à aplicação do novo art. 174 com relação aos responsáveis tributários,

te, depois de citado o devedor na execução fiscal. Hoje, pode-se dizer tranqüilo o entendimento jurisprudencial de que a Fazenda Pública não pode abandonar a execução fiscal pendente, sem correr o risco da prescrição intercorrente, desde é claro que a paralisação dure mais do que o qüinqüênio legal" (ob. cit., p. 121).

13. Cf. bem observa Milton Flaks, "localizados bens, mas não encontrado o devedor, a hipótese será de arresto (...)" (ob. cit., p. 350).

14. Antes mesmo dessa lei a doutrina já interpretava o final da suspensão pelo prazo de 1 ano como *dies a quo* para a contagem da prescrição intercorrente. Neste sentido, José Alonso Beltrame, Régis Fernandes de Oliveira e Rui Stoco, *O Procedimento na Cobrança da Dívida Ativa da Fazenda Pública*, São Paulo, Ed. RT, 1981, p. 49; Milton Flaks, ob. cit., p. 349.

15. Neste sentido: EResp 237.079 (set./2002), REsp 125.504-PR (mai./2003), REsp 331.484-PE (mai./2005), REsp 708.234-MG (set./2005), AgRg no REsp 614.864-RS (mai./2006), e REsp 857.981-RS (nov./2006), entre outros. Igualmente a doutrina, cf. Milton Flaks, ob. cit., p. 350, e Leandro Paulsen e René Bergmann Ávila, *Direito Processual Tributário – Processo Administrativo Fiscal e a Execução Fiscal à Luz da Doutrina e da Jurisprudência*, Porto Alegre, Livraria do Advogado, 2005, p. 407.

16. No mesmo sentido, Manoel Álvares e outros, *Lei de Execução Fiscal Comentada e Anotada*, 2ª ed. rev. e ampl., São Paulo, Ed. RT, 1997, p. 101.

17. Neste sentido: REsp 76.667-SP (out./1996), EDcl em REsp 142.397 (nov./1997), REsp 145.081-SP (mai./2004, p. 5), AgRg no REsp 612.929-SP (mai./2004), REsp 323.981 (set./2005, p. 4), e REsp 769.152 (dez./2006).

isto é, ainda não há entendimento no sentido de que o mero despacho ordenando a citação dos responsáveis bastaria para interromper a prescrição intercorrente contada a partir da citação da devedora principal.

Assim, para que possa ser caracterizada a responsabilização dos devedores tributários, nos autos das execuções fiscais, a Fazenda tem que, segundo o STJ, promover os devidos atos para a citação válida dos responsáveis, no prazo de 5 anos contados da data em que se efetivou a citação dos devedores principais.

Note-se, por fim, que esse raciocínio do STJ não é inovador no mundo jurídico, e, inclusive, condiz com sua argumentação externada na Súmula 314. De fato, a localização de outros devedores, para que respondam, solidária ou subsidiariamente, à execução em trâmite, nada mais é do que uma forma de localização de bens que possam saldar a dívida tributária pendente.

3. *Os prazos para constituição e cobrança dos débitos previdenciários*

A LEF prescrevia, no art. 3º, § 9º, que o prazo para cobrança das contribuições previdenciárias não seria regido por suas disposições,[18] continuando-lhe aplicáveis as disposições da Lei 3.807/1960.[19] No entanto, esta lei foi substituída pela Lei 8.212/1991, que trouxe novas disposições sobre a organização e o custeio da seguridade social.

Desta forma, a Lei n. 8.212/1991 deu nova regulamentação aos prazos prescricionais da Seguridade Social. Segundo seu art. 45, o INSS teria 10 anos para apurar e constituir seus créditos, contados (*i*) a partir do primeiro dia do exercício seguinte àquele em que o crédito poderia ter sido constituído ou (*ii*) a partir da data em que se tornasse definitiva a decisão quer houvesse anulado, por vício formal, a constituição de crédito anteriormente efetuada.[20] Além destes dez anos de decadência, isto é, dez anos para lançamento dos valores devidos, segundo o art. 46, a Seguridade disporia ainda de mais 10 anos para a cobrança dos créditos tributários já constituídos.[21]

O STJ e o STF têm entendido que estes prazos específicos, relativos às contribuições devidas ao INSS, não são aplicáveis, pois as contribuições sociais, no atual sistema constitucional, são de natureza tributária e a matéria de decadência e prescrição no direito tributário deve ser tratada por meio de lei complementar. Além disso, aos tributos sujeitos ao lançamento por homologação, aplicam-se as disposições do CTN em detrimento das disposições específicas da legislação ordinária previdenciária.[22]

4. *Conclusão: aplicação a dois casos concretos*

Para aplicação dos raciocínios acima desenvolvidos, imaginemos o seguinte caso:

18. "§ 9º. O prazo para a cobrança das contribuições previdenciárias continua a ser o estabelecido no art. 144 da Lei n. 3.807, de 26 de agosto de 1960."

19. A Lei 3.807/1960, Lei Orgânica da Previdência Social, dispunha, no art. 144, que "o direito de receber ou cobrar as importâncias que lhes sejam devidas, prescreverá, para as instituições de previdência social, em trinta anos".

20. "Art. 45. O direito da Seguridade Social apurar e constituir seus créditos extingue-se após 10 (dez) anos contados: I – do primeiro dia do exercício seguinte àquele em que o crédito poderia ter sido constituído; II – da data em que se tornar definitiva a decisão que houver anulado, por vício formal, a constituição de crédito anteriormente efetuada."

21. "Art. 46. O direito de cobrar os créditos da Seguridade Social, constituídos na forma do artigo anterior, prescreve em 10 (dez) anos."

22. No STF: RE 148.754-RJ (jun./1993). No STJ: EREsp 202.203-MG (abr./2001), REsp 640.848-SP (nov./2004), REsp 190.287-SP (abr./2005), e REsp 674.532 (abr./2005).

• *Execução Fiscal A*:

– Certidão de expedição da carta de citação para o devedor principal feita em 14 de agosto de 1998.

– Citações não efetivadas nem com relação à Executada nem com relação ao Responsável Tributário por Sucessão, até o presente momento.

Neste sentido, aplicando-se o atual raciocínio do STJ, a prescrição estaria interrompida com relação à Executada, pois a nova redação do art. 174, parágrafo único, I, do CTN, seria aplicável a todas as execuções em curso. A partir da data da expedição da carta de citação, portanto, a Fazenda teria até 14 de agosto de 2003 para ter promovido os devidos atos com relação aos eventuais responsáveis tributários.

• *Execução Fiscal B*:

– Aquisição de Ativos da Sucedida, pela Sucessora, em 28 de março de 2000 (fato notório em razão de ampla divulgação na Imprensa).

– Certidão de expedição da carta de citação para o devedor principal feita em 14 de agosto de 1998.

– Ordem para citação do Responsável Tributário por Sucessão em 18 de abril de 2000.

– Citação válida do Responsável Tributário por Sucessão em 13 de julho de 2000.

A partir dos critérios fixados pelo STJ, o responsável tributário, neste caso, deveria ter sido citado no prazo máximo de 5 anos, contados da citação válida do devedor principal. Neste caso, o Responsável Tributário por Sucessão só se beneficiaria da prescrição caso (*i*) a ordem da citação da Executada principal houvesse se dado antes de 13 de julho de 1995[23] e (*ii*) ficasse caracterizada a inércia da Fazenda na promoção dos atos relativos à citação dos eventuais responsáveis, que será doravante analisado.

Eventual requerimento da inclusão do Responsável Tributário por Sucessão no pólo passivo da execução sob análise só poderia ter se dado no prazo de 5 anos após a caracterização da eventual responsabilização por sucessão, que se deu em 28 de março de 2000 (data da aquisição dos ativos). Isto porque, neste caso, como a eventual responsabilidade por sucessão é superveniente à propositura da ação e à citação da Executada, não caberia a aplicação pura e simples dos critérios do STJ.

A aplicação dos prazos prescricionais depende, essencialmente, da inércia do credor, conforme fartamente demonstrou o STJ e entende a doutrina.[24] Não seria lógico admitirmos a contagem do prazo prescricional intercorrente do responsável tributário a partir da data da citação da devedora principal, se o fato ensejador da responsabilidade (eventual sucessão) deu-se posteriormente.[25]

23. Lembre-se que a posição do STJ, com relação aos responsáveis, ainda não foi definida no que tange à aplicação da alteração vinda com LC 118/2005. Portanto, estamos contando com seu posicionamento pela aplicação da atual redação do art. 174 com relação à Executada e pela interrupção da prescrição, com relação aos responsáveis, somente com a citação válida. Assim, o Fisco teria cinco anos, a partir da data da ordem da citação da Executada para promover a efetiva citação dos responsáveis.

24. Cf. Eurico Marcos Diniz de Santi, "as normas de prescrição apresentam, em sua hipótese, o decurso do tempo qualificado pela omissão do Fisco no exercício do direito de ação e, em seu conseqüente, a previsão abstrata da extinção do direito de ação. (...) Assim, na hipótese da regra de prescrição do direito do Fisco, o fator tempo figura em conjunção com a conduta omissiva da Fazenda Pública. E só há omissão se houver a possibilidade jurídica da exigibilidade do crédito: (...) Sem exigibilidade não há omissão, tão-somente fluxo de tempo" (ob. cit., p. 111). Segundo Leandro Paulsen e René Bergmann Ávila, "Embora, em tese, pudesse recomeçar o prazo prescricional assim que ocorrida a hipótese de interrupção, o início da recontagem ficará impedido enquanto não se verificar requisito indispensável para o seu curso, que é a inércia do credor" (ob. cit., p. 201).

25. Sobre a responsabilidade superveniente v. Leandro Paulsen e René Bergmann Ávila, ob. cit., p. 201.

Seria mais adequado, portanto, a nosso ver, admitirmos que o prazo prescricional para o requerimento ou a efetiva citação do Responsável Tributário por Sucessão, aqui, fosse contado a partir da data do fato que ensejou a eventual responsabilização, pois tal fato, que foi levado neste tempo ao conhecimento da Fazenda por meio da Imprensa, abriu a oportunidade de requerimento da inclusão do responsável no pólo passivo da execução.

Diante de todo o exposto, podemos concluir que, a partir da data da ciência do fato que ensejaria a responsabilidade tributária por sucessão (2000), a Fazenda teria 5 anos para promover a citação do Responsável Tributário por Sucessão.

SUBSTITUIÇÃO TRIBUTÁRIA NO DIREITO POSITIVO BRASILEIRO

DANIEL MONTEIRO PEIXOTO

Doutor e Mestre em Direito Tributário pela PUC/SP. Especialista em Direito Tributário pelo IBET. Professor nos Cursos de Especialização em Direito Tributário do IBET e do GV*Law*. Coordenador Acadêmico no Programa de Pós-Graduação *Lato Sensu* do GV*Law*. Advogado em São Paulo.

1. Considerações gerais a respeito da substituição tributária: reembolso "vs." retenção. 2. Regra-matriz de incidência e reembolso: a "substituição para frente".

1. Considerações gerais a respeito da substituição tributária: reembolso "vs." retenção

Sob o signo "substituição legal tributária", costumam ser designadas duas situações distintas: (*i*) substituição com reembolso e (*ii*) substituição com retenção na fonte. Ambos os casos são apontados, genericamente, como circunstâncias nas quais se tem dois atores a serem considerados, com relação ao cumprimento da obrigação tributária principal: (a) o substituto, que é aquele apontado, pela norma tributária, na posição de sujeito passivo, possuindo o dever jurídico de pagar o tributo, e (b) o substituído, sujeito que, efetivamente, "realiza o fato jurídico do tributo". As modalidades de substituição mencionadas distinguir-se-iam pelo modo de repercussão determinado pela lei: no primeiro caso (reembolso), haveria um direito de o substituto embutir, no preço da operação realizada com o substituto, um crédito consistente no valor do tributo já pago; e na segunda hipótese (retenção), o direito subjetivo de abater, da quantia devida ao substituto, em razão de determinado negócio jurídico, o valor devido ou já pago a título de tributo.

Na linha de considerações que estamos a desenvolver, constata-se que, não obstante o agrupamento doutrinário das duas figuras acima sob o signo "substituição tributária", essas categorias apresentam diferenças maiores do que aquelas normalmente apontadas pela doutrina tradicional. Isso porque, no caso da substituição com reembolso, o chamado substituto tributário assume feição de contribuinte em sentido estrito (art. 121, I, do CTN), não sendo caso de responsabilidade tributária,[1] nos moldes já definidos, e, no caso de retenção na fonte, conforme já cuidamos de explicar, muito embora a situa-

1. Esse nosso ponto de vista será melhor explicitado no tópico subseqüente, quando analisarmos a fenomenologia da substituição tributária "para frente".

ção possa ser descrita como responsabilidade-dispositiva, não se trata de dever de cumprir a obrigação tributária principal, mas de efetivar dever instrumental de retenção e recolhimento de tributo devido por outrem. Tanto nas hipóteses de reembolso, como de retenção na fonte, afigura-se-nos inadequada a designação "substituição tributária", apesar de consagrada na doutrina brasileira: ali, porque a substituição se dá no momento da decisão política que antecede a elaboração da regra, como bem advertia Alfredo Augusto Becker, não sendo fenômeno juridicamente assimilável,[2] aqui, porque, apesar de claramente perceptível a incidência de duas regras distintas (a regra instrumental de retenção e a regra-matriz de incidência tributária), não se pode dizer que haja algum tipo de "substituição", justamente porque remanescem dois sujeitos distintos, com deveres independentes, prescritos por regras autônomas. Nada se substitui, havendo, sempre, a necessidade de aplicação da regra-matriz de incidência tributária para que surja, juridicamente, o contribuinte e, conjuntamente, o dever de pagamento do tributo.

Cabe-nos discorrer um pouco mais sobre essas figuras e o seu tratamento pela doutrina brasileira para, a partir das idéias tradicionais, mostrar os pontos de divergência que resultam da postura que adotamos e explicar esses mecanismos de incidência e cobrança tributária:

A expressão "substituto legal tributário" foi introduzida na literatura jurídica pátria por meio da doutrina de Amílcar de Araújo Falcão,[3] buscando indicar que, em oposição ao conceito de contribuinte (ou sujeito passivo direto, na terminologia que adotava), cuja identificação poderia resultar implicitamente da mera indicação do "fato gerador", havia o conceito de substituto legal tributário (espécie do gênero sujeito passivo indireto), cuja identificação só poderia decorrer de disposição legal expressa, pois, neste caso, a lei coloca na posição de sujeito passivo pessoa distinta daquela que tenha relação econômica direta com o ato, fato ou negócio jurídico que dá origem à tributação.

Deve-se, todavia, a Alfredo Augusto Becker um dos primeiros estudos de maior aprofundamento sobre o tema. Esse autor definia o fenômeno da substituição legal tributária da seguinte forma: "A fenomenologia da substituição legal tributária consiste, pois, no seguinte: existe substituto legal tributário toda a vez em que o legislador escolher para sujeito passivo da relação jurídica tributária um *outro qualquer* indivíduo, em substituição daquele determinado indivíduo de cuja renda ou capital a hipótese de incidência é fato-signo presuntivo. Em síntese: se em lugar daquele determinado indivíduo (de cuja renda ou capital a hipótese de incidência é signo presuntivo) o legislador escolheu para sujeito passivo da relação jurídica tributária um *outro qualquer* indivíduo, este outro qualquer indivíduo é o *substituto legal tributário*".[4]

Segue o autor explicando que o *fenômeno da substituição* se limita à eleição de sujeito distinto daquele que realiza o "fato-signo presuntivo" previsto na hipótese de incidência. Todavia, destaca que, nos países cuja Constituição contempla o princípio da capacidade contributiva, o legislador, ao criar o substituto legal tributário, está obrigado a criar, simultaneamente, a

2. Nas palavras do autor, "o fenômeno da substituição opera-se no *momento político* em que o legislador cria a regra jurídica. E a substituição que ocorre neste momento consiste na escolha pelo legislador de *qualquer outro* indivíduo em substituição daquele determinado indivíduo de cuja renda ou capital a hipótese de incidência é fato signo presuntivo" (Alfredo Augusto Becker, *Teoria Geral do Direito Tributário*, 3ª ed., São Paulo, Lejus, 1998, p. 554).

3. Amílcar de Araújo Falcão, *Fato Gerador da Obrigação Tributária*, 6ª ed., Rio de Janeiro, Forense, 2002, p. 76. Do mesmo autor, confira-se: *Introdução ao Direito Tributário*, 4ª ed., Rio de Janeiro, Forense, 1993, pp. 85-92 (anote-se que a 1ª edição desta obra deu-se em 1959).

4. Alfredo Augusto Becker, *Teoria Geral do Direito Tributário*, p. 552. Cf., tb., p. 529.

repercussão jurídica[5] do tributo sobre o substituído. Esta repercussão jurídica pode assumir duas modalidades: direito de reembolso ou de retenção na fonte.

Na repercussão jurídica por reembolso, a lei confere ao substituto o direito de receber de outra pessoa, o substituído, o reembolso do montante do tributo por ele pago. No exemplo relatado pelo autor, a lei confere ao fabricante de dado produto (substituto), o direito de, por ocasião da venda, acrescentar ao direito de crédito do preço, o direito de crédito pelo reembolso do valor do imposto de consumo pago por ele, na condição de fabricante. Indo um pouco além, destaca analiticamente a presença de duas regras jurídicas nesta situação:

Regra 1) A própria regra que institui o tributo. Possui por hipótese de incidência a previsão do fato que fará nascer, por força da eficácia jurídica, a relação jurídica tributária. O sujeito passivo desta relação jurídico-tributária é o substituto tributário. O sujeito ativo, o Estado.

Regra 2) Regra jurídica não-tributária de reembolso. A hipótese de incidência desta regra contempla a realização da prestação jurídico-tributária surgida por força da incidência da regra anterior. O efeito jurídico previsto consiste em uma segunda relação jurídica que tem como sujeito ativo aquele que fora substituto tributário no primeiro momento e, como sujeito passivo, o substituído, contra o qual se dirige o direito de crédito (reembolso).[6]

Na repercussão jurídica por retenção na fonte, por sua vez, a lei confere ao substituto o direito de compensar o montante do tributo por este devido com o determinado débito que tiver com determinada pessoa. Sobre o tema, o autor oferece o exemplo de uma sociedade anônima que, ao aprovar o pagamento de dividendos aos acionistas, torna-se devedora desta prestação. Neste caso, segundo a visão de Becker, o sujeito passivo da relação jurídica tributária sobre imposto de renda é a própria sociedade, de forma que a lei confere a esta o direito subjetivo de compensar, com o débito dos dividendos, o imposto pago ou devido pela sociedade anônima.[7]

O mestre gaúcho demonstra, em síntese conclusiva, o seguinte fator de discrímen entre as duas categorias de repercussão: "No reembolso, há o *acréscimo* do direito de crédito do tributo ao *crédito* que o contribuinte *de jure* (substituto) possui com relação a uma outra pessoa em razão de um determinado negócio jurídico. Na retenção na fonte, há uma *redução* num *débito* que o contribuinte *de jure* (substituto) tem perante uma determinada pessoa em virtude de um determinado negócio jurídico".[8]

Um traço peculiar da teoria do referido autor reside na circunstância de denominar "contribuinte" qualquer pessoa que se encontra na posição de sujeito passivo da regra que manda recolher o tributo, in-

5. Conforme destaca o autor, "cumpre advertir que esta repercussão *jurídica* do tributo, de modo algum, significa a realização da repercussão *econômica* do mesmo. Esta repercussão econômica pode ocorrer apenas parcialmente ou até não se realizar, embora no plano jurídico tenha se efetivado" (idem, p. 534).

6. Cf. ob. cit., p. 535. Quando formos explicar a substituição tributária para frente, adotaremos construção um pouco distinta da do referido professor, relativa à questão do reembolso. Acreditamos que não há, em relação ao outro particular, subseqüente na cadeia produtiva, o direito subjetivo de exigir reembolso. A relação jurídica que existe, entre particulares, é de dever jurídico de entregar a mercadoria e conseqüente direito subjetivo de receber o preço, por parte do vendedor, em face do comprador. A parcela que se receberá a título de reembolso fará parte do preço, delimitador objetivo da relação jurídica de direito privado. Coisa distinta, que cuidaremos de explicar, é o direito subjetivo de receber reembolso do próprio Estado-Fisco caso não se realize a chamada repercussão econômica do tributo.

7. Idem, ibidem. Apenas a título de registro, importa consignar que, na época em que formulado o referido exemplo pelo mestre gaúcho, havia tributação dos dividendos pelo IR, situação distinta do contexto normativo atual, em que tais rendimentos são isentos de tributação (Lei 9.249/1991, art. 10).

8. Idem, pp. 535-536.

dependentemente de se tratar do sujeito "cuja renda ou capital a hipótese de incidência é fato-signo presuntivo". Em sua construção, "contribuinte *de jure* é o *gênero* que abrange duas espécies: o substituto legal tributário e aquela determinada pessoa de cuja renda ou capital a hipótese de incidência é fato signo-presuntivo".[9] A elaboração teórica do autor foi importante, em dado momento histórico, para firmar as bases de uma Teoria Geral do Direito Tributário "descontaminada", diria o próprio, de análises extrajurídicas, afastando a explicação do fenômeno com apoio em categorias externas às estruturas normativas. O dado fundamental, conforme muito bem delimitado, teria de ser unicamente o direito positivo. Justamente em homenagem a essa advertência do autor, devemos ressalvar que a postura de denominar "contribuinte" todo aquele que venha a ser, por força de norma jurídica, chamado a recolher o tributo, esbarra, à luz do direito positivo vigente, no obstáculo do art. 121, I, do CTN, que delimita o âmbito semântico do vocábulo ao estipular que contribuinte é aquele que "possui relação pessoal e direta com a situação que constitua fato gerador da obrigação tributária" ou, nas palavras do autor, aquele "cujo capital ou renda constitui o fato-signo presuntivo".

Essa razão, e as demais considerações formuladas no início deste tópico, nos levam à necessidade de formular uma proposta de explicação dos fenômenos normalmente chamados de "substituição tributária", considerando: (*i*) necessidade, sempre, da incidência da regra-matriz de incidência tributária; (*ii*) que esta regra, ao prever, na hipótese, o chamado "fato-signo presuntivo de riqueza" ou, como preferimos, os "critérios para a identificação do fato jurídico tributário", preverá, em seu conseqüente, como sujeito passivo, a pessoa que praticou a conduta prevista nesta hipótese, sendo, sempre, contribuinte na mais estreita das acepções; (*iii*) se outra pessoa for chamada a cumprir um dever de recolhimento qualquer, mas em decorrência de outro fato, não se tratará de incidência da regra-matriz, mas de outra regra. Consideraremos, ainda, para efeitos de explicação da substituição com reembolso (notadamente para explicar a "substituição para frente"), (*iv*) a possibilidade de incidência de duas regras-matrizes, instituidoras de distintos tributos, sobre o mesmo suporte fático.

9. Idem, p. 554.

2. *Regra-matriz de incidência e reembolso: a "substituição para frente"*

A identificação da "regra-matriz de incidência tributária – RMIT" decorre de construção teórica de Paulo de Barros Carvalho, também designada por esse autor como "norma tributária em sentido estrito". A composição dessa regra é obra do intérprete, a partir das referências semânticas coletadas do contato com a instância empírica do direito positivo, i.é, com o conjunto de enunciados prescritivos por meio do qual se manifesta. Trata-se de norma abstrata e geral que prevê, em sua hipótese de incidência, os critérios (conotação) para a identificação de um fato que revele capacidade contributiva, e, em seu conseqüente, os critérios para a montagem de um vínculo obrigacional entre o Estado, ou quem lhe faça as vezes, na posição de sujeito ativo (titular do direito subjetivo de receber determinada quantia em dinheiro) e determinada pessoa física ou jurídica, na posição de sujeito passivo (portador do dever jurídico de prestar aquele objeto).[10]

A hipótese de incidência dessa regra, conforme ensina Paulo de Barros Carvalho, é composta pelos seguintes critérios: critério material-*cp*, critério espacial-*ce* e

10. Cf. Paulo de Barros Carvalho, *Direito Tributário – Fundamentos Jurídicos da Incidência*, 5ª ed., São Paulo, Saraiva, 2007, p. 93; Paulo de Barros Carvalho, *Direito Tributário, Linguagem e Método*, São Paulo, Noeses, 2008, pp. 146-150.

critério temporal-*ct*. O critério material é formado por um "verbo pessoal de predicação incompleta", i.é, indica a conduta (verbo) de determinada pessoa em relação a determinado objeto (complemento verbal), *v.g.*, auferir renda, praticar operações de circulação de mercadoria, prestar serviços, ser proprietário de imóvel urbano etc. Como todo fato há de ocorrer em determinado momento histórico e espaço geográfico, deve estar o critério material associado a circunstâncias de espaço e tempo, para que seja plenamente delimitado. Daí a importância dos demais critérios da hipótese de incidência: o critério espacial e o critério temporal.

O conseqüente da regra-matriz, por sua vez, prescreve os contornos abstratos para a construção de uma relação jurídica. Possui como critérios o critério subjetivo ou pessoal-*cp* e o critério objetivo ou quantitativo-*cq*. O critério pessoal indica os sujeitos envolvidos na relação jurídica: sujeito ativo e sujeito passivo. O critério objetivo é composto pela base de cálculo (perspectiva dimensível do critério material da hipótese de incidência) e a alíquota (fração a ser conjugada à base de cálculo, para que se chegue a um valor monetário, revelador da quantia a ser paga a título de tributo). Uma vez conjugadas todas essas informações, resta plenamente caracterizado o perfil jurídico de determinado tributo.[11]

Tendo presente a definição da regra-matriz de incidência, cabe-nos analisar a hoje paradigmática hipótese de substituição com repercussão por reembolso: a substituição tributária "para frente", fundamentada no próprio texto constitucional, *ex vi* do art. 150, § 7º, inserido por força da EC n. 3/1993, com o seguinte teor:

> Art. 150. Sem prejuízo de outras garantias asseguradas ao contribuinte, é vedado à União, aos Estados, ao Distrito Federal e aos Municípios: (...) § 7º. A lei poderá atribuir a sujeito passivo de obrigação tributária a condição de responsável pelo pagamento de imposto ou contribuição, cujo fato gerador deva ocorrer posteriormente, assegurada a imediata e preferencial restituição da quantia paga, caso não se realize o fato gerador presumido.

O fenômeno da substituição "para frente" foi criado no interesse da arrecadação tributária, de modo a (*i*) facilitar a cobrança de alguns tributos de natureza plurifásica, i.é, incidente em vários pontos de uma cadeia de produção/circulação econômica, concentrando a arrecadação em uma de suas etapas, notadamente a inicial (*v.g.*, a produção), desonerando a administração tributária da tarefa de fiscalizar todos os pontos subseqüentes, como distribuidores, atacadistas, varejistas e consumidores; e (*ii*) reduzir a inadimplência tributária, via redução do número de obrigados, de modo a estabelecer foco de incidência sobre aqueles que possuem, em regra, maior organização do processo de produção/circulação de riquezas.

Não abordaremos, nesta oportunidade, eventuais discussões relativas à constitucionalidade ou não da figura instituída por força da referida Emenda Constitucional.[12] Assumiremos que, dada a ausência de manifestação jurisprudencial, em sede de controle concentrado de constitucionalidade, que tenha efetivado a retirada da figura do ordenamento jurídico, trata-se de mecanismo válido. Cabe-nos, portanto, descrever seus contornos jurídicos e tentar situá-lo à luz das categorias até então estudadas. Para uma melhor compreensão da "substituição para frente", importa começar pela descrição de um esquema típico de

11. Cf. idem, *Direito Tributário – Fundamentos Jurídicos da Incidência*, p. 95.

12. Para uma investigação nesse sentido, confira-se: José Eduardo Soares de Melo, *ICMS – Teoria e Prática*, 5ª ed., São Paulo, Dialética, 2002, pp. 157-172. Roque Antonio Carrazza, *ICMS*, 8ª ed., São Paulo, Malheiros Editores, 2002, pp. 221-243. Luis César Souza de Queiroz, *Sujeição Passiva Tributária*, Rio de Janeiro, Forense, 1999, pp. 235 e ss. Marçal Justen Filho, "Princípios Constitucionais Tributários", *Cadernos de Pesquisas Tributárias* 18/149-161, São Paulo, Resenha Tributária, 1993.

arrecadação do ICMS ao longo de uma cadeia plurifásica, em que há incidência da RMIT desse imposto em cada uma das etapas e, paralelamente, a incidência da "regra de não-cumulatividade" cada vez que alguém adquire mercadoria já tributada pelo ICMS na operação imediatamente anterior. A operação mercantil, com posterior saída do estabelecimento, configura a hipótese de incidência da RMIT do ICMS; a entrada no estabelecimento do sujeito adquirente, por sua vez, configura a hipótese de incidência da "regra de não-cumulatividade", de modo a surgir, para este, o direito subjetivo de tomar crédito equivalente ao imposto recolhido pelo agente da etapa anterior da cadeia. Esse crédito poderá ser abatido do imposto devido na operação posterior, fruto de incidência de nova RMIT. A mesma sistemática se repete, sucessivamente, até a chegada ao consumidor final. Em esquema ilustrativo, temos:

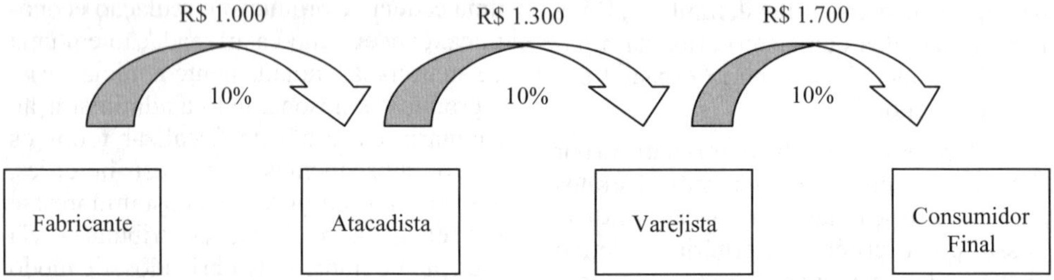

Crédito	*Débito*
R$ 0,00	R$ 100,00
	Recolher
	R$ 100,00

Crédito	*Débito*
R$ 100,00	R$ 130,00
	Recolher
	R$ 30,00

Crédito	*Débito*
R$ 130,00	R$ 170,00
	Recolher
	R$ 40,00

Portanto, na primeira operação, quando há negócio jurídico, com posterior saída do estabelecimento, ocorre a incidência da RMIT de ICMS, a ser pago pelo "fabricante", no valor de R$ 100,00 – débito – (simplificadamente, alíquota de 10% sobre a base de cálculo R$ 1.000); a mesma operação, mais a entrada da mercadoria no estabelecimento do "atacadista", configura a hipótese de incidência da regra de não-cumulatividade, surgindo o direito subjetivo do atacadista em registrar este valor – crédito – para efeitos de abatimento em futura operação.

Na segunda operação, entre "atacadista" e "varejista", ocorre nova incidência de RMIT, surgindo o dever jurídico – débito –, consistente no pagamento do valor de R$ 130,00 a título de ICMS, pelo atacadista. Deste valor devido, R$ 100,00 – crédito –, poderão ser abatidos, resultando no dever de recolher, em dinheiro, a quantia de R$ 30,00. Observe-se ainda que a entrada no estabelecimento do varejista, decorrente da aludida operação, novamente configura hipótese de incidência de regra de não-cumulatividade, de modo que o varejista poderá registrar crédito em valor equivalente à incidência prévia de RMIT, no valor de R$ 130,00.

Na terceira e última operação, entre "varejista" e "consumidor final" há, mais uma vez, incidência de RMIT, nascendo o dever jurídico de recolhimento – débito –, por parte do varejista, no valor de R$ 170,00. Da quantia devida (pela incidência da RMIT), poderá o varejista abater o valor de R$ 130,00 – crédito –, já registrado.

No esquema de "substituição tributária para frente", efetivado nos moldes do art. 150, §7º, da CF, ocorre incidência concentrada no primeiro ponto da cadeia, de modo a facilitar o controle da incidência e a arrecadação do tributo. Vejamos:

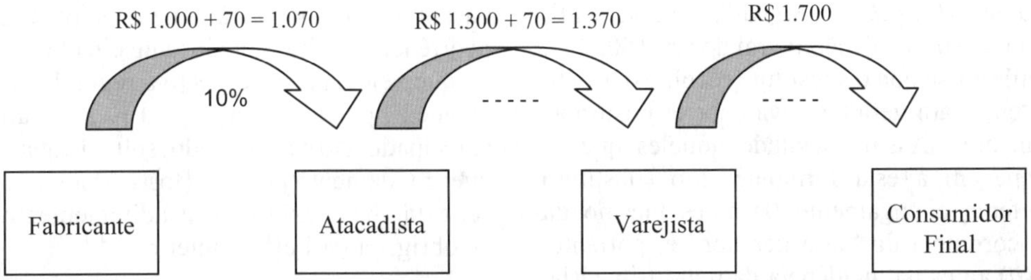

Crédito	*Débito*
R$ 0,00	R$ 100,00
	Recolher "próprio"
	R$ 100,00

Crédito	*Débito*
–	–
	Recolher
	–

Crédito	*Débito*
–	–
	Recolher
	–

Crédito	*Débito*
R$ 0,00	R$ 170,00
	Recolher "substit."
	R$ 170,00 -R$ 100,00 R$ 70,00

A ilustração acima busca reproduzir a cadeia de circulação adotada no exemplo anterior, porém com sistemática de tributação segundo o regime de "substituição para frente". São equivalentes aos daquele exemplo os preços a serem inicialmente praticados em cada uma das operações. Todavia, sofrem adição, na primeira e na segunda etapa da cadeia, para que se possa ilustrar a repercussão no valor final da operação, expressando o reembolso econômico a ser obtido em face do ator subseqüente da cadeia de circulação.

Na primeira das operações, o fabricante efetua negócio jurídico com a decorrente saída de mercadoria no valor de R$ 1.000,00. Por força da incidência da RMIT do ICMS, surge uma relação jurídica em que é devedor da quantia de R$ 100,00. É o chamado "ICMS próprio", a ser recolhido aos cofres públicos pelo fabricante do nosso exemplo.

Nessa mesma operação, por força da incidência daquilo que chamaremos, provisoriamente, de "regra de recolhimento por substituição", o fabricante deverá aplicar a alíquota do imposto sobre o valor estimado da última operação da cadeia – base de cálculo – (normalmente, fixado em pauta de valores, publicada pela Receita Estadual) para chegar a um valor provisório (R$ 170,00 – no caso) que, abatido da quantia devida "a título próprio", resultará no valor a ser recolhido "por substituição". Nas operações subseqüentes nada se recolhe aos cofres públicos, a título de ICMS, em razão da "cobrança antecipada" na primeira das operações.

Tracemos, agora, algumas ponderações sobre essa sistemática, notadamente sob o ponto de vista das categorias jurídico-dogmáticas, desveladas no plano da Teoria Geral do Direito: é comum a assertiva de que "*a substituição tributária para frente ou a 'antecipação' da exigência do tributo concentram a exigibilidade do pagamento em um único momento, ainda que a incidência tributária ocorra sobre uma pluralidade de operações*".[13] Nesse sentido, a teor da dicção literal do art. 150, § 7º, afirma-se que o substituto recolhe o tributo "cujo fato gerador deva ocorrer posteriormente". Assim, segundo aqueles que se apegam a esta formulação, o substituto efetua o pagamento (*i*) antes mesmo da ocorrência do "fato gerador" e, portanto, (*ii*) antes da incidência da regra tributária, efetuando o pagamento de (*iii*) obrigação que ainda está por surgir.

Começa a aparecer, neste momento, a fragilidade da construção do "pagamento de obrigação que ainda não surgiu". Sabemos que o pagamento é uma das formas de extinção da obrigação tributária (art. 156, I). Como justificar, nesta linha de considerações, a extinção de obrigação que nem sequer surgiu, juridicamente?

Sensibilizado por esse tipo de incongruência, Eurico Marcos Diniz de Santi deslinda o "mito do pagamento antecipado" ao "fato gerador", na substituição para frente, com as seguintes palavras: "É, portanto, falsa a noção que se outorga ao sentido da expressão 'pagamento antecipado', como algo desprendido de obrigação anterior constituída e definida em lei: este 'pagamento antecipado' é *também* pagamento posterior à realização da hipótese tributária antecipada, posterior *também* ao nascimento de específica obrigação tributária antecipada por esta nova hipótese normativa, e posterior, ainda, à formalização desta obrigação, seja mediante ato do próprio contribuinte ou do Fisco. Em suma, o 'pagamento antecipado' é deveras pagamento posterior à formalização do crédito, ao nascimento da obrigação que o estipula, à ocorrência do fato gerador antecipado e à lei que veicula a correspectiva regra de incidência 'por antecipação'. O pagamento antecipado não é antecipado, solto de qualquer fundamento jurídico (fosse assim não seria também exigível), é adimplemento de obrigação tributária anterior."[14]

Com efeito, se não há incidência na primeira operação, por que então se efetua determinado recolhimento? Que tipo de obrigação se está a extinguir, se o seu fato gerador nem sequer ocorreu? Como explicar esta "silenciosa incidência" da regra-matriz do ICMS nas operações posteriores, à margem de qualquer ato de aplicação, de constituição do crédito tributário? Aliás, a finalidade da simplificação propiciada pela substituição é justamente esta: liberar os múltiplos agentes que atuam na cadeia de circulação da mercadoria do dever de formalizar e recolher o crédito tributário.

Alguns poderão contradizer esse argumento com a assertiva de que, mesmo nas operações subseqüentes, em cadeia de circulação sujeita ao regime de substituição, há certos deveres de escrituração relativos às operações praticadas, em que se deve consignar tratar-se de "operação sujeita ao regime de substituição", insinuando aí determinado tipo de ato de aplicação da regra-matriz do ICMS, que incide mas não é seguida de cobrança, pelo fato de já ter sido recolhido o imposto pelo substituto. Parece-nos que essa formalização possui o efeito justamente contrário, qual seja, o de resguardar os sujeitos da cadeia de circulação contra eventual investida do Fisco, no sentido de exigir tributo que, ao menos naqueles pontos, não incide.[15]

13. Marçal Justen Filho, ob. cit., p. 160. Em outro trecho do referido artigo doutrinário, o autor bem esclarece o raciocínio usual sobre o tema: "Na substituição tributária 'para frente', um determinado sujeito torna-se devedor da prestação tributária própria e, ademais, daquela correspondente a operações futuras e incertas que envolverão o mesmo bem ou serviço. A lei tributária impõe a um sujeito (que se encontra no momento inicial da cadeia econômica) o dever de recolher antecipadamente o tributo correspondente a operações futuras" (ob. cit., p. 151).

14. Eurico M. Diniz de Santi, "ICMS, substituição para frente, o mito do 'pagamento antecipado' e o princípio da legalidade", *Revista Fórum de Direito Tributário* 6/141, Belo Horizonte, Fórum, 2003.

15. Trata-se de racionalidade semelhante à exposta no parágrafo único do art. 175 do CTN, segundo o qual "a exclusão do crédito tributário não

A solução, portanto, é justamente inversa à ilusão propiciada pelo jogo de palavras do art. 150, § 7º, da CF/1988: se o interpretarmos com maior atenção, veremos que, em realidade, *há incidência* de RMIT somente na primeira etapa da cadeia e *não há qualquer incidência* de RMIT nas etapas posteriores.

Mais: há incidência de duas diferentes regras-matrizes de incidência tributária do ICMS logo na primeira operação.

A primeira delas é a própria *Regra-Matriz de Incidência do ICMS-Típica*, sobre a qual descabe tecer maiores comentários, pois a sua hipótese de incidência é a operação de saída efetivada pelo "substituto", e sua base de cálculo persegue, com exatidão, a perspectiva dimensível do critério material dessa hipótese. Resulta, da incidência dessa regra, o dever jurídico de pagar o que se costuma chamar de "ICMS próprio".[16]

A segunda, que chamaremos a partir de agora de *Regra-Matriz de Incidência do ICMS-Reembolsável*, possui a seguinte estrutura:

Hipótese de incidência	deve-ser	*Conseqüente*	
Cm: efetuar operação de circulação de mercadorias e serviços, sujeita ao regime de substituição tributária para frente, na condição de substituto		*Cq*:	*Bc*: valor que a mercadoria, presumidamente, assumirá na operação destinada ao consumidor final
			Al: 10% (do exemplo fictício)
Ct: momento da saída da mercadoria do estabelecimento ou da prestação do serviço			*Dsc*: desconto a ser feito, do valor resultante da incidência da regra-matriz de incidência típica
Ce: local do estabelecimento que dá a saída da mercadoria ou presta o serviço		*Cp*:	*Sa*: Estado-membro ou Distrito Federal
			Sp: pessoa que efetuou a operação mercantil prevista no critério material

Trata-se, basicamente, de outro imposto, i.é, de outro ICMS incidente sobre a mesma operação de base e que toma por base de cálculo riqueza ainda não gerada e, muito menos, experimentada pelo agente que efetua esta operação. Por isso tantos questionamentos, sobretudo de inconstitucionalidade, à época em que o mecanismo era fundamentado meramente em veículos normativos infraconstitucionais.[17] Tais questionamentos subsistem mesmo após a inserção do § 7º ao art. 150 da CF/1988, por força da Emenda Constitucional n. 3/1993.

dispensa o cumprimento das obrigações acessórias, dependentes da obrigação principal cujo crédito seja excluído, ou dela conseqüente". É nesse sentido, ademais, que Paulo de Barros Carvalho afirma ser inadequada a expressão "obrigação acessória", pelo fato de que o dever de cumpri-las não guarda conexão necessária com a existência de um tributo a ser recolhido (cf. *Curso de Direito Tributário*, 14ª ed., p. 284).

16. Ressaltamos, todavia, que não é perfeita a contraposição usual entre "ICMS próprio" e "ICMS por substituição", já que as duas incidências se dão sobre a própria operação do, também inadequadamente chamado, "substituto". Utilizaremos essas expressões, eventualmente, apenas para poder dialogar com a dogmática tradicional e com a *praxis* que labora o tema.

17. Confira-se, nesse sentido, a antiga LC n. 44/1983, art. 6º, § 3º, e o Convênio ICM n. 66/1988, art. 25, incisos I e II.

Cabe-nos, todavia, ajustar a problemática então apresentada: a eventual ofensa não reside na tributação antecipada de um *fato que não ocorreu*, mas na tributação de *fato já ocorrido* em patamares – base de cálculo – superiores à riqueza manifestada naquela operação. Nesse sentido, a válvula de escape trazida pelo texto constitucional, para tentar minimizar este problema, consiste em assegurar o direito de reembolso do valor do tributo excedente.[18]

Observe-se que esse desajuste entre base de cálculo e critério material da hipótese de incidência, verificado na regra-matriz de ICMS-Reembolsável, não representa maiores problemas para o "substituto", pois, na própria operação que dá ensejo à incidência do imposto, já estará exercendo reembolso econômico em face do próximo agente da cadeia de circulação. Portanto, nunca precisará exercer o direito propiciado pela "regra-jurídica de reembolso", pois, se não efetuou a operação na qual haverá o reembolso econômico, não terá incidido a regra que lhe manda recolher o imposto.

A regra-jurídica de reembolso, em última análise, é direcionada para os atores intermediários da cadeia de circulação. Como forma de equalizar os efeitos da sobretribução da riqueza, gerada no início da cadeia, esta regra dispõe que, uma vez adquirida mercadoria sujeita, em etapa anterior, à incidência do "ICMS-Reembolsável" e não efetuada a sua revenda (caso de ruptura da cadeia),[19] caberá o direito de obter do Estado-Fisco valor equivalente ao do "ICMS-Reembolsável" que teve de suportar. Essa digressão, talvez mais larga do que o necessário, se considerarmos os limites temáticos do presente trabalho, tem por propósito demonstrar que a questão da "substituição para frente" pode ser explicada, a nosso ver, de modo mais adequado, mediante a compreensão de que, na verdade, o chamado "substituto" assume típica posição de contribuinte na "Regra-Matriz de Incidência do ICMS-Reembolsável".

Não se trata, portanto, a substituição para frente, de fenômeno classificável dentro do tema "responsabilidade tributária", tratando-se o substituto de típico contribuinte de tributo autônomo.

18. Por direito de reembolso, ou "reembolso jurídico", cabe destacar, não estamos nos referindo à ocasional prerrogativa de adicionar o valor do imposto pago ao preço da operação – "reembolso econômico", mas ao direito de dirigir-se contra o Estado-Fisco para pleitear restituição do valor excedente, caso não se realize a repercussão econômica. Insta observar que não é a repercussão econômica que é o dado a ser jurisdicizado, mas a sua negativa, vale dizer, a não-repercussão econômica faz parte da hipótese de incidência da regra de reembolso.

19. Esta regra pode ser formulada de dois modos, assegurando: direito de reembolso pleno em caso de ruptura da cadeia, ou, direito de reembolso parcial no caso de realização da operação relativa ao consumidor final em quantia inferior ao valor presumido. Trata-se de decorrência do próprio teor do art. 150, § 7º, da CF, que assegura a "restituição caso não se realize o fato gerador presumido". Essas modalidades de restituição, na legislação paulista, encontram respaldo no art. 66-B da Lei n. 6.374/1989 (acrescentado pelo art. 3º da Lei n. 9.176, de 2.10.1995, *DOE* 3.10.1995), com o seguinte teor:

"*Art. 66-B*. Fica assegurada a restituição do imposto pago antecipadamente em razão da substituição tributária: (*Acrescentado pelo art. 3º da Lei n. 9.176, de 2.10.1995, DOE 3.10.1995*) I – caso não se efetive o fato gerador presumido na sujeição passiva; II – caso se comprove que na operação final com mercadoria ou serviço ficou configurada obrigação tributária de valor inferior à presumida. § 1º. O pedido de restituição, sem prejuízo de outras provas exigidas pelo Fisco, será instruído com cópia da documentação fiscal da operação ou prestação realizada, que comprove o direito à restituição. § 2º. O Poder Executivo disporá sobre os pedidos de restituição que serão processados prioritariamente, quer quanto à sua instrução, quer quanto à sua apreciação, podendo, também, prever outras formas para devolução do valor, desde que adotadas para opção do contribuinte".

Destaque-se que o Estado de São Paulo, baseando-se em decisão anterior do STF (ADI n. 1.851-4-AL), buscou amparo jurisdicional deste órgão, por meio da ADI n. 2.777-SP, com o propósito de invalidar o disposto no art. 66-B, II, da referida lei. Em outras palavras, pretende que só haja direito de restituição em caso de *ruptura* da cadeia de circulação. A questão encontra-se pendente de julgamento naquela Corte (último voto em 7.2.2007, resultando em empate de 5 x 5, pendente de voto-desempate por parte do Ministro Carlos Britto).

ESTUDOS & COMENTÁRIOS

A REGRA-MATRIZ DO IMPOSTO SOBRE SERVIÇO DE COMUNICAÇÃO

JULIO CESAR PEREIRA
Mestrando em Direito Econômico e Financeiro pela Universidade de São Paulo/USP.
Advogado.

Quem não comunica... 1. Prolegômenos – Um punhado de truísmos: 1.1 O "uso" como ponto de partida; 1.2 O "status" rizomático do ato de fala no fenômeno comunicacional. 2. Da comunicação: 2.1 Os componentes do fenômeno comunicacional; 2.2 Necessidade de "compreensão" da mensagem para a ocorrência do fenômeno comunicacional; 2.3 O fluxo de mensagens. 3. Breves anotações a respeito do cerne da hipótese de incidência: a prestação de serviço. 4. A repartição constitucional das competências tributárias como indicadora do alcance de incidência tributária: 4.1 Competência tributária para instituição do Imposto sobre Serviço de Comunicação. 5. Norma jurídica em sentido estrito: 5.1 Critérios da hipótese de incidência tributária do ISSC; 5.2 Critérios do conseqüente da regra-matriz de incidência. 6. Síntese da regra-matriz de incidência do ISSC.

Quem não comunica...

Sim, vivemos o tempo do imediatismo. Há sempre, de plantão, os pregadores do "preto no branco": oponentes naturais dos prolegômenos. A rapidez, vaticinada por Italo Calvino como uma das seis propostas para o corrente milênio, é alardeada por muitos em prol do ritmo, ainda que em desfavor do conhecimento. Ocorre que o adágio cunhado por Abelardo Barbosa, ou, se preferirem, por seu personagem, o Chacrinha, impõe-se a todo instante: o risco iminente da "trumbicação" – fado impostergável de quem não se comunica. Os prolegômenos, ao menos neste ensaio, comunicam as regras do jogo, sem as quais não se pode dar o objeto por conhecido, ao final da leitura. Portanto, a despeito da necrose de alguns narizes torcidos, o presente artigo seguirá seu ritmo próprio, ora com o vagar quase indolente, ora apertando o passo.

A presente advertência serve tanto aos que tem pressa quanto aos que dispõem de tempo. Se a estes já anuncia o estilo e o procedimento, àqueles faz o favor de não lhes estorvar o tempo, ou a falta de tempo. De todo modo, esta é a função maior das advertências: garantir ao leitor a ampla liberdade de escolher ler ou não um texto e, ao mesmo tempo, permitir ao próprio texto a seleção dos leitores que quer para si. Se, por um lado, tal postura representa qualquer óbice na condução das massas, por outro, angaria uma ou outra moça que se permita buzinar.

1. Prolegômenos – Um punhado de truísmos

A comunicação é um fenômeno eminentemente humano. É condição *sine qua non* da ordem social.[1] Sua ocorrência só é possível por meio de linguagem. Cada civilização, em cada época, enxerga a linguagem de acordo com o seu saber, suas crenças, seus princípios, seus métodos. O homem estuda a linguagem há mais de dois milênios. Até o século XVIII, o mundo ocidental possuía uma visão teológica da linguagem, pondo em evidência a problemática acerca de sua origem e regras universais de sua lógica. Dominado pelo cientificismo, o homem do século XIX, por sua vez, debruçou-se sobre a linguagem, procurando descrever-lhe os mecanismos e tipos, o que culminou no aparecimento de uma ciência geral da linguagem – a *Lingüística*. Hoje, a linguagem é um dos campos de estudo mais complexos e diversificados sobre o qual nos debruçamos.

Do trato diário com as questões hermenêuticas, os problemas diversos em torno da linguagem, como o da ambigüidade e da vagueza, é que acometem o operador do direito, na exegese de textos jurídicos. Nos dizeres de Luis Alberto Warat,[2] *fazer ciência é traduzir numa linguagem rigorosa os dados do mundo*. Warat vai além, dizendo que sem *rigor lingüístico* não há ciência, pois, em última instância, ciência e linguagem são exatamente o mesmo.

Sendo a ciência uma linguagem, então o ponto de partida para a dissecação do objeto deste artigo é seu escrutínio lingüístico. Entendendo-se linguagem como um conjunto ordenado de signos que possibilita a comunicação entre dois ou mais sujeitos, perfilamo-nos dentre os que consideram situarem-se na categoria dos termos indissociáveis as idéias de linguagem e comunicação.

1.1 O "uso" como ponto de partida

A partir da segunda filosofia de Ludwig Wittgenstein (1889-1951), temos um importante rompimento na filosofia da linguagem. Os apontamentos que se seguem, caso não sejam capazes de delinear um tênue esboço a respeito da Teoria dos Atos de Fala, serve, ao menos, aos não iniciados como um lampejo para os conduzir a referências bibliográficas básicas. Àqueles que já são estudiosos de Searle e Austin, indicamos a última linha deste item como porta de saída de um punhado de truísmos e, ao mesmo tempo, entrada no assunto propriamente dito: o núcleo da regra-matriz de incidência do imposto sobre serviço de comunicação.

Para compreendermos a Teoria dos Atos de Fala criada por John Langshaw Austin (1911-1960), faz-se necessário compreender, antes de tudo, que foi Wittgenstein quem deu um passo fundamental para a superação da semântica tradicional, embora tenha deixado muitas questões em aberto.[3]

Austin propôs-se responder a uma indagação que pairava da sugestão filosófica de Wittgenstein que entendia ser o "uso" o que determina o sentido das palavras. Os passos dados por Austin, visando a encontrar uma solução que desse resposta àquela pergunta, foram essenciais para o desenrolar da noção que se tem hoje da teoria dos atos fala.[4] O ponto de partida de Austin, no entanto, é o mesmo do autor do *Tractatus*, ou seja, a contraposição ferrenha à teoria tradicional, pela qual miniaturiza-se toda a linguagem, relegando-a a uma posição de

1. Watzlawick, Beavin, Jackson, *Pragmática da Comunicação Humana*, p. 13.

2. Warat, *O Direito e sua Linguagem*, pp. 37-38.

3. Oliveira, *Reviravolta Lingüístico-Pragmática na Filosofia Contemporânea*, p. 149.

4. Sua principal obra: *How to do Things with Words*, primeira teoria dos atos de fala, foi publicada em 1962 e tem um caráter muito mais sistemático do que os escritos de Wittgenstein.

instrumento meramente designativo das coisas. Lembremos que para a teoria tradicional a linguagem é descritiva.

Assim, Austin introduz a noção de "enunciados constatativos", que seria um tipo de enunciado mais amplo do que o meramente designativo. Além desses enunciados, Austin percebeu que existem outros que não constatam ou simplesmente descrevem ações, mas sim que efetivamente *são* a ação. O "sim" dito na cerimônia matrimonial, por exemplo, não descreve o ato de casar, mas, antes, o *constitui*, o "sim" *é* a própria ação de casar. Este é o ponto heurístico da *Teoria dos Atos de Fala*.

A princípio, Austin faz uma distinção que depois ele próprio negará: a classificação dos atos em *constatativos* e *performativos*.[5] Os constatativos seriam aqueles que têm função meramente designativa. Os performativos, por sua vez, correspondem à classe de atos pelos quais descrevemos o que pensamos e simultaneamente realizamos uma ação. Ao proferir a frase "eu aposto que o time do São Paulo ganha a partida", o torcedor não só descreve o que está em sua mente como realiza um ato – o de apostar.

Os atos performativos, para realizarem as ações a que se propõem, necessariamente, devem respeitar uma série de normas convencionais preestabelecidas. Segundo a teoria de Austin, estes atos são o que são exatamente por cumprirem essas normas e, nas palavras de Manfredo Araújo de Oliveira, "não em virtude de intenções próprias do sujeito".[6]

A despeito da dissecação dos atos de fala em *três dimensões* (atos locucionários, ilocucionários e perlocucionários), classificação que não cabe esmiuçar no presente artigo, o mais importante é não perder de vista que, a partir do redemoinho filosófico iniciado por Wittgenstein, Austin enxerga na linguagem o olho do furacão do fenômeno comunicacional e, por meio de incansáveis giros heurísticos, procura demonstrar que a linguagem equivale a qualquer ação humana, que ela é, de fato, uma "forma de vida",[7] nos termos de Wittgenstein. Percebe-se que ambos os filósofos enxergam a linguagem como uma *ação* social. Há um mutualismo entre linguagem e sociabilidade, de modo que a estrutura de um não pode sobreviver independentemente da estrutura do outro. "Sentido", para Austin, não pode ser compreendido isolado do contexto. Nas palavras de Manfredo, para Austin, *investigar a linguagem significa tematizar o contexto de sociabilidade, ou seja, o contexto sociocultural, onde ela se insere*.[8]

1.2 O "status" rizomático do ato de fala no fenômeno comunicacional

John Rogers Searle (1932-), discípulo de Austin, parte da idéia anteriormente enunciada para afirmar que descrever a linguagem nada mais é do que tematizar aspectos de um domínio específico de capacidade dirigida por regras. Searle, assim como os seus predecessores, considera fracassado o modelo da semântica tradicional. Diz que *quando certos modelos de explicação fracassam na aplicação de certos conceitos, são os modelos que devem cair e não os conceitos*.[9]

Quando falamos certa língua, demonstramos o domínio que temos dela e, desse modo, emitimos *caracterizações lingüísticas* que não se relacionam com emissões particulares, mas sim, que possuem um caráter geral. Contudo, assevera Searle, que tais considerações não obstam que, num mesmo grupo dialetal, outras pessoas interiorizem regras diferentes, fazendo com

5. Idem, ibidem, p. 152.
6. Idem, ibidem, p. 154.
7. Ludwig Wittgenstein, *Tractatus Lógico-Philosophicus*, p. 29.
8. Idem, ibidem, p. 165.
9. Cf. John R. Searle, *Os Actos de Fala*, p. 21.

que as nossas *caracterizações lingüísticas* se distingam das delas.[10]

Searle situa os atos de fala no centro do fenômeno comunicacional e é exatamente este ponto da Teoria dos Atos de Fala que justifica a importância desta breve incursão expositiva. Para o filósofo, *os actos (sic) de fala são a unidade básica ou mínima da comunicação lingüística.* Por isso, ele empurra para a periferia do fenômeno da comunicação os suportes dos atos de fala, ou seja, afirma que a unidade da comunicação lingüística não corresponde, como se supusera, ao símbolo, à palavra, ou à frase, ou mesmo *à ocorrência do símbolo, palavra ou sentença na execução do acto (sic) de fala.*[11] Isto porque considerar a ocorrência como uma mensagem equivale a considerá-la como *ocorrida ou emitida*, e, se ocorreu ou foi emitida, isto quer dizer que preexistiu um ato de fala.

Fixemos, então, o pressuposto de que a comunicação implica obrigatoriamente atos de fala. A compreensão, para bem ou mal da ciência, não vem ao caso julgar, mostra-se muitas vezes amiga dos silogismos. É chegada a hora de formularmos o nosso, visando unicamente o prosseguimento da sondagem a que nos propusemos: *atos de fala são o núcleo do fenômeno comunicacional; apenas seres humanos podem realizar atos de fala; logo, a comunicação é um fenômeno exclusivamente humano.*

2. Da comunicação

O termo "comunicação" deriva do latim *comunicatio*, relativo a *communicare* (tornar comum),[12] pressupondo, desde logo, a necessidade de mais de uma pessoa para que se realize o fenômeno, isto é, a necessidade de, no mínimo, um emissor e de um receptor.

A ótica da filosofia parece nos aproximar mais da crueza do conteúdo semântico do vocábulo "comunicação". Dessa forma, faz-se necessário trazer os apontamentos de Nicola Abbagnano que diz nada ter em comum a comunicação com a *coordenação* e com a *unidade*. Exemplifica: "As peças de uma máquina (...) estão estreitamente coordenadas e formam uma unidade, mas não formam uma comunidade. Os homens formam uma comunidade porque se comunicam, isto é, porque podem participar reciprocamente dos seus modos de ser, que assim adquirem novos e imprevisíveis significados".[13]

Diante da amplidão do conceito de "comunicação", Júlio Maria de Oliveira[14] faz uma importante constatação, ao identificar uma peculiaridade que permeia o vocábulo "comunicação", qual seja: onde há comunicação há *relação*. Acrescentaríamos a tal raciocínio um complemento nominal indispensável, o adjetivo "humana". Isto é, onde há comunicação há *relação humana*. Maturama[15] diz que a comunicação é peculiar não por resultar um mecanismo distinto do restante das condutas humanas, mas por sua ocorrência ser passível de dar-se apenas no *domínio do acoplamento social*.

Esta indicação pode parecer singela, mas são só as aparências. Como asseverou Abbagnano, a coordenação que enlaça as peças de uma máquina não se confunde com comunicação, visto que peças não executam sua atividade de acordo com alguma capacidade cognitiva ou vontade de participar, mas sim porque estão programadas para formarem uma unidade. Deste modo, peças não se comunicam com outras, bem como máquinas, por conta própria, também não são capazes de se comu-

10. Idem, ibidem, p. 22.

11. Idem, ibidem, p. 26.

12. De Plácido e Silva, *Vocabulário Jurídico*, p. 190.

13. Nicola Abbagnano, *Dicionário de Filosofia*, p. 161.

14. Júlio Maria de Oliveira, *Internet e Competência Tributária*, p. 80.

15. Maturama, *Árvore do Conhecimento*, p. 217.

nicarem umas com as outras. Quando assistimos a um filme de ficção científica em que robôs ou supercomputadores agem por conta própria, ficamos absolutamente perplexos diante de tal possibilidade, pois nossa intuição nos diz que apenas *seres humanos* podem tomar decisões, isto é, realizar atos de fala. Não aceitamos facilmente o fato de que uma máquina possa atingir raciocínios próprios, ter vontades e, portanto, índole, feitio, pela simples razão de que máquinas constituem programas projetados por um ser humano, isto é, possuem uma capacidade de ação limitada que não é capaz de ir além do que o seu criador permitiu.

2.1 Os componentes do fenômeno comunicacional

Mais que qualquer outra ciência, a Semiótica poderá elucidar, com confiabilidade, o termo "comunicação", já que o fenômeno comunicacional se dá pela apresentação de signos e a Semiótica é a própria teoria geral dos signos. A "Semiologia", termo a partir do qual evoluiu a expressão "Semiótica", pode ser definida, segundo um de seus grandes estudiosos, Eric Buyssens,[16] como o *estudo dos processos de comunicação*, isto é, estudo dos meios pelos quais influenciamos o outro. Nas palavras de Buyssens, qualquer ato de comunicação constitui uma relação social. Ao determinar que a matéria própria da "semiologia" é o ato *sêmico* ou *comunicativo*, Buyssens reconhece nela o *status* de ciência geral dos vários sistemas de comunicação.

Para ele, qualquer manifestação só pode ser considerada comunicacional se contiver o elemento sêmico, ou seja, uma significação intencional, premeditada pelo emissor. O critério básico utilizado pelo autor para que haja o fenômeno comunicacional é, nessa esteira, a intencionalidade, ou, mais especificamente, a *significação intencional*. Qualquer elemento que possua esta característica é, por essência, sêmico. Lúcia Santaella leciona que, de maneira geral, *pode-se dizer que, onde quer que uma informação seja transmitida de um emissor para um receptor, tem-se aí um ato de comunicação.*[17]

A autora parte de um princípio básico: onde há comunicação há informação. No entanto, é importante frisar que o contrário não procede. A simples emissão e recepção de uma informação não configura a ocorrência do fenômeno comunicacional, como se pode, precipitadamente, concluir da rápida leitura do primeiro período transcrito. A transmissão de uma informação é, como diz Santaella, apenas um "ato comunicacional", ou seja, uma *parte* do fenômeno, e não a própria comunicação.

Roman Jakobson, propõe, com maestria, a existência de seis componentes do fenômeno comunicacional, que ele chama de "fatores constitutivos de todo processo lingüístico, de todo ato de comunicação verbal".[18] São eles: *remetente*, *mensagem*, *destinatário*, *contexto*, *código* e *contato*.

Cada um desses componentes possui uma função específica e absolutamente restrita quando da realização do fenômeno comunicacional. É verdade que o remetente (emissor) pode também ocupar a posição de receptor, bem como este a posição daquele, todavia, no momento exato da emissão, o sujeito que emite é somente emissor, da mesma forma que o sujeito que capta é somente receptor. Daí falarmos em função "específica" e "restrita" dos componentes.

Seguindo a linha de pensamento de Jakobson, ao descrever, sistematicamente, o fenômeno comunicacional, temos o seguinte: o *remetente* "R" envia uma *mensagem* "M" ao *destinatário* "D". Para que goze de eficácia, é imprescindível que M contenha um *contexto* "X" referente, pas-

16. Eric Buyssens, *Semiologia e Comunicação Lingüística*, p. 22.

17. Lúcia Santaella, *Cultura das Mídias*, 2ª ed., São Paulo, Experimento, 2000, pp. 31-32.

18. *Lingüística e Comunicação*, São Paulo, Cultrix, p. 123.

sível de apreensão por D, e que seja verbal ou susceptível de verbalização. Também é necessário que M esteja expressa em um *código* (signo) "S", total ou parcialmente comum a R e D, isto é, suscetível de decodificação. E, finalmente, há que haver um *contacto* "C", um canal físico e uma conexão psicológica entre R e D, que os capacite a entrar e permanecer em comunicação.

Cada um desses seis fatores determina uma diferente função da linguagem. A ausência de qualquer um deles implica um rompimento que impossibilita a comunicação. Paulo de Barros Carvalho[19] amplia o espectro de componentes, descrevendo-o do seguinte modo:

a) *emissor*: é a fonte da mensagem, aquele que comporta as informações a serem transmitidas;

b) *canal*: é o suporte físico primário necessário à transmissão da mensagem, sendo o meio pelo qual os sinais são transmitidos (é o ar para o caso da comunicação verbal, mas pode apresentar-se em formas diversas, como faixas de freqüência de rádio, luzes, sistemas mecânicos ou eletrônicos etc.);

c) *mensagem*: é a informação transmitida;

d) *código* ou *repertório*: é o conjunto de signos e regras de combinações próprias a um sistema de sinais, conhecido e utilizado por um grupo de indivíduos ou, em outras palavras, é o quadro das regras de formação (morfologia) e de transformação (sintaxe) de signos;

e) *receptor*: a pessoa que recebe a mensagem, o destinatário da informação;

f) *contexto*: é o meio envolvente e a realidade que circunscrevem o fenômeno observado.

Para o alcance do objeto do presente artigo, salientamos que a figura do *contexto*, explícito no modelo de Jakobson, é ponto de importância fulgurante na análise do fenômeno comunicativo. O fenômeno comunicativo é sempre entendido como a passagem de um sinal que parte de uma fonte, através de um transmissor, ao longo de um canal, até alcançar o destinatário. Esta é a definição de Umberto Eco.[20]

Julia Kristeva, após desenhar o modelo clássico do fenômeno comunicacional: destinador — (mensagem) → destinatário, faz uma importante observação: *cada sujeito falante é simultaneamente o destinador e o destinatário da sua própria mensagem*.[21] Tal apontamento se constrói pela evidência de que cada sujeito é capaz de, ao mesmo tempo, emitir a mensagem e decifrá-la, visto que, em princípio, não se pode emitir o que não se pode decifrar. Assim, diz Kristeva, *a mensagem destinada ao* outro *é, num certo sentido, destinada* em primeiro lugar *ao* mesmo *que fala: donde se conclui que* falar é falar-se (grifos da própria autora). O destinatário, por sua vez, só decifra a mensagem, na medida em que pode dizer aquilo que ouve.

Assim sendo, o desenho básico do fenômeno comunicacional perde a configuração unidirecional e pode ser expresso da seguinte forma:

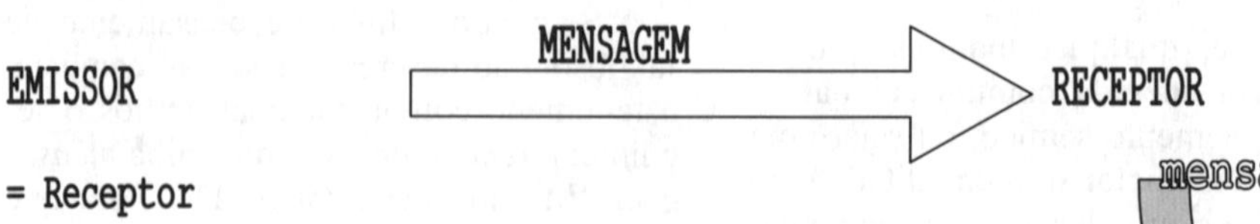

19. A descrição é adotada literalmente, com exceção do componente "conexão psicológica" que reputamos pressuposto, uma vez coexistam os seis elementos expostos por Jakobson. Cf. *Direito Tributário, Linguagem e Método*, São Paulo, Noeses, 2008, pp. 166-167.

20. Eco, *Tratado Geral de Semiótica*, p. 5.

21. Cf. Kristeva, ob. cit., p. 19.

Ressaltemos ainda que, embora entendido o fenômeno comunicativo, em geral, como a transmissão de informação codificada, de uma pessoa para outra, são imprescindíveis o mínimo de compreensão da mensagem enviada (decodificação) e possibilidade de resposta, sob pena de tratar-se de mera transmissão de informação.

2.2 Necessidade de "compreensão" da mensagem para a ocorrência do fenômeno comunicacional

Há autores que entendem que a possibilidade de resposta pelo receptor de uma mensagem não é critério para o estabelecimento da relação comunicacional. Há outros que flexibilizam ainda mais o conceito de comunicação, chegando a afirmar que sequer a compreensão da mensagem é fator necessário para a ocorrência do fenômeno comunicacional.

José Eduardo Soares de Melo[22] diz que *na comunicação torna-se necessária a participação de elementos específicos (emissor, mensagem, canal e receptor), podendo ocorrer (ou não) a compreensão pelo destinatário*. André Mendes Moreira[23] segue nessa mesma esteira, afirmando, categoricamente: *para que haja comunicação não é essencial que o destinatário da mensagem compreenda a mesma (o código pode ser conhecido por apenas uma das partes). Haverá, decerto, um prejuízo para a interação entre emissor e receptor, mas todos os elementos necessários à existência da relação comunicativa estarão presentes*.

Não podemos coadunar com tais idéias. Sem a compreensão do *contexto* ou sem o conhecimento do *código*, o que há é a emissão de sinais ininteligíveis a um receptor que, não compreendendo o alcance de tal emissão, reduz-se, meramente, ao *status* de sujeito alvo de sinais alheatórios, incompreensíveis, sujeito incapaz de responder à provocação do emissor e, portanto, sujeito incapaz de completar o vínculo comunicacional. Destarte, o desconhecimento do *contexto* (conteúdo) ou do *código* implica a inocorrência do fenômeno comunicacional. Observe-se que, para fins de incidência tributária, havendo, em determinada relação, a coexistência dos seis componentes do fenômeno comunicacional, presume-se ocorrida a comunicação.

2.3 O fluxo de mensagens

São duas as linhas de entendimento principal quanto ao fluxo de mensagens caracterizador do fenômeno comunicacional. Para alguns, a comunicação é um fenômeno necessariamente bilateral, sendo, com freqüência, denominado *processo de interação* (esquematicamente: E ↔ R). Para a maioria, entretanto, a comunicação pode ser também um fenômeno unilateral, no qual os personagens da experiência comunicativa permaneceriam em posições estanques, isto é, o emissor sempre na posição de emissor e o receptor atado à posição de receptor (esquematicamente: E → R).

O chamado *processo de interação* seria, em sentido genérico, dois processos unilaterais contrários. Jürgen Habermas,[24] em sua Teoria da Ação Comunicativa, defende que o processo de interação é uma exigência básica para que se estabeleça a comunicação. O sistema constitucional pátrio, ao contrário, parece empregar o vocábulo "comunicação" também como fenômeno unilateral, ao referir-se à radiodifusão e à mídia impressa como veículos de *comunicação* social.

Não obstante, seja a bandeira da unilateralidade a que hasteiam pensadores de primeiríssima linhagem, como Umberto

22. Melo, *ICMS – Teoria e Prática*, p. 115.

23. Mendes, *Tributação sobre Serviço de Comunicação*, p. 64.

24. Jurgen Habermas, *Teoría de la Acción Comunicativa: Complementos y Estudios Previos*, *passim*.

Eco e Niklas Luhmann, não assentimos com a visão de que o fenômeno comunicacional possa ser, a qualquer título, algo "unilateral". Entendemos que a comunicação encerra em si, logicamente, o caráter relacional da bidirecionalidade. O *status* dos sujeitos componentes da experiência comunicativa é, por essência, dinâmico. O sujeito que está engessado numa posição, fadado a apenas receber mensagens, não emite ato de fala. Este sujeito não pode inverter o fluxo, isto é, não pode interagir. Ele se reduz a alvo de emissão de sinais, já que não dispõe da liberdade de também emitir. Logo, nesta situação não ocorre comunicação, mas simples *informação* emitida de um sujeito a outros, ambos em posições estanques. A informação é caracterizada justamente pela imobilidade dos sujeitos.

O sujeito que abre o jornal e lê a notícia do dia está recebendo, por meio de signos gráficos, mensagem enquanto informação. O sujeito que lê não está se comunicando com o jornal ou, sob qualquer prisma, com o autor da notícia. Ele permanece em posição estanque: a de receptor. Desse modo, a relação que há entre leitor e autor é a de informação, não de comunicação. Mesmo que este leitor venha a escrever uma nota para o jornal comentando o artigo, não se pode garantir que a nota seja publicada ou, ao menos, que chegue às mãos do autor – casos em que se constituiria a efetiva comunicação. Não há certeza inabalável de que o leitor possa inverter o fluxo de mensagens, uma vez que pode não ser interesse do jornal publicar o comentário enviado, logo, não se estabelece o fenômeno comunicacional, pois a possibilidade de resposta é condicionada, não há meio infalível de insurreição pelo leitor.

Stanley Smith Stevens (1906-1973), psicólogo americano, uma das principais figuras da Psicologia experimental, mais conhecido na área da Psicofísica,[25] em seus estudos, conclui que comunicação é a *resposta discriminativa de um organismo a um estímulo*, e, mais peremptoriamente, que *mensagem que não tem resposta não é comunicação*.[26] Tais ilações vão ao encontro da teoria de Austin e esboçam, inegavelmente, o próprio esqueleto do *ato perlocucionário*: o efeito causado.

Não nos parece apropriado, contudo, seguir a trilha de alguns autores que foram buscar na biologia, especificamente no modelo de Stevens, o respaldo para a defesa da tese de que a comunicação só existe enquanto relação de *interação*. Alguns, com base neste modelo, concluem que o sistema de radiodifusão e a mídia impressa, adjetivados pela Constituição Federal como "veículos de comunicação social", não configuram *comunicação*, propriamente, uma vez que não possibilitam ao destinatário meio equânime para o envio de uma "resposta" ao emissor. Tais veículos seriam, portanto, de *informação social*.

Conquanto concordemos com tais ponderações, sabemos que a teoria de Stevens não é bordão suficiente para nele apoiarmo-nos. Isso porque o modelo comunicativo do autor é bastante amplo. A "resposta", enquanto premissa do fenômeno comunicacional, não equivale necessariamente ao *processo de interação*, já que este pressupõe estímulos mútuos e não apenas uma resposta qualquer, uma reação.

Vale salientar que a *informação* também causa no receptor um efeito, seja ele qual for, inclusive o da indiferença. Toda sentença informativa executa um *ato per-*

25. *Psicofísica* consiste no ramo da psicologia que estuda a relação entre estímulos físicos e a forma como estes são captados do ponto de vista psíquico.

26. Stevens diz que "communication is the discriminatory response of an organism to a stimulus. (...) this definition says that communication occurs when some environmental disturbance (the stimulus) impinges on an organism and the organism does something about it (makes a discriminatory response). If the stimulus is ignored by the organism, there has been no communication. The test is differential reaction of some sort. The message that gets no response is not a communication".

locucionário, desde que, é evidente, a mensagem traga em si um conteúdo real de "dar a conhecer". Nenhum ser humano escapa incólume à carga informativa de uma sentença.

Em suma, diante de uma informação, o receptor, por mais que não o exprima, sempre sofrerá algum impacto. Obviamente que, pela escala Richter, as agulhas ora oscilarão com sutileza, ora com maior intensidade. No entanto, o íntimo das sensações humanas nunca deixará o sismógrafo registrar a impassível linha reta, figura própria do neutro. A *resposta* a que se refere Stevens, portanto, pode ser compreendida como toda e qualquer reação do organismo a um estímulo externo, e esta reação não será, necessariamente, uma nova mensagem. A interação é mais restrita, constituindo efetivo jogo mútuo de provocações. Desse modo, ficamos aqui com as lições de Stevens, apenas para o caso em que "resposta" corresponda a efetivo reenvio de mensagem, a fim de firmar posição quanto à necessidade de bidirecionalidade para a configuração do fenômeno comunicacional.

3. Breves anotações a respeito do cerne da hipótese de incidência: a prestação de serviço

É do Direito Romano a expressão *locatio-conductio rerum* que designa a "locação de serviços", nomenclatura utilizada pelo Código Civil Brasileiro de 1916. O Direito moderno não mais considera que o trabalho humano seja suscetível de dar-se em locação, de modo que tem buscado dissociar a prestação de serviço das outras espécies de locação – a locação de coisas e a empreitada. Foi o que fez a Lei 10.406/2002 (Código Civil de 2002) quando abandonou a terminologia arcaica "locação de serviço" e passou a denominar a "prestação" de "contrato civil de prestação de serviço".[27]

27. Caio Mário da Silva Pereira, *Instituições de Direito Civil*, vol. III, p. 378.

O vocábulo "prestação" deriva do termo latino *praestatio*, de *pra-estare*, exprimindo geralmente a ação de dar, de fornecer, ou de cumprir alguma coisa. Juridicamente, segundo De Plácido e Silva, por "prestação" entende-se o objeto da obrigação, ou seja aquilo que o devedor está obrigado a cumprir, a fim de que se libere da obrigação assumida.[28]

Já "serviço", derivativo também do latim (*servitium*), exprime, etimologicamente, o estado de quem é servo, de quem se encontra no dever de *servir*. Hodiernamente, o vocábulo refere-se ao próprio trabalho a ser executado, ou que já se executou, é um bem imaterial, resultado do esforço humano.

Caio Mário designa o "contrato civil de prestação de serviços" como sendo aquele *em que uma das partes se obriga para com a outra a fornecer-lhe a prestação de sua atividade, mediante remuneração.*[29] Em outras palavras, é um contrato consensual, oneroso e bilateral, pois gera obrigações para ambos os contratantes – a prestação da atividade é obrigação do prestador, ao passo que a remuneração da mesma atividade é obrigação do tomador do serviço.

A prestação de serviço de comunicação consiste, em curtas linhas, na atividade onerosa em que o prestador de serviço se obriga a disponibilizar os meios ao tomador para que este envie uma mensagem ao destinatário. Nos dizeres de Paulo de Barros Carvalho, prestação de serviço de comunicação consiste *na atividade de colocar à disposição do usuário os meios e modos necessários à transmissão e recepção de mensagens, diferindo, nessa medida, da singela realização do fato comunicacional.*[30]

28. De Plácido e Silva, *Vocabulário Jurídico*, vol. III, p. 439.

29. Idem, ibidem.

30. Cf. "Não-incidência do ICMS na atividade dos provedores de acesso à internet", *RDDT* 73.

Tal lição é de suma relevância para o desenrolar de nosso estudo. Não pode ser confundido, para efeitos de tributação pelo ICMS, o "fenômeno comunicacional" com a "prestação de serviço de comunicação". A mera *comunicação* não gera obrigação tributária. Do contrário, o simples fato de duas pessoas estabelecerem um diálogo seria fato sobre o qual incidiria o ICMS. Não é o fato de o emissor e o destinatário receberem mutuamente mensagens um do outro o que ocasiona o surgimento do vínculo jurídico tributário. O que gera a obrigação tributária de recolhimento do ICMS é a efetiva prestação de serviço de comunicação, tal qual reza o dispositivo constitucional 155, II, ao asseverar que é da competência dos Estados e Distrito Federal instituir imposto *sobre prestações de serviços de transporte interestadual e intermunicipal e de comunicação*. Dissemos "efetiva" prestação de serviço porque, obviamente, se o tomador do serviço não conseguir, por ineficiência dos meios postos à sua disposição, estabelecer o vínculo comunicacional com o destinatário, há um rompimento visceral do fato jurídico tributário, o que impossibilita a ocorrência da incidência tributária.

Em síntese, o prestador do serviço é um terceiro, pessoa física ou jurídica, que possibilita o trânsito da mensagem enviada pelo emissor ao receptor. Possibilita porque, por meio de um contrato oneroso, proporciona, dispõe e mantém em funcionamento os meios físicos primários necessários à concretização do vínculo comunicacional (ex.: terminais, centrais, linhas de transmissão, satélites etc.). Outro ponto importante consiste no fato de que o receptor não integra a relação jurídica existente entre prestador do serviço e tomador (emissor da mensagem). Sua importância se dá apenas no âmbito da relação comunicacional – o que não é pouco – pois sem o estabelecimento deste vínculo, fenece a própria prestação do serviço, uma vez que não se realiza a comunicação.

Em suma: para que haja subsunção do fato à norma de incidência tributária não basta que o prestador de serviço deixe à disposição do tomador os meios necessários ao estabelecimento da relação comunicativa. É imprescindível que o serviço de comunicação seja efetivamente prestado. Em curtas palavras, não basta a prática de *atos preparatórios que possibilitarão a fruição do serviço de comunicação*.[31] Roque Antonio Carrazza leciona neste mesmo sentido, pontuando a necessidade de completude da comunicação, já que *o que se tributa não é a simples contratação do serviço*.[32] Ou seja, o fato gerador do ISSC não é o contrato de prestação de serviço, mas sim a execução do serviço, não sua estipulação. Nas palavras do Mestre, tanto o *conteúdo* da mensagem enviada quanto *a transmissão, em sim mesma considerada*, são irrelevantes para fins de incidência.

O caso da "irrelevância do conteúdo" é um parâmetro importante. A incidência tributária do ISSC sobre a prestação de quaisquer serviços de comunicação reside na aceitação deste parâmetro, já que o sistema do direito positivo não possui meios de monitorar todos os conteúdos de todas as mensagens enviadas por transmissão em cada prestação de serviço. Isto seria, inclusive, uma violação ao art. 5º, X e XII, da Constituição Federal, já que são invioláveis a intimidade e o sigilo de correspondência. Desse modo, o conteúdo é, de fato, irrelevante para a incidência tributária. No entanto, o serviço deverá ser prestado de maneira que chegue ao destinatário uma mensagem cujo conteúdo não padeça de vícios decorrentes do canal disponibilizado, sob pena de não se configurar a incidência.

É sempre oportuno lembrar que *a incidência é uma técnica do direito*, como ensina Lourival Vilanova.[33] Que incidên-

31. Moreira, ob. cit., p. 125.
32. Idem, ibidem.
33. Cf. *Causalidade e Relação no Direito*, p. 131.

cia é um *modo de referir-se aos objetos e situações objetivas, através do pressuposto ou hipótese fáctica da norma.* Na lição de Paulo de Barros Carvalho, *incidir é pôr em movimento a dinâmica de positivação do direito; é aplicar a norma geral e abstrata em evento efetivo da vida social, o que se dá com a atividade do ser humano ao expedir a correspondente norma individual e concreta ou individual e abstrata.*

4. A repartição constitucional das competências tributárias como indicadora do alcance de incidência tributária

Nos dizeres de José Afonso da Silva, *as competências são as diversas modalidades de poder de que se servem os órgãos ou entidades estatais para realizar suas funções.*[34] Tais competências podem ser classificadas da seguinte forma:

a) *Competência material*: que pode ser *exclusiva*, isto é, indelegável (art. 21, CF), *comum*, *cumulativa* ou *paralela* (art. 23);

b) *Competência legislativa*: que também pode ser *exclusiva*, como se pode observar no art. 25, §§ 1º e 2º; *privativa*, isto é, aquela que é passível de delegação a uma entidade ou órgão, no todo ou parcialmente (art. 22); *concorrente* (art. 24) ou *suplementar* (art. 24, § 2º).

O segundo tipo é o que aqui nos interessa.

As pessoas políticas de direito constitucional interno possuem o poder de expedir normas jurídicas, isto é de modificar o ordenamento positivo. Esta capacidade é o que constitui a Competência legislativa. Uma fatia dessa envergadura corresponde à competência tributária que, por sua vez, consiste na específica aptidão do exercício do poder legiferante acerca da matéria tributária, pela expedição de normas tributárias.

Paulo de Barros Carvalho pontua que a Constituição Federal esmiuça o tema das competências legislativas, inclusive o da competência tributária, de modo tão rígido, que não é dado ao legislador infraconstitucional adentrar o campo dos tributos sem, antes, mostrar-se atento ao que estatui a Lei Maior.[35] Evidenciada tamanha preocupação do legislador constituinte quanto à ordem econômica, especialmente no que toca a questão tributária e fiscal, o problema da incidência ou não-incidência de determinada figura tributária, no campo das relações intersubjetivas humanas, deve, portanto, ser investigado à luz dos mandamentos constitucionais existentes.

Já afirmamos com exatidão que nem tudo da realidade física ou social é contemplado pelo arcabouço esquemático da hipótese da proposição normativa. Como afirma Lourival Vilanova, *a multiplicidade intensiva e extensiva do real requer a operação conceptual normativa, forçosamente simplificadora, inevitavelmente abstrata, pelo processo de esquematização ou tipificação do fáctico.* A hipótese é, por excelência, o meio absorvente do fático no interior do universo do Direito. Se houver pressupostos ou hipóteses que os amparem, os fatos da natureza ou da conduta humana "entram" no sistema, na medida em que o sistema o permite. Desse modo, o ordenamento escolhe seletivamente os fatos de conduta juridicizáveis, isto é, passíveis de regulação e transformação. O fato natural insere-se apenas na hipótese. Já o fato de conduta, que será modelado deonticamente, pode figurar na hipótese e *só ele está na tese ou conseqüência* da proposição normativa do Direito.[36]

34. Cf. *Curso de Direito Constitucional Positivo*, pp. 477-480.

35. Cf. *Curso de Direito Tributário.*

36. Lourival Vilanova, ob. cit., p. 197.

4.1 Competência tributária para instituição do Imposto sobre Serviço de Comunicação

A Constituição Federal estatui, em seu art. 155, II, que é da competência dos Estados e do Distrito Federal a instituição de impostos sobre:

> Art. 155. (...).
>
> II – operações relativas à circulação de mercadorias e sobre prestações de serviços de transporte interestadual e intermunicipal e de comunicação, ainda que as operações e as prestações se iniciem no exterior. (*Redação dada pela EC n. 3/1993*)

É mister pontuar que o poder atribuído aos entes federados e ao Distrito Federal não se trata de mera faculdade, mas sim de uma pertença obrigatória, hajam vistas todas as eventuais implicações que o não cumprimento de tal mandamento deflagraria, tanto na ordem econômica do país quanto no próprio sistema do direito positivo, mais especificamente no âmbito da própria existência do ICMS.

A competência tributária, nos dizeres do Prof. Paulo de Barros Carvalho,[37] é intransferível, sendo que quem recebeu poderes para legislar pode exercê-lo, não estando, porém, compelido a fazê-lo, com exceção do ICMS, que deve ser instituído e mantido, obrigatoriamente, pelas pessoas políticas competentes. Daniela Braghetta,[38] baseando-se na classificação Cleber Giardino e Geraldo Ataliba, diz que o ICMS é um tributo neutro, isto é, um tributo com característica predominante de fiscalidade, com finalidades puramente arrecadatórias, sem *eiva de parafiscalidade*.

O ICMS é a principal fonte de receita dos Estados-membros e do Distrito Federal. Cabe, portanto, ao legislador de cada Estado e do Distrito Federal, obrigatoriamente, "completar" as linhas-mestras da regra-matriz do ICMS traçadas na Constituição Federal. Tal complementação, no entanto, deve observar, harmoniosamente, a legislação complementar e as demais normas emitidas pelos Estados-membros e Distrito Federal, de modo a compor um sistema lógico e concordante.

Nessa esteira, é importante frisar que o papel desempenhado pela legislação complementar e pelas resoluções do Senado da República, em matéria de ICMS, é visceral, não podendo ser olvidado pela via ordinária. É o que o Prof. Paulo chama de "comando de uniformização de cima para baixo", isto é, as normas jurídicas em sentido estrito, expedidas pelos Estados-membros e Distrito federal, deverão ter praticamente os mesmos conteúdos semânticos esboçados na Lei Maior e na legislação hierarquicamente superior.

Parte da doutrina considera que a lei complementar, por interpretação sistemática do art. 146 da CF, somente poderá veicular normas gerais, em matéria tributária, apenas no que diz respeito aos conflitos de competência e às limitações ao poder de tributar.

Carrazza leciona que a lei complementar, enquanto veículo introdutor de normas gerais em matéria de legislação tributária, poderá, "*quando muito*", *sistematizar os princípios e normas constitucionais que regulam a tributação, orientando, em seu dia-a-dia, os legisladores ordinários das várias pessoas políticas, enquanto criam tributos, deveres instrumentais tributários, isenções tributárias etc*. O Mestre é enfático na defesa de que, a rigor, não caberá à lei complementar a "definição de tributos e de suas espécies", nem dos respectivos "fatos geradores, bases de cálculo e contribuintes", por uma razão, completa, muito simples: a própria Constituição disciplina, com esmero, tais matérias.

A preocupação do Mestre, bem como da doutrina que segue em seu encalço, consiste, evidentemente, na preservação da

37. Idem, ibidem, p. 220.

38. Daniela Braghetta, *Pressupostos da Tributação à Luz da Teoria Comunicacional do Direito*, p. 162.

unidade constitucional e respeito aos princípios fundamentais extraídos da Carta Maior. Julgam, por esse modo, que a competência do legislador complementar não constitui um "cheque em branco", que a Constituição Federal "não destrói a si mesma", que não enxergar limites no texto do dispositivo supra equivale a coadunar com a descosimento do plexo normativo.

É nítida a preocupação do legislador complementar quanto ao sobredito caráter nacional do ICMS (basta que se observe as Leis vigentes ns. 24/1975, 87/1996 e 102/2000). A preocupação reside no estabelecimento das raias intransponíveis dentro das quais podem os Estados e o Distrito Federal exercer a sua competência legislativa. Eventual discrepância de quaisquer dos entes políticos da Federação quanto à instituição ou arrecadação do peculiar ICMS é capaz de provocar forte abalo senão mesmo ruína da base de sustentação que garante a existência harmônica da Federação.[39]

O art. 155, § 2º, XII, alínea "g", da Constituição Federal, prescreve:

> Art. 155. (...).
>
> § 2º. (...):
>
> XII – Cabe à lei complementar: (...);
>
> g) regular a forma como, mediante deliberação dos Estados e do Distrito Federal, isenções, incentivos e benefícios fiscais serão concedidos e revogados.

O Prof. Roque A. Carrazza,[40] atento ao texto do dispositivo acima, assevera que os Estados e o Distrito Federal só poderão deixar de instituir o ICMS e de arrecadá-lo, quando os governadores celebrarem "deliberações", os chamados *convênios*, devidamente ratificados, por meio de decretos legislativos, pela Câmara e Assembléias Legislativas. Havendo concessão unilateral de isenções ou incentivos fiscais de ICMS, por alguma ou algumas pessoas políticas, o Poder Judiciário poderá perfeitamente declarar a inconstitucionalidade da norma concessória que esbarra no regramento constitucional.

39. Oliveira, ob. cit., p. 70.
40. Idem, *ICMS*, p. 455.

5. *Norma jurídica em sentido estrito*

Norma jurídica é toda significação construída a partir de textos positivados, isto é, norma jurídica é a mensagem sensorial obtida de um suporte físico (leis, decretos, constituição, etc.). Nas palavras de Paulo de Barros Carvalho, norma jurídica é exatamente *o juízo (ou pensamento) que a leitura do texto provoca em nosso espírito.*[41]

A regra-matriz de incidência é uma regra geral e abstrata condicional, sendo, antes, regra de comportamento, isto é, projeta-se no campo das condutas intersubjetivas, visando regulá-las. A regra-matriz visa, precipuamente, regular a conduta do sujeito devedor de certa prestação fiscal, diante do sujeito titular do direito subjetivo do referido crédito. A função do descritor (hipótese) é a de prever fatos de conteúdo econômico e, desse modo, juridicizar os eventos correlatos do mundo concreto. O descritor é sempre posto em formulação hipotética. O descritor é, na metafórica lição de Lourival Vilanova, a *porta aberta*[42] pela qual ingressam *fatos simples* que se converterão instantaneamente em fatos jurídicos.

Bastante oportuna é a lembrança do jusfilósofo pernambucano de que a hipótese de uma proposição jurídica qualquer parece, à primeira vista, por sua referência a uma possível situação objetiva, e por sua própria "descritividade", suscetível de "valor-de-verdade". Disso decorre que seria "verdadeiro" o descritor quando a situação do mundo real o confirmasse e "falso" quando a situação o infirmasse. O que re-

41. Idem, ibidem, p. 8.
42. Idem, *As Estruturas Lógicas e o Sistema do Direito Positivo*, pp. 83-85.

sultaria na compreensão da existência de uma norma jurídica de composição híbrida: uma parte, o *descritor*, sendo "p-declarativa"; e outra, o *prescritor*, sendo "p-prescritiva". Ter-se-ia, se assim o fosse, uma proposição composta de duas proposições: uma declarativa (descritiva, indicativa, teorética), e outra prescritiva (mandamental).

Entretanto, salienta com vigor o Mestre Vilanova que no plano do real, quando se verifica a situação descrita na hipótese, a norma "p-declarativa" não adquire feição ou valor de verdadeira. Nem se torna falsa caso inexistam fatos da realidade que venham a confirmar a hipótese. Arremata que no *descritor da norma jurídica inexiste juízo-de-realidade subordinado ao critério de verificabilidade empírica para ser subsistente*. Isto porque a proposição normativa em seu todo, constituída de hipótese (descritor) e de conseqüente (prescritor), é válida, *antes de situação objetiva, fato natural ou fato humano de conduta, confirmar o que ela delineou*. Isto é, *a não correspondência da modalidade existencial – a contingência – não compromete o modal deôntico do prescritor que permanece, no âmbito de suas condições de aplicação, obrigando, proibindo ou permitindo*.

A impossibilidade de imputar-se à norma posta o caráter de verdadeiro ou de falso decorre da lógica própria do direito positivo, traço que particulariza toda a sua estrutura lingüística, como já assentado. A linguagem do direito posto tem cunho *prescritivo* e forma *técnica*, e sua lógica corresponde à lógica deôntica, isto é, a lógica do dever-ser (das normas). Por isso, do direito posto diz-se válido ou inválido, aplicável ou inaplicável, eficaz ou ineficaz, vigente ou não-vigente, e nunca verdadeiro ou falso.

Tais ponderações são importantes para acordarmos que a regra-matriz de incidência, sendo norma jurídica em sentido estrito, não se submete a julgamentos veritativos. A regra-matriz de incidência é norma de conduta, portanto, visa regular diretamente as relações intersubjetivas, para organizá-las deonticamente. Ou, segundo a analogia proposta por Geraldo Ataliba,[43] a hipótese de incidência é para o Direito Tributário o que a figura típica penal é para o Direito Penal: a figura legal do crime é mera descrição legal, simples conceito legal hipotético. Só há crime *in concreto*, se e quando o sujeito pratica o ato descrito hipoteticamente no suposto normativo. No Direito Tributário é mesmo: só há tributo se e quando o sujeito pratica ato descrito no suposto da norma tributária, já que a hipótese de incidência é a *descrição genérica e abstrata de um fato*, é *mero desenho contido no ato legislativo*.

Nesse compasso, a regra-matriz de incidência do Imposto sobre Serviço de Comunicação visa regular a conduta do sujeito prestador do serviço de comunicação (que disponibiliza os meios pelos quais é possível a troca de mensagens entre emissor e receptor), assegurando ao sujeito pretensor (Estados-membros e Distrito Federal) o direito subjetivo ao crédito constituído no momento da descrição lingüística do evento. A subsunção ocorrerá quando o fato jurídico tributário, qual seja a prestação de serviço de comunicação, guardar completa identidade com o desenho contido no suposto normativo, isto é com a hipótese de incidência.

Em suma, a hipótese tributária, enquanto norma jurídica em sentido estrito, descreve o fato cuja ocorrência é esperada no mundo objetivo, ao passo que o conseqüente nos oferece critérios para a identificação do vínculo jurídico, fazendo irromper, a um só tempo, direitos subjetivos e deveres jurídicos correlatos.[44] Resumindo ainda mais: a hipótese descreve o fato, enquanto o conseqüente imputa a obrigação tributária (relação jurídica).

43. Geraldo Ataliba, *Hipótese de Incidência Tributária*, p. 59.

44. Paulo de Barros Carvalho, *Curso*, p. 281.

O esquema de proporções aritméticas[45] proposto pelo Prof. Paulo de Barros ilustra, rigorosamente, como opera o plano de relações das figuras até aqui apontadas:

$$\frac{Ht}{Fjt} = \frac{Ct}{Rjt}$$

Leitura: a hipótese de incidência tributária (descritor) está para o fato jurídico tributário assim como o conseqüente (prescritor) está para a relação jurídica tributária. São as palavras do Mestre: *Os antecedentes da proporção figuram no mesmo plano — o plano normativo geral e abstrato; por outro lado, os conseqüentes da proporção aritmética — fato jurídico e relação jurídica tributária também se acham no mesmo plano — o plano que fala do mundo material dos objetos físicos e dos seres humanos.*

5.1 Critérios da hipótese de incidência tributária do ISSC

Estudado o modo como se situam a hipótese e o conseqüente normativo perante o fato jurídico tributário e a relação jurídica tributária, dada a composição da regra-matriz de incidência, cabe-nos, agora verificar de que maneira se dá a arrumação lógico-semântica da hipótese de incidência do Imposto sobre Serviço de Comunicação, especificamente.

A hipótese de incidência de qualquer tributo, em configuração estática, é composta por três critérios que nos habilitam reconhecer um dado fato lícito não decorrente de acordo de vontades. Tais critérios são: critério material (Cm), critério espacial (Ce) e critério temporal (Ct). Esquematicamente, temos:

$$\mathbf{H_t \equiv C_{m\,(v\,.\,c)} \,.\, C_e \,.\, C_t}$$

H_t – *hipótese tributária*: suposto ou descritor;

C_m – *critério material*: corresponde à descrição objetiva do fato (verbo + complemento);

C_e – *critério espacial*: corresponde às condições de lugar onde, ocorrido o fato, dá-se a incidência;

C_t – *critério temporal*: corresponde às circunstâncias de tempo que nos permitirão conhecer em que momento se considera ocorrido o fato;

" . " : conectivo lógico conjuntor.

Esmiucemos melhor cada um desses critérios, tendo em vista a análise específica do Imposto sobre Serviço de Comunicação.

5.1.1 *Critério material*

O critério material é o núcleo da hipótese de qualquer tributo, sem o qual não se consegue precisar a incidência, restando comprometida, portanto, a estrutura da norma jurídica. É formado, necessariamente, por um verbo e um complemento que designam comportamentos humanos, *sejam aqueles que encerram um fazer, um dar ou, simplesmente, um ser (estado).*[46]

O critério material do ISSC está delineado na Lei 5.172/1966 (Código Tributário Nacional), em seu art. 68, inciso II, que estatui:

> Art. 68. O imposto, de competência da União, sobre serviços de transportes e comunicações tem como fato gerador:
>
> (...);
>
> II – a prestação do serviço de comunicações, assim se entendendo a transmissão e o recebimento, por qualquer processo, de mensagens escritas, faladas ou visuais, salvo quando os pontos de transmissão e de recebimento se situem no território de um mesmo Município e a

45. Idem, ibidem, pp. 247-248.

46. Idem, *Teoria da Norma Tributária*, p. 125.

mensagem em curso não possa ser captada fora desse território.

Não obstante o *caput* do dispositivo refira-se à expressão equívoca "fato gerador", o que ele estabelece, pelo texto do inciso II, é o critério material da hipótese do ISSC, qual seja a "prestação de serviço de comunicação".

O texto do art. 2º, III, da Lei Complementar 87/1996 (Lei Kandir) especifica ainda mais o critério material do referido imposto, ao dispor:

> Art. 2º. O imposto incide sobre:
>
> (...);
>
> III – prestações onerosas de serviços de comunicação, por qualquer meio, inclusive a geração, a emissão, a recepção, a transmissão, a retransmissão, a repetição e a ampliação de comunicação de qualquer natureza;

Extrai-se, portanto, dos dispositivos em tela que o critério material do Imposto sobre Serviço de Comunicação é: prestar (verbo) serviço de comunicação (complemento), devendo estar presente na atividade a onerosidade, o caráter negocial entre prestador e tomador. A onerosidade é, no caso, imprescindível, já que o ISSC tem fulcro em fatos econômicos, como qualquer imposto, ou, nas palavras de Roque Antonio Carrazza, o ICMS surge de *fatos apreciáveis em pecúnia*.[47]

Há se notar que a comunicação, em si, só tem relevância jurídica, para fins de incidência de ISSC, nos casos em que se dê por efetivação de um contrato remunerado de prestação de serviço entre tomador e prestador, de modo que este disponibilize meios àquele para que possa estabelecer comunicação com uma terceira pessoa. A comunicação por si só não é passível de sofrer a incidência tributária.

Como já aventado, a efetiva comunicação é o que provoca a incidência do tributo, já que o que se tributa não é simples contratação, mas sim a efetiva execução de serviço. O critério material do ISSC corresponde, portanto, à atividade de prestar (verbo), em caráter negocial, serviço de comunicação (complemento).

5.1.2 *Critério espacial*

A hipótese de incidência é composta, explícita ou implicitamente, pelo critério espacial. Este critério consiste na expressão designativa do lugar onde, ocorrida a conduta descrita no critério material, dá-se a incidência tributária. É bem verdade que não é sempre que as proposições normativas trazem explicitamente o critério espacial, entretanto isto não compromete a estrutura da norma jurídica, uma vez que é possível inferi-lo por meio de indícios constantes do regramento.

O ICMS é dos impostos cujo labor legislativo não é, em geral, esmerado quanto à formulação do critério espacial. Será, portanto, o caso em que o intérprete deverá colher nos indícios os fatores condicionantes de espaço. Esta tarefa, todavia, não é tão dispendiosa quanto parece, já que o critério espacial do ICMS e, por conseguinte, do ISSC coincidirá com o âmbito de validade territorial da lei, isto é, todo o espaço geográfico dos Estados-membros e do Distrito Federal. *Seja qual for o lugar em que o fato ocorra*, segundo leciona Paulo de Barros Carvalho, *dentro da latitude eficacial da norma, dão-se por propagados seus legítimos efeitos, não havendo falar-se de pontos particularmente determinados, ou de sub-regiões zelosamente delineadas*.[48]

O critério espacial do ISSC, portanto, circunscreve o próprio limite de competência das pessoas políticas designadas pela Constituição para instituição do referido imposto. Desse modo, a prestação de serviço de comunicação, efetuada em qualquer ponto do território que a lei do ente

47. Idem, ibidem, p. 154.

48. Idem, *Curso*, pp. 257-258.

político competente alcance, sofrerá infalível incidência tributária tão-logo o evento seja articulado lingüisticamente, gerando o direito subjetivo do ente político contra o dever jurídico do prestador de serviço.

Roque A. Carrazza levanta um interessante posicionamento acerca da delimitação do critério espacial do Imposto sobre Serviço de Comunicação, em seu excelente "ICMS" – tópico *4.5 – A intributabilidade por meio de ICMS da prestação dos serviços de comunicação estritamente locais*.[49] O Prof. Carrazza defende a tese de que, ocorrido o fenômeno comunicacional por meio de contrato oneroso, dentro dos lindes de um único Município, deve incidir sobre tal fato jurídico o ISSQN municipal, e não o ISSC estadual.

Apesar de admitir que sua interpretação não deflui da expressa redação do art. 155, II, da CF/1988, o Mestre busca amparo no brocado segundo o qual sempre que uma norma constitucional tiver pluralidade de sentido deverá ser interpretada e aplicada em consonância estrita com o princípio que lhe for mais próximo, e acode para a observância do *princípio da autonomia municipal*. Conclui, por fim, ser perfeitamente sustentável a idéia de que prestação de serviço de comunicação, efetuada em âmbito estritamente municipal, esteja sob o campo de incidência do ISSQN.

Pedimos vênia para discordar de tal posição. Primeiro porque não vislumbramos na letra do dispositivo constitucional citado qualquer "pluralidade de sentido". O art. 155, II, da CF, ao determinar a competência dos Estados e Distrito Federal para instituição de ICMS, é de uma clareza insofismável. Além disso, a Lei Complementar 116/2003 ao fixar uma lista de serviços sobre os quais, restritivamente, incide o Imposto sobre Serviços de Qualquer Natureza, de competência dos Municípios e Distrito Federal, não elencou o serviço de comunicação, e nem poderia fazê-lo, já que isto feriria a sistemática do direito positivo vigente, consubstanciada na impossibilidade de sobreposição de norma de Lei Complementar ao mandamento constitucional.

Por fim, o espaço geográfico do Estado-membro da Federação engloba o espaço geográfico do Município e, se é competência do Estado a instituição de imposto com a materialidade "prestar serviço de comunicação", isto significa que não importa a dimensão geográfica do fato jurídico tributário, ou seja, não importa, para fins de incidência, que o alcance do fato não tenha extravasado os limites físicos de um município. O que se deve observar, para fins de instituição e arrecadação do imposto, é que o fato jurídico tributário se realizou dentro do âmbito de validade territorial da lei de algum dos Estados-membros ou do Distrito Federal.

5.1.3 *Critério temporal*

Ocorre o evento descrito no antecedente de alguma norma do sistema. Tal evento é relatado em linguagem competente. Surge um enunciado protocolar denotativo da situação inicial, isto é, o fato jurídico tributário. Concomitantemente ao nascimento do fato jurídico, entra em cena a incidência que é, em curtas linhas, o próprio relato jurídico, oficializado, de determinado acontecimento do mundo concreto.

Incidência é a projeção da linguagem do direito positivo sobre o campo material das condutas intersubjetivas. Para que haja incidência de um tributo sobre a realização de um evento qualquer, faz-se imprescindível a descrição deste evento em linguagem jurídica competente. Sem a descrição não há a percussão da norma tributária, de modo que a realidade social não passa a integrar a realidade jurídica. Não se pode afirmar, portanto, que a incidência tributária seja "automática e infalível", pois a

49. Cf. *ICMS*, pp. 173-174.

ocorrência do evento, uma vez despido de linguagem competente, constitui, no máximo, um fato social.

Nas palavras de Paulo de Barros Carvalho, para que se configure o enunciado factual, é ingente a necessidade dos indicadores de espaço e de tempo.[50] O Mestre faz a importante diferenciação entre *tempo e lugar* ***do*** *fato* e *tempo e lugar* ***no*** *fato*. O lugar *do fato* é a localidade em que se expediu o enunciado jurídico-prescritivo. O lugar *no fato* corresponde ao intervalo territorial em que se dá evento. Em inúmeros casos o lugar *do fato* coincidirá com o lugar *no fato*.

Cabe-nos, neste tópico, aludir, precipuamente, à distinção entre *tempo no fato* e *tempo do fato*. O tempo *do fato* é o instante em que o enunciado denotativo ingressa no ordenamento, seja por acórdão, sentença, ato administrativo, ou qualquer outro veículo de introdução de normas individuais e concretas. O tempo *no fato*, por sua vez, é a ocasião a que alude o enunciado factual, é a referência ao momento da ocorrência concreta do evento.

Assim, ao dizer-se, por exemplo, que, em 11 de agosto de 2005, alguém realizou a atividade de prestação de serviço de comunicação em Araraquara, Estado de São Paulo, tal evento, quando descrito em linguagem, constitui um fato sobre o qual incide ISSC, quer dizer, a data de 11 de agosto constitui o *tempo no fato*. A data do lançamento será, a seu turno, o *tempo do fato*.

O *tempo no fato*, destarte, é determinante para que se conheça o momento da incidência, prescrita no suposto da norma tributária em sentido estrito. O critério temporal diz respeito às circunstâncias de tempo que nos permitirão saber em que momento se considera ocorrido o fato tributável. O critério temporal deve respeitar a vigência da lei, não podendo retroagir, salvo disposição expressa em lei. Para fins de tributação por ISSC, o critério temporal consiste no momento da prestação do serviço de comunicação, isto é, o próprio momento de ocorrência do fato jurídico tributário.

5.2 Critérios do conseqüente da regra-matriz de incidência

O conseqüente da regra-matriz de incidência caracteriza-se por *prescrever* uma estrutura relacional, correspondente à extinção ou surgimento de uma norma jurídica. Segundo este *prescritor*, ocorrendo o fato jurídico tributário (F_{jt}) descrito no suposto normativo, temos que desponta para o ordenamento jurídico e para a realidade social, ou decai, uma nova norma jurídica.

Como dissemos linhas acima, no encalço da Teoria da Norma Tributária de Paulo de Barros Carvalho, a conseqüência consiste em um conjunto de critérios que nos permitem reconhecer uma relação jurídica que se instaura entre Estado (sujeito ativo) e certa pessoa jurídica ou física (sujeito passivo). Verifica-se que, enquanto o antecedente da norma está diretamente ligado ao reconhecimento de um fato, a pauta do conseqüente é a relação jurídica.

Alfredo Augusto Becker[51] diz que relação jurídica é justamente a conseqüência, isto é, o efeito jurídico da incidência da regra jurídica *sobre a respectiva hipótese de incidência realizada*. Em seu melhor estilo, afirma que a relação jurídica é *anormal*[52] (grifo do próprio autor), já que não é encontrada *in natura* no mundo, mas sim constitui uma *conseqüência* da atuação da regra jurídica, que é um instrumento construído pelo Estado (Ser Social) e do qual ele se utiliza para agir.

O conseqüente normativo *desenha a previsão de uma relação jurídica*[53] que,

50. Cf. *Fundamentos Jurídicos da Incidência*, pp. 122-123.

51. Cf. *Teoria Geral do Direito Tributário*, p. 261.

52. Idem, ibidem, p. 338.

53. Paulo de Barros Carvalho, *Curso*, p. 281.

ocorrido o fato, se instala automática e infalivelmente. Os critérios que permitem o reconhecimento desta relação jurídica são dois: critério pessoal e critério quantitativo, segundo temos, em planta:

$$Cs_t \equiv C_p(S_a \, . \, S_p) \, . \, C_{q(Bc \, . \, Al)}$$

Cs_t – *conseqüência tributária* = prescritor normativo;

C_p – *critério pessoal* = encerra os sujeitos da relação jurídica tributária (Sujeito ativo e Sujeito passivo);

C_q – *critério quantitativo* = fórmula de determinação do *quantum* (base de cálculo X alíquota);

" . " : conectivo lógico conjuntor.

Em relação ao Imposto sobre Serviço de Comunicação, especificamente, temos o seguinte:

5.2.1 *Critério pessoal*

O critério pessoal permite-nos identificar os sujeitos da relação jurídica que se instaura, tão-logo haja o fato jurídico tributário, descrito no suposto normativo. O critério pessoal do ICMS, pela análise da legislação pertinente, é bastante uniforme, seja qual for a regra-matriz, não requerendo maiores elucubrações.

5.2.1.1 Sujeito ativo

O sujeito ativo, detentor do direito subjetivo à prestação pecuniária, é, sempre, o titular da competência para a instituição do tributo, ou seja, a pessoa política de direito constitucional interno. Os titulares de competência para a instituição do ISSC são os Estados-membros e o Distrito Federal. Parte da doutrina segue o entendimento preconizado por Paulo de Barros Carvalho, segundo o qual pode figurar como sujeito ativo da relação tributária, além das pessoas jurídicas de direito público, as pessoas jurídicas de direito privado e mesmo pessoa física.

Para Alfredo Augusto Becker, o sujeito ativo da relação jurídica tributária jamais poderá ser a pessoa física, nem a pessoa jurídica não-estatal. Segundo ele, mesmo que seja válida a regra jurídica que colocou na posição de sujeito ativo determinada pessoa física ou pessoa jurídica não-estatal, ainda assim, *aquele indivíduo humano (ou aquela pessoa jurídica não-estatal) não é sujeito ativo de uma relação jurídica de natureza tributária.*[54] Becker defende que quando uma regra impõe à determinada pessoa física ou jurídica não-estatal a posição de sujeito ativo, este é obrigado a entregar ao Estado parcela do que foi arrecadado, ou mesmo todo o valor da prestação. Neste caso, diz, o que há é uma efetiva *substituição legal tributária,* circunstância em que a prestação jurídica que satisfaz o direito do substituto não é de natureza tributária, mas sim de natureza *privada.*[55] Mesmo no caso em que a pessoa física ou jurídica não-estatal nada entrega ao Estado, usando a receita em proveito próprio, segundo os limites impostos pelo regramento constitucional, mesmo este exemplo é caso de substituição legal tributária, pois *a ausência de relação jurídica entre substituto e Estado não é ausência* essencial, já que a substituição é resultado de regra jurídica, instituída para solucionar certo conflito de interesses.

Os fundamentos, nem um pouco "óbvios", com os quais o Mestre sedimenta o seu pensamento estão todos incrustados em sua convicção acerca do conceito de *Poder*. O *Poder Tributário*, conforme leciona, não é um poder *sui generis*, uma alegoria idiossincrática. O *Poder Tributário*, para Becker, equivale substancialmente ao ***poder estatal***.[56] Dizer simplesmente que sujeito ativo é aquele que possui o *jus imperium*, para Becker é mais um dos "tra-

54. Idem, ibidem, pp. 275-278.
55. Idem, ibidem, p. 563.
56. Idem, ibidem, p. 267.

dicionais fundamentos óbvios" – em curtas palavras: nada explica.

Paulo de Barros Carvalho, por sua vez, entende que o titular do direito subjetivo de exigir prestação pecuniária do sujeito passivo, no direito positivo brasileiro, tanto pode ser uma pessoa jurídica de natureza pública, quanto de natureza privada, ou mesmo pessoa física, conforme pontuamos. Entre as pessoas de direito privado, destacam as paraestatais que, não obstante tenham personalidade jurídica privada, *exercitam funções de grande interesse para o desenvolvimento das finalidades públicas*.[57] Quanto à possibilidade jurídica de uma pessoa física figurar no pólo ativo da relação jurídico-tributária, argumenta o Mestre que tal possibilidade reside na hipótese de que, em dado momento, este indivíduo humano venha a desempenhar *atividade exclusiva e de real interesse público*. Defende o Professor que o sujeito ativo da relação tributária é, em sentido lato, o Estado, todavia, nada impede que o legislador, titular da competência impositiva, atribua à outra pessoa, pública ou privada, a capacidade tributária ativa.[58]

Vê-se que os caminhos percorridos pelos dois grandes juristas são paralelos e alcançam, cada qual, um rumo. Não cabe a nós, neste ensaio, optar por um ou por outro, já que o caso da tributação do serviço de comunicação não apresenta enigmas de grande monta quanto à determinação do sujeito ativo. Fiquemos aqui com as pinceladas magistrais de cada quadro e sigamos.

5.2.1.2 Sujeito passivo

O sujeito passivo é o que se chama, convencionalmente, de contribuinte, é o devedor da obrigação tributária. É a pessoa que está *na contingência legal de ter o comportamento objeto da obrigação*, em favor do sujeito ativo. É o sujeito que sofrerá, necessariamente, uma diminuição patrimonial, uma vez havida a arrecadação do tributo.[59] O sujeito passivo do ISSC é o prestador do serviço de comunicação, ou o responsável estabelecido em lei.

Nos termos do art. 4º da Lei Complementar n. 87, de 13 de setembro de 1996, o sujeito passivo do ICMS é *qualquer pessoa, física ou jurídica, que realize, com habitualidade, ou em volume que caracterize intuito comercial, operações de circulação de mercadoria ou prestações de serviços de transporte interestadual e intermunicipal e de comunicação, ainda que as operações e as prestações se iniciem no exterior*. No mesmo sentido é o disposto no art. 9º do RICMS de 2000.

Haurimos do texto de direito positivo que o legislador aponta como imprescindíveis, para que o sujeito possa ser considerado contribuinte do imposto, três elementos: a) ser pessoa física ou jurídica; b) realizar a operação com habitualidade; e c) possuir intuito comercial.

Notamos que o conectivo "ou", no trecho "com habitualidade, ou em volume que caracterize intuito comercial", é utilizada pelo legislador com certa imperícia, uma vez que, por ser uma conjunção coordenativa alternativa, indica, via de regra, que, cumprindo-se um fato, o outro não se cumpre. Isto é, o legislador acabou por estabelecer alternativas para a configuração do sujeito passivo: *ou* ele realiza a atividade com habitualidade *ou* em volume que caracterize intuito comercial. Não há sequer se falar no *ou-includente* da lógica simbólica a qual alude Lourival Vilanova.[60] No campo das proposições normativas o uso do *ou-includente* relacionar-se-ia à possibilidade de conjuntividade, isto é, a validade conjunta dos enunciados, podendo, inclusive, ser válida uma só das orações coordenadas. Sendo possível o emprego desta lógica, resvalaríamos no equí-

57. Cf. *Curso*, p. 297.
58. Idem, *Teoria da Norma Tributária*, p. 163.
59. Geraldo Ataliba, *Hipótese de Incidência*, p. 86.
60. Cf. *Estruturas*, pp. 115-116.

voco de dizer que, havendo apenas a habitualidade, dar-se-ia a incidência. Isto seria um absurdo! Na realidade, a habitualidade é fator prescindível para que se dê a incidência tributária do ICMS ou ISSC. Habitualidade constitui a prática de determinada atividade com uma freqüência tal que enseje o reconhecimento de que referida prática é recorrente, repete-se em intervalos regulares. O ICMS, não obstante, incide sobre *quaisquer* operações relativas à circulação de mercadoria e sobre prestações de serviços de transporte interestadual e intermunicipal e de comunicação, sejam tais operações (ou prestações) habituais, esporádicas ou contingentes. Por outro lado, o emprego do *ou-includente*, permitindo a validade conjunta das orações, em nosso sentir, seria despiciendo pelas razões já aludidas: a habitualidade é prescindível.

Fator indispensável, este sim, para a caracterização do imposto e, conseqüentemente, de seu sujeito passivo é a necessidade do caráter oneroso da atividade. Para que haja a incidência do ISSC o serviço de comunicação deve ser prestado em regime de caráter negocial, como já discutido neste trabalho.

5.2.2 *Critério quantitativo*

Quando o legislador fixa a endonorma tributária,[61] dois caminhos podem ser seguidos: a) o próprio legislador impõe o *quantum*, precisando o conteúdo do dever jurídico a ser cumprido pelo sujeito passivo; b) o legislador estabelece uma grandeza ínsita ao fato jurídico tributário que, conjugada a outro fator numérico, visa dimensionar a materialidade do fato, alcançando o *quantum*.[62]

A mensuração do Imposto sobre Serviço de Comunicação é dada pelo segundo caminho. Nas palavras de Paulo de Barros Carvalho é o meio *mais eficaz para a distribuição igualitária e uniforme dos gravames fiscais*, uma vez que é enriquecido por tratamento normativo mais amplo, a partir de dados mais técnicos e precisos. Os componentes do critério quantitativo são: base de cálculo e alíquota.

5.2.2.1 Base de cálculo

A base de cálculo, sinteticamente, é a perspectiva dimensível do aspecto material da hipótese de incidência. Ela fornece o critério para a determinação, em cada obrigação tributária concreta, do *quantum* tributário.[63] A finalidade da base de cálculo e sua importância reside na redução do critério material da hipótese de incidência a uma expressão numérica. Alfredo Augusto Becker aponta a base de cálculo como o núcleo da hipótese de incidência. Para Paulo de Barros Carvalho,[64] a base de cálculo é a grandeza, instituída na conseqüência das endonormas tributárias, que tem por função dimensionar (mensurar) a intensidade do comportamento inserto no núcleo do fato jurídico, determinando, conjugada à alíquota, o montante estipulado como prestação pecuniária.

Todo e qualquer fato jurídico tributário disposto no critério material de um suposto normativo é passível de mensuração. O art. 13, inciso III, da Lei Complementar n. 87/1996 (*Lei Kandir*), estabelece que a base de cálculo do ISSC é o *preço do serviço*. De Plácido e Silva[65] define *preço*, do latim *pretium*, como sendo o valor ou avaliação pecuniária atribuída a uma coisa. No caso do Imposto sobre Serviço de Comunicação a base de cálculo é a quantia a ser paga pelo tomador do serviço ao prestador. O art. 69 do Código Tributário Nacional, não obstante refira-se ao extinto Imposto Federal sobre Serviços de Comunicação,

61. Endonorma: expressa um dever jurídico que o Estado pretende ver cumprido, no tempo e forma estipulados (equivale à norma secundária de Kelsen).

62. Paulo de Barros Carvalho, *Teoria da Norma Tributária*, pp. 171-173.

63. Geraldo Ataliba, *Hipótese de Incidência*.

64. Idem, ibidem, p. 334.

65. Cf. *Vocabulário Jurídico*, vol. III, p. 418.

vem reproduzido em todas as legislações estaduais, com a redação: "A base de cálculo do imposto é o preço do serviço", aplicando-se integralmente ao ISSC.

A simples estipulação desta grandeza mensuradora não é suficiente para dimensionar-se a intensidade do comportamento inserto no núcleo do fato jurídico. É mister a utilização de outro fator que se lhe aplique para a determinação do valor pecuniário objeto da obrigação jurídico-tributária: a alíquota.

5.2.2.2 Alíquota

Alíquota é um caractere auxiliar para a fixação do *quantum debeatur*. É o fator que, aplicado à base de cálculo, permite a obtenção da quantia que poderá ser exigida pelo sujeito ativo da relação jurídico-tributária. Sua existência é intrínseca à base de cálculo, e apresenta-se, de modo geral, sob forma percentual, embora possa aparecer também sob a forma de fração ou mesmo em dinheiro.[66]

A alíquota do Imposto sobre Serviço de Comunicação é um percentual do preço do serviço. Este percentual é determinado pelos Estados e Distrito Federal, atendidas as limitações estabelecidas nos incisos IV, VI e VII, do art. 155, da Constituição da República. É a redação dos referidos dispositivos:

> Art. 155. (...);
>
> IV – resolução do Senado Federal, de iniciativa do Presidente da República ou de um terço dos Senadores, aprovada pela maioria absoluta de seus membros, estabelecerá as alíquotas aplicáveis às operações e prestações, interestaduais e de exportação;
>
> VI – (...) as alíquotas internas nas operações relativas à circulação de mercadorias e nas prestações de serviços, não poderão ser inferiores às previstas para as operações interestaduais;
>
> VII – em relação às operações e prestações que destinem bens ao consumidor final localizado em outro Estado, adotar-se-á:
>
> a) a alíquota interestadual, quando o destinatário for contribuinte do imposto;
>
> b) a alíquota interna, quando o destinatário não for contribuinte dele.

6. Síntese da regra-matriz de Incidência do ISSC

HIPÓTESE

Critério material: prestar serviço de comunicação.

Critério espacial: territórios dos Estados e Distrito Federal.

Critério temporal: o momento da prestação onerosa do serviço de comunicação.

CONSEQÜENTE

Critério pessoal

Sujeito ativo: Estados e Distrito Federal.

Sujeito passivo: prestador do serviço de comunicação ou responsável estabelecido em lei.

Critério quantitativo

Base de cálculo: preço do serviço.

Alíquota: percentual do preço do serviço,
determinado pelos Estados e Distrito Federal.

66. Paulo de Barros Carvalho, ibidem, p. 177.

MUDANÇA DE JURISPRUDÊNCIA NO SUPREMO TRIBUNAL FEDERAL E VIOLAÇÃO DA SEGURANÇA JURÍDICA

MARINA VIEIRA DE FIGUEIREDO
Mestranda em Direito Tributário na PUC/SP. Professora do COGEAE/SP e do IBET.

1. Introdução. 2. O princípio da segurança jurídica: 2.1 Uma definição para o conceito de segurança jurídica; 2.2 Limites objetivos voltados à implementação do valor Segurança Jurídica. 3. A possibilidade de modulação dos efeitos da declaração de inconstitucionalidade em controle concentrado. 4. A necessidade de modulação dos efeitos das decisões também em controle difuso de constitucionalidade: 4.1 A mudança jurisprudencial e os efeitos gerais e abstratos projetados pelos novos precedentes; 4.2 O postulado da segurança jurídica e os efeitos das modificações jurisprudenciais; 4.3 A necessidade de repercussão geral para a interposição de recurso extraordinário; 4.4 Requisitos para a modulação dos efeitos das decisões proferidas em controle difuso de constitucionalidade. 5. Conclusões. 6. Bibliografia.

1. Introdução

Analisando as recentes decisões proferidas pelo Supremo Tribunal Federal e pelo Superior Tribunal de Justiça, o que se verifica é a constante alteração de posicionamento em relação a importantes temas tributários como, por exemplo: direito ao crédito de IPI decorrente da aquisição de matéria-prima com entrada isenta, não tributada ou sujeita à alíquota zero; ilegalidade da contribuição ao INCRA; subsistência do crédito-prêmio de IPI, entre outros.

Ocorre que, como regra, a modificação de um precedente desses tribunais acaba refletindo nos julgamentos dos órgãos jurisdicionais que lhe são hierarquicamente inferiores. Ou seja, suas decisões acabam produzindo, direta ou indiretamente, efeito *erga omnes*.

Não há dúvida quanto à possibilidade de alteração de posicionamento pelos órgãos jurisdicionais, especialmente os Tribunais Superiores (STF e STJ). Contudo, é de fundamental importância delimitar quais os efeitos jurídicos dessas mutações e os instrumentos oferecidos pelo próprio direito para evitar que violem a segurança jurídica. Este é o objetivo deste estudo.

2. O princípio da segurança jurídica

2.1 Uma definição para o conceito de segurança jurídica

Num texto que se pretenda científico, determinar o sentido[1] em que as palavras

1. Determinar o significado de uma palavra é apontar os critérios que um objeto deve preencher

são empregadas é expediente de fundamental importância, pois delimita o objeto de nossos estudos.

Como já anotamos, nosso objetivo, aqui, é determinar em que medida podem ser alterados os entendimentos jurisprudenciais sem violar o princípio da segurança jurídica. Portanto, é imprescindível fixar o sentido em que utilizaremos a expressão princípio.

Adotando a distinção preconizada por Paulo de Barros Carvalho, partimos da premissa segundo a qual o vocábulo "princípio" pode ser utilizado para designar limites objetivos ou valores, sendo o grau de objetividade das proposições que veiculam o critério para diferenciá-los.[2] O significado de um valor está condicionado à subjetividade do intérprete,[3] sendo um juízo de preferibilidade de cunho subjetivo; o conteúdo dos limites objetivos, em contrapartida, é construído a partir de parâmetros bem demarcados, objetividade esta que permite sejam identificados de plano os casos de violação.

Os princípios, veiculando valores ou limites objetivos, nada mais são do que enunciados que auxiliam na conformação das normas de competência[4] e guiam o hermeneuta na compreensão dos demais enunciados prescritivos.

Dentre os princípios que compõem o ordenamento jurídico, um dos que possui maior relevância é o princípio da segurança jurídica. Apesar de não existir dispositivo que a ele se reporte expressamente,[5] sua

para integrar a classe por ela representada. Como destacam Guibourg, Guigliani e Guarioni: "Existen ciertas razones, más o menos uniformes, por las que incluimos un objeto en una clase, y tal criterio es la piedra de toque del *concepto*: tenemos el concepto de mosca cuando estamos dispuestos a usar cierto criterio para llamar *mosca* (o *mouche*, o *fly*) a los objetos que lo satisfagan, y para no llamar con ese vocablo a las cosas que no se ajusten a sus requisitos. El conjunto de estos requisitos o razones, es decir, el criterio de uso de una palabra de clase (determinante y demostrativo del concepto correspondiente) se llama designación de esa palabra" (in *Introducción al Conocimiento Científico*, p. 42).

2. Paulo de Barros Carvalho, "O princípio da segurança jurídica em matéria tributária", in *Questões Controvertidas em Matéria Tributária*, p. 43. Na mesma linha, Tácio Lacerda Gama, que define o vocábulo princípio como "enunciado normativo que integra a estrutura de uma norma de competência, compondo-lhe o sentido, seja no antecedente, seja no conseqüente, veiculando valores ou limites objetivos, ampliando ou restringindo os seus âmbitos de validade" (in *Contribuição de Intervenção no Domínio Econômico*, p. 142).

3. Nas palavras de Paulo de Barros Carvalho: "Sob o aspecto de camada de linguagem prescritiva de condutas, o direito positivo é uma construção do ser humano. Neste sentido, dista de ser um dado simplesmente ideal, não lhe sendo aplicáveis, também, as técnicas de investigação do mundo natural. (...) Os fatos jurídicos, quer os previstos nos antecedentes das normas, quer os prescritos na fórmula relacional dos conseqüentes, apresentam-se na forma de fenômenos físicos (relações de causa e efeito) mais o sentido, isto é, o fim jurídico que os permeia. Sem a significação jurídica que presidiu a escolha do evento e inspirou a regulação da conduta, não há que se falar em fatos jurídicos e relações jurídicas. (...)". Segue afirmando que, por esta razão, "quem se proponha a conhecer o direito positivo não pode aproximar-se dele na Condição de sujeito puro, despojado de atitudes axiológicas, como se estivesse perante um fenômeno da natureza ou uma equação matemática". Adverte, entretanto, que isto não significa compor um discurso científico com inclinações ideológicas, devendo furtar-se o intérprete de realizar quaisquer julgamentos sobre as normas do ordenamento, devendo tão somente "compreendê-las para bem descrevê-las" ("O sobreprincípio da segurança jurídica e a revogação de normas tributárias", in *Crédito-Prêmio de IPI: Estudos e Pareceres III*, p. 3).

4. Competência é aptidão para editar normas prescritoras de conduta. Neste contexto, norma de competência é aquela que delimita o sujeito competente para criar essas normas, "bem como o procedimento e os limites materiais, que deverão ser observados na criação de outras normas" (Tácio Lacerda Gama, *Contribuição de Intervenção no Domínio Econômico*, p. 65).

Assim, quando afirmamos que os princípios têm a função de compor a regra de competência, queremos com isso destacar que eles, na qualidade de valores ou limites objetivos, orientam a atividade da pessoa ou órgão dotada de competência, na produção dos enunciados prescritivos.

5. Cumpre ressaltar que, para alguns, o princípio da segurança jurídica estaria previsto expressamente no *caput* do art. 5º, da CF, o qual assim dispõe: "Todos são iguais perante a lei, sem distinção

formulação pode ser inferida a partir da conjugação do conjunto de enunciados normativos que garantem aos administrados que as relações jurídicas serão preservadas na forma prescrita na lei.[6] Como ressalta Paulo de Barros Carvalho, o princípio da segurança jurídica é "dirigido à implantação de um valor específico, qual seja o de coordenar o fluxo das interações inter-humanas, no sentido de propagar no seio da comunidade social o sentimento de previsibilidade quanto aos efeitos jurídicos da regulação da conduta. Tal sentimento tranqüiliza os cidadãos, abrindo espaço para o planejamento de ações futuras, cuja disciplina jurídica conhecem, confiantes que estão no modo pelo qual a aplicação das normas do direito se realiza".[7]

Gustavo Sampaio Valverde, adotando posicionamento semelhante, afirma que: "(...) o princípio da segurança jurídica pode ser compreendido como uma meta-comunicação do sistema jurídico que visa assegurar a estabilização das expectativas normativas em torno das comunicações que o integram. (...) Portanto, uma vez selecionada determinada expectativa pelo direito, o princípio da segurança jurídica obsta que essa expectativa venha a ser alterada pelo próprio direito, o que desacreditaria suas estruturas".[8]

De fato, o ordenamento jurídico, como conjunto de regras, comunica aos seus destinatários os padrões de conduta que devem[9] ser observados, independentemente de sua vontade.[10] O valor segurança jurídica, por outro lado, lhes dá a certeza de que essa regulação irá prevalecer como descrita na norma impositiva. Impõe, sobretudo, o arranjo do sistema de tal forma que deixe os particulares tranqüilos para conduzirem suas ações.

Tratando da segurança jurídica, Pontes de Miranda é enfático ao destacar que: "O que é preciso é que vigore determinado sistema jurídico e haja a convicção de que será aplicado nos casos particulares, pois é isto o que dá a segurança jurídica. (...) Não se trata de princípio independente: envolve o 'deve' e constitui a conclusão prática, a que chegaremos, sempre que atendermos à essencialidade do direito para a vida social e à necessidade de se realizar nos fatos (que são o concreto, o particular) o geral e abstrato, que é o sistema. Se a solução é imprevisível, é que não há sistema, mas variação ou, pelo menos, incerteza e vacilação".

Segue afirmando que "na previsibilidade estão implícitas a aplicabilidade geral e efetiva, a continuidade da legislação, a irretroatividade, e não faltam outros requisitos, que se poderiam lembrar".[11]

A segurança jurídica se consuma, portanto, quando as soluções a serem aplicadas ao caso concreto são esperadas.[12]

de qualquer natureza, garantindo-se aos brasileiros e aos estrangeiros residentes no País a inviolabilidade do direito à vida, à liberdade, à segurança e à propriedade, nos termos seguintes: (...)".

6. É, portanto, matéria do direito posto, contemplada em normas que compõem o direito positivo.

7. *Curso de Direito Tributário*, p. 158.

8. "Segurança jurídica e processo: recursos, coisa julgada, ação rescisória e ações de (in)constitucionalidade", in *Curso de Especialização em Direito Tributário: Estudos Analíticos em Homenagem a Paulo de Barros Carvalho*, p. 191.

9. Nas palavras de Lourival Vilanova: "O direito positivo se exprime com locuções como 'estar facultado a fazer ou omitir', 'estar obrigado a fazer ou omitir', 'estar impedido de fazer ou omitir'. E tais locuções *não descrevem como factualmente* o sujeito agente se comporta, mas como deve comportar-se" (*As Estruturas Lógicas e o Sistema de Direito Positivo*, p. 68).

10. As normas jurídicas são dotadas de imperatividade e, como destaca Tércio Sampaio Ferraz Júnior, "uma norma é vinculante ou tem imperatividade na medida em que se lhe garante a possibilidade de impor um comportamento independentemente do concurso ou da colaboração do endereçado, portanto, a possibilidade de produção de efeitos *imediatos*, inclusive sem que a verificação da sua validade o impeça" (*Teoria da Norma Jurídica*, p. 134).

11. *Sistema de Ciência Positiva do Direito*, pp. 206 e 207.

12. Conforme ressalta Clarice von Oertzen de Araújo, "na elaboração das leis, com a respectiva seleção e valoração dos comportamentos intersub-

2.2 Limites objetivos voltados à implementação do valor Segurança Jurídica

O princípio da segurança jurídica, enquanto valor que projeta efeitos sobre todo o sistema jurídico, assume a condição de garantia do contribuinte.

Um dos principais instrumentos de manutenção da segurança jurídica é o princípio da irretroatividade, segundo o qual "as leis não podem retroagir, alcançando o direito adquirido, o ato jurídico perfeito e a coisa julgada" (art. 5º, XXXVI, da CF/1988). Em outras palavras: por força desse limite objetivo, as normas jurídicas não podem retroagir para atingir fatos anteriores a sua entrada no sistema, de forma que os vínculos já estabelecidos não sejam abruptamente alterados.[13]

Surge, assim, como importante fator de equilíbrio das relações sociais, pois, na falta de comando desta natureza, estaria a sociedade sempre sujeita a novos conflitos, resultantes de discussões já definitivamente extintas.

Tal é a sua relevância que o constituinte optou por consagrá-lo novamente no art. 150, III, alínea "a", da Carta Magna, dentro do capítulo que trata do Sistema Tributário Nacional.[14]

3. A possibilidade de modulação dos efeitos da declaração de inconstitucionalidade em controle concentrado

Outro limite voltado à preservação da segurança jurídica é aquele consagrado no art. 27 da Lei n. 9.868/1999 que, ao reger o controle concentrado de constitucionalidade, deu liberdade ao Supremo Tribunal Federal para a escolha do momento inicial dos efeitos da declaração de inconstitucionalidade: "Ao declarar a inconstitucionalidade de lei ou ato normativo, e tendo em vista razões de segurança jurídica ou excepcional interesse social, poderá o Supremo Tribunal Federal, por maioria de 2/3 (dois terços) de seus membros, restringir os efeitos daquela declaração ou decidir que ela só tenha eficácia a partir de seu trânsito em julgado ou de outro momento que venha a ser fixado".

A regra, portanto, é a produção de efeitos *ex tunc*. Contudo, permite-se que o Supremo Tribunal Federal estabeleça a irretroatividade de suas decisões, se presentes razões de segurança jurídica ou excepcional interesse social. Ou seja, caso se verifique iminente violação à segurança jurídica, com inegável prejuízo social, pode optar este E. Tribunal por preservar a estabilidade das relações.

Por outro lado, quando o Estado-juiz exerce o controle de constitucionalidade de uma norma, deve levar em consideração que, até que seja declarada inconstitucional, ela é presumidamente válida, pois guarda relação de pertinencialidade com o sistema. Esse fenômeno ocorre no momen-

jetivos em permitidos, obrigatórios ou proibidos, haverá a legitimação de determinadas expectativas dos destinatários das normas jurídicas, atribuindo-lhes o caráter de expectativas normativas" (*Semiótica do Direito*, p. 30). Estas, por sua vez, são a expectativa generalizada de que as prescrições do sistema jurídico não se alterarão de acordo com os acontecimentos sociais, em razão, justamente, da prevalência do valor segurança jurídica (Gustavo Sampaio Valverde, "Segurança jurídica e processo: recursos, coisa julgada, ação rescisória e ações de (in)constitucionalidade", p. 189).

13. Nas palavras de Geraldo Ataliba: "O clima de segurança, certeza, previsibilidade e igualdade (sem o qual não há livre concorrência) só na legalidade, generalidade e irretroatividade da lei tem realização. É inconveniente com a economia de mercado a interpretação traduzida na absurda pretensão de fazer lei inovadora ser aplicada imediatamente, quando gravosa" (*República e Constituição*, p. 178).

14. "Art. 150. Sem prejuízo de outras garantias asseguradas ao contribuinte, é vedado à União, aos Estados, ao Distrito Federal e aos Municípios: (...) III – cobrar tributos: a) em relação a fatos geradores ocorridos antes do início da vigência da lei que os houver instituído ou aumentado."

to em que ela chega ao conhecimento de todos os cidadãos,[15] ao menos por presunção, por meio da publicação pelo canal adequado.[16] Passa a existir, como se constitucional fosse, regulando comportamentos sociais de forma coercitiva, até que o próprio sistema decida retirar sua vigência ou mesmo sua validade.

Nesta qualidade, irradia efeitos, fazendo irromper relações jurídicas que, por sua vez, a depender das características apresentadas, podem reclamar tratamento diferenciado.[17] Embora os vícios de inconstitucionalidade representem, eles próprios, uma violação aos direitos e expectativas dos administrados, é forçoso concluir que, em determinados casos, esses valores são sobrepujados por outros de maior envergadura. Tudo, repita-se, para preservar a coerência do sistema.

Ademais, importa destacar que o exercício da atividade jurisdicional sempre tem como resultado a produção de outras normas, que podem ser gerais ou individuais (mas sempre concretas).

A jurisprudência, portanto, não mais é do que um conjunto de enunciados prescritivos que integram o ordenamento jurídico. Nesta condição, a ela se aplica também o princípio da irretroatividade, quando o objetivo é priorizar a segurança jurídica, conforme previsto, por exemplo, no dispositivo da Lei n. 9.868/1999.

De fato, não apenas a lei deve produzir efeitos para o futuro, mas o direito como um todo. A preservação do ato jurídico perfeito, da coisa julgada e do direito adquirido, da igualdade, da anterioridade, etc., está atrelada a irretroatividade de todas as normas que compõem o sistema, não apenas aquelas dotadas de generalidade e abstração.

Como bem destaca Antonio Junqueira de Azevedo: "Sendo o direito um sistema de função social, não são, pois, somente as leis (que são parte do direito, mas não todo o direito), que não podem confiscar direitos adquiridos, mas também toda espécie de comando integrante do sistema. Uma alteração de jurisprudência reiterativa somente pode, por respeito às situações consolidadas, atingir os fatos posteriores à reviravolta (*revirement*) das decisões".[18]

Assim, também o Poder Judiciário, como órgão produtor de normas, deve respeito às relações consolidadas. Além disso, conforme veremos nos tópicos a seguir, a

15. Como assevera Tárek Moysés Moussallem, "visto o direito positivo pelo prisma comunicacional e os enunciados prescritivos como ato de fala, torna-se necessário que a ordem de cumprimento (promulgação) chegue ao conhecimento, ao menos por presunção, do destinatário do ato de fala deôntico" (*Revogação em Matéria Tributária*, p. 203).

16. "Para a veiculação de mensagens normativas, consubstanciadas em enunciados prescritivos, que poderão ou não revestir a estrutura (deôntica) de normas jurídicas, conforme estejam ou não combinados de forma sintática 'válida', faz-se necessária a existência de um canal. Abraham Moles chama de 'canal' todo o suporte material que acompanha a mensagem de um transmissor a um receptor. Pensamos que o termo 'canal' possui uma amplitude semântica maior que o termo 'sinal', pois abrange também o suporte físico onde o sinal venha a se manifestar.

"O ordenamento jurídico vale-se do canal da linguagem escrita, do texto impresso. No caso da linguagem jurídica prescritiva, há necessidade de publicação das normas jurídicas em jornais oficiais dos poderes constituídos do Estado – os *Diários Oficiais* – para que uma norma possa ser considerada válida e existente, assim entendida a sua pertinencialidade no sistema" (Clarice von Oertzen de Araújo, *Semiótica do Direito*, p. 52).

17. Paulo Roberto Lyrio Pimenta, apesar de adotar conceito distinto de validade, chega a mesma conclusão: "Sucede, porém, que a norma inconstitucional produz efeitos, eis que a invalidade não se confunde com a ineficácia (...). Isso significa que a norma inconstitucional jurisdiciza suportes fáticos (eficácia geral), transformando-os em fatos jurídicos, os quais, por sua vez, também podem gerar efeitos jurídicos (eficácia jurídica). Assim sendo, a pronúncia de inconstitucionalidade é insuficiente para apagar os efeitos dos fatos jurídicos decorrentes de norma inconstitucional" (*Efeitos da Decisão de Inconstitucionalidade em Direito Tributário*, p. 93).

18. "Nulidade parcial de ato normativo. Certeza e segurança jurídica diante de alteração jurisprudencial consolidada. Aplicação da boa-fé objetiva ao Poder Público", in *Crédito-Prêmio de IPI: Estudos e Pareceres III*, p. 61.

própria legislação confere efeitos *erga omnes*, mesmo que indiretos, aos precedentes jurisprudenciais. Dessa forma, também em controle difuso relações de terceiros não envolvidos no processo podem ser afetadas, impondo-se, portanto, a irretroatividade.

4. *A necessidade de modulação dos efeitos das decisões também em controle difuso de constitucionalidade*

Destacamos os dispositivos legais que atribuem ao Supremo Tribunal Federal a competência para modular os efeitos das decisões proferidas em controle concentrado de constitucionalidade. Feito isso, chega o momento de verificarmos se no controle difuso isso é igualmente possível, em especial quando há modificação de entendimento já consolidado.

A questão que se impõem é se, também nesta hipótese, a decisão proferida pelo Supremo Tribunal Federal teria o condão de violar a segurança jurídica, trazendo prejuízo a direitos e expectativas de direitos dos contribuintes e do próprio Estado.

4.1 A mudança jurisprudencial e os efeitos gerais e abstratos projetados pelos novos precedentes

É crescente a importância dos precedentes firmados pelos Tribunais Superiores, em especial do Supremo Tribunal Federal. Dois são os fatores que contribuem para esta influência: de um lado, o princípio da igualdade, o qual impõe a identidade do tratamento a ser concedido a pessoas em situação equivalente;[19] de outro, a facilidade que o recurso aos precedentes impõe à tomada de decisões no caso concreto.[20] Nos dois casos, a jurisprudência informará o entendimento futuro tanto do próprio Tribunal quanto dos órgãos inferiores.

Evidencia-se, assim, a generalidade desses precedentes. Por esta razão, fica também demonstrada a necessidade de respeitar as expectativas normativas construídas a partir de reiterada jurisprudência e, assim, atender ao valor segurança jurídica.

Em várias passagens, o direito positivo prescreve disposições em consonância com o que acabamos de afirmar. O Código de Processo Civil autoriza, por exemplo, que os relatores dos tribunais locais neguem seguimento aos recursos especiais e extraordinários, quando em confronto com súmula ou com jurisprudência do respectivo tribunal, do Supremo Tribunal Federal ou de Tribunal Superior (art. 557, *caput*). Inversamente, "se a decisão recorrida estiver em manifesto confronto com súmula ou jurisprudência dominante do Supremo Tribunal Federal ou de Tribunal Superior, o relator poderá dar provimento ao recurso" (art. 557, § 1º-A).

Como se vê, apesar de não existir um autêntico efeito vinculante da jurisprudência, exceção feita às súmulas do Supremo Tribunal Federal introduzidas pela Emenda Constitucional n. 45/2004, o certo é que se verifica, na prática, uma crescente in-

19. Como destaca Souto Maior Borges: "Uma conclusão central se impõe: sem isonomia não há segurança, nem Estado Constitucional, porque a igualdade não se confina aos direitos e garantias individuais, espraiando-se nas relações internacionais e nas relações internas que entretêm as pessoas constitucionais entre si" ("O princípio da segurança jurídica na criação e aplicação do tributo", *Revista Dialética de Direito Tributário* 22/27).

20. Tratando do tema, Cândido Rangel Dinamarco é enfático: "É notório e diuturno, especialmente no Col. Supremo Tribunal Federal e Superior Tribunal de Justiça, o uso consistente em invocar com ênfase julgados do próprio Tribunal, da Turma, Seção etc. como fundamento praticamente suficiente, ou quase, para decidir causas envolvendo temas que já foram objeto de apreciação anterior (...)" ("Mutações jurisprudenciais e as expectativas dos jurisdicionados. A garantia constitucional de acesso à justiça e a irrelevância da inexistência de instrumentos processuais específicos", in *Crédito-Prêmio de IPI: Estudos e Pareceres III*, p. 99).

fluência dos precedentes nas decisões proferidas pelo Poder Judiciário.

Neste contexto, afirma Cândido Rangel Dinamarco: "(...) máxime entre os órgãos jurisdicionais, é grande a disposição a alinhar-se aos precedentes vindos do alto ainda quando a lei não dê por obrigatória a observância da *jurisprudência dominante do Supremo Tribunal Federal, do Superior Tribunal de Justiça etc.* (...) O *culto à jurisprudência*, que tradicionalmente vai além do cumprimento daquelas disposições legais de valorização dos precedentes, é uma superlativa demonstração da mais inequívoca *disposição a obedecer*, da parte dos juízes brasileiros em relação aos atos dos tribunais a que estão sujeitos".[21]

A própria Corte Suprema já reconheceu essa situação em outras oportunidades. Em voto proferido no julgamento do RE n. 197.917-SP, o Ministro Gilmar Mendes não só destaca esta influência como também a elege como fundamento para a modulação dos efeitos da decisão proferida em controle difuso: "(...) se o STF declarar a inconstitucionalidade restrita, sem qualquer ressalva, essa decisão afeta os demais processos com pedidos idênticos pendentes de decisão nas diversas instâncias. Os próprios fundamentos constitucionais legitimadores da restrição embasam a declaração de inconstitucionalidade com eficácia *ex nunc* nos casos concretos. A inconstitucionalidade da lei há de ser reconhecida a partir do trânsito em julgado. Os casos concretos ainda não transitados em julgado hão de ter o mesmo tratamento (decisões com eficácia *ex nunc*) se e quando submetidos ao STF".

Por outro lado, esse culto à jurisprudência, aliado à estabilidade das decisões dos Tribunais, acaba criando certa expectativa nos jurisdicionados, que passam a pautar suas condutas no entendimento consolidado sobre determinado tema.

Especialmente no campo tributário, decisões reiteradas favoráveis ou contrárias ao contribuinte orientam o planejamento econômico-financeiro das empresas. Desta forma, o entendimento exarado pelo Supremo Tribunal Federal e pelo Superior Tribunal de Justiça dá-lhes a certeza de que têm e continuarão a ter – ou não – certo direito, fato este que condicionará as condutas a serem adotadas.

Portanto, mutação jurisprudencial inesperada, principalmente quanto a entendimento que vem se mantendo há muitos anos, causa não apenas surpresa para aqueles que, confiando na estabilidade das decisões, adotaram condutas com elas compatíveis, como frustra direitos que os jurisdicionados acreditavam garantidos.

4.2 O postulado da segurança jurídica e os efeitos das modificações jurisprudenciais

As normas individuais e concretas expedidas pelo Estado-juiz representam a confirmação da certeza do particular de que suas relações serão reguladas na forma prevista na lei cuja constitucionalidade já havia sido confirmada ou afastada.

Conforme considerações anteriores, o valor segurança jurídica impõe que as relações jurídicas sejam reguladas na forma prescrita em lei. Significa dizer, o particular pautará suas condutas de acordo com o que prescreve o ordenamento jurídico, pois tem a convicção de que este será aplicado.

Como bem assinala Tércio Sampaio Ferraz Júnior, a segurança jurídica "cria condições de certeza e igualdade que habilitam o cidadão a sentir-se senhor de seus próprios atos e dos atos dos outros".[22]

Esta certeza é reforçada, por outro lado, por decisões reiteradas de nossos Tribunais no sentido de que as normas aplicá-

21. Idem, p. 94.

22. *Segurança Jurídica e Normas Gerais Tributárias*, p. 51.

veis à determinada situação estão em consonância com os preceitos constitucionais. A alteração de entendimento representa um abalo nas relações jurídicas já consolidadas e na certeza imposta pelo princípio da segurança jurídica. É por esta razão que se defende a modulação dos efeitos das decisões nesses casos. Ou seja, a aplicação de lei inconstitucional se revela uma imposição do próprio ordenamento.

Analisando a possibilidade de modificação do entendimento do Superior Tribunal de Justiça na questão do crédito-prêmio de IPI, que mais tarde veio a se confirmar, Cândido Rangel Dinamarco destacou que: "(...) não havendo como conciliar com a Constituição e com a cláusula *due process* a abrupta negativa daquilo que sempre vinha sendo concedido, reputo imperiosa a necessidade de, mesmo sem a formal oferta de um meio técnico-processual adequado e específico, decidir o Tribunal de modo a manter, *em relação à causa que está sendo julgada e às demais que, sobre a matéria analisada, tramitam atualmente perante o Poder Judiciário*, os resultados práticos daquela antiga e arraigada jurisprudência"[23] (grifos no original).

Na mesma linha se posicionou Geraldo Ataliba, ao tratar da lealdade que deve permear o sistema: "A lealdade é tomada como traço fundamental legitimador da lei e dos atos administrativos. Mas tal é o teor basilar de seu significado que também o processo judicial se inquina de nulidade se não atender às suas exigências. O *fair trial* é tão exigível quanto qualquer outra manifestação estatal (é impostergável decorrência da cláusula *due process of law*)".[24]

Diversas vezes o Supremo Tribunal Federal, por razões de segurança jurídica, decidiu pela restrição dos efeitos das decisões proferidas em controle difuso. No julgamento do RE n. 197.917-SP, já citado, reconheceu este E. Tribunal que se tratava de situação excepcional onde "a declaração de nulidade, com seus normais efeitos *ex tunc*, resultaria grave ameaça a todo o sistema legislativo vigente. Prevalência do interesse público para assegurar, em caráter de exceção, efeitos *pro futuro* à declaração incidental de inconstitucionalidade".

Naquela oportunidade, conforme ponderações do Ministro Gilmar Mendes, ficou claro que, conquanto entendam alguns que a norma declarada inconstitucional é nula *ab initio* e, portanto, inválida desde o seu nascimento, isto não seria impedimento para a modulação dos efeitos da decisão de inconstitucionalidade:

"Não se nega, pois, o caráter de princípio constitucional ao princípio da nulidade da lei inconstitucional. Entende-se, porém, que tal princípio não poderá ser aplicado nos casos em que se revelar absolutamente inidôneo para a finalidade perseguida (casos de omissão; exclusão de benefício incompatível com o princípio da igualdade), bem como nas hipóteses em que a sua aplicação pudesse trazer danos para o próprio sistema jurídico constitucional (grave ameaça à segurança jurídica).

"Assim, configurado eventual conflito entre o princípio da nulidade e o princípio da segurança jurídica, que, entre nós, tem *status* constitucional, a solução da questão há de ser, igualmente, levada a efeito em um processo de complexa ponderação.

"(...) a adoção de uma decisão alternativa é inerente ao modelo de controle de constitucionalidade amplo, que exige, ao lado da tradicional decisão de perfil cassatório com eficácia retroativa, também decisões de conteúdo outro, que não importem necessariamente, a eliminação direta e imediata da lei do ordenamento jurídico."

Segue afirmando que a noção segundo a qual a declaração de nulidade de uma lei tornaria nulos os atos nela amparados jamais foi aceita em face do ordenamento

23. "Mutações jurisprudenciais...", cit., p. 109.

24. *República e Constituição*, p. 174.

jurídico brasileiro.[25] Por esta razão, "os atos praticados com base na lei inconstitucional que não mais se afigurem suscetíveis de revisão não são afetados pela declaração de inconstitucionalidade". Confirma, assim, a relevância do valor segurança jurídica na análise do caso concreto e no sistema do direito positivo.

Acompanhando o entendimento do Ministro Gilmar Mendes, O E. Ministro Cezar Peluso destacou, ainda: "De fato, se a CF legitima tal limitação no controle abstrato, não tem por que não legitimá-la no caso concreto, pois, no fundo, as técnicas de controle servem ambas, com caráter alternativo e conseqüências próprias, adequados a cada situação histórica, ao mesmíssimo propósito constitucional. A variedade de instrumentos, ou dos métodos, não desnatura o fim, que é único, o controle eficaz da constitucionalidade das leis. A regra da nulidade, enfim, cede apenas a razões de coerência sistemática e de segurança jurídica, ditadas por situações excepcionais, como a do caso".

Não resta dúvida, portanto, de que, apesar dos argumentos em contrário, o princípio da segurança jurídica impõe a adoção de efeitos prospectivos em determinadas decisões proferidas em controle difuso por aquela E. Corte, ainda mais quando há modificação de entendimento consolidado.[26]

Trata-se apenas da interpretação conjunta, ressalte-se, dos inúmeros valores insertos no sistema, privilegiando-se um em detrimento de outro.[27] O objetivo, em última análise, é a preservação das normas que compõem o ordenamento e, em especial, daquelas previstas na Constituição.[28]

Ainda: quando o Supremo Tribunal Federal opta pela modulação dos efeitos das decisões proferidas em controle difuso, nada mais faz do que exercer a competência que lhe é inerente, qual seja, de guarda da Constituição.

Isso porque, conforme já destacamos, o valor segurança jurídica é resultado da confluência de várias normas previstas na

25. Sobre o tema, Paulo Lyrio Pimenta destaca que "no direito brasileiro, por influência da jurisprudência da Suprema Corte norte-americana, tem-se defendido que a pronúncia de inconstitucionalidade em sede de controle abstrato importa na declaração da nulidade da norma inconstitucional. (...) No controle difuso, é inquestionável a eficácia declaratória da pronúncia de inconstitucionalidade, ou seja, a aplicação do princípio da nulidade da norma inconstitucional. (...) Em verdade, a decisão de inconstitucionalidade atua no plano da eficácia legal, não da eficácia jurídica. Ou seja, atinge o plano da norma, não o dos fatos jurídicos. Sendo assim, não nos parece que a decisão de inconstitucionalidade deva importar necessariamente na pronúncia de nulidade, posto que os efeitos produzidos pela norma inconstitucional – decorrentes de fatos jurídicos (eficácia jurídica) – muitas vezes são protegidos por outros princípios constitucionais, tais como o da segurança jurídica, da moralidade, da boa-fé, etc. Em outras palavras, a nulidade não pode ser entendida como um dogma, e sim como um princípio jurídico. Nesta qualidade, tem caráter relativo, podendo ser afastado diante do caso concreto, quando colidir com outro princípio" (*Efeitos da Declaração de Inconstitucionalidade em Direito Tributário*, pp. 90-94).

26. Como destaca Robson Maia Lins: "(...) temos, de um lado, a segurança jurídica impondo limites à retirada de efeitos jurídicos estabilizados da incidência da RMIT declarada inconstitucional (e obrigando que os efeitos não estabilizados sejam retirados); e, de outro lado, impondo que sejam produzidos os efeitos (os que ainda puderem ser produzidos) quando a RMIT for declarada constitucional (...)" (*Controle de Constitucionalidade da Norma Tributária: Prescrição e Decadência*, p. 141).

27. Já informamos, em nota anterior, que uma das características que denotam a presença de um valor é a *preferibilidade*. Decorre do fato de que a escolha de um valor é sempre uma escolha feita em detrimento de outros valores possíveis. É o que ocorre quando o Supremo Tribunal Federal modula os efeitos de suas decisões: prefere o valor segurança jurídica.

28. Como bem destacou o E. Ministro Ricardo Lewandowski, ao tratar da questão de ordem submetida à apreciação da Corte Suprema no julgamento do RE n. 353.657-5, já referido: "(...) o STF ao proceder, em casos excepcionais, à modulação dos efeitos de suas decisões, por motivos de segurança jurídica ou de relevante interesse social, estará realizando a ponderação de valores e princípios abrigados na própria Constituição".

Carta Suprema. Dessa forma, a restrição dos efeitos daquelas decisões com o objetivo de preservá-la nada mais é do que o exercício, pela E. Corte, do papel que lhe é inerente.

4.3 A necessidade de repercussão geral para a interposição de recurso extraordinário

Por fim, não obstante os entendimentos em sentido contrário, não se pode mais defender a impossibilidade de modulação dos efeitos de decisões, em controle difuso, pelo fato de seus efeitos se restringirem, em princípio, às partes do processo.

Isso porque, a teor do que dispõe o art. 102, § 3º, da Constituição Federal, incluído pela Emenda Constitucional n. 45/2004: "No recurso extraordinário o recorrente deverá demonstrar a repercussão geral das questões constitucionais discutidas no caso, nos termos da lei, a fim de que o Tribunal examine a admissão do recurso, somente podendo recusá-lo pela manifestação de dois terços de seus membros".

Como se vê, este enunciado, além de reconhecer a influência que as decisões do Supremo, mesmo em controle difuso, exercem no sistema, condicionou a admissão do recurso extraordinário à prova desta repercussão.

A aplicação desta norma, entretanto, só foi possível após a edição da Lei n. 11.418/2006 e da Emenda Regimental n. 21/2007. Portanto, todas as decisões proferidas nos recursos extraordinários admitidos após a regulamentação da EC n. 45/2004 afetarão, indiscutivelmente, as relações jurídicas de outras pessoas que não aquelas que figuram como partes no processo. Isso porque sua admissibilidade estará condicionada a esta repercussão. Exercerão, de outro lado, ampla influência nas decisões futuras deste E. Tribunal, como também naquelas proferidas pelos órgãos de inferior hierarquia.

4.4 Requisitos para a modulação dos efeitos das decisões proferidas em controle difuso de constitucionalidade

Por tudo o que foi exposto, não resta dúvida de que, em determinados casos, é necessária a modulação dos efeitos das decisões proferidas pelo Supremo Tribunal Federal, principalmente quando há modificação de jurisprudência consolidada.

Importa destacar que não se defende aqui a interrupção da contínua evolução do entendimento dos Tribunais Superiores sobre determinadas matérias. Entretanto, quando essas alterações causarem efeitos danosos aos jurisdicionados, modificando relações jurídicas já consolidadas, impõe-se a limitação dos seus efeitos.

Com apoio em tudo o que foi exposto até o momento, podemos elencar os seguintes requisitos para a modulação dos efeitos de decisão proferida em controle difuso de constitucionalidade de norma tributária:

(*i*) modificação de jurisprudência reiterada sobre uma determinada matéria tributária;

(*ii*) possibilidade de o novo precedente influenciar novas decisões, seja do próprio tribunal superior, seja dos órgãos inferiores;

(*iii*) risco de que a nova orientação promova danos à segurança jurídica ou excepcional interesse social;

(*iv*) reconhecimento da necessidade dessa modulação por pelo menos ¾ dos Ministros que compõem a Corte, em aplicação analógica do art. 21 da Lei n. 9.868/1999.

Presentes estes requisitos, necessária será a imposição de efeitos prospectivos às decisões que modifiquem entendimento consolidado.

5. Conclusões

Analisando os efeitos jurídicos das mutações jurisprudenciais e os instrumentos oferecidos pelo próprio direito para evitar que violem a segurança jurídica, chegamos as seguintes conclusões:

(*i*) a proteção ao ato jurídico perfeito, à coisa julgada e ao direito adquirido, aliados aos princípios da anterioridade, legalidade e irretroatividade, entre outros, são os fatores que garantem a preservação da segurança jurídica. Nesta condição, evidenciam que não é só a lei que não pode retroagir, mas também o direito novo. Às únicas exceções à irretroatividade do direito são os casos em que a norma não é nova (normas interpretativas – art. 106, I, do CTN) ou oferece tratamento mais benéfico ao contribuinte (art. 106, II, do CTN);

(*ii*) o art. 27 da Lei n. 9.868/1999, ao admitir a modulação dos efeitos em controle concentrado, é outro limite voltado à preservação da segurança jurídica, confirmando a irretroatividade de todo o direito;

(*iii*) em se tratando do Supremo Tribunal Federal, a modificação de um precedente, mesmo que em controle difuso, reflete nos julgamentos dos órgãos jurisdicionais que lhe são hierarquicamente inferiores. Ou seja, suas decisões acabam produzindo, direta ou indiretamente, efeito *erga omnes*, o que é reforçado, inclusive, por diversos enunciados prescritivos que compõem o sistema;

(*iv*) assim, na hipótese de modificação de reiterada jurisprudência, deve o Supremo Tribunal Federal optar pela modulação dos efeitos de suas decisões quando causarem danos a situações consolidadas.

6. *Bibliografia*

ARAÚJO, Clarice von Oertzen de. *Semiótica do Direito*. São Paulo, Quartier Latin, 2005.

AZEVEDO, Antonio Junqueira de. "Nulidade parcial de ato normativo. Certeza e segurança jurídica diante de alteração jurisprudencial consolidada. Aplicação da boa-fé objetiva ao Poder Público", in *Crédito-Prêmio de IPI: Estudos e Pareceres III*. São Paulo, Manole, 2005.

BANDEIRA DE MELLO, Celso Antônio. *O Conteúdo Jurídico do Princípio da Igualdade*. São Paulo, Malheiros Editores, 2004.

BECKER, Alfredo Augusto. *Teoria Geral do Direito Tributário*. São Paulo, Lejus, 1998.

BOBBIO, Norberto. *Teoria da Norma Jurídica*. São Paulo, EDIPRO, 2005.

______. *Teoria do Ordenamento Jurídico*. Brasília, Ed. UnB, 1999.

BORGES, José Souto Maior. "Princípio da segurança jurídica na criação e aplicação do tributo", *Revista de Direito Tributário* 63, São Paulo, Ed. RT.

CAIS, Cleide Previtalli. *O Processo Tributário*. São Paulo, Ed. RT, 2007.

CARVALHO, Paulo de Barros. *Curso de Direito Tributário*. São Paulo, Saraiva, 2007.

______. *Direito Tributário: Fundamentos Jurídicos da Incidência*. São Paulo, Saraiva, 2007.

______. "Sobre os princípios constitucionais tributários", *Revista de Direito Tributário* 46, São Paulo, Ed. RT.

______. "O princípio da segurança jurídica em matéria tributária", in *Questões Controvertidas em Matéria Tributária*. Belo Horizonte, Fórum, 2004.

DINAMARCO, Cândido Rangel. "Mutações jurisprudenciais e as expectativas dos jurisdicionados. A garantia constitucional de acesso à justiça e a irrelevância da inexistência de instrumentos processuais específicos", in *Crédito-Prêmio de IPI: Estudos e Pareceres III*. São Paulo, Manole, 2005.

ECHAVE, Delia Teresa; URQUIJO, Maria Eugenia; e GUIBOURG, Ricardo A. *Lógica, Proposición y Norma*. Buenos Aires, Astrea, 2002.

FERRAZ JÚNIOR, Tércio Sampaio. "Segurança jurídica e normas gerais tributárias", *Revista de Direito Tributário* 17, São Paulo, Ed. RT.

______. *Teoria da Norma Jurídica*. Rio de Janeiro, Forense, 2005.

FIORIN, José Luiz. *As Astúcias da Enunciação: as Categorias de Pessoa, Espaço e Tempo*. São Paulo, Ática, 2005.

GAMA, Tácio Lacerda. *Contribuição de Intervenção no Domínio Econômico*. São Paulo, Quartier Latin, 2003.

GUARINONI, Ricardo V. *Derecho, Lenguage y Lógica: Ensayos de Filosofía del Derecho*. Buenos Aires, Lexis Nexis Argentina, 2006.

GUIBOURG, Ricardo A.; GHIGLIANI, Alejandro M.; e GUARINONI, Ricardo V. *Introducción al Conocimiento Científico*. Buenos Aires, Editorial Universitário de Buenos Aires, 1985.

JAKOBSON, Roman. *Lingüística e Comunicação*. São Paulo, Cultrix, 2006.

KELSEN, Hans. *Teoria Pura do Direito*. São Paulo, Martins Fontes, 1999.

LINS, Robson Maia. *Controle de Constitucionalidade da Norma Tributária: Decadência e Prescrição*. São Paulo, Quartier Latin, 2005.

MIRANDA, Pontes de. *Sistema de Ciência Positiva do Direito*. Campinas, Bookseller, 2000.

MOUSSALLEM, Tárek Moysés. *Fontes no Direito Tributário*. São Paulo, Noeses, 2006.

______. *Revogação em Matéria Tributária*. São Paulo, Noeses, 2006.

PIMENTA, Paulo Roberto Lyrio. *Efeitos da Decisão de Inconstitucionalidade em Direito Tributário*. São Paulo, Dialética, 2002.

REALE, Miguel. *Introdução à Filosofia*. São Paulo, Saraiva, 1994.

SCAVINO, Dardo. *La Filosofía Actual: Pensar Sin Certezas*. Buenos Aires, Paidós, 2007.

______. *Lições Preliminares de Direito*. São Paulo, Saraiva, 2000.

VALVERDE, Gustavo Sampaio. "Segurança jurídica e processo: recursos, coisa julgada, ação rescisória e ações de (in)constitucionalidade", in SANTI, Eurico Marcos Diniz de (coord.). *Curso de Especialização em Direito Tributário: Estudos Analíticos em Homenagem a Paulo de Barros Carvalho*. Rio de Janeiro, Forense, 2005.

VIEIRA, Maria Leonor Leite. *A Suspensão da Exigibilidade do Crédito Tributário*. São Paulo, Dialética, 1997.

VILANOVA, Lourival. *Estruturas Lógicas e o Sistema de Direito Positivo*. São Paulo, Noeses, 2005.

______. *Causalidade e Relação no Direito*. São Paulo, Ed. RT, 2000.

WARAT, Luiz Alberto. *O Direito e sua Linguagem*. Porto Alegre, Sergio Antonio Fabris Editor, 1995.

WITTGENSTEIN, Ludwig. *Tractatus Logico-Philosophicus*. Madrid, Alianza Editorial, 2005.

DIREITO COMO FENÔMENO COMUNICACIONAL: MÉTODOS DE INTERPRETAÇÃO E A COMPREENSÃO DA MENSAGEM NORMATIVA

RUBYA FLORIANI DOS ANJOS
Doutoranda e Mestre em Direito Tributário pela PUC/SP. Professora. Advogada em São Paulo.

Introdução: sociedade, comunicação e direito. 1. Linguagem, verdade e conhecimento. 2. Conceito de direito e sua linguagem: 2.1 Metalinguagem científica; 2.2 Sistema do direito positivo e da Ciência do Direito. 3. Métodos para aproximação do direito: 3.1 Interpretação e Semiótica; 3.2 Normas jurídicas – Unidades do direito positivo. Conclusões – Direito como fenômeno comunicacional – A comunicação do direito. Bibliografia.

Introdução: sociedade, comunicação e direito

A organização da vida humana em sociedade só é possível porque o homem é dotado da capacidade de se comunicar. É um ato inerente à sua racionalidade. Isso, por si só, revela a importância do fenômeno comunicacional.

Diante dessas circunstâncias a comunicação é amplamente explorada por diferentes segmentos científicos, cada qual adotando métodos de estudo distintos e próprios de suas ciências, porém, quanto a um aspecto não há divergência: a comunicação humana só acontece pelo uso da linguagem.[1]

A linguagem, quando comparada com a língua e a fala, é mais abrangente, significa a capacidade de comunicação do ser humano[2] por meio de signos sistematizados, ou seja, pelo uso da língua[3] que é o

1. Concebida em sentido bem amplo, pois como explica Lúcia Santaella, a linguagem pode referir-se "a uma gama incrivelmente intrincada de formas sociais de comunicação e de significação que inclui a linguagem verbal articulada, mas absorve também, inclusive, a linguagem dos surdos-mudos, o sistema codificado de moda, da culinária e tantos outros" (*O Que É Semiótica*, São Paulo, Brasiliense, 2007, p. 12). Para Cristiano Carvalho "A relação entre linguagem e comunicação não é uma causalidade linear, mas um processo circular. Ao passo que a comunicação pressupõe linguagem, esta só desenvolve-se com a interação social. Em verdade, linguagem e comunicação são duas dimensões de um mesmo fenômeno, qual seja, a capacidade humana de processar e conceitualizar abstratamente os dados advindos da realidade" (Cristiano Rosa Carvalho, *Teoria do Sistema Jurídico - Direito, Economia, Tributação*).

2. "A comunicação entre os homens se põe pela linguagem", in Gabriel Ivo, *Norma Jurídica, Produção e Controle*, p. 48.

3. O vocábulo "língua" possui diversas acepções. Podemos entendê-la como sistema de signos, vigentes numa determinada sociedade, visando à comunicação entre os indivíduos, ou seja, enquanto

código ou conjunto dos signos adotados por uma comunidade (no Brasil, p.ex., a língua portuguesa).[4] Já a fala, por sua vez é a língua em movimento, na ocasião em que o homem escolhe os códigos para se comunicar. Linguagem, língua e fala são noções correlatas e indissociáveis.

Para Gregorio Robles Morchón,[5] adicionalmente, onde há sociedade há direito, mas também há linguagem. Apenas existe sociedade ali onde os homens estão dispostos a se entender, o que só se sucede porque há uma linguagem em comum que assegura a comunicação entre eles, de modo que sem comunicação a sociedade não é possível. E mais, a sociedade, enquanto um sistema comunicativo, encontra no direito uma forma eficaz de entendimento entre seus membros. Assim, o direito demonstra-se como o meio mais relevante de organização social, já que serve para resolver conflitos e implantar a paz.

Sociedade, linguagem e direito são realidades que andam sempre unidas. Todavia, entre direito, sociedade e linguagem, Gregorio Robles Morchón adota a linguagem como idéia central e base da construção de sua teoria comunicacional do direito, e conclui: "A razão está em que o Direito é sistema de comunicação, porque a Teoria do Direito é uma teoria *comunicacional*"[6] (grifos no original).

idioma (português, francês). Porém, cabe lembrar que a língua (idioma) é apenas um dos sistemas sígnicos que servem de meio de comunicação entre os homens. Nesse sentido, a língua tem o caráter de uma verdadeira instituição, pois é resistente a tentativas isoladas de modificação. Esta instituição está representada pela linguagem (Paulo de Barros Carvalho, *Direito Tributário, Linguagem e Método*).

4. Paulo de Barros Carvalho, *Direito Tributário, Linguagem e Método*.

5. *Teoría del Derecho: Fundamentos de Teoría Comunicacional del Derecho*, pp. 65-67.

6. Tradução livre de: "La razón está en que el Derecho es un sistema de comunicación, por lo que la Teoría del Derecho é una teoría *comunicacional*" (grifos no original – *Teoría del Derecho: Fundamentos...*, p. 67).

Em outras palavras, o direito é linguagem, concepção que vem ao encontro do contexto científico atual e com o que concordamos plenamente.

Estabelecer o contexto dentro do qual estamos situados é relevantíssimo, pois, aproximar-se de qualquer objeto com pretensões cognoscitivas e científicas e, a fim de compreender a mensagem normativa, requer duas medidas preliminares do exegeta: indicar o *contexto* a que ele pertence, bem como, quais serão os *métodos* escolhidos para sua investigação.

Segundo Nicola Abbagnano,[7] *o contexto é conjunto dos elementos que condicionam, de um modo qualquer, o significado do enunciado*. Nele encontram-se os entendimentos das ciências, aqueles que são partilhados pela comunidade científica.

Como dissemos, atualmente vigora o paradigma da linguagem – entendida como a capacidade de comunicação entre os homens por meio de uso dos signos – de modo que o significado dos vocábulos bem como a compreensão da mensagem normativa estarão sujeitos às condições do complexo comunicacional do qual eles fizerem parte.

Há que se estabelecer a localização nos textos legais da norma ou do vocábulo em análise, e também indicar a existência de elementos que possam influenciar esse processo interpretativo.

Não é demais ressaltar, que o direito é um subsistema da sociedade, portanto, faz parte desse fenômeno comunicacional, materializando-se inevitavelmente pela linguagem. Não havendo outro modo de estudá-lo, que não seja compreendendo *sua linguagem*, que não se confunde com a ordinária, aquela de que fazemos uso em nosso dia-a-dia. Todavia, não podemos ignorar o fato de que o uso comum das palavras, em muitos casos, influencia o enten-

7. *Dicionário de Filosofia*, 4ª ed., p. 199.

dimento da mensagem normativa, porque o legislador escolhe as palavras e elabora as normas, envolto nesse contexto.

Há também alguns signos eleitos pelo legislador que muitas vezes têm suas acepções pré-definidas pelo próprio direito, exemplo são os conceitos estabelecidos pelo direito privado, por outro lado, algumas palavras devem ser compreendidas a partir do amplo fenômeno comunicacional a que tanto a sociedade como o direito, subsistema social, estão submetidos. Tais são os elementos de que falamos e que são essenciais na aferição do conteúdo semântico de qualquer signo, bem como para se entender a mensagem da norma.

Sendo assim, se o contexto condiciona o significado das palavras, quando os termos foram escolhidos pelo legislador constituinte e inseridos na CR/1988, por exemplo, no caso dos tributos, foram feitos com a certeza de colher algum aspecto que pudesse denotar riqueza, uma vez que estava cuidando de eleger os fatos tributáveis. Qualquer estudo requer um ponto de partida e, como direito se expressa em linguagem, no exemplo adotado, deve ser o enunciado consitucional. (Ou outra prescrição normativa legítima apta aos outros campos.)

Não queremos dizer que realizar a interpretação a partir do texto constituicional, seja para *extrair* dos textos a intenção do legislador, pelo contrário. Entendemos, contudo, que o signo só pode ser interpretado dentro do *contexto* de que faz parte, encontrando aí seus limites. Isso porque, conforme explica Paulo de Barros Carvalho,[8] "não há texto sem contexto" e o valor do signo, quando isolado, ou é nulo ou ambíguo. Ou seja, o contexto dá as tendências valorativas adotadas pelos homens que são os aplicadores do direito (ato inexorável ao ser humano).

8. *Direito Tributário: Fundamentos Jurídicos da Incidência*, 5ª ed., p. 18.

1. Linguagem, verdade e conhecimento

Vimos que a comunicação é inerente à atividade humana. O homem já nasce (se fisiologicamente perfeito) com a habilidade de compreender a linguagem e nela expressar-se, tornando-se inevitável. Ela permeia toda a realidade sociocultural, que, por sua vez, condiciona a ação humana.[9]

Essa atual concepção em torno da linguagem decorre da proposição 5.6 da obra[10] de Ludwig Wittgenstein: "Os limites do meu mundo significam os limites de minha linguagem". Apesar de muito citada é imprescindível repeti-la, porque o *Tractatus Logico-Philosophicus* é um marco na história do pensamento humano,[11] revelando o início do momento que vivemos. Sua dimensão é tamanha que continua afetando os movimentos, desde o "neopositivimo lógico"[12] até o presente "giro lingüístico", com todas as implicações que se abriram para a teoria da comunicação,[13] pois a linguagem representa o uso dos signos pelos homens para se comunicarem.

As ocorrências e os objetos do mundo, se não forem relatados em linguagem nunca serão conhecidos pelo homem, pois "todo pensar já se movimenta no seio da linguagem (...) num espaço lingüistica-

9. Tárek Moysés Moussallem, *Revogação em Matéria Tributária*, p. 8.

10. *Tractatus Logico-Philosophicus*.

11. Paulo de Barros Carvalho ainda explica: antes de Kant prevalecia a filosofia do ser. Com Kant a filosofia da consciência e, a partir de Wittgenstein, a filosofia da linguagem (*Direito Tributário, Linguagem e Método*).

12. Corrente de pensamento que surgiu em Viena na segunda década do século XX caracterizada pela reunião de estudiosos de diversas áreas preocupados com o conhecimento científico. Sua principal característica está na importância que deram à linguagem, tanto que reduziram a Filosofia à Epistemologia e esta à Semiótica (Paulo de Barros Carvalho, *Direito Tributário, Linguagem e Método*).

13. Paulo de Barros Carvalho, *Direito Tributário, Linguagem e Método.*

mente mediado".[14] É a linguagem que proporciona acesso ao que existe, só ela consegue transformar as coisas e dar sentido à realidade, "a língua é vista como um sistema de signos, cuja relação com a realidade é estabelecida arbitrariamente pelos homens".[15]

É este o pensamento de Vilém Flusser, afirmando em seu livro *Língua e Realidade*,[16] que "*conhecimento*, *realidade* e *verdade* são aspectos da língua" (grifos no original).[17] Para ele o homem só percebe a realidade tendo em vista que ela é dada pela linguagem. Os dados brutos percebidos pela intuição sensível do homem são reconhecidos por existirem dentro de um *contexto lingüístico*, sendo, todas as palavras, metáforas.

Além disso, o Autor afirma que cada língua idiomática, mesmo a científica, acaba criando realidades distintas, porque cada idioma está vinculado à cultura a que pertence.

Nesse paradigma e consoante asserção de Flusser transcrita acima, a *verdade e o conhecimento* também dependem da linguagem. É a força do "giro lingüístico" que afirma: "Nada há fora das interpretações", e quando analisa a "verdade", assume que ela será uma construção lingüística. Verdadeiras serão aquelas proposições emitidas que mais convencimento provocarem, prevalecendo verdade por convencimento. Vejamos os ensinamentos de Dardo Scavino:[18] "Nunca conhecemos a coisa tal como ela é, fora dos discursos que falam sobre ela e de alguma maneira a criam ou a constituem. Sempre conhecemos, segundo o lema nietzchiniano, uma interpretação ou uma versão dos fatos, e nossa versão resulta, por sua vez, uma versão dessa versão".[19]

Não é demais lembrar que neopositivistas lógicos compreendiam a verdade de forma diferente aos adeptos do "giro lingüístico". Apesar do ponto de convergência mais acentuado destes dois movimentos ter sido a importância que deram à linguagem, no tocante à verdade, discordavam. Para os neopositivistas lógicos a verdade da linguagem emitida estava condicionada à realidade e deveria ser provada empiricamente. É a *verdade por correspondência com a realidade*.

Esta concepção foi superada pelo "giro lingüístico"[20] e, atualmente, prevalecerá a versão (linguagem) dos fatos que mais causar convencimento.[21]

14. Manfredo Araújo de Oliveira, *Reviravolta Lingüístico-Pragmática na Filosofia Contemporânea*, 2ª ed., p. 206.

15. Tércio Sampaio Ferraz Júnior, *Introdução ao Estudo do Direito: Técnica, Decisão, Dominação*, 4ª ed., p. 36.

16. Vilém Flusser, *Língua e Realidade*, 2ª ed.

17. Idem, p. 34.

18. *La Filosofía Actual: Pensar Sin Certezas*, pp. 38-39.

19. Tradução livre da seguinte passagem: "nunca conocemos la cosa tal cual es fuera de los discursos que hablan acerca de ella y, de alguna manera la crean o la construyen. Siempre conocemos, según el lema nietzcheano, una interpretación o una version de los hechos, y nuestra versión resulta a su vez una versión de esa versión".

20. Conforme explica Tácio Lacerda Gama, com a clareza que lhe é peculiar: "O 'giro-lingüístico' surge como proposta de superação da filosofia da consciência. O argumento central para essa ruptura é a mudança na forma de conceber a relação entre linguagem e conhecimento. Sob a vigência da filosofia da consciência, a linguagem era vista como simples instrumento entre o sujeito e o objeto do conhecimento. A escolha do método de investigação seria determinada pelo tipo de objeto a ser estudado. Já a verdade seria fruto da correspondência entre a proposição lingüística e o objeto de estudos". E continua: "Para os autores do 'giro lingüístico', toda forma de compreensão se dá na linguagem. Com efeito, a linguagem deixa de ser concebida como um mero instrumento que ligaria o sujeito ao objeto do conhecimento. (...) Sem linguagem, ou antes dela, não seria possível compreender o que é sujeito, tampouco o que vem a ser o objeto. Por isso, tudo aquilo que se pode compreender é linguagem" (*Contribuições de Intervenção no Domínio Econômico*, pp. 30-31).

21. Exemplo recente é o discurso de que Plutão deixou de ser planeta desde 24.5.2006. Outro é de que o Sol girava em torno da Terra, e que, mais tarde foi descoberto justamente o contrário: a Terra é que gira em torno do Sol. Isso demonstra que os

Quanto ao conhecimento, numa acepção geral, é a relação que se dá entre determinado objeto e as significações construídas pelo homem. Ele é composto pela linguagem na sua função descritiva e, via de regra, fazendo uso da linguagem ordinária. É a epistemologia ou teoria geral do conhecimento.

Agora, quando se pretende conhecer o objeto cientificamente, após reconhecer como ele se manifesta, deve-se saber qual sua linguagem e emitir proposições sobre ela (metalinguagem), discorrendo com precisão visando ao convencimento. Para tanto, exige-se a linguagem das ciências, isto é, uma linguagem rigorosa, mas de fácil entendimento, clara, coerente, tornando possível a comunicação do conhecimento, conforme ensina Lourival Vilanova:[22] "Mediante a *linguagem* fixam-se as significações conceptuais e se *comunica* o *conhecimento. O conhecimento ocorre num universo-de-linguagem e dentro de uma comunidade do discurso*" (grifos nossos). Esse rigor lingüístico é exigência do discurso da comunidade científica.

Paulo de Barros Carvalho[23] põe o conhecimento em destaque, pois ele amplia o mundo. Sua expansão "é uma função do alargamento dos modos de exprimir-se o mundo, no contexto da linguagem que corta e recorta, em todas as direções, o tecido da vida social". E, o "cerco inapelável da linguagem" é um "cerco que tende a dilatar-se, a ampliar-se, que se supera a cada instante e que ameaça transcender-se para tocar, ainda que levemente, os objetos da experiência, sem, contudo, poder fazê-lo".[24] A linguagem não toca os objetos do mundo, mas como ela tem se aperfeiçoado cada vez mais, acaba provocando essa sensação.

As palavras de Martin Heidegger são nesse mesmo sentido que "somente quando se encontra a palavra para a coisa, a coisa é coisa. (...). É a palavra que confere ser às coisas".[25] É por meio da atribuição de signos que os elementos do mundo tornam-se conhecidos, pois "conhecer não significa a simples apreensão mental de um objeto da existência concreta. Ao contrário, é o intelecto que produz os objetos que conhecemos".[26]

Inegável, portanto, que vivemos num mundo de linguagem e que toda produção científica acerca de determinado objeto (linguagem científica), bem como o processo de positivação do direito (linguagem-objeto da Ciência) estarão relacionados às respectivas linguagens emitidas e de acordo com as regras de cada um de seus sistemas (de linguagem). E apenas compreendendo a forma de manifestação do direito (sua linguagem e seu contexto) que é possível entender a mensagem normativa.

2. Conceito de direito e sua linguagem

O direito é um fenômeno que pode ser estudado por muitos ângulos, o que faz com que não exista um consenso para a definição do conceito da palavra "direito", por isso, é necessário precisar o uso dado à expressão. Hans Kelsen[27] afirma: "Uma teoria do Direito deve, antes de tudo, determinar conceitualmente seu objeto. Para alcançar uma definição do Direito é aconselhável primeiramente partir do uso da linguagem (...)". O Autor analisa seu uso e chega à conclusão de que o termo "direito" apresenta características comuns "sendo suficientemente significativas para servirem de elementos de um conceito do co-

fatos, nos dois exemplos, não mudaram e sim as versões interpretativas sobre eles.

22. Lourival Vilanova, *As Estruturas Lógicas e o Sistema do Direito Positivo*, p. 40.

23. Paulo de Barros Carvalho, Prefácio in Gabriel Ivo, *Norma Jurídica...*, p. XV.

24. Paulo de Barros Carvalho, Prefácio in Gabriel Ivo, *Norma Jurídica...*, pp. XV, XVI.

25. *A Caminho da Linguagem*, p. 126.

26. Fabiana Del Padre Tomé, *A Prova no Direito Tributário*, p. 2.

27. *Teoria Pura do Direito*, 6ª ed., p. 33.

nhecimento científico sobre a sociedade". Entre diferentes línguas, bem como em diferentes épocas o "Direito" apresenta-se sempre como ordens de conduta humana, e conclui o Autor: "Uma ordem é um sistema de normas (...)". Este trecho demonstra que umas das opções é estudar o direito enquanto uma ordem normativa, ou conjunto de normas jurídicas. E, "(...) onde houver normas jurídicas haverá, certamente, uma linguagem em que tais normas se manifestem".[28]

A forma em linguagem, porém, que expressa o modo particular de existir do direito, deve apresentar-se em texto.[29] Essa também é a afirmação de Gregorio Robles Morchón para quem o direito manifesta-se em linguagem, isto é, a verbal-escrita, pois "O direito é texto", e "texto é, sem dúvida, o texto escrito: uma carta, uma novela, a Bíblia, o Código Civil".[30]

Entenderemos o direito, por conseguinte, como o direito positivo (ou posto), aquele válido aqui e agora,[31] em outras palavras, como o conjunto de prescrições normativas em determinado tempo e espaço, visando à exigência de determinadas condutas entre os seres humanos, pois, de questões internas ao homem, não cuida o direito.

Sua linguagem é do tipo técnica, baseia-se, em sua maior parte, no discurso natural (linguagem do dia-a-dia), aproveitando algumas palavras e expressões científicas.[32]

Isso acontece em virtude da heterogeneidade da Casa Legislativa, composta de profissionais de diversas áreas (advogados, médicos, contabilistas, engenheiros, etc.) que elaboram as normas fazendo uso da linguagem comum.[33]

O direito positivo, enquanto conjunto de todos os enunciados prescritivos pode, portanto, conter contradições. Por esse motivo às normas jurídicas são atribuídas as valências: válida e não-válida (organização lógico-deôntica).

A função de sua linguagem é prescritiva, porque compõe-se de um conjunto de ordens, comandos que buscam alterar os comportamentos sociais motivando seus destinatários por meio do uso de três modais deônticos: O – Obrigatório; V – Proibido; e, P – Permitido.

2.1 Metalinguagem científica

Assim como o direito positivo, a Ciência do Direito também tem sua expressão na linguagem, mas suas linguagens são inconfundíveis. Cada conjunto de enunciados – de um lado o direito positivo e de outro a Ciência do Direito –, portanto, constrói uma realidade lingüística distinta, sendo proibido usá-los com uma mesma significação, fato que é muito comum entre os que se propõem a discorrer sobre o direito.

À *Ciência do Direito* cabe estudar o direito positivo; sendo assim, o cientista deverá debruçar-se sobre os textos legais e, utilizando-se de uma determinada metodologia, descrevê-lo, interpretá-lo, esclarecê-lo, fornecendo orientações e caminhos para um possível entendimento, indicando os conteúdos de significação, o sentido e o alcance dos enunciados prescritivos.

Fazer Ciência é conhecer seu objeto sabendo realizar exposições sobre ele, só que esse discurso não se valerá mais da lin-

28. Paulo de Barros Carvalho, *Direito Tributário: Fundamentos...*, cit., p. 19.

29. Paulo de Barros Carvalho, *Direito Tributário, Linguagem e Método*.

30. *O Direito como Texto: Quatro Estudos de Teoria Comunicacional do Direito*, pp. 19, 21.

31. Pois, para a Ciência do Direito, vale estudar a ordem jurídica posta, isto é, "o direito positivo considerado *hit et nunc*" (cf. Paulo de Barros Carvalho, *Curso de Direito Tributário*, 19ª ed., p. 13).

32. Clarice von Oertzen de Araújo, *Semiótica do Direito*, p. 20.

33. Cf. Paulo de Barros Carvalho, *Curso de Direito Tributário*, pp. 4-5.

guagem técnica, admitida no direito positivo. O cientista do direito deve usar sua linguagem, que é própria para que a mensagem fique livre de ruídos, gerando segurança aos interlocutores e cumprindo seu papel que é oferecer significações dos textos legais, aproximando o homem comum do plexo normativo.

A linguagem da Ciência do Direito, em sua função, é descritiva, é metalinguagem, pois seu objeto também é uma linguagem (o direito positivo).

Aqui estão presentes os valores de falsidade e verdade, pois sua organização lógica é a da lógica apofântica (lógica alética), devendo atender aos três princípios básicos:

a) da identidade (onde o objeto deve ser o mesmo durante todo o discurso);

b) da não-contradição, pois uma coisa não pode ser verdadeira e falsa ao mesmo tempo; e,

c) do terceiro excluído, pois suas proposições serão ou verdadeiras ou falsas e não há uma terceira opção.[34]

Agora essas estruturas lingüísticas conformam sistemas próprios, como veremos.

2.2 Sistema do direito positivo e da Ciência do Direito

A palavra "sistema" também requer breve esforço de elucidação, já que é plurissignificativa. Compreendemos sistema, no seu significado de base, como o conjunto de objetos formados por partes que se vinculam de acordo com um princípio unitário, um vetor comum. São elementos relacionados de acordo com determinadas regras.

Segundo Lourival Vilanova[35] "(...) o direito positivo se não é, tende a ser um *sistema*. Não é um mero agregado de proposições normativas, simples justaposição de preceitos, caótico feixe de normas. A própria finalidade de que tem que ordenar *racionalmente a conduta humana* sujeita-o às exigências da racionalidade, de que a lógica é a expressão mais apurada" (grifos do Autor).

Enquanto ordem de conduta humana, Kelsen[36] explica que "Uma 'ordem' é um sistema de normas cuja unidade é constituída pelos fatos de todas elas terem o mesmo fundamento de validade". E é justamente isso que dá o caráter unitário ao sistema.

Sob outro ponto de vista, Marcelo Neves,[37] por sua vez, propõe a seguinte classificação para os sistemas, em:

1) *Reais* (ou empíricos) constituídos por objetos do mundo físico e social. Sistema Solar.

2) *Proposicionais*
- 2.a) *Nomológicos* (matemática, lógica)
- 2.b) *Nomoempíricos*
  - 2.b.i) Descritivos ou teoréticos (científicos)
  - 2.b.ii) Prescritivos (de regras morais, jurídicas)

34. Em linguagem formalizada:
a) identidade: $p \supset p$ *(ou* $p \equiv p$*)*;
b) não-contradição: $-(p \,.\, -p)$;
c) terceiro excluído: $p \vee -p$.

35. *As Estruturas Lógicas e o Sistema do Direito Positivo*, cit., pp. 86-87.

36. *Teoria Pura do Direito*, p. 33.

37. *Teoria da Inconstitucionalidade das Leis*, p. 3.

Reais são aqueles formados por objetos do mundo físico ou social, orientados pelas regras naturais, regidos pela causalidade física.[38] Os *proposicionais* são os constituídos por proposições necessariamente expressas em linguagem. Insta frisar neste modelo que tanto o sistema do direito positivo quanto da Ciência do Direito pertencem ao tipo de *sistema proposicional*, que faz uso da linguagem; a diferença entre eles se dá exatamente no tipo de linguagem utilizada consoante explicado anteriormente.

O *sistema do direito positivo* compreende, portanto, o conjunto de todos os enunciados prescritivos num determinado tempo e espaço, inter-relacionadas sintática e semanticamente segundo um vetor comum, pois todos convergem para seu fundamento que é a Constituição. E são essas propriedades que levam inevitavelmente à noção de sistema, sistema do direito positivo, enquanto conjunto de elementos agrupados e relacionados entre si perante uma referência.

A *Ciência do Direito* por sua vez, é composta pelos discursos científicos e ocupa-se do sistema do direito positivo relatando-o com observância aos princípios que regem a Lógica Apofântica (lógica da linguagem descritiva): a identidade, não-contradição e terceiro excluído. Se a precisão lingüística não fosse observada e fossem admitidas as contradições no sistema da Ciência do Direito, sua própria existência estaria comprometida, porque, se ao cientista compete analisar as regras, construir as significações com uso de métodos apropriados, não há como conceber que um mesmo sistema admita, concomitantemente, que um discurso, por exemplo, seja verdadeiro e falso, o que ofenderia ao princípio lógico da não-contradição.

Não podemos deixar de expor a posição de Gregorio Robles Morchón sobre ordenamento e sistema, para quem há uma grande diferença.[39] Para ele o ordenamento é o conjunto de textos brutos, aglomerado de textos que são fruto das decisões, iniciando pelo texto da Constituição e depois pelas demais leis infraconstitucionais. O ORD, como o Autor denomina, pode ser convertido em um documento, mas é apenas um texto desorganizado, bruto. Agora, o sistema surgirá a partir do momento em que o homem, tendo em vista que sua mente exige organização e tomando contato com o texto bruto, o interpreta, apresentando-o sistematicamente e de maneira depurada.

A diferença que há entre nosso entendimento e do referido Autor é que para ele o ORD enquanto conjunto de enunciados prescritivos não apresenta forma de sistema; nós, contudo, usamos os termos "ordenamento" e "sistema do direito positivo" como sinônimos, porque entendemos que o direito positivo, a partir do momento em que é linguagem, já apresenta certa organização lógica e deve ser considerado um sistema. Portanto, para nós, tanto há sistema no direito positivo, como na Ciência do Direito; já para Gregorio Robles Morchón essa figura só existe na Ciência do Direito.

Compreender essas duas realidades (cada qual com sua respectiva linguagem e, por esse motivo, componentes de sistemas diferenciados) é elementar para qualquer estudo que se pretenda realizar, pois para assimilar a mensagem normativa, há que se ter como base a análise do direito positivo, dos enunciados prescritivos que o

38. Neste ponto temos que fazer uma observação em consonância com Paulo de Barros Carvalho: "*é preciso acentuar que a subespécie dos sistemas reais não pode ser aceita no âmbito do modelo que venho desenvolvendo, exatamente porque pressupõe objetos da experiência que extrapassam os limites na linguagem*. Ora, no quadro de referências que estabelecemos como ponto de partida para a compreensão do mundo, tendo em vista os objetivos deste trabalho, a linguagem surge como instrumento constitutivo da realidade" (grifos no original – *Direito Tributário: Fundamentos*..., cit., p. 50).

39. *Teoría del Derecho: Fundamentos*..., pp. 118-119.

compõem e, então, observando o processo comunicacional e compreendendo o direito como fenômeno comunicacional, elaborar uma proposta de interpretação própria da Ciência do Direito. É justamente essa noção de sistema que explica que o ponto de partida deve ser a Constituição de 1988 (ou enunciado prescritivo equivalente).

3. Métodos para aproximação do direito

Os métodos, que acabam sendo determinados pelo paradigma científico, exercem outro papel considerável que é de colaborar na delimitação do objeto de estudo, cortando-o, recortando-o, enfim realizando as incisões exigidas pelo trabalho, para que atinja sua proposta de aprofundamento no tema proposto.

Miguel Reale[40] assevera, quanto ao método, que a ciência é feita por ele, de forma que "(...) conhecimento científico é aquele que obedece a um processo ordenatório da razão, garantindo-nos certa margem de segurança quanto aos resultados, a coerência unitária de seus (...)".

E há variados métodos científicos[41] orientando o aproximar-se do direito com fins cognoscitivos, dentre eles a Semiótica.

Agora, antes de prosseguirmos cabe sublinhar, mas também fazer uma ressalva sobre o objeto de análise. Sublinhar, pois, enquanto pretender-se fazer Ciência do Direito em sentido estrito ou Dogmática do Direito, não basta escolher a linguagem do sistema jurídico como elemento inicial de análise. Essa atitude não deixa de ser um corte, mas há outro que deve ser realizado para a delimitação do objeto e adequada aplicação do método: destacar, dessa imensa quantidade de textos do direto positivo, qual fragmento será estudado, mas ressalvando que "A parcialização da teoria do direito é apenas técnica metódica de conhecimento e de uso ou aplicação dele, como o faz o jurista dogmático".[42]

O direito é uno[43] e tais segregações são meramente didáticas. Nessa linha, o cientista deve partir (no caso que utilizamos para exemplificar) das prescrições da Carta Magna, no caso de ser matéria tributária,[44] ou de outras prescrições conforme a matéria.

Diante da linguagem-objeto do direito positivo escolhida, o maior problema que se põe é o do sentido das palavras. As palavras, tendo em vista que são frutos de convenção entre os homens, alteram-se conforme os valores envolvidos e ganham novas significações dependendo do contexto lingüístico em que estão inseridas e da forma como são usadas. Isso gera interferências no processo comunicacional, ocasionando problemas de linguagem, como a vaguidade e ambiguidade, tudo porque a compreensão das palavras (já que arbitrariamente estabelecidas) condiciona-se aos lindes da cultura em que se encontram.

40. *Filosofia do Direito*, 19ª ed., p. 55.

41. "(...) a pluralidade de métodos científicos instrumentando a aproximação do exegeta ao próprio objeto cultural que é o sistema jurídico, decididamente, demonstra a complexidade da ontologia do direito. Entre a camada lingüística do chamado direito positivo e a realidade social, tomada na porção das condutas interpessoais, há uma multiplicidade de modos de aproximação, um número crescente de enfoques temáticos, representando cada qual uma forma de corte metodológico com que o ser cognoscente trava contato com o objeto do conhecimento" (Paulo de Barros Carvalho, *Direito Tributário, Linguagem e Método*).

42. Lourival Vilanova, *As Estruturas Lógicas...*, cit., p. 15.

43. Alfredo Augusto Becker: "Pela simples razão de não poder existir regra jurídica independente da totalidade do sistema jurídico, a autonomia (no sentido de independência relativa) *de qualquer ramo do direito positivo é sempre e unicamente didática para, investigando-se os efeitos jurídicos resultantes da incidência de determinado número de regras jurídicas, descobrir a concatenação lógica que as reúne num grupo orgânico e que une este grupo à totalidade do sistema jurídico*" (grifos no original – *Teoria Geral do Direito Tributário*, 3ª ed., p. 31).

44. Note-se que no Brasil, optou o legislador constituinte em tratar a matéria tributária no plano constitucional.

Mas mais que isso, há que se levar em conta a ideologia de cada um que trava contato com ela, já que as palavras, fora de contexto não têm significação.[45]

Para minimizar esses problemas há que se fazer a elucidação dos vocábulos, como recomendavam os neopositivistas lógicos, determinando em quais acepções os vocábulos serão adotados. Essa medida, apesar de não resolver completamente as questões em torno da linguagem, ao menos demonstra preocupação científica, além de ser essencial para dar maior coerência ao discurso e compreensão da mensagem.

Além do problema da ambiguidade ou polissemia, que é a condição de uma palavra com mais de um significado, mal que quase todas as palavras possuem, conforme ensinam Guibourg, Ghigliani e Guarinoni,[46] elas também são vagas e, sendo a linguagem o instrumento utilizado pela Ciência, é salutar conhecer tais limitações.

A vaguidade é a falta de precisão do significado de uma palavra. A palavra "justiça", por exemplo, não tem um significado determinado em seu uso pelos operadores do direito. Quando o Estado-juiz é acionado pela parte prejudicada, ele peticiona em nome da "justiça"; por outro lado, a parte oposta defende-se em nome da "justiça"; e o Juiz, também decide em nome dela. A palavra com significado vago é aquela cuja aplicabilidade é duvidosa. Isso só pode ser resolvido a partir de uma decisão lingüística adicional, ou seja, determinar o contexto do qual faz parte.

Há muitos casos de vaguidade e ambiguidade (polissemia) encontrados no direito positivo. Vagas são as palavras como: igualdade, justiça, capacidade contributiva, urgência, grave, contribuições sociais, relevante interesse público, investimento de caráter relevante, prestar serviços. Ambíguas são: direito, tributo, receita, fato gerador, constituição definitiva, a comunicação, etc.

A ambiguidade pode ser evitada, na maioria dos casos, pela *interpretação* da palavra dentro de um contexto, um caminho é tentar compreendê-la na significação que o emitente quis lhe dar. O que me parece muito apropriado para as hipóteses triutárias, tendo em vista que o emitente é o legislador constitucional.

3.1 Interpretação e Semiótica

Pela maneira como vemos o mundo, não no sentido visual, mas sim em termos de percepção, compreensão está diretamente relacionada com os paradigmas sociais em vigor na sociedade, seja na família, na escola, no trabalho. Acabamos enxergando o mundo não como ele é, mas como fomos condicionados – pela linguagem do universo comunicacional – a vê-lo.

E o direito positivo, como reiteradamente falado, é um corpo de linguagem inserto nesse universo. Para interpretá-lo,[47] a hermenêutica[48] oferece os mais variados critérios para guiar o tal processo, dentre eles o literal, o histórico, o lógico, o teleológico e o sistemático.[49] Todavia, conhecer qualquer manifestação em linguagem exi-

45. Cf. Roman Jakobson, *Lingüística e Comunicação*, 26ª ed., p. 44.

46. *Introducción al Conocimiento Científico*, pp. 47-51.

47. "(...) interpretar é criar, produzir elaborar sentido, diferentemente do que proclamou a Hermenêutica tradicional, em que os conteúdos de significação dos textos legais eram 'procurados', buscados' e 'encontrados' mediante as chamadas técnicas interpretativas". Este é o entendimento de Gadamer por Paulo de Barros Carvalho, *Curso de Direito Tributário*, p. 96.

48. Raimundo Bezerra Falcão explica: "(...) se a atividade ou simples ato de captação do sentido é a interpretação, *as regras pelas quais ela se opera e o entendimento de suas estruturas e do seu funcionamento, enfim, o entendimento dos seus labirintos é Hermenêutica*" (grifos original – *Hermenêutica*, p. 84).

49. Paulo de Barros Carvalho, *Direito Tributário, Linguagem e Método*.

ge seu estudo por meio dos recursos da Semiótica, que é Ciência que estuda os *signos*.

Os signos são fundamentais, permitem a comunicação entre os homens e possuem o *status* lógico de relação, no qual um *suporte físico* se associa a um *significado* e a uma *significação*.[50] Trata-se do denominado triângulo semiótico:

O suporte físico (2) é a palavra falada ou escrita, que, por sua vez, refere-se a algo do mundo, que é seu significado (3), suscitando em nossa mente uma noção, idéia ou conceito, que chamamos significação (1).[51]

A Semiótica divide-se em três partes:[52] a (*i*) Sintaxe (ou Sintática); (*ii*) Semântica; e, (*iii*) Pragmática.

À *sintaxe* cabe estudar a relação dos signos entre si, desprovidos de suas significações. É o plano da construção da linguagem, um conjunto de signos relacionados conforme regras sintáticas e de formação, fazendo a combinação entre signos elementares, tendo em vista a criação de expressões bem elaboradas sintaticamente e significativas. É a gramática de um idioma. Um enunciado que não satisfizer suas regras não terá sentido.

A *semântica* também dá o sentido aos enunciados, porém, sob o ponto de vista da relação dos signos com os objetos que representam, por exemplo, os dicionários oferecendo suas diversas acepções.

A *pragmática*, por sua vez, trata a relação dos signos com seus intérpretes, isto é, é a maneira com que os sujeitos do discurso lidam com as regras, como as empregam, representando as formas de utilização dos signos pelos sujeitos da comunicação, em termos de produzir mensagens.

No sistema do direito positivo, a análise sintática é feita pela relação das normas entre si, por exemplo, entre a Constituição e determinada lei ordinária, devendo atender às regras de formação estabelecidas pelo próprio ordenamento, é um aspecto da análise da validade das normas. Fazem parte da organização sintática também, a boa disposição das palavras nos enunciados prescritivos, como condição essencial para a compreensão da mensagem normativa. Nesse plano estão também as interpretações literais e lógicas.

Os problemas de vaguidade e ambiguidade por sua vez, resolvem-se, ou possuem um caminho para serem minimizados, no plano da semântica, que podemos dizer, para o direito é o seu campo de significações. É pela semântica que os acontecimentos do mundo são associados às normas, para que nelas possam ser enquadrados.

Pode, o estudioso, optar por aprofundar-se em determinado vocábulo jurídico visando à compreensão da mensagem normativa. Para tanto, um plano de linguagem muito utilizado é a semântica, porém a pragmática, embora esteja no campo da eficácia do direito e que objetiva à motivação das condutas, também é fundamental na construção do sentido das palavras. Trata-se do princípio apriorístico da pragmáti-

50. Idem.

51. Idem.

52. Planos de investigação dos signos estabelecidos por Peirce e Morris, conforme explica Paulo de Barros Carvalho em *Direito Tributário, Linguagem e Método*: "Peirce e outro americano – Charles Morris – distinguem três planos na investigação dos sistemas sígnicos: o sintático, em que se estudam as relações dos signos entre si, isto é, signo com signo; o semântico, em que o foco de indagação é o vínculo do signo (suporte físico) com a realidade que ele exprime; e o pragmático, no qual se examina a relação do signo com os utentes da linguagem (emissor e destinatário)".

ca, que mesmo na comunicação científica tem relevância nas significações construídas.[53]

Podemos dizer que, sempre partindo do plano sintático, a semântica influencia a pragmática e vice-versa, pois a pragmática analisa o contexto.

Por fim, cabe sublinhar que o único método completo, e que abrange as três dimensões da Semiótica, podendo ser tomado como critério interpretativo isoladamente, é o *sistemático*, sendo chamado, por isso, de método por excelência.[54] É por isso que Paulo de Barros Carvalho elabora uma proposta interpretativa para a construção das normas jurídicas que divide a análise do direito positivo em quatro subsistemas jurídicos: a) o conjunto de enunciados, tomados no plano da expressão; b) conjunto de conteúdos de significação dos enunciados prescritivos; c) o domínio articulado de significações normativas; e d) a forma superior de sistema normativo.[55]

Todavia, o Professor salienta que essa postura é de caráter epistemológico,[56] não podendo ser vista como uma barreira intransponível, até mesmo porque o direito é uno e indecomponível.[57]

Vejamos sucintamente esses subsistemas:

a) *o sistema da literalidade textual (plano S1)*: ele representa o *corpus*, o plano de expressão ou de significantes do direito, pois quando escrito, pode ser concebido como o conjunto de "letras, palavras, frases, períodos e parágrafos",[58] graficamente inseridos nos documentos normativos. Nesse instante é que se dá o primeiro contato do intérprete com o texto resultante da atividade legislativa, isto é, com o suporte físico das normas, conjunto de signos concatenados sintaticamente, que transmitem uma mensagem segundo as regras de comunicação escrita da língua em que está redigido o texto normativo;

b) *o sistema dos conteúdos de significação (plano S2)*: trata-se do plano semântico, da significação, onde são construídos os significados a partir do texto e se lhes atribui um sentido valorativo. É o campo onde a mensagem enviada pelo sujeito emissor é compreendida pelo sujeito receptor, não obstante de maneira isolada, porque ainda não se trata de norma jurídica. Demonstram, os enunciados, formações bem elaboradas e dotadas de referências objetivas, isto é, o intérprete tem que ter a consciência de que essas prescrições voltam-se à regulação das condutas intersubjetivas;

c) *o sistema das significações normativas (plano S3)*: ou sistema normativo *stricto sensu*, está no plano em que as unidades de significação alcançadas vão se unir para traçar a norma jurídica consoante o esquema formal da implicação deôntica, ou seja, montando-se o antecedente e conseqüente da norma, com toda a estrutura, descrevendo o "dever-ser" de forma completa e acabada. É onde o ser cognoscente modaliza seu comportamento em permitido/proibido/obrigatório, por força da norma jurídica; e

d) *o sistema de organização das normas jurídicas (plano S4)*: nesse estrato mais elevado, o que ocorre é a organização numa estrutura escalonada, considerando-se os laços de coordenação e subordinação entre as normas jurídicas construídas no plano S3; é, como explica Paulo de Barros Carvalho, a Gramática Jurídica, "subconjunto de regras que estabelecem como outras regras devem ser postas, modificadas ou extintas, no interior de certo sistema".[59]

53. Isso também observou Robson Maia Lins, para quem: "Na comunicação, mesmo a científica, o plano pragmático tem grande importância na determinação das significações construídas (princípio da predominância do plano pragmático), sendo, pois, decisivo para precisar o plano semântico" (*Controle de Constitucionalidade da Norma Tributária: Decadência e Prescrição*, p. 47).

54. Paulo de Barros Carvalho, *Curso de Direito Tributário*, p. 102.

55. Idem, p. 111.

56. Idem, p. 110.

57. Idem, p. 14.

58. Idem, p. 115.

59. Idem, p. 126.

Nesse campo é dado a essas unidades normativas o caráter de ordem superior do sistema, inserindo todo esse processo dentro do contexto jurídico.

Todo esse caminho precisa ser seguido, pois, como explica Lourival Vilanova[60] "O legislador não é o sujeito racional que põe normas segundo estruturas bem construídas logicamente. Por isso, muitas vezes, num artigo de lei ora ele é norma simples, mas completa; ora incompleto, contendo mais de uma norma; ora é norma bastante em si, ora integrante de uma série de outras normas, distribuídas em setores e subsetores do direito".

Em suma, o homem, a partir do suporte físico, capta os enunciados com sentido em sua mente. O sentido dos enunciados é encaixado em uma unidade lógica – estrutura hipotético-condicional –, de onde se constrói a norma jurídica, com a descrição do fato de possível ocorrência no mundo empírico e a conseqüência prevista ao observá-lo. Esta norma jurídica é o direito interpretado na mente do ser cognoscente[61] mas que não deve parar aí, pois tais ilações deverão ser formalizadas em linguagem para que fique consignada a construção exegética.[62] Em outras palavras, o texto escrito está para a norma jurídica tal qual o vocábulo está para sua significação.[63]

E, apesar de entendermos que os signos, quando devidamente contextualizados limitam a interpretação, não estamos de acordo com aqueles que, como Karl Larenz,[64] dizem que ao intérprete só cabe fazer falar o texto, sem acrescentar ou omitir o que quer que seja. Não é possível que o aplicador ou intérprete da lei se comporte de modo passivo.

O homem é um ser dotado de valores e, além de estar envolvido num contexto, que tende a direcionar determinada interpretação, duas coisas não são possíveis: que seja extraída a vontade do legislador, isso o texto legal não consegue refletir, bem como o exegeta não consegue retirar; e a segunda, é que exista algum intérprete que não realize nenhum juízo valorativo de acordo com suas convicções.

3.2 Normas jurídicas – Unidades do direito positivo

O direito positivo, em sua expressão mais sucinta, pode ser definido como o conjunto de normas jurídicas. E também, tudo que for possível estar ou entrar no direito posto serão normas.[65] Elas são produto do processo interpretativo, como explicamos no item anterior.

Paulo de Barros Carvalho[66] com muita clareza define norma jurídica: "A norma jurídica é a significação que obtemos a partir da leitura dos textos do direito positivo. Trata-se de algo que se produz em nossa mente, como resultado da percepção do mundo exterior, captado pelos sen-

60. *Causalidade e Relação no Direito*, 4ª ed., p. 181.

61. Nesse sentido Alf Ross: "Toda interpretação do direito legislado principia com um texto, isto é, uma fórmula lingüística escrita. Se as linhas e pontos pretos que constituem o aspecto físico do texto da lei são capazes de influenciar o juiz, assim é porque possuem um significado que nada tem a ver com a substância física real. Esse significado é conferido ao impresso pela pessoa que por meio da faculdade da visão experimenta esses caracteres. A função destes é a de certos símbolos, ou seja, eles designam (querem dizer) ou apontam para algo que é distinto deles mesmos" (*Direito e Justiça*, p. 139).

62. Cf. Paulo de Barros Carvalho, *Curso de Direito Tributário*, p. 132.

63. *Curso de Direito Tributário*, p. 8.

64. *Metodologia da Ciência do Direito*, 6ª ed., pp. 448-449.

65. Se o direito é tomado como conjunto de normas válidas, num determinado território e num preciso momento do tempo histórico, tudo dentro dele serão normas, em homenagem ao princípio epistemológico da uniformidade do objeto. Daí porque as entidades "leis", "contratos", "atos administrativos", "desapropriação", "matrimônio", "tributo", etc., reduzidos à expressão mais simples, assumem a condição de normas jurídicas (Paulo de Barros Carvalho, *Direito Tributário, Linguagem e Método*).

66. *Curso de Direito Tributário*, p. 8.

tidos. Vejo os símbolos lingüísticos marcados no papel, bem como ouço a mensagem sonora que me é dirigida pelo emissor da ordem. Esse ato de apreensão sensorial propicia outro, no qual associo idéias ou noções para formar um juízo, que se apresenta, finalmente, como proposição".

De algum modo poderíamos reunir todos os textos impressos, por exemplo, dos enunciados jurídicos prescritivos num dado espaço, mas isso não é suficiente para representar o direito positivo tal como definimos, enquanto conjunto de normas jurídicas. É necessária a interpretação que se dá quando o homem, por algum método, analisa os signos.

A norma jurídica, portanto, enquanto elemento que faz parte do conjunto formado pelo sistema do direito positivo, não está pronta e acabada podendo ser extraída, retirada dos textos do direito positivo.[67] Não. Tem seu sentido *construído* pelo intérprete, sendo, o texto legal, apenas o início da caminhada. Por isso é possível dizer que as normas são as significações construídas a partir do texto do direito positivo ou os juízos hipotético-condicionais que a leitura provoca em nosso espírito.

No entanto, toda essa construção pode ser aplicada a qualquer instituição normativa, porque como signos, são passíveis daquela interpretação por meio do triângulo semiótico que mencionamos. Todas as normas têm o objetivo de regular as condutas humanas, sejam sociais, morais, jurídicas, etc. Então, qual é a diferença entre elas? Não nos ocuparemos em apontar as características que diferenciam as normas entre si, mas, sim, enfatizar o que diferencia as normas jurídicas de todas as demais.

Conforme ensina Hans Kelsen,[68] a moral é diferente do direito especialmente porque a reação prescrita pela moral (suas sanções) não são coativas (emprego da força física) como as sanções no direito.[69] Ademais na moral as reações não são apenas de reprovação quando a conduta é contrária (como se dá no direito), mas também de aprovação quando positiva, por meio de divulgação da honra, entre outros. O princípio segundo o qual a conduta contrária deve ser punida e a adequada recompensada é o "retributivo".

Desse modo, o critério preponderante de diferenciação das normas jurídicas de todas as demais é a coatividade. Assim explica Kelsen:[70] "Uma outra característica comum às ordens sociais a que chamamos Direito é que elas são ordens coativas, no sentido de que reagem contra as situações consideradas indesejáveis, por serem socialmente perniciosas – particularmente contra condutas humanas – como um ato de coação, isto é, com um mal – como a privação da vida, da saúde, da liberdade, de bens econômicos e outros –, uma mal que é aplicado ao destinatário mesmo contra sua vontade, se necessário empregando até a força física – coativamente, portanto".

Observa-se que não é qualquer coação, e sim a realizada com uso da força, regulada pelo Estado e, em alguns casos, até privativa da liberdade. Sua presença revela uma estrutura dual à norma jurídica completa.

Conforme ensina Lourival Vilanova, a norma jurídica completa possui estrutu-

67. Paulo de Barros Carvalho, *Direito Tributário: Fundamentos...*, cit., p. 19.

68. *Teoria Geral das Normas*, pp. 30-31.

69. Explica Lourival Vilanova que: "Empregam-se os termos sanção e coação como equivalentes. Todavia, convém advertir que sanção pode haver na norma primária. O pagamento de um percentual de juros pela tardia adimplência da prestação de locação, como (...) são cláusulas acessórias adjetas às cláusulas principais. (...) essa sanção, cujo pressuposto é o descumprimento de obrigações negociais, é parte integrante da norma primeira. As medidas que o locador toma para fazer exequível (...) tudo isso passa-se em nível (*sic*) da pretensão e da ação, *antes do processo*, como observa Pontes de Miranda" (grifos no original – *Causalidade e Relação no Direito*, pp. 192-193).

70. *Teoria Pura do Direito*, p. 33.

ra dual:[71] *norma primária e norma secundária.* Na *norma primária* estão as relações de direitos subjetivos e deveres jurídicos correlatos, que surgem como conseqüência da verificação do suposto estabelecido na proposição descritiva de situações juridicamente qualificadas, ou seja, é aquela que estatui direitos/deveres e na *norma secundária* encontram-se as conseqüências sancionadoras, aplicadas pelo Estado-Juiz, pelo descumprimento da conduta estabelecida na norma determinante. Nesta parte, visualizamos a propriedade diferenciadora das normas jurídicas (a coatividade).[72]

As normas, da norma completa, ainda que juntas, são lógica e juridicamente diversas em função: dos sujeitos intervenientes; pelos fatos jurídicos e efeitos. A primária tendo realizado sua hipótese fáctica, faz nascer o efeito, a relação jurídica com sujeitos ativo e passivo, com pretensões e deveres reciprocamente implicados, mas essa relação surge por força da causalidade jurídica (imputação deôntica) que o ordenamento institui. Na norma secundária, a hipótese fáctica é o não-cumprimento do dever constituído na norma primária, cujo efeito é de exigir coativamente, perante o órgão estatal a efetivação deste dever.

O modo como o direito positivo de uma sociedade exprime-se, onde há conduta dotada de "juridicidade formal", por mais variada a seu estilo, técnico ou idioma, aí será encontrada sua forma dual. Cabe lembrar, todavia, que qualquer norma também se divide, é bimembre, composta de antecedente e conseqüente, unidos por um functor relacional neutro, compondo aquele juízo hipotético-condicional simbolicamente representado como $p \to q$, significando: dado o fato da ocorrência de p, então, deve-ser q.

A *norma primária*, apesar de possuir uma qualificação própria que é norma jurídica em sentido estrito,[73] não deixa de ser norma. Em termos gerais seu antecedente caracteriza-se por conter descrição de situação (de fato ou abstrata), que pode ou não envolver uma conduta humana, podendo prever, por exemplo, uma situação da natureza. É essencialmente seletor, pois é por meio dele que os fatos sociais são trazidos para o mundo do direito, sendo o único veículo de que pode fazer uso o legislador para a regulação das condutas, pois não é possível fazê-lo de modo individualizado para todos os casos. Ainda que existam normas individuais e concretas elas serão decorrentes do processo de positivação do direito que pressupõe a existência de normas gerais e abstratas.

No âmbito da teoria pura do direito: do ser não provém o dever-ser, do meramente factual não provém o normativo porque as modalidades são irredutíveis, muito embora na composição do fato objetivo de cultura, que é o direito, haja inter-relacionalidade entre os modos.

71. *Causalidade e Relação no Direito*, pp. 188 e ss.

72. *Formalmente a estrutura lógica da norma completa* pode ser representada como: $D\ [(p \to q)\ v\ (-q \to S)]$, onde D é o functor relacional neutro $(p \to q)$ é a *norma primária*, indicando que dado o antecedente "p", dever-ser o consequente "p". O símbolo v é um conectivo extensional – disjuntor includente, que significa "ou", ou seja, se "q" não for cumprido, então, a *norma secundária* entra em ação $(-q \to S)$, no qual S é o Estado-juiz. Em outras: dado do fato de "p" então dever-ser "q", ou, dado o fato de "não-q", então, dever-ser "S". Analisando esta estrutura lógica percebemos que a *organização sintática* de ambas as normas é a mesma, variando tão-somente o aspecto semântico, porque na norma secundária o antecedente aponta, necessariamente, para um comportamento violador do dever previsto na tese da norma primária, ao passo que o consequente prescreve relação jurídica em que o sujeito ativo é o mesmo, porém, agora o Estado, exercitando sua função jurisdicional, passa a ocupar a posição de sujeito passivo. Por conseguinte, entre ambas há uma relação de ordem assimétrica, porque a norma sancionadora pressupõe, primeiramente, a norma definidora da conduta exigida. As denominações adjetivas: "primária" e "secundária" não exprimem relação de ordem temporal ou causal, mas de antecedente lógico para consequente lógico.

73. Ou regra-matriz de incidência tributária.

A norma determina a conduta e o faz no plano normativo. Ela nunca tocará o plano de fato. O mundo do dever-ser não atinge materialmente o mundo do ser. Sua função é tentar alterar as condutas usando da sua força coativa – o que não deixa de ser um incentivo –, mas mesmo assim ele apenas prescreve, pois, caso ela as atingisse fisicamente, não seria necessária a existência de sanção, já que todas as normas seriam devidamente observadas.

A outra parte será o descritor, no qual as relações jurídicas, as obrigações estão previstas, ele terá como objetivo regular a conduta prevista na hipótese modalizando-a, necessariamente em "Obrigatória, Proibida ou Permitida".

Conclusões – Direito como fenômeno comunicacional – A comunicação do direito

Toda essa composição normativa do direito (envolto por seu contexto) tem como função comunicar os modos pelos quais as condutas inter-humanas devem ser, colaborando com a vida em sociedade. Como visto, o homem vive em sociedade porque pode comunicar-se e comunica-se porque sabe manejar a língua.[74]

Retomando: *direito, sociedade e comunicação* estão todos imbricados e também toda sua movimentação ocorre, porque se expressam em linguagem. Mais: o direito faz uso de linguagem idiomática, que, por sua vez deve ser passível de redução a termo, pois direito é texto.

Mas a comunicação é complexa e o direito, para atingir seus objetivos, depende de inúmeros fatores. Vejamos um exemplo de Guibourg, Ghigliani e Guarironi: "Assim, poderia definir-se o conceito de linguagem, em uma primeira aproximação, como um sistema de símbolos que serve à comunicação. Mas a comunicação não é coisa simples, já que depende de diversos fatores (ou elementos como lhes chamam a teoria da comunicação). Suponhamos que, telefone em mãos, estamos explicando a um credor que não podemos pagar-lhe nossa dívida esta tarde, mas que na semana que vem sem falta o faremos, contanto que se abstenha, por enquanto, de pedir nossa falência. Nesta situação há: *a*) um *emissor* (nós); *b*) um *receptor* (o indivíduo enfurecido que nos ouve); *c*) uma *mensagem*, ou informação transmitida (que não podemos pagar, etc.); e, *d*) um *canal* ou via por cujo meio se transmite a informação (o cabo do telefone). Mas ainda com a presença de todos esses elementos, não está garantido o êxito da comunicação (...). É preciso, pois que a informação sejam emitida em um *código* (o idioma, por exemplo) que seja comum ao emissor e ao receptor" (grifos nos original).[75]

Os autores chamam a atenção para a necessidade, por exemplo, do idioma (código) em comum para êxito na comunicação, mas também que não ocorra nenhuma "linha cruzada", pois, qualquer interferência, que tecnicamente é denominada ruído e que pode ser efetivamente um ruído,

74. Cf. Júlia Kristeva, *História da Linguagem*, p. 18.

75. Tradução livre do trecho: "(...) Así, podría definirse el concepto de lenguaje, en una aproximación, como un sistema de símbolos que sirve a la comunicación. Pero esto de la comunicación no es cosa sencilla, ya que depende de diversos factores (o elementos, como les llama la teoría de la información). Supongamos que, teléfono en mano, estamos explicando a un acreedor que no podemos pagarle nuestra deuda esta, pero que la semana que viene sin falta lo haremos siempre que él se abstenga mientras tanto de pedir nuestra quiebra. En esta situación hay: *a*) un *emisor* (nosotros); *b*) un *receptor* (el enfurecido individuo que nos oye), *c*) un *mensaje* o información transmitida (que no podemos pagar, etcétera), y *d*) un *canal* o vía por cuyo medio se transmite la información (el cable del teléfono). Pero aun la presencia de todos estos elementos no garantiza el éxito de la comunicación (es decir, que el mensaje llegue al conocimiento de receptor; (...). Es preciso, pues, que la información se emita en un *código* (el idioma, por ejemplo) que as común a emisor y receptor" (*Introducción al Conocimiento Científico*, p. 19).

como um "chiado" que chegue em vez das palavras, por exemplo, podem atrapalhar a transmissão da mensagem.

A mensagem é composta por diversos signos com acepções que podem ser as mais diversas, pois a significação é a relação entre o signo e o fenômeno cuja representação a palavra provoca em nossa mente.[76]

Percebe-se como serão infinitas as possibilidades de uso das palavras, construções de frases, tudo dentro sistema de linguagem idiomática e sempre com suas significações condicionadas ao *contexto* a que pertencem. E no caso, temos que analisar dentro daquela porção da sociedade que é o direito, enquanto subsistema social.

Sob o ponto de vista da pragmática, a comunicação, analisada da percepção dos objetivos do emissor da mensagem pode apresentar as mais variadas funções[77] e raramente encerra uma única, embora possa haver a preponderância de uma delas.

O direito, que é texto, também faz parte desse processo comunicativo. É instrumento fundamental para a organização da sociedade, emite regras que guiam as ações humanas objetivando ao atendimento dos valores sociais, pois o direito é um objeto cultural. A "linguagem do direito condiciona a realidade alterando e regrando as condutas entre as várias unidades compositivas do tecido social".[78]

Dentro desse discurso jurídico, importa focarmos na função do direito, que é a prescritiva de condutas, aquela que expede ordens e comandos dirigidos ao comportamento das pessoas. O direito "quer comunicar" a regulação das condutas. Vejamos a esse respeito Paulo de Barros Carvalho:[79] "O direito, como sistema de objetivações que projeta as formas pretendidas para a interação social, manifesta-se invariavelmente pela linguagem (...). Sistema de signos utilizado para a comunicação, a linguagem jurídica assume, desde logo, a função de conteúdos prescritivos voltados para o setor específico das condutas intersubjetivas".

Seus domínios lingüísticos projetam-se para o campo social, disciplinando os comportamentos inter-humanos com seus três modais deônticos (O – Obrigatório; V – Proibido; e, P – Permitido), orientado para os valores que a sociedade quer ver implantados.

Analisar o direito enquanto um fenômeno comunicacional[80] é obra de Gregorio Robles Morchón.[81] O Autor explica que sociedade, linguagem e direito são realida-

76. Cf. Guibourg, Ghigliani e Guarironi, *Introducción al Conocimiento Científico*, p. 19.

77. Paulo de Barros Carvalho expõem as seguintes funções da linguagem: descritiva; expressiva de situações subjetivas; prescritiva de condutas; interrogativa; operativa ou performativa; fáctica, propriamente persuasiva; afásica; fabuladora; e a que opera na função metalinguística (*Direito Tributário, Linguagem e Método*).

78. Eurico Marcos Diniz de Santi, *Lançamento Tributário*, 2ª ed., p. 75.

79. Paulo de Barros Carvalho, *Direito Tributário, Linguagem e Método.*

80. Certo é que o direito, tomado como um grande fato comunicacional, é concepção relativamente recente, tendo em vista a perspectiva histórica, numa análise longitudinal da realidade. Situa-se, como não poderia deixar de ser, no marco da filosofia da linguagem, mas pressupõe interessante combinação entre o método analítico e a hermenêutica, fazendo avançar seu programa de estruturação de uma nova e instigante Teoria do Direito, que se ocupa das normas jurídicas enquanto mensagens produzidas pela autoridade competente e dirigidas aos integrantes da comunidade social. Tais mensagens vêm animadas pelo tom da juridicidade, isto é, são prescritivas de condutas, orientando o comportamento das pessoas de tal modo que se estabeleçam os valores presentes na consciência coletiva. O direito como sistema de comunicação – cujas unidades são ações comunicativas e, como tais e enquanto tais, devem ser observadas e exploradas – impõe que qualquer iniciativa para intensificar o estudo desses fenômenos leve em conta o conjunto, percorrendo o estudo do emitente, da mensagem, do canal e do receptor, devidamente integrados no processo dialético do acontecimento comunicacional.

81. *Teoría del Derecho: Fundamentos...*, pp. 151-152.

des indissociáveis, mas deixa claro que sua opção é de colocar a linguagem no centro de seus estudos e, deste modo, contemplar uma Teoria do Direito enquanto um sistema de comunicação (ou sistema de signos) entre os homens, cuja missão é dirigir a ação humana.[82]

Cabe lembrar que o legislador escolhe arbitrariamente os fatos que quer juridicizar, portanto, por mais que a linguagem do direito pretenda estimular o atendimento às suas exigências normativas – até mesmo porque um dos incentivos para seu cumprimento é a presença do Estado-juiz com sua força coativa – ele não toca a realidade, trazendo à tona o "grande desafio da pragmática, que é motivar as condutas".[83]

Mas a importância da pragmática também deve voltar-se para a *construção do sentido das palavras*; porém, conhecer a função do direito, à luz de uma teoria comunicacional, ajuda-nos a compreender que o direito também possui algo a comunicar, que é a mensagem normativa emitida. Fazendo-nos refletir a respeito de qual sentido quis o legislador designar ao fato *comunicação*, quando o escolheu como evento tributável pelo ICMS.

Ocorre que, em geral, o direito positivo, por meio de seus representantes eleitos, procura assegurar os sentidos de acordo com a realidade, fazendo uso de linguagem mais objetiva para que sua mensagem chegue com nitidez ao destinatário e o faz mediante o uso de termos certos ou com maior grau de objetividade, como por exemplo: maioridade e minoridade. Todavia, na grande parte dos casos, em virtude da diferença entre as linguagens da sociedade e do direito, já que a linguagem dele incide sobre aquela, acabam evidenciando os problemas de vaguidade e ambiguidade das palavras.

Enquanto sistema de comunicação, o direito deve ser explorado, "percorrendo o estudo do emitente, da mensagem, do canal e do receptor, devidamente integrados no processo dialético do acontecimento comunicacional".[84] Tomemos o seguinte exemplo:[85]

São seus elementos:

Município X, Lei Municipal n. 1974, de 1.1.2005

(*DOM* 11.10.2007)

Art. 1º. É proibido fumar em restaurantes fechados.

Parágrafo único. Considera-se como fechada a área coberta do estabelecimento.

Art. 2º. O desrespeito desse preceito implicará multa no valor de dois salários mínimos.

Art. 3º. O sujeito passivo dessa multa é o estabelecimento.

Art. 4º. Ao verificar a infração a autoridade municipal fica obrigada a lavrar, imediatamente, o correspondente auto de infração.

a) *Emitente*: Município;

b) *Mensagem*: texto da lei – comando: V (proibido) fumar;

c) *Canal físico*: *DOM* (*Diário Oficial do Município*);

d) *Receptor*: freqüentadores dos restaurantes.

82. Ele não nega que o direito seja um "fato social" e tampouco um "conjunto de normas", mas prefere enfatizar o aspecto lingüístico.

83. Paulo de Barros Carvalho, *Direito Tributário, Linguagem e Método*

84. Paulo de Barros Carvalho, *Direito Tributário, Linguagem e Método*.

85. Seminário de Lógica Jurídica do Curso de Mestrado em Direito Tributário (São Paulo, PUC/SP, mar.-jun./2005).

Podemos ainda adicionar:

e) *Contexto*: erradicar o fumo da sociedade;

f) *Código*: língua Portuguesa.

Por último, considerando o direito tributário como objeto de análise, exige-se, para a adequada compreensão da mensagem normativa, o conhecimento das *normas de competência*, como bem salientou Tácio Lacerda Gama para as contribuições, asseverando que: "(...) à construção da norma de competência que regula a criação das contribuições (...), seria possível separar os enunciados que delimitam a criação de uma dessas contribuições em dois blocos distintos, mas inter-relacionados: de um lado, surgiria o conjunto de enunciados que delimitam a instituição da *regra-matriz de incidência possível*; do outro, agrupar-se-ia o conjunto de enunciados que indicam a *finalidade especial que enseja a instituição do tributo*"[86] (grifos no original).

Bem como das *normas jurídicas em sentido estrito* (regra-matriz de incidência tributária). Sendo possível identificar quem é o *emissor* – ou órgão competente – daquela determinada *mensagem*, e por qual *canal* ela deve ser veiculada, e *para quem se destina*, dentro do *contexto* e em conformidade com as determinações do discurso do direito positivo.

Portanto, entender o contexto ao qual pertence o direito, sua forma de manifestação em linguagem (prescritiva), sua composição (normas jurídicas primárias e secundárias) e, principalmente, diferenciar a linguagem prescritiva, própria das normas jurídicas, da descritiva que é a científica, são fundamentais para a compreensão da mensagem normativa, pois, só assim é possível optar-se por métodos adequados de interpretação que levarão ao entendimento (não total – isso não é possível como já explicamos, mas nos limites estabelecidos pelos textos prescritivos e pelos contextos) do que o legislador pretende regular, atendendo aos anseios da sociedade.

Em outras palavras, toda essa busca de compreensão permite-nos reconhecer que o direito é um grande fenômeno comunicacional, sujeito às vicissitudes a que a comunicação está sujeita, mas que, fazendo-se uso de métodos de análise apropriados, pode ter tais problemas minimizados.

86. *Contribuições de Intervenção...*, cit., p. 84.

Bibliografia

ABBAGNANO, Nicolas. *Dicionário de Filosofia*. 4ª ed., São Paulo, Martins Fontes, 2000.

ARAÚJO, Clarice von Oertzen de. *Semiótica do Direito*. São Paulo, Quartier Latin, 2005.

BECKER, Alfredo Augusto Becker. *Teoria Geral do Direito Tributário*. 3ª ed., São Paulo, Lejus, 1998.

CARVALHO, Cristiano Rosa. *Teoria do Sistema Jurídico - Direito, Economia, Tributação*. São Paulo, Quartier Latin, 2005.

CARVALHO, Paulo de Barros. *Direito Tributário: Fundamentos Jurídicos da Incidência*. 6ª ed., São Paulo, Saraiva, 2008.

______. *Curso de Direito Tributário*. 21ª ed., São Paulo, Saraiva, 2009.

______. *Direito Tributário, Linguagem e Método*. 2ª ed., São Paulo, Noeses, 2008.

FALCÃO, Raimundo Bezerra. *Hermenêutica*. São Paulo, Malheiros Editores, 1997.

FERRAZ JÚNIOR, Tércio Sampaio. *Introdução ao Estudo do Direito: Técnica, Decisão, Dominação*. 4ª ed., São Paulo, Atlas, 2003.

FLUSSER, Vilém. *Língua e Realidade*. 2ª ed., São Paulo, Annablume, 2004.

GAMA, Tácio Lacerda. *Contribuições de Intervenção no Domínio Econômico*. São Paulo, Quartier Latin, 2003.

GUIBOURG, GHIGLIANI, e GUARIRONI. *Introducción al Conocimiento Científico*. Buenos Aires, Eudeba, 2003.

HEIDEGGER, Martin. *A Caminho da Linguagem*. São Paulo, Vozes, 2003.

IVO, Gabriel. *Norma Jurídica, Produção e Controle*. São Paulo, Noeses, 2006.

JAKOBSON, Roman. *Lingüística e Comunicação*. 26ª ed., São Paulo, Cultrix, 2005.

KELSEN, Hans. *Teoria Geral das Normas*. Porto Alegre, Sergio Antonio Fabris Editor, 1986.

_____. *Teoria Pura do Direito*. 6ª ed., São Paulo, Martins Fontes, 1998.

KRISTEVA, Júlia. *História da Linguagem*. Trad. Maria Margarida Barahona. Lisboa, Edições 70, 1969.

LARENZ, Karl. *Metodologia da Ciência do Direito*. Trad. José Lamego. 6ª ed., Lisboa, Fundação Calouste Gulbenkian, 1997.

LINS, Robson Maia. *Controle de Constitucionalidade da Norma Tributária: Decadência e Prescrição*. São Paulo, Quartier Latin, 2005.

MOUSSALLEM, Tárek Moysés. *Revogação em Matéria Tributária*. São Paulo, Noeses, 2005.

OLIVEIRA, Manfredo Araújo de. *Reviravolta Lingüístico-Pragmática na Filosofia Contemporânea*. 2ª ed., São Paulo, Loyola, 2001, p. 206.

REALE, Miguel. *Filosofia do Direito*. 19ª ed., São Paulo, Saraiva, 1999.

ROBLES, Gregório. *O Direito como Texto: Quatro Estudos de Teoria Comunicacional do Direito*. Barueri, Manole, 2005.

_____. *Teoría del Derecho: Fundamentos de Teoría Comunicacional del Derecho*. vol. I, 2ª ed., Cizur Menor (Navarra), Thomson Civitas, 2006.

ROSS, Alf. *Direito e Justiça*. Trad. Edson Bini. Bauru, Edipro, 2003.

SANTI, Eurico Marcos Diniz de. *Lançamento Tributário*. 2ª ed., São Paulo, Max Limonad, 2001.

SCAVINO, Dardo. *La Filosofía Actual: Pensar Sin Certezas*. Buenos Aires, Paidós Postales, 1999.

TOMÉ, Fabiana Del Padre. *A Prova no Direito Tributário*. São Paulo, Noeses, 2005.

VILANOVA, Lourival. *As Estruturas Lógicas e o Sistema do Direito Positivo*. São Paulo, Noeses, 2005.

_____. *Causalidade e Relação no Direito*. 4ª ed., São Paulo, Ed. RT, 2000.

WITTGENSTEIN. Ludwig. *Tractatus Logico-Philosophicus*. São Paulo, EDUSP, 1994.

ESTUDOS & COMENTÁRIOS

LIMITES CRÍTICOS À MODULAÇÃO TEMPORAL DOS EFEITOS DA DECLARAÇÃO DE INCONSTITUCIONALIDADE EM MATÉRIA TRIBUTÁRIA

DANIEL STERNICK

Pós-Graduando em Direito Financeiro e Tributário pela Universidade Federal Fluminense (UFF). Advogado no Rio de Janeiro.

1. Colocação do problema. 2. Premissas do sistema de controle de constitucionalidade brasileiro. 3. A modulação dos efeitos da declaração de inconstitucionalidade no tempo. 4. O princípio da proporcionalidade como limite à aplicação do art. 27 da Lei n. 9.868/1999 e a necessidade de fundamentação diferenciada da decisão. 5. Questões controvertidas sobre a modulação temporal em matéria tributária. 6. Conclusão.

1. Colocação do problema

A atuação do Supremo Tribunal Federal no decorrer dos últimos anos tem chamado a atenção para o crescente uso de mecanismos de atenuação ou flexibilização dos efeitos típicos de suas decisões em controle de constitucionalidade, a exemplo da interpretação conforme a Constituição, a declaração de inconstitucionalidade sem redução de texto ou sem pronúncia de nulidade e, para o que aqui interessa, a modulação temporal dos efeitos da declaração de inconstitucionalidade. A par da carga política tão irremediavelmente ínsita à Jurisdição Constitucional, já denunciada no início do século XX pelo publicista alemão Carl Schmitt, a utilização freqüente dessas técnicas jurisdicionais contribui, em certa medida, ao recrudescimento do chamado "ativismo judicial", compreendido como a solução de questões jurídico-constitucionais com base em critérios de índole majoritariamente política ou levando em extrema consideração razões econômicas, políticas e sociais.

É inegável, por um lado, que a emergência dessas técnicas de decisão veio corrigir determinadas distorções que, em certos casos, as decisões de inconstitucionalidade podem produzir na realidade material a elas subjacente. Exemplo típico é o da inconstitucionalidade por omissão parcial das medidas legais que confiram vantagem a uma classe, deixando de estendê-la, contrariamente ao princípio constitucional da isonomia, a outros grupos em situação equivalente – nesses casos, a decretação, pura e simples, de nulidade da norma atribuidora do benefício serve tão-somente para aprofundar o estado de inconstitucionalidade ali verificado.

Contudo, afastadas essas hipóteses características, a consolidação de uma jurisprudência que torne confortável a utilização de instrumentos de manipulação dos efeitos das declarações de inconstitucionalidade tem acarretado a ampliação da margem de discricionariedade do Tribunal e um maior distanciamento das razões de direito, correlato à conseqüente valorização de motivações políticas e econômicas. A modulação, objetiva ou temporal, dos efeitos das declarações de inconstitucionalidade, se não implementada pelo STF com estrito rigor e em respeito ao arranjo constitucional estabelecido para o sistema de controle de constitucionalidade, pode ser reveladora de uma preocupante protagonização das "razões de Estado" nas decisões da Jurisdição Constitucional.

O objeto do presente artigo, em particular, é articulado pela análise da modulação temporal dos efeitos da declaração de inconstitucionalidade e sua relevância no campo do Direito Tributário, bem como por uma proposta de estruturação de limitações críticas à sua instrumentalização no processo tributário à luz do princípio da proporcionalidade.

A importância da edificação de restrições à modulação temporal no processo tributário manifesta-se, em especial, a partir do julgamento do RE n. 560.626-RS, em que o STF declarou a inconstitucionalidade dos arts. 45 e 46 da Lei n. 8.212/1991, que estipulavam prazo de 10 (dez) anos para prescrição e decadência dos créditos previdenciários, mas restringiu, sem qualquer base lógica ou jurídica e extrapolando os limites subjetivos do Recurso Extraordinário, a restituição dos valores indevidamente recolhidos apenas àqueles contribuintes que houvessem combatido – administrativa ou judicialmente – a imposição de tributos com base no prazo decadencial ou prescricional. A decisão do STF, neste julgamento, evidenciou a exagerada medida de irrestrição da modulação temporal dos efeitos da declaração de inconstitucionalidade, que parece ter se tornado, sobretudo no âmbito do processo tributário, uma verdadeira "caixa de pandora".

2. Premissas do sistema de controle de constitucionalidade brasileiro

Antes de passar ao estudo da modulação temporal, é necessário fixar o conteúdo das premissas básicas do sistema de controle de constitucionalidade previsto na Constituição Federal de 1988. Em princípio, convém esclarecer, sem investir em detalhes, que o controle de constitucionalidade assenta-se, conceitualmente, na supremacia da Constituição, princípio que confere posição de preeminência formal e material às normas constitucionais; na rigidez da Constituição, que prevê um processo de alteração do texto constitucional mais complexo e dificultoso do que o procedimento de elaboração das leis; e na força normativa da Constituição, que atribui caráter de normas jurídicas às disposições constitucionais. Todo esse conjunto teórico resulta na existência de processos de fiscalização da compatibilidade dos atos normativos infraconstitucionais em face do texto constitucional.

Em que pese ser de senso comum, deve-se destacar que o sistema de controle de constitucionalidade no direito brasileiro tem caráter híbrido, de vez que conjuga a fiscalização difusa e concreta, de influência do direito norte-americano, e a fiscalização concentrada e abstrata. Isso quer significar que todo e qualquer juízo ou tribunal brasileiro tem competência constitucional para afastar a aplicação de lei ou ato normativo sob o argumento de sua inconstitucionalidade, como antecedente lógico e necessário à solução de um litígio processual intersubjetivo. Paralelamente, as autoridades elencadas no art. 103 da CF/1988 possuem legitimidade para questionar – de modo abstrato – a legitimidade constitucional das leis ou atos normativos diretamente perante o Supremo Tribunal Federal, por intermédio do ajuizamento da ação direta de inconstitucionalidade, da ação declaratória de constitucionalidade ou da argüição de descumprimento de preceito fundamental.

Para o que mais interessa a esta investigação, é fundamental caracterizar os efeitos típicos da declaração de inconstitucionalidade pelo Supremo Tribunal Federal. No plano da eficácia objetiva e subjetiva, tem-se que, quando o STF exerce o controle concentrado e abstrato, a decisão que declara a inconstitucionalidade tem efeito vinculante e eficácia contra todos. A norma é, em uma palavra, expurgada do ordenamento jurídico, eis que reconhecido o vício de nulidade por violação à Constituição. Quando, por outro lado, a decisão da Suprema Corte se dá no exercício do controle difuso, por meio do julgamento de um Recurso Extraordinário, a decisão produz efeitos entre as partes, não se aplicando nas relações travadas entre as partes da demanda processual. A norma impugnada, no entanto, permanece vigente e eficaz, produzindo todos os seus efeitos regulares.

No que tange à eficácia temporal, independentemente do tipo de controle exercido, fato é que a decisão declaratória de inconstitucionalidade produz efeitos *ex tunc*, isto é, retrospectivos, possuindo o condão de desconstituir todas as relações jurídicas erigidas sob o império da norma contrária ao texto constitucional. A norma repugnante à ordem constitucional é nula de pleno direito, considerada um natimorto cuja produção de efeitos não pode ser admitida durante qualquer lapso temporal. Para utilizar expressão mais lírica, a decisão do STF que reconhece a inconstitucionalidade de uma lei ou ato normativo é capaz de *remover o passado*.

É interessante notar que não há, nem na CF/1988 nem em qualquer outra disposição da história constitucional do país, expressa estipulação no sentido da eficácia retroativa da declaração de inconstitucionalidade. O princípio da nulidade do ato inconstitucional é, no direito brasileiro, princípio constitucional implícito, o qual decorre da influência norte-americana, da doutrina constitucional prevalente e da jurisprudência amplamente consolidada do STF.[1] De todo modo, não há como negar estatura constitucional e força normativa a este princípio, que representa verdadeiro paradigma no Direito Constitucional brasileiro.

Nesse contexto, a modulação temporal dos efeitos da declaração de inconstitucionalidade – técnica de decisão que viabiliza que o Supremo Tribunal Federal restrinja os efeitos da declaração ou determine que ela somente produza efeitos a partir do seu trânsito em julgado, ou, ainda, a partir de outro momento futuro que venha a ser fixado – passa a compor o sistema de controle de constitucionalidade brasileiro na qualidade de um mecanismo de mitigação da extensão da eficácia das decisões do STF, que passa a deter uma maior margem de manipulação das implicações de suas decisões e, conseqüentemente, um maior poder discricionário, velado sob a capacidade retórico-argumentativa de índole aparentemente jurídica.

No caso do processo judicial tributário, o problema adquire contornos dramáticos na medida em que o Tribunal passa a ter os meios necessários para, embora declarando a inconstitucionalidade da instituição ou majoração de um tributo, ou de algum modelo de incidência tributária específico, restringir ou até mesmo impedir a devolução dos indébitos tributários inconstitucionais recolhidos pelos contribuintes, sob o (insuficiente) fundamento de eventuais rombos nos cofres públicos ou contrariedade ao interesse público.

1. Sob o ponto de vista histórico, vale ressaltar que no processo constituinte de 1987/1988, o então Senador Maurício Corrêa apresentou projeto que autorizaria que o STF determinasse, em cada caso concreto, se a decisão operaria efeitos retroativos ou prospectivos. Posteriormente, em 1994, quando da ocorrência de processo de revisão constitucional, o então Deputado Federal Nelson Jobim propôs a inclusão de um § 5º ao art. 103 da Constituição Federal de 1988, o qual possibilitaria ao STF conferir efeitos prospectivos à decisão de inconstitucionalidade (após o trânsito em julgado). Ambas as propostas foram rejeitadas, o que sugere a consistência do princípio da nulidade no sistema brasileiro.

3. A modulação dos efeitos da declaração de inconstitucionalidade no tempo

É possível afirmar que, no Brasil, a modulação temporal dos efeitos da declaração de inconstitucionalidade é um instrumento de ruptura de um paradigma. Trata-se da superação – judicial e legislativa – de um modelo estanque de eficácia das decisões proferidas em sede de controle de constitucionalidade. Conquanto o princípio da nulidade das leis inconstitucionais e a retro-operância temporal das decisões de inconstitucionalidade permaneçam como regra, o gerenciamento dos efeitos temporais de tais decisões significa uma relativização desse estado de coisas.

Em um primeiro momento, nossa experiência constitucional evidencia que o STF, mesmo anteriormente à previsão em lei do mecanismo de modulação temporal, vinha amadurecendo seu entendimento acerca do uso de técnicas alternativas em relação ao aspecto temporal de suas decisões desde antes de sua previsão em lei. Decerto, em algumas ocasiões ainda no início da década de 1990, o Tribunal deparou-se com questionamentos a respeito da possibilidade de restrição dos efeitos temporais de suas decisões, em regra retroativas.[2]

2. Merecem destaque a ADI n. 513, Rel. Célio Borja, em que o Tribunal declarou a inconstitucionalidade do art. 11, parágrafo único, da Lei n. 8.134/1990, que instituía índice de correção monetária incidente sobre saldo de imposto de renda a pagar ou a restituir e as ADI ns. 1.102 e 1.106, Rel. Maurício Corrêa, em que foi declarada a inconstitucionalidade restou reconhecida a inconstitucionalidade das expressões "empresários" e "autônomos", constantes no inciso I do art. 22 da Lei n. 8.212/1991, o qual criou contribuição previdenciária patronal incidente sobre o total da remuneração paga aos empregados. Em ambos os casos, embora o STF não tenha adotado a restrição temporal dos efeitos da declaração de inconstitucional, houve debates acerca do assunto que evidenciaram que o Tribunal sentia-se confortável para que, se entendesse cabível, modulasse os efeitos da decisão.

Posteriormente, em 10 de novembro de 1999, foi promulgada a Lei n. 9.868/1999, que dispõe sobre o processamento e julgamento das Ações Diretas de Inconstitucionalidade e das Ações Declaratórias de Constitucionalidade. Em seu art. 27, o diploma veiculou previsão legal da competência do STF para gerenciar os efeitos das declarações de inconstitucionalidade no tempo:

> Art. 27. Ao declarar a inconstitucionalidade de lei ou ato normativo, e tendo em vista razões de segurança jurídica ou de excepcional interesse social, poderá o Supremo Tribunal Federal, por maioria de dois terços de seus membros, restringir os efeitos daquela declaração ou decidir que ela só tenha eficácia a partir de seu trânsito em julgado ou de outro momento que venha a ser fixado.

Com a aprovação desse dispositivo, tornou-se possível que o Tribunal determine que a declaração de inconstitucionalidade casse a eficácia do ato inconstitucional (*i*) em momento posterior à promulgação da norma, mas anterior à decisão de inconstitucional ou de seu trânsito em julgado; (*ii*) a partir do trânsito em julgado da decisão; ou (*iii*) a partir de um marco temporal futuro fixado pela Corte, hipótese em que se estará admitindo a produção de efeitos do ato inconstitucional supervenientemente ao reconhecimento institucional de sua repugnância à Constituição. Em todo caso, para modular no tempo os efeitos de suas decisões, o STF terá de enxergar presentes razões de segurança jurídica e de excepcional interesse social e a aprovação da medida demandará maioria qualificada de dois terços dos seus membros, ou seja, 8 (oito) ministros.

A leitura do dispositivo autorizador faz saltar aos olhos o fato de que a limitação material à instrumentalização da modulação temporal é composta por dois conceitos jurídicos com alta medida de indeterminação – "segurança jurídica" e "excepcional interesse social" – cuja textura eminentemente aberta da linguagem permite que o próprio STF decida seu alcance jurídico. Essa realidade denuncia a indesejada possibilidade de decisões conseqüencialistas, que dediquem atenção extraordinariamente alta às repercussões do julgado antes mesmo de seu desfecho.

No campo do contencioso tributário, o resultado pode ser trágico: quanto maior o risco que determinado julgamento implicar às finanças públicas, maiores as pressões governamentais sobre o Tribunal, que poderá, a partir de um exercício retórico-argumentativo calcado em razões de "segurança jurídica" e "excepcional interesse social", limitar ou mesmo impedir a restituição dos valores indevidamente pagos pelos contribuintes, em razão da inconstitucionalidade da norma que institua, majore ou estabeleça certo modelo de incidência de um tributo.

Tanto assim que, atento à tão conhecida insuficiência econômico-financeira do regime da Previdência Social brasileiro, o STF, no julgamento do já citado RE n. 560.626-RS, reconheceu a inconstitucionalidade dos prazos de decadência e prescrição do crédito previdenciário, mas determinou que fossem insusceptíveis de devolução os recolhimentos efetuados e não impugnados. Este julgamento, contudo, parece ser apenas o prelúdio de um movimento maior ainda por vir: grandes casos de Direito Tributário pendentes de solução no Supremo Tribunal Federal – como a exclusão do ICMS da base de cálculo do PIS/COFINS – já são objeto de discussão em relação à modulação temporal dos efeitos de decisões eventualmente favoráveis aos contribuintes.

À vista dessa situação, afigura-se patente a necessidade de se construir uma teoria sobre os limites da modulação temporal dos efeitos da declaração de inconstitucionalidade, em especial no campo do processo judicial tributário, que vá algo além dos requisitos formais e materiais fixados no art. 27 da Lei n. 9.868/1999. É nesse quadro que se agiganta a relevância do princípio da proporcionalidade.

4. O princípio da proporcionalidade como limite à aplicação do art. 27 da Lei n. 9.868/1999 e a necessidade de fundamentação diferenciada da decisão

Não parece ser correto afirmar que a modulação temporal dos efeitos da declaração de inconstitucionalidade seja um instrumento prejudicial ao sistema de controle de constitucionalidade. Muito pelo contrário, esse mecanismo permite que a Jurisdição Constitucional aplique a Constituição de maneira otimizada, evitando que eventual declaração de nulidade, com efeitos conseguintemente retroativos, venha aprofundar certo estado de coisas inconstitucional. Justamente por isso, o gerenciamento temporal dos efeitos das decisões somente pode se impor nesses casos verdadeiramente excepcionais.

Enxergando a natureza de exceção da medida, o Prof. Gustavo Binembojm demonstra que o princípio da proporcionalidade exerce papel protagonista no sopesamento entre o princípio da nulidade e outras regras e valores constitucionais: "Como mitigação do princípio da constitucionalidade em determinado lapso de tempo, deve ser encarada como medida excepcional – jamais como regra –, utilizável apenas para a preservação de outros valores e princípios constitucionais que seriam colocados em risco pela pronúncia de nulidade da lei inconstitucional. A aplicação do novo dispositivo está, assim, necessariamente condicionada pelo princípio da razoabilidade ou da proporcionalidade".[3]

Não basta, portanto, que estejam presentes razões de segurança jurídica e excepcional interesse social para que a modulação temporal dos efeitos das decisões de inconstitucionalidade seja instrumentalizada, sobretudo em relação a questões

3. Gustavo Binembojm, *A Nova Jurisdição Constitucional – Legitimidade Democrática e Instrumentos de Realização*, 2ª ed., rev. e atual., Rio de Janeiro, Renovar, 2004, p. 307.

que envolvam restituição tributária. Diferentemente, a presença desses dois requisitos materiais habilita a deflagração de todo um severo juízo de ponderação a percorrer todo o sistema de normas constitucionais com vistas a identificar se o princípio da nulidade deve ou não ser sacrificado na hipótese. Repita-se, ainda uma vez, que a justificação da manipulação temporal dos efeitos das decisões não se deve limitar à "segurança jurídica" ou ao "excepcional interesse social", mas considerar todo o conjunto de normas constitucionais, identificando as regras, princípios e valores que fundamentem diferentes soluções temporais para a inconstitucionalidade, que serão sopesadas com a ajuda do princípio da proporcionalidade.

O princípio constitucional da proporcionalidade tem por finalidade estruturar e ordenar a ponderação entre princípios conflitantes[4] conectados a uma relação de causalidade entre meio e fim, aplicando-se "sempre que houver uma medida concreta destinada a realizar uma finalidade".[5] A aplicação do princípio da proporcionalidade depende, então, da existência de uma relação entre um meio e um fim. No caso da modulação temporal dos efeitos da declaração de inconstitucionalidade, essa relação é evidente: ela própria é o meio, e o fim é a garantia da aplicação harmônica do todo constitucional, aí incluídos a segurança jurídica, o excepcional interesse social e, também, o próprio princípio da nulidade dos atos contrários à Constituição.

A utilização do princípio da proporcionalidade como método solucionador de uma situação-problema que envolva um conflito entre princípios é realizada por intermédio de três exames: (*i*) adequação, pelo qual se verifica se a adoção de determinada medida será apta a atingir a finalidade almejada; (*ii*) necessidade, em que se perquire a existência alternativa de outros meios, menos restritivos a direitos fundamentais, capazes de conduzir ao mesmo objetivo; e, por fim, o da (*iii*) proporcionalidade em sentido estrito, que demanda a avaliação comparativa entre a relevância da finalidade pretendida e a gravidade da lesão a direitos fundamentais que ele implica.

O Prof. Humberto Ávila é, provavelmente, aquele que melhor trata do tema em excelente obra monográfica: "A adequação exige uma relação empírica entre o meio e o fim: o meio deve levar à realização do fim. Isso exige que o administrador utilize um meio cuja eficácia (e não o meio, ele próprio) possa contribuir para a promoção gradual do fim. (...) O exame da necessidade envolve a verificação da existência de meios que sejam alternativos àquele inicialmente escolhido pelo Poder Legislativo ou Poder Executivo, e que possam promover igualmente o fim sem restringir, na mesma intensidade, os direitos fundamentais afetados. (...) O exame da proporcionalidade em sentido estrito exige a comparação entre a importância da realização do fim e a intensidade da restrição aos direitos fundamentais. (...) As vantagens causadas pela promoção do fim são proporcionais às desvantagens causadas pela adoção do meio? A valia da promoção do fim corresponde à desvalia da restrição causada?"[6]

Essa verdadeira pauta interpretativa, aplicada como guia da aferição da proporcionalidade, no caso concreto, do gerenciamento temporal dos efeitos da declaração de inconstitucionalidade[7] conduz o

4. Ana Paula de Barcellos, "Alguns parâmetros normativos para a ponderação constitucional", in Luís Roberto Barroso (org.), *A Nova Interpretação Constitucional: Ponderação, Princípios, Direitos Fundamentais e Relações Privadas*, 2ª ed., rev. e atual., Rio de Janeiro, Renovar, 2006, p. 55.

5. Humberto Ávila, *Teoria dos Princípios – Da Definição à Aplicação dos Princípios Jurídicos*, 4ª ed., 3ª tir., São Paulo, Malheiros Editores, 2005, p. 113.

6. Idem, pp. 116-124.

7. Octavio Campos Fischer, *Os Efeitos da Declaração de Inconstitucionalidade no Direito Tributário Brasileiro*, Rio de Janeiro, Renovar, 2004, p. 251: "Por isso que o 'fiel da balança', na manipula-

magistrado constitucional aos seguintes questionamentos: A manipulação dos efeitos temporais da decisão é adequada, afigurando-se faticamente suficiente à promoção da segurança jurídica no caso concreto? A medida é necessária, isto é, não há outro modo, que não o afastamento do princípio da nulidade, de se reduzir as conseqüências fáticas da decisão a fim de garantir a segurança jurídica? Por fim, ela é proporcional em sentido estrito, mostrando-se compatível com o benefício, em segurança jurídica, que causa na espécie concreta?

O primeiro exame envolvido – o da adequação – será geralmente respondido afirmativamente no âmbito da modulação temporal dos efeitos. É que o afastamento dos efeitos retro-operantes da decisão, na medida em que deixar de desconstituir as relações jurídicas instauradas sob a égide da norma inválida, será apta a garantir a estabilidade das relações conexas ao caso.

Quanto à necessidade, deve-se considerar a importância e a prevalência do princípio que reporta nulidade aos atos dissonantes ao texto constitucional. Dada essa condição de preponderância, tem-se que sua atenuação somente será efetivamente necessária quando não houver outra maneira de se suavizar as conseqüências da retroação da decisão, sendo estas de tal modo desastrosas e impraticáveis que a modulação temporal afigure-se a única alternativa viável.

A proporcionalidade em sentido estrito funcionará de maneira análoga, devendo-se inquirir se o empréstimo de efeitos prospectivos à decisão de inconstitucionalidade é proporcional não somente com a supressão do princípio da nulidade, mas também com outros direitos fundamentais envolvidos, em especial no caso de modulação em controle difuso. De fato, nessa hipótese, é necessário avaliar se o nível de restrição a direitos fundamentais da parte prejudicada pela não retroação da decisão é justificável em razão da benesse resultante da manipulação temporal, valendo-se esse teste como uma vedação ao excesso.

Quanto à importância chave do exame da proporcionalidade em sentido estrito e seu aspecto de proibição ao excesso, é oportuna a lição de Paulo Roberto Lyrio Pimenta: "Todavia, a proporcionalidade em sentido estrito é o aspecto mais importante na situação em tela, com base no qual se deve pesar, no caso concreto, a desvantagem do meio – sacrifício do princípio da nulidade – em relação à vantagem do fim – proteção de outro princípio (segurança jurídica, moralidade, boa-fé do administrado, etc.). Em outros termos, o que importa, aqui, é verificar se as conseqüências gerais da decisão de inconstitucionalidade, no plano dos fatos, são excessivas ou não, tendo em vista outros princípios constitucionais. Nessa operação, é imperioso cotejar os interesses afetados pela norma inconstitucional com os que seriam sacrificados pela eficácia retroativa".[8]

Bem a propósito, é justo observar que, aliados ao princípio da nulidade, pesarão eventuais direitos fundamentais que venham a ser restringidos pela não retroação dos efeitos da declaração de inconstitucionalidade. Desse modo, no exercício de ponderação regido pelo princípio da proporcionalidade, serão eles apreciados em bloco, juntamente com a regra geral da nulidade dos atos inconstitucionais, em contraposição à medida de segurança jurídica ou de excepcional interesse social assegurada pela modulação temporal dos efeitos. A partir da estruturação desses limites interpretativos, a observação de exemplo trazido do campo tributário conduz a

ção dos efeitos, é, sem dúvida alguma, o princípio da proporcionalidade. Porém, a aplicação deste princípio tem por pano de fundo não a satisfação de um ou outro valor em específico, mas, antes, a estabilidade do próprio sistema".

8. Paulo Roberto Lyrio Pimenta, *Efeitos da Decisão de Inconstitucionalidade em Direito Tributário*, São Paulo, Dialética, 2002, p. 94.

uma inevitável conclusão: a possibilidade de se manipular os efeitos de uma declaração de inconstitucionalidade de norma impositiva tributária é praticamente inconcebível. Isso porque é dificílimo vislumbrar como o emprego da medida passaria no teste da necessidade e, mais à frente, no da proporcionalidade em sentido estrito. É que inabilitar o contribuinte de pleitear a restituição ou compensação do indébito tributário inconstitucional é restrição por demais intensa a direito fundamental alicerçado na legalidade e no devido processo legal e no direito de propriedade, bem como na vedação do confisco e do enriquecimento ilícito da Fazenda Pública. Além disso, as alegações de ordem econômico-financeira a favor do Estado, assim como também a continuidade dos serviços públicos, não subsistem ao poder atribuído ao Fisco de incrementar a carga tributária, preenchendo o vazio orçamentário eventualmente deixado pela enxurrada de pedidos de repetição de indébitos inconstitucionais.

Não bastam, pois, meras alegações de segurança jurídica ou excepcional interesse social como fórmula justificadora da restrição dos efeitos das decisões do controle de constitucionalidade. Sua legitimação depende fundamentalmente da identificação precisa da adequação, da necessidade e da proporcionalidade em sentido estrito da aplicação do mecanismo em relação à finalidade de se assegurar, no caso concreto, a segurança jurídica ou o excepcional interesse social, bem como outros princípios constitucionais eventualmente envolvidos. Nesse particular, este exercício criterioso de ponderação deve constar integralmente descrito na fundamentação da decisão, até como forma de se suplantar o problema da baixa densidade de legitimidade democrática da jurisdição constitucional, tão latente no campo da limitação dos efeitos temporais das decisões do Tribunal Constitucional, tendo em vista a tênue fronteira entre estas e a conveniência judicial. Nessa linha, a fundamentação das decisões que manipulam, no tempo, os efeitos da declaração de inconstitucionalidade deve conter não somente as razões da inconstitucionalidade, senão também a descrição suplementar pormenorizada do método interpretativo que fundamentou a decisão. Tal dever de fundamentação "extra" minimiza, em alguma medida, o problema resultante do fato de decisões dessa ordem não se submeterem a nenhum tipo de fiscalização.

5. Questões controvertidas sobre a modulação temporal em matéria tributária

A partir das limitações críticas aqui propostas, é possível colocar em prática, ainda que de maneira abstrata, o juízo de proporcionalidade pertinente à modulação dos efeitos temporais da declaração de inconstitucionalidade para os casos mais característicos do processo judicial tributário. É comuníssimo, no dia-a-dia do contencioso tributário brasileiro, o ajuizamento de ações por parte dos contribuintes com a finalidade de requerer a restituição de quantias indevidamente pagas a títulos de tributos cuja lei de instituição ou majoração tenha incorrido em algum vício de inconstitucionalidade. A decretação da nulidade da norma e a retro-operância temporal da decisão são requisitos indispensáveis para tanto, pois, partindo do pressuposto de que todas as relações jurídicas estatuídas sob a égide do ato contrário à Constituição devam ser desconstituídas, impõe-se inexoravelmente a devolução do *quantum* inconstitucionalmente pago.

No âmbito da repetição do indébito tributário inconstitucional, a utilização do argumento econômico – que se contenta em destacar o déficit bilionário que uma eventual decisão judicial pode infligir aos cofres públicos – é absolutamente insuficiente para se justificar, legitimamente, o emprego de efeitos prospectivos à deliberação pela ilegitimidade constitucional de um tributo. Com efeito, vale repetir, aqui, que a restrição temporal dos efeitos de uma eventual declaração de inconstitucionalidade de norma impositiva tributária muito dificilmente se sustentaria incólume após os exames da necessidade e da proporcionalidade em sentido estrito. Isso porque é incontestável a existência de meios menos gravosos para se amortecer o impacto financeiro resultante da derrubada de um tributo, como, por exemplo, a racionalização da fiscalização e arrecadação de tributos ou, até mesmo, a elevação da carga tributária mediante a instituição de novos tributos ou majoração dos já existentes.

Além do mais, ao serem agrupados os princípios constitucionais envolvidos em função da solução para que apontem, tem-se que, pendendo para o lado da rejeição do gerenciamento temporal dos efeitos da decisão, a segurança jurídica do contribuinte, o princípio da legalidade (ou, no caso, juridicidade) estrita, a vedação ao enriquecimento sem causa da Fazenda Pública e ao confisco, além do princípio da nulidade, entre vários outros; enquanto, contraposto a esse interesse, enxerga-se um inconsistente interesse social formatado no princípio da continuidade dos serviços públicos. No cotejo desses dois grupos de princípios e interesses contrapostos, a opção pela aplicação da técnica limitadora de efeitos não resiste à comparação com o sacrifício a direitos fundamentais que impõe.

Ressalte-se, igualmente, que se as "razões de Estado" – mais precisamente as de ordem econômica – prevalecessem no juízo de ponderação atinente à manipulação temporal dos efeitos, a opção judicial implicaria um substancial incentivo à edição de tributos violadores de direitos constitucionais, uma vez que eventual decisão de inconstitucionalidade viria acompanhada do confortável socorro da limitação de seus efeitos temporais. Por outro lado, imagine-se a situação hipotética de vir a ser declarado inconstitucional o art. 27, IV, da Lei n. 8.666/1993, o qual exige que o contribuinte apresente certidão de regularidade fiscal para poder participar de licitações promovidas pelo Poder Público. Nesse caso, parece que a decisão deveria ser modulada, produzindo apenas efeitos prospectivos, valendo tão-somente para as licitações futuras. É que a retroação da decisão certamente resultaria em um caos irremediável, tendo em vista os bens tutelados e o grau de consumação das relações jurídicas estabelecidas previamente ao pronunciamento judicial: seria absolutamente inviável e desproporcional rever todas as licitações – algumas a partir das quais serviços já foram prestados e obras, executadas – em que se exigiu a apresentação de certidões negativas. A manipulação seria, na espécie, adequada, pois garantiria a estabilidade das relações; necessária, ante a inexistência de alternativa à solução do problema; e, ao final, proporcional, pois o grau de restrição de direitos fundamentais apequena-se diante da quantidade de relações já consumadas e exauridas em seus efeitos, a demandar a restrição dos efeitos.

Cumpre ainda considerar algumas outras hipóteses. Uma lei instituidora de uma isenção tributária – a qual bloqueia a incidência da norma tributária em relação a determinados fatos geradores – vem a ser declarada inconstitucional pelo STF. Quais seriam os naturais efeitos dessa decisão? Em regra, ela retroagiria no sentido de desconstituir as relações jurídicas instauradas sob o seu império, ou seja, tornaria exigíveis as obrigações tributárias referentes aos fatos geradores cuja ocorrência estava destituída de efeitos por conta da norma isentiva. Qual o estado de coisas que se formou por causa da norma isentiva? Inúmeros contribuintes deixaram de pagar o tributo porque se encontravam, por alguma razão e de boa-fé, por ela contemplados. Quais são, afinal, os efeitos que resultariam dessa decisão e do gerenciamento temporal de sua eficácia?

Uma eventual decretação de nulidade de uma norma tributária isentiva – que implicaria a necessidade de os contribuintes originalmente contemplados terem de pagar, retroativamente, as obrigações tributárias em relação às quais se encontravam isentos – seria por demais violadora dos seus direitos fundamentais. A cobrança retroativa dos tributos originalmente cobertos por uma regra de isenção resultaria em gravíssima violação do aspecto subjetivo da segurança jurídica dos indivíduos: a proteção à confiança legítima do contribuinte. Verifica-se que a modulação temporal dos efeitos de uma decisão dessa natureza seria adequada, necessária e proporcional em sentido estrito, porquanto o sacrifício do princípio da nulidade dos atos inconstitucionais seria plenamente justificado em face da confiança que o contribuinte havia depositado na norma jurídica que, editada pelo próprio Estado, concedia-lhe uma isenção tributária.

Por outro lado, no caso, por exemplo, da declaração de inconstitucionalidade de uma lei concessiva de anistia, a retro-operância da decisão tornaria exigíveis os valores devidos a título de penalidade tributária. À primeira vista, pelo menos, não seria aplicável o gerenciamento temporal da eficácia da decisão, tendo em vista que não há nenhum interesse ou princípio que sobressaia à regra geral da nulidade dos atos desarmônicos com a Constituição. É que, nesse caso, infrações já cometidas são perdoadas e não há como argumentar, consistentemente, um "direito ao perdão" na hipótese da norma de anistia conter um vício de contrariedade à Constituição. O mesmo raciocínio parece valer, a princípio, para eventuais remissões inconstitucionais.

De toda sorte, nesse caso, em razão da crença legítima do contribuinte de que o crédito conformado pelas penalidades teria sido extinto pela anistia, seria aconselhável a aplicação analógica do parágrafo único do art. 100 do CTN – talvez até através de uma "modulação parcial" dos efeitos temporais – a fim de evitar que a devoção à norma jurídica cause prejuízos aos contribuintes, tendo em vista que este não deu causa ao atraso no pagamento, comportamento que se encontrava tutelado pela legislação expurgada do ordenamento jurídico. Vale ressaltar que essa aplicação analógica pode e deve ser aplicada, sempre que possível, no caso de declaração de inconstitucionalidade de outras possíveis normas tributárias benéficas ao contribuinte, aferíveis no caso concreto.

6. Conclusão

Toda a linha de raciocínio traçada no presente artigo conduz à conclusão de que a modulação temporal dos efeitos da declaração de inconstitucionalidade, notadamente no campo do processo tributário, depende não só da verificação de razões de "segurança jurídica" e de "excepcional interesse social", mas também de um severo juízo de ponderação de princípios constitucionais que envolva os exames atinentes ao princípio da proporcionalidade.

Portanto, a fim de reduzir o poder discricionário do Supremo Tribunal Federal no contexto da manipulação dos efeitos de suas decisões no tempo, diminuindo também a relevância das "razões de estado", consubstanciadas em interesses político-fiscais, impõe-se a edificação de limites críticos à adoção do mecanismo quando da declaração de inconstitucionalidade de normas tributárias.

Vimos que, de um modo geral, o alto grau de excepcionalidade que permeia essa técnica de decisão impede sua aplicação a eventuais declarações de inconstitucionalidade de normas impositivas tributárias, de modo que o emprego desse mecanismo para fins de impedimento da restituição do indébito tributário é incabível, pois não é capaz de passar no exame da necessidade ou da proporcionalidade em sentido estrito.

* * *

RDT 106

CADERNOS DE DIREITO TRIBUTÁRIO: REORGANIZAÇÃO SOCIETÁRIA EM FACE DAS HIPÓTESES DE INCIDÊNCIA DO PIS E DA COFINS – Paulo de Barros Carvalho • ISS – ANULAÇÃO DE ATO ADMINISTRATIVO – Aires F. Barreto • IMUNIDADES TRIBUTÁRIAS: TELEOLOGIA – Ives Gandra da Silva Martins • LA CONTROVERSIA SOBRE LA HOSPITALIDAD: INTERPRETACIÓN DE LA CONSTITUCIÓN Y NARRACIONES POLÍTICAS SOBRE LA JUSTICIA – Horacio G. Corti • APRECIAÇÃO DE INCONSTITUCIONALIDADE POR ÓRGÃO JULGADOR ADMINISTRATIVO FISCAL – Estevão Horvath e Pedro Satiro • CONHECIMENTO, VERDADE E DIREITO TRIBUTÁRIO – Fabiana Del Padre Tomé • PARA UMA TEORIA DA NULIDADE EM MATÉRIA TRIBUTÁRIA – Tacio Lacerda Gama • MULTAS TRIBUTÁRIAS E O PRINCÍPIO DA CONSUNÇÃO – Guilherme Adolfo Mendes • ALGUNS ASPECTOS POLÊMICOS SOBRE A RESPONSABILIDADE TRIBUTÁRIA DO ADQUIRENTE DE ESTABELECIMENTO EMPRESARIAL – ART. 133 DO CTN – Andréa Medrado Darzé • RESPONSABILIDADE DA ADMINISTRAÇÃO PÚBLICA PELAS CONTRIBUIÇÕES PREVIDENCIÁRIAS EM OBRA DE CONSTRUÇÃO CIVIL – Carlos Henrique Oliveira • "MOTIVACIÓN DE LOS ENUNCIADOS FÁCTICOS". UN "CASO" JUDICIAL DE DERECHO PENAL TRIBUTARIO – Carlos Bautista Torta Conte • ***ESTUDOS E COMENTÁRIOS***: PRESCRIÇÃO TRIBUTÁRIA E RESPONSABILIDADE POR SUCESSÃO – Vanessa Canado • SUBSTITUIÇÃO TRIBUTÁRIA NO DIREITO POSITIVO BRASILEIRO – Daniel Monteiro Peixoto • A REGRA-MATRIZ DO IMPOSTO SOBRE SERVIÇO DE COMUNICAÇÃO – Julio Cesar Pereira • MUDANÇA DE JURISPRUDÊNCIA NO STF E VIOLAÇÃO DA SEGURANÇA JURÍDICA – Marina Vieira de Figueiredo • DIREITO COMO FENÔMENO COMUNICACIONAL: MÉTODOS DE INTERPRETAÇÃO E A COMPREENSÃO DA MENSAGEM NORMATIVA – Rubya Floriani dos Anjos • LIMITES CRÍTICOS À MODULAÇÃO TEMPORAL DOS EFEITOS DA DECLARAÇÃO DE INCONSTITUCIONALIDADE EM MATÉRIA TRIBUTÁRIA – Daniel Sternick

MALHEIROS EDITORES

Revista de Direito Tributário

86